南懷瑾文化

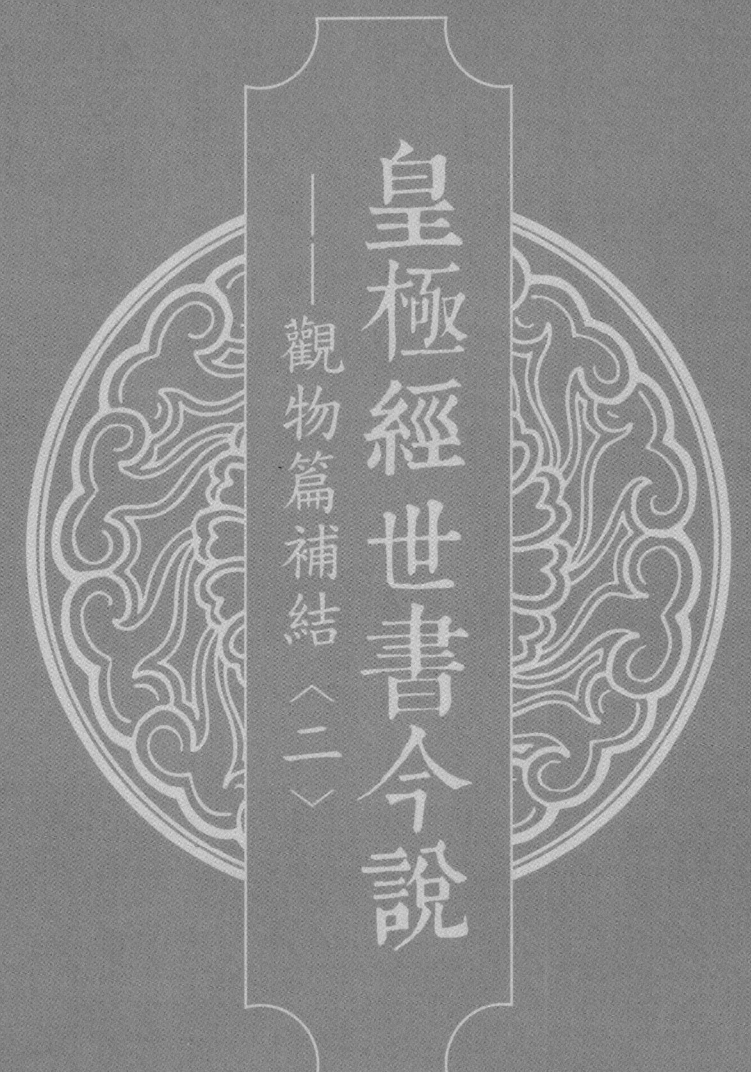

皇極經世書今說

——觀物篇補結〈二〉

閆修篆　輯說

目錄

第二冊

第二册

第四章　以會經運

第一節　以會經運概說

按：會有十二，每會皆可為一元，故十二會有十二會元。每一會元，當一萬八百年，換言之，亦即一萬八百年自為一元。如此則會為元，一會三十運，是一會之元統三十運，亦即會之元為經而統運，故運為緯，爰以元經會之例，故謂以會經運。

劉氏斯組以為：以會經運，即以元經會之分數，一元統十二會，如歲之統十二月；會統三十運，猶月統三十日。元統會，則元為會之經；會統運，則會為運之經。蓋一會為一元，十二會，凡十二元，每元之數，一萬零八百（此蓋指會元之年），合五卦三十爻（五卦即指復、頤、屯、益、震五正卦），每爻直運三百六十（指一運之年）。惟是開物寅中，起豐之九四（即星丙七十三，正卦豐四所變之運卦明夷，辰子九百零一），閉物戌中，迄謙之九三（戌會星戌三百十五，正卦謙三爻所變之運卦坤，辰子三千七百六十九），七會而兼寅戌各半（指自卯至酉之七會既寅戌之各十五運），共為八會，二百四十運，為開物之數者八萬六千四百，除一百二十運（開物之前共七十五運，閉物後四十五運，合共一百二十運），為閉物者四萬三千二百。開則用數，閉則不用，即交數，亦即〈外篇〉所謂「天自賁以上，地自艮以上為用數；天自明夷以下，地自否以下為交數」之意。開物之卦四十，閉物之卦二十，十二會而用其八，去其四，用數三之二，去數三之一。

以言乎消長，前後各六會，所經之運，長自子中起姤至剝，冬至、星甲一，復之初九，雖當長會，未列開數。逮於寅中驚蟄、星己七十六，卦直豐四，物乃始開；夏至、星甲一百八十一，姤之初六，雖當消會，尚遠閉數，逮于戌行立冬；星戌三百一十五，卦直謙三，物乃極閉。故子午者長消之界；寅戌者，開閉之限也。

然元之經會，運以緯之；會之經運，世以篡之（以下取上曰篡，此即由世而成運之意），十二世而成一運，三百六十、而有二十四閏，開得二百四十運（由寅中之星己七十六，至戌中之星己三百一十五），則為一十六閏，通閏數於開物之數，凡二百五十六運（二百四十並一十六閏），尚八運以合閉物數中百二十八運（開物前為七十五運，閉物後為四十五運，合為一百二十，加八為百二十八，總為閉物之數），則開閉並閏，凡三百八十四爻（即二百五十六，加一百二十八之數，亦即六十四卦之爻），直運之數具焉，除閏而為開為閉六十卦爻直之常運（元會運世用六十卦），天地莫能違也。

（編按：因《易經》有64卦，每卦6爻，得64*6=384為一循環之數，但皇極只用60卦，故本段即將閏當運，相加後亦有384天地生滅之運數，以為相應。）

天開始於甲子，終於癸亥；地始己卯，終於戊寅（開物於星己七十六，閉物於星戌三百十五），總交立數（並交、用之全數三百六十而言），去交為用，就常運之體數：三分之去一用二；十分之去三用七；十二而四分之，則去一用三者。

去一用三者？去九十（冬季亥子丑三月，天地閉塞，萬物不生，故不用，一年去三月，一月三十日，共九十日），用二百七十（一年除冬季三月不能生物而不用，餘九月共三九二百七十日）。

去三用七者？去一百零八，用二百五十二（三百六十去一零八不用，餘二五二為用數）。

去一用二者？去一百二十（閉物前後之運數），用二百四十，去之皆交數，而存用數也，交數從閉，用數從開，已如前說，然細分合閏、除閏，大率體四用三，各隨盈縮而無大差。

故總交而三百六十之體數全，去交而二百六十之用數在，即一歲以觀十二會之運，其可見也。在〈律呂聲音唱和〉，實准乎此；而歷數起運，亦不能違。雖其去三用七，而陽侵陰，陰侵陽，視乎夜侵晝，晝侵夜，不無小溢，究其所侵，終歸夜分之陰。故主運四卦，離坤直閏之分子至卯，酉至子（離直冬至、小寒、大寒、至立春、雨水、驚蟄，即子至卯，冬至、小寒、驚蟄，亦即去而不用之候。坤直秋分、寒露、霜降、立冬、小雪、大雪，即酉至子，立冬、小雪、大雪，為去而不用之候），各去其半，以其所直之半，合乾坎之全，並為用數，故明夷與否以下十六卦，去者歸夜；賁與艮以上四十四卦，用者皆晝，其于晝將向晦，夜將向晨之交，分數盈縮，陰陽交侵，則亦隨日之永短，以定節候，而究於或去或用，三七之數，未嘗有戾於運行之徑也，細推而以會經運之說見矣。

又曰：元經會，取運卦；會經運，取世卦，一會三十運，凡直五卦（指五正卦），一爻一運，運十二世。曆六甲子至癸亥，三百六十年，為世者十二，世各三十年。總一會直五卦三十運，一爻直一運，共十二世，一卦六運，共七十二世，會各五卦，共三十運，三百六十世之年數，統於三十運中，是故運以會為經，以世為緯。

何氏夢瑤說：「以元經會，地統乎天也；以會經運，物生於地也。一元十二會，而計自開物至閉物，止有八會，共二百四十運。」

何氏以為，以會經運，乃是言地之生物者，故必當於開物之後，始有其內容可言，所以會經運始於月寅三之星己七十六，開物之時。終於月戌十一，星戌之三百一十五閉物，共二百四十運，二千八百八十世，八萬六千四百年。

黃氏畿說：晝夜進退，積為一歲之消長。長自子中冬至（同理一元之消長，亦猶晝夜進退之所積，由子會之冬至，即子會之日甲一、月子一、星甲一之復之辰子一起），至寅中驚蟄，星巳七十六而開物（至寅會之日甲一、月寅三、星巳七十六運、辰子九百零一世）；消自午中夏至（即日甲一、月午七、星甲一百八十一起），至戌中立冬、星戌三百一十五閉物（至日甲一、月戌十一中之立冬、星戌之三百十五運閉物），通計開物至閉物，有全會七、半會二，合共八會，計二百四十運（一會三十運，八會共如其數）。

蓋物生於春，息於冬，凡三月不用；人作於晝，息於夜，凡三時不用（一晝夜十二時），故體數之用二百七十（體數之策三百八十四，亦即六十四卦之爻數，體數之用二百七十，乃是《圓圖》三百八十四爻，去左明夷以下，右艮下，所不用十九卦之一百一十四爻，而為二百七十，亦猶用三去一之意）。

其配以卦也，經會取運卦，而經運取世卦（以元經會，重點在觀察運卦；會經運，重點在觀察世卦），合甲子、甲午以應六變，而五行生克，休咎生焉（即取於六十甲子之變，而見五行生克之用）。於用數之中，巳會之末，午會之初，凡十一運一百三十二世，自帝堯甲辰始，紀年載事，特表而出之（特于世之初為之標出），然後治亂之迹，與世卦相應者，大略見矣。凡甲子甲午為世首者，內外各三爻（即一卦管二世，三爻管一世。）爻各十年。又說運卦之所取者，一六為經，六六為緯。

祝氏泌說：一元高拱，體道以成乾，道生一也；二氣升降，承天而位坤，一生二也；動靜互合，周流六虛，二生三也，三則備矣！盈於天地之間者為萬物。故《皇極》三變，止於以運經世，而吉凶禍福盡在其中。蓋河圖十數，天一為元屬乾；地二為會屬兌；天三為運屬離；地四為世屬震；天五為時屬巽；地六為日屬坎；天七為月屬艮；地八為歲屬坤。若九與十，則卦所不及，彷佛繫乎分秒之間，而其數歸於一，此康節所謂：無體之一、不用之一，以況道也。

按：以上所說，可視為祝氏之進化論，亦猶老子「道生一，一生二，二生三，三生萬物」之意。老子又說：「天大、地大，道大，王亦大（王或作人）。」與康節先生萬物惟人為貴之意同。

祝氏又說：經運為地數者，非測地也，地上發斂分至之節；生長收藏之政；水火土石之利，皆於三百六十運中求之。然三百六十運者（一元之運），元之全體，三十運者（一會之運），會之一體也。會為地數，每會以三十運而終，堯末年當第六會之終，有滔天之災，亦地數之窮也。惟極之元，兼十二會而後變（說地生萬物變化之理，與夫一元終十二會而必變同），故曰大哉乾元。

夫天不獨運，必有順成之坤，乃以剛柔太少、應陰陽太少之感；以水火土石，化日月星辰之變；以飛走草木，和性情形體之倡。以歲論之，則每會有一萬八百年，斂於月日時，則月以一萬八百分為元，日以一萬八百秒為元，地雖大不遺微小，隨物之洪纖高下而數行焉。所以至於用秒，則一日中亦可為會之元也。《陰符經》曰：「日月有數，大小有定。」其斯之謂歟？（說天地萬物，無論洪纖，皆有其感應之道，而後始能成其變化。）

又說：《皇極》之所謂數，乃是就交數與用數一併而言者，所以去交數即為用數。一般而言，為去一用三，所去之一，即是交數。如一年有四時（春夏秋冬），時有四月（一時本為三月，此所謂四月者，乃是含氣節之交者而言，即指節氣跨越一季三個月之月分，合之共為四月，即上文所說之「時有四月者」），月有四十日

（節氣所溢出三十日分者，即所謂氣餘，此所溢出之三十日分之餘數，入於下月，並次月而言，故說四十日，亦即所謂「朔虛之交」），所謂四月，乃是含氣餘在內，月四十日，乃是含朔餘而言者。所以含朔餘為四月，含氣餘為四十日，故去其交數，則為三百六十日，是所謂四月、四十日，乃是去一用三也（因去一用三，所以一時三月，一月三十日）；如易有三百八十四爻，去不用卦之爻數（即天自明夷以下，地至否以下），而止用二百八十八，是去一而用三也；太少、陰陽、剛柔之數，三百五十二（陽之數十、陰之數十二；剛之數十、柔之數十二。太陽、少陽，太剛、少剛之本數凡四十；太陰、少陰，太柔、少柔之本數凡四十八。四因四十，得一百六十；四因四十八，得一百九十二，合之為三百五十二，是為太陽、少陽，太剛、少剛之體數），乃去八十八（陽去四十，陰去四十八，即不用之一數），而用二百六十四（太少、陰陽、剛柔之用數），是去一而用三也；三百六十運，去九十而用二百七十，去一而用三也（去一用三，猶有餘數）；是故開物閉物，於十二萬九千六百年中，有九萬七千二百年，於十二會中用九會，皆去一而用三也；由開物至閉物之年月，得一元中四之三，康節何以知其然哉？以歲觀元耳，以日觀歲耳，故康節曰：「物生於春者，息於冬，凡三月不用；人作於日者，息於夜，凡三時不用。是以知開物閉物之期，去四之一也。」不惟是也，《皇極》之數，元會運世，天之四體也；歲月日時，地之四體也。天之四體，以元經會，以會經運，以運經世而止矣，無以世經年，是去一不用也；地之四體也，如以歲經月，以月經日，以日經時而止矣，其下大細不可分，無以時經分也，是亦去一不用也。

按：一時四月，一月四十日。此所謂一時四月者，乃是含氣節之交者而言。如春夏秋冬四時，每時各六氣，每氣十五日，共九十日。實際上每氣為十五日二時五刻，合六氣則超於九十日之外，而入於第四月之中，並此溢出之第四月而言，故說一時四月。一月二氣，也超過三十日，其超出之部分，則入於次旬中，故說一月四十日。

然天去世不用（元會運世為天之四體，亦即指乾而言），而為律呂聲音之大數；地去辰不用（歲月日時為地之四體，亦即指坤而言），而為律呂聲音之細數，夫律呂聲音之數，生物之數也，乾坤各以其一不用之數為之，亦猶一歲之中，以日之十分閏數而生物，故康節曰：「人物在天地間，當閏餘之數也，惟人物得皇極四象之世之數，是以人物之壽，不過四世之年，而攝生之人，得號地仙者，亦不能逾十二世，三百六十年也，故人為百二十年之物（四世），犬馬為三十年之物（一世），朝菌蟪蛄，為一日一月之物，木植台宇，雖壽於人，而亦三百六十年，十二世而已。」噫！人物之囿於數如此，超乎五行之外者，果何如哉？然開物始於入元之二會半，當月之寅，則三陽交泰之後，驚蟄之中節，二月建卯之初氣，即《天元玉冊》所謂地數起於己卯者也，若運中之七十六，已疏其義於前矣。而太極《圓圖》，則七十六當豐之九四，萬物豐大之時，在《卦氣圖》則七十六，當震之六三，帝出乎震，人亨物泰之時也，故為開物。由是曆二百四十運（有閏數），當

《太極圖》之霜降節，終星直戌、辰直寅，當《卦氣圖》之坎，坎陷於重險，而謙有終也，是謂閉物。由此以後，更曆一會半四十五運，而一元之數方終，是知陰陽之運雖息，而《皇極》之生數尚存（皇極之法，去閏則是三分用二，若並閏則是四分用三，實一道也）。

第二節　以會經運寅、卯、辰、巳——觀物篇十三

未討論以會經運之前，重新回顧一下「元會運世」：

元	會	運	世	年	月	日
一元	十二會	三百六十運	四千三百二十世	十二萬九千六百年		
	一會	三十運	三百六十世	一萬零八百年	十二萬九千六百月	
		一運	十二世	三百六十年	四千三百二十月	十二萬九千六百日
			一世	三十年	三百六十月	一萬零八百日

何氏夢瑤說：以元經會，地統乎天也；以會經運，物生於地也，一元十二會而計，自開物自閉物止，至閉物止有八會，共二十四運，故始寅中星己七十六，迄午星癸百九十。

朱氏隱老以為：會有十二元，每一元當一萬八百，總一萬八百而自為一元，則元之體寓於會而為經，會之用寓於運而為緯矣，此之謂以會經運，而其說則自以元經會推之歟？

王氏植以為：所謂以會經運，即是以會統運之意。

一元十二會，除開物前之二會半（即子丑二會之六十運，與寅會之十五運，計七十五運、共九百世、二萬七千年）。閉物後之一會半（即戌會之十五運與亥會之三十運，計四十五運、共五百四十世、一萬六千二百年）不計，開物之前、與閉物之時不計，亦猶一年之「除驚蟄之前，霜降以後」之時間不論。所可計者，共八會，亦即二百四十運，二千八百八十世，八萬六千四百年，乃是以星分月（即以運分會）。王氏以為自寅會星己七十六，開物之始，方有人類，然尚為茹毛飲血之世。王氏所謂渾噩而未變者。自辰卯二會及巳會之前半，其間雖有神聖之君（如所謂天皇、地皇、人皇、有巢氏，燧人氏、女媧氏，以及赫胥、粟陸等，傳說中共有一百八十餘君王治世）然其歷年、甲子，仍難考據，及至巳會之第三十運（星癸之一百八十）之辰子，乃以辰分星（以世分運）外自辰之午，為堯之元年，始有文獻資證而定甲子。

世卦配卦之法，乃是分運卦之爻，一爻管兩世，六爻管十二世，如月巳第六會，星癸一百八十，運卦夬之乾，為巳會之末運，乾之六爻，分管十二世（乾初變姤、二變同人、三變履、四變小畜、五變大有、上變夬，皆為世卦）。乾卦所分之爻，每爻管二世（如乾初之姤、同人、履等），姤、同人、履，三爻（指三爻所變之卦）管一世，小畜、大有、夬三卦管一世，一世三十年，二世六十年。

二世六十年，邵子以十二地支為代，如配以天干，則二世為六十甲子之一周，二世分別以甲子、甲戌、甲申，次世以甲午、甲辰、甲寅各領十年。

此用六十花甲，起甲子至癸酉、甲戌至癸未、甲申至癸巳；甲午至癸卯、甲辰至癸丑、甲寅至癸亥各十年。

以上即黃氏所說：「運卦之所取者，一六為經，六六為緯。」之意。

按：所謂一六為經，乃是就運卦之六爻而言，如子會星甲一、復所變之坤、臨、明夷、震、屯、頤等，一卦當一運。又如堯之時，當巳會之末，運卦直乾（即星癸一百八十），乾為巳會之第三十運，是故謂之運卦。

六六為緯：所謂六六，上「六」字，指運卦之六爻，每爻又各變一卦，所變之卦，每卦管二世，故說世卦。如巳會第三十運直卦乾之六爻，初變姤、二變同人、三變履、四變小畜、五變大有、六變夬等是。堯之時當巳會三十運之第八世，世卦直小畜。

下「六」字，是說世卦每卦又變六卦，如小畜則變巽、家人、中孚、乾、大畜、需，共管六十年。甲子十年配以巽；甲午十年配以乾；甲辰十年配以大畜；是以堯之元年甲辰卦值大畜。

又有一說：謂六六三百六十，以六卦各變三百六十，得二千一百六十卦。

附：運、世卦變卦表如下，簡單的說：

正卦所分之爻為運卦；運卦所分之爻為世卦，世卦所分為年卦。分而言之：

正卦：十二會自日甲一、月子一，起《圓圖》冬至之復、頤、屯、益、震，除離、乾、坎、坤不用之六十卦，為十二會之正卦，每會五正卦，五正卦又各變六卦，共變三十卦，為各會之正卦。茲以巳會之第三十運為例：巳會之正卦為需、小畜、大壯、大有、夬。五卦共變三十卦，為巳會之運卦。

運卦：正卦所分之爻為運卦。以正卦夬為例，夬初變大過、二變革、三變兌、四變需、五變大壯、上變乾，為巳會星戊一百七十五至星癸一百八十之運卦，即所謂一六為經者。

世卦：分運卦之爻為世卦，以運卦乾為例，乾初變姤、二變同人、三變履、四變小畜、五變大有、上變夬，皆為世卦。

世卦一卦管二世，初、二、三爻管第一世；四、五、上爻管第二世。如乾初之姤，直辰子、辰丑二世；二之同人，直辰寅、辰卯二世；三之履，直辰辰、辰巳二世；四之小畜，直辰午、辰未；七、八二世，大有直申酉、夬直戌亥各世。

世卦各爻又分為六卦（即所謂之六六為緯）。每卦管十年，六卦共管六十年。如世卦小畜則變巽、家人、中孚、乾、大畜、需六卦。唐堯即位，即辰未二千一百五十六、小畜九五、所變之大畜為直世卦十年之卦。其年卦干支如下：

甲子至癸酉十年，卦直為巽；甲戌至癸未十年，卦直為家人；甲申至癸巳十年，卦直為中孚。此三十年為小畜之初、二、三爻，亦即經辰之午二千一百五十五世，三十年之干支。

甲午至癸卯十年，卦直為乾；甲辰至癸丑十年，卦直為大畜；甲寅至癸亥十年，卦直為需。此三十年為小畜之四、五、上三爻，為經辰之未二千一百五十六世，三十年之干支。

年卦：除直六甲（甲子、甲戌、甲申、甲午、甲辰、甲寅）十年之卦外，又有直年之卦，以辰午為例，午世之直卦，即運卦乾四所變之小畜，即辰午二千一百五十五世，起年卦法即自小畜起為第一年之卦，其次卦即自《圓圖》左方乾位第四卦之大壯起，左旋歷大有、夬、姤……比、剝、復等，迄左方天卦之需止，除乾、坤、坎、離四卦不用，每卦各管一年。歷兩世六十年而六十卦周。

經日之甲一　經月之寅三（開物始月寅之中）

欲明白元會運世，當先明經緯，簡單的說，縱者為經，橫者為緯，縱緯交織，始有境界。

朱氏隱老說：日為經、則月為緯；月為經、則星為緯；星為經、則辰為緯。凡大者為經，則小者為緯可也。今曰經日之甲一，經在上，日在下，是日亦為緯矣！孰經之耶？於以見一元之後，必復有一元以繼之，而所以經元者則道也，所以經日者則天也。何意不見元經會，而見於會經運之篇，此何說哉？前有尊一元之意（元會運世，以元為大，故說尊），後有廣一元之意（會經運，運經世，世經年……愈推愈廣）。

為什麼這裡不說經月之子一，不言經月之丑二，而直言經月之寅三者何故？此所謂經月之寅三者，乃是去其交數（簡言之即不用之數），取其用數，所以直言經月之寅三。

既言去其交數，取其用數，那麼直言開物始月寅即可，何以又說開物始月寅之「中」呢？之所以說開物月寅之中，乃取月寅之半之意，上面所說取用去交，則寅上半會為交數，以《皇極》去一用三之理，則可知閉物之戌，其前半入於用，後半入於交，數以交言，則陰陽互相侵，陰陽相侵，必無直截分割之理，宜有彼此相入之處，此所謂開物始月寅之中，可以豫知閉物始月戌之中。

經星之己七十六，直運卦明夷，直世卦謙、泰、復、豐、既濟、賁。

朱隱老說：子之一月，當三十星；丑之一月，當三十星；寅之半月，當十五星，合共七十五星打入交數之內，則星巳之七十六星，乃以會經運之第一星也。

按：星巳七十六，即寅會開物後之第一運，於時為驚蟄。其運卦為明夷（星己七十六），茲更增謙、泰、復、豐、既濟、賁六個世卦於其下。

明夷初爻變謙，直子、丑二世；二爻變泰，直寅、卯二世；三爻變復，直辰、巳二世；四爻變豐，直午、未二世；五爻變既濟，直申、酉二世；上爻變賁直戌、亥二世。每世三十年，十二世共三百六十年。

明夷乃正卦豐四爻所變（豐為雷火，豐九三變則為地火明夷），閏卦離上九亦變豐（離上九變亦為豐），豐大也，所以於此開物，天地萬物，生生化化之道，已悉備於其間。

經星之庚七七	直運革	直世咸、夬、隨、既濟、豐、同人
經星之辛七八	直運離	直世旅、大有、噬嗑、賁、同人、豐
經星之壬七九	直運咸	直世革、大過、萃、蹇、小過、遯
經星之癸八〇	直運夬	直世大過、革、兌、需、大壯、乾
經星之甲八一	直運隨	直世萃、兌、革、屯、震、無妄
經星之乙八二	直運既濟	直世蹇、需、屯、革、明夷、家人
經星之丙八三	直運豐	直世小過、大壯、震、明夷、革、離
經星之丁八四	直運同人	直世遯、乾、無妄、家人、離、革
經星之戊八五	直運遯	直世同人、姤、否、漸、旅、咸
經星之己八六	直運乾	直世姤、同人、履、小畜、大有、夬
經星之庚八七	直運無妄	直世否、履、同人、益、噬嗑、隨
經星之辛八八	直運家人	直世漸、小畜、益、同人、賁、既濟
經星之壬八九	直運離	直世旅、大有、噬嗑、賁、同人、豐
經星之癸九〇	直運革	直世咸、夬、隨、既濟、豐、同人

以上即寅會開物後之十五運，於時為驚蟄。其運卦為明夷（星己七十六）、革（星庚七十七、星癸九十）、離（星辛七十八、壬八十九）等十五卦，已見前寅會圖，茲於運卦之下，各增六個世卦（如上圖）。

朱氏說：星巳之後，已有星癸當八十矣，此其說九十，乃星癸之後，又一星癸，而為此會之終也。

祝氏說：康節用卦之法，各有次第，元會運為天地之未合，用未然之數，元起於冬至之子，會起於開物之寅，運起於地建之丑。若年月日為天地之已合，用已然之數，故《卦氣圖》元之元起於子，於卯起世之元，如三代子丑寅之異建，建子者以子月為歲首；建丑者以丑月為歲首；建寅者以寅月為歲首，次第相承，各有所主張。張行成乃一例用卯建，非是。

生生同為天地之大德，天生時而地生財，乾元以一氣資始，坤元以大樸資生，故開物為地之元，夫物者，不特為草木飛走之數，凡盈於天地之間有象者皆物也。人配三才，亦天地中之物也。昔者二氣混合，今陽升陰降，高厚斯辟矣；昔者溟涬無際，今品物流形，妙合而凝矣。位於天地之中者，蒙茸始現，故曰開物。不曰生物而曰開物者，是天地故有之物，蓄於陰陽亭毒之中（亭毒，即化育意。老子：「亭之毒之。」亭謂品其形，毒謂成其質），一性先天地而此物已存，道降而有象，此非自外來也，時當三會，老氏所謂三生萬物者也（開物起十六，乃卯、寅中七之初氣也，逾十六過其中，即七之初）。

經日之甲一　經月之卯四

經星之甲九一	直運師	直世臨、坤、升、解、坎、蒙
經星之乙九二	直運復	直世坤、臨、明夷、震、屯、頤
經星之丙九三	直運泰	直世升、明夷、臨、大壯、需、大畜
經星之丁九四	直運歸妹	直世解、震、大壯、臨、兌、睽
經星之戊九五	直運節	直世坎、屯、需、兌、臨、中孚
經星之己九六	直運損	直世蒙、頤、大畜、睽、中孚、臨
經星之庚九七	直運蒙	直世損、剝、蠱、未濟、渙、師
經星之辛九八	直運頤	直世剝、損、賁、噬嗑、益、復
經星之壬九九	直運大畜	直世蠱、賁、損、大有、小畜、泰
經星之癸一百	直運睽	直世未濟、噬嗑、大有、損、履、歸妹
經星之甲一百〇一	直運中孚	直世渙、益、小畜、履、損、節
經星之乙一百〇二	直運臨	直世師、復、泰、歸妹、節、損
經星之丙一百〇三	直運坎	直世節、比、井、困、師、渙
經星之丁一百〇四	直運屯	直世比、節、既濟、隨、復、益
經星之戊一百〇五	直運需	直世井、既濟、節、夬、泰、小畜

以上十五世，于時為春分。

經星之己一百〇六	直運兌	直世困、隨、夬、節、歸妹、履
經星之庚一百〇七	直運臨	直世師、復、泰、歸妹、節、損
經星之辛一百〇八	直運中孚	直世渙、益、小畜、履、損、節
經星之壬一百〇九	直運渙	直世中孚、觀、巽、訟、蒙、坎
經星之癸一百一〇	直運益	直世觀、中孚、家人、無妄、頤、屯
經星之甲一百一一	直運小畜	直世巽、家人、中孚、乾、大畜、需
經星之乙一百一二	直運履	直世訟、無妄、乾、中孚、睽、兌
經星之丙一百一三	直運損	直世蒙、頤、大畜、睽、中孚、臨
經星之丁一百一四	直運節	直世坎、屯、需、兌、臨、中孚
經星之戊一百一五	直運解	直世歸妹、豫、恒、師、困、未濟
經星之己一百一六	直運震	直世豫、歸妹、豐、復、隨、噬嗑
經星之庚一百一七	直運大壯	直世恒、豐、歸妹、泰、夬、大有
經星之辛一百一八	直運臨	直世師、復、泰、歸妹、節、損
經星之壬一百一九	直運兌	直世困、隨、夬、節、歸妹、履
經星之癸一百二〇	直運睽	直世未濟、噬嗑、大有、損、履、歸妹

以上十五世，于時為清明。

自經星之甲九十一，至經星之癸一百二十，即卯會圖之三十運。

經日之甲一　經月之辰五

經星之甲一百二一	直運未濟	直世睽、晉、鼎、蒙、訟、解
經星之乙一百二二	直運噬嗑	直世晉、睽、離、頤、無妄、震
經星之丙一百二三	直運大有	直世鼎、離、睽、大畜、乾、大壯
經星之丁一百二四	直運損	直世蒙、頤、大畜、睽、中孚、臨
經星之戊一百二五	直運履	直世訟、無妄、乾、中孚、睽、兌
經星之己一百二六	直運歸妹	直世解、震、大壯、臨、兌、睽
經星之庚一百二七	直運困	直世兌、萃、大過、坎、解、訟
經星之辛一百二八	直運隨	直世萃、兌、革、屯、震、無妄
經星之壬一百二九	直運夬	直世大過、革、兌、需、大壯、乾
經星之癸一百三〇	直運節	直世坎、屯、需、兌、臨、中孚
經星之甲一百三一	直運歸妹	直世解、震、大壯、臨、兌、睽
經星之乙一百三二	直運履	直世訟、無妄、乾、中孚、睽、兌
經星之丙一百三三	直運訟	直世履、否、姤、渙、未濟、困
經星之丁一百三四	直運無妄	直世否、履、同人、益、噬嗑、隨
經星之戊一百三五	直運乾	直世姤、同人、履、小畜、大有、夬

以上十五世，於時為穀雨。

經星之己一百三六	直運中孚	直世渙、益、小畜、履、損、節
經星之庚一百三七	直運睽	直世未濟、噬嗑、大有、損、履、歸妹
經星之辛一百三八	直運兌	直世困、隨、夬、節、歸妹、履
經星之壬一百三九	直運升	直世泰、謙、師、恒、井、蠱
經星之癸一百四〇	直運明夷	直世謙、泰、復、豐、既濟、賁
經星之甲一百四一	直運臨	直世師、復、泰、歸妹、節、損
經星之乙一百四二	直運大壯	直世恒、豐、歸妹、泰、夬、大有
經星之丙一百四三	直運需	直世井、既濟、節、夬、泰、小畜
經星之丁一百四四	直運大畜	直世蠱、賁、損、大有、小畜、泰
經星之戊一百四五	直運蠱	直世大畜、艮、蒙、鼎、巽、升
經星之己一百四六	直運賁	直世艮、大畜、頤、離、家人、明夷
經星之庚一百四七	直運損	直世蒙、頤、大畜、睽、中孚、臨
經星之辛一百四八	直運大有	直世鼎、離、睽、大畜、乾、大壯
經星之壬一百四九	直運小畜	直世巽、家人、中孚、乾、大畜、需
經星之癸一百五〇	直運泰	直世升、明夷、臨、大壯、需、大畜

以上即辰會圖之三十運，于時為立夏。

以上自星甲百二十一，至星癸之一百五十，即辰會圖之三十運。

經日之甲一　經月之巳六

經星之甲一百五一	直運井	直世需、蹇、坎、大過、升、巽
經星之乙一百五二	直運既濟	直世蹇、需、屯、革、明夷、家人
經星之丙一百五三	直運節	直世坎、屯、需、兌、臨、中孚
經星之丁一百五四	直運夬	直世大過、革、兌、需、大壯、乾
經星之戊一百五五	直運泰	直世升、明夷、臨、大壯、需、大畜
經星之己一百五六	直運小畜	直世巽、家人、中孚、乾、大畜、需
經星之庚一百五七	直運巽	直世小畜、漸、渙、姤、蠱、井
經星之辛一百五八	直運家人	直世漸、小畜、益、同人、賁、既濟
經星之壬一百五九	直運中孚	直世渙、益、小畜、履、損、節
經星之癸一百六〇	直運乾	直世姤、同人、履、小畜、大有、夬
經星之甲一百六一	直運大畜	直世蠱、賁、損、大有、小畜、泰
經星之乙一百六二	直運需	直世井、既濟、節、夬、泰、小畜
經星之丙一百六三	直運恒	直世大壯、小過、解、升、大過、鼎
經星之丁一百六四	直運豐	直世小過、大壯、震、明夷、革、離
經星之戊一百六五	直運歸妹	直世解、震、大壯、臨、兌、睽

以上十五世，於時為小滿。

經星之己一百六六	直運泰	直世升、明夷、臨、大壯、需、大畜
經星之庚一百六七	直運夬	直世大過、革、兌、需、大壯、乾
經星之辛一百六八	直運大有	直世鼎、離、睽、大畜、乾、大壯
經星之壬一百六九	直運鼎	直世大有、旅、未濟、蠱、姤、恒
經星之癸一百七〇	直運離	直世旅、大有、噬嗑、賁、同人、豐
經星之甲一百七一	直運睽	直世未濟、噬嗑、大有、損、履、歸妹
經星之乙一百七二	直運大畜	直世蠱、賁、損、大有、小畜、泰
經星之丙一百七三	直運乾	直世姤、同人、履、小畜、大有、夬
經星之丁一百七四	直運大壯	直世恒、豐、歸妹、泰、夬、大有
經星之戊一百七五	直運大過	直世夬、咸、困、井、恒、姤
經星之己一百七六	直運革	直世咸、夬、隨、既濟、豐、同人
經星之庚一百七七	直運兌	直世困、隨、夬、節、歸妹、履
經星之辛一百七八	直運需	直世井、既濟、節、夬、泰、小畜
經星之壬一百七九	直運大壯	直世恒、豐、歸妹、泰、夬、大有
經星之癸一百八〇	直運乾	直世姤、同人、履、小畜、大有、夬

以上十五世，於時為芒種。

以上自星甲百五十一，至星癸一百八十，即巳會圖之三十運。

以會經運，自寅會之中己卯（星己七六），直豐（雷火）之九四、明夷（地火）之謙（地山）開物（運卦當豐之明夷，世卦分明夷之爻，初變謙、二變泰、三變復、四變豐、五變既濟、上變賁），至巳會癸巳，直夬上六、乾（巳會之末運）之大有，歷三會半，一百零五運，一千二百六十世，三萬七千八百年，四十五萬三千六百月……，皆十二、三十相乘之積數，除開物以前子丑二會，至寅會之半，共七十五運，九百世，二萬七千年，三十二萬四千月，其時尚屬洪荒，無可考紀。

但至寅會之星己七十六，卦直豐之九四始（正卦為豐，運卦為明夷），運卦直明夷（地火），所謂「離明震動，物象以開」。人物方面，已漸有士農工商（如易所謂之日中為市，斲木為耜，刳木為舟……農具、交通工具等生活用具的發明），物則走飛草木的繁衍生長，為政者之向明而治，簡易的政治制度，也已漸趨完備。

所謂開物寅中，從卦象看，直豐（雷火）之明夷。易：豐大也，明以動。豐之九四，其象為離明震動，豐當離之中，時必有為人物之主者。此所謂開物於寅。

第三節　以會經運巳三十——觀物篇十四

經日之甲一，經月之巳六，經星之癸一百八十

按：經星之癸一百八十，運卦當夬之乾，世卦分乾之爻，初為姤、二同人、三履、四小畜、五大有、上夬，一爻管兩世，六爻管十二世。

經辰之子二千一百四十九，姤初六變乾，九二變遯，九三變訟。

經辰之丑二千一百五十，姤九四變巽，九五變鼎，上九變大過。

一卦管二世，以上姤卦管二千一百四十九、二千一百五十兩世。

經辰之寅二千一百五十一，同人初九變遯，六二變乾，九三變無妄。

經辰之卯二千一百五十二，同人九四變家人，九五變離，上九變革。

以上同人卦管二千一百五十一、二千一百五十二兩世。同理：

經辰之辰二千一百五十三，履初九變訟，九二變無妄，六三變乾。

經辰之巳二千一百五十四，履九四變中孚，九五變睽，上九變兌。

以上履卦管二千一百五十三、二千一百五十四二世，一卦管二世。

經辰之午二千一百五十五，小畜初九變巽，九二變家人，九五變中孚。

甲子	乙丑	丙寅	丁卯	戊辰	己巳	庚午	辛未	壬申	癸酉
甲戌	乙亥	丙子	丁丑	戊寅	己卯	庚辰	辛巳	壬午	癸未
甲申	乙酉	丙戌	丁亥	戊子	己丑	庚寅	辛卯	壬辰	癸巳

以上為午世三十年之干支。

甲午	乙未	丙申	丁酉	戊戌	己亥	庚子	辛丑	壬寅	癸卯
甲辰唐堯元年	乙巳二年	丙午三年	丁未四年	戊申五年	己酉六年	庚戌七年	辛亥八年	壬子九年	癸丑十年
甲寅一一年	乙卯一二年	丙辰一三年	丁巳一四年	戊午一五年	己未一六年	庚申一七年	辛酉一八年	壬戌一九年	癸亥二〇

經辰之未二千一百五十六，小畜六四變乾，九五變大畜，上九變需。

以上為未世三十年之干支，甲辰紀唐堯，意即指唐堯元年，故乙巳為唐堯二年……甲寅為唐堯十一年，以至經辰之申、經辰之酉、甲寅七十一。

甲子二一									
甲戌三一									
甲申四一									癸巳

經辰之申二千一百五十七，大有初九變鼎，九二變離，九三變睽。

甲午五一洪水方割命鯀治之									
甲辰六一									癸丑七〇徵舜登庸
甲寅七一	薦舜於天命之位	虞舜正月十一終於文祖							癸亥

經辰之酉二千一百五十八，大有九四變大畜，六五變乾，上九變大壯。

甲午五十一，洪水方割，命鯀治之：《書經・堯典》謂：「湯湯洪水方割。」湯音商，湯湯，水盛大貌；洪水方割，割，害也。

癸丑七十徵舜登庸：《書經・堯典》：「帝曰：『疇咨若時登庸？』」疇，何人，誰能之意；咨，訪問的意思；若，順意；庸即用。意即是說：誰是我訪求能順時為治之人而登庸之。

正月十一日受終於文祖：意思是說，堯於是決定終止其帝位而讓舜，而舜受之之意。文祖，即堯之祖廟。

甲子九								
甲戌十九								帝堯徂落
甲申二十九	月正元日舜格于文祖							癸巳

經辰之戌二千一百五十九，夬初九變大過，九二變革，九三變兌。

帝堯徂落：癸未帝崩於陽城（今河南登封縣，壽百十有八歲）。

月正元日，舜格于文祖：即正月元日；格，至也。前堯在位之七十三年丙辰之正月十一日，受終於文祖，即居攝，此告即位。

甲午三九							
甲辰四九							
甲寅五九	乙卯六〇	薦禹於天命之位	夏禹正月朔受命於神宗				癸亥

經辰之亥二千一百六十，夬九四變需，九五變大壯，上六變乾。

神宗：即堯廟，禹受攝政之命於堯廟。

以上為巳會之第三十運，運卦當夬之乾（參考巳會圖，即癸之一百八十），世卦分乾之爻（乾初變姤，主子丑二世姤；二變同人，主寅卯二世；三變履，主辰巳二世；四變小畜，主午未二世；五變大有，主申酉二世；六變夬，主戌亥二世）。一六為經（一指乾，六指姤、同人等。六變為經，即六變為世卦之意，以世卦為年之經，此對年卦而言者），六六為緯（上六字，指乾六爻之變；下六字，指姤、同人等卦六爻之變，乾之爻變為世卦，世之爻變則為年卦，因世所變每爻主十年，故年為世之緯，世為年之經），運卦所直一爻，管十二世，一世三十年，十二世共三百六十年，世卦所分之爻，每爻直十年，三爻直三十年，一卦（即運卦十）六爻直六十年，六六三百六十年，而成一運之數。

劉氏斯組說：按日當元，月當會，星當運，辰當世，經日月星而及辰，即經元會運而及世，猶之舉年月日而並及於時也。經辰於經星之癸，猶由日推時，而知時之分，直日之統，舉元會大小之運，於是乎經經緯緯，無不脈絡一貫矣。

黃氏畿說：君德以乾為主，開物以前，乾道未彰，開物之後，同人之乾，其三皇之世歟？履之乾，以至小畜、大有之乾，皇降而帝矣！

夫陽生於子，自巳而六陽備，乃純乾也（此指月子一至月巳六而言）。自圖觀之，乾位正南，時為五月，其應於己未者何居？（己未，指巳會、未運之第八世，即唐堯即位之世之甲辰年。何以知其為己未？這是從六十甲子中推出來的，因每會的甲己運，皆起甲子；乙庚運起丙子；丙辛運起戊子；丁壬運起壬子。）先天數中起（中即每月之中氣，如夏至為午月中氣，一陰生焉，先天數於此起姤一），而節氣則中氣之先者也（夏至為五月中氣，而芒種，已先交午月節，芒種在夏至之先）。運卦大壯之泰（巳會之十六運），閏卦乾之夬，主芒種，巳為午月節氣矣，而世卦變姤至夬（乾初變姤，上變夬，直戌亥二世），適相符焉（世卦乾之夬與閏卦乾之夬相符，其時乾道已極，極盛難繼，舜薦禹而命之位，帝將降而為王矣）。

黃氏以為自寅會開物之後，其運卦為同人之乾（同人為月寅，星戊八十五運，乾為辰子一千零二十一世，參考寅會圖），說乾道於此彰極盛極，大概即所謂三皇之世。及至履之乾（履為月辰，星丙一百三十三，乾為辰子一千六百零九世，參考辰會圖），以至小畜、大有之乾（小畜為星庚一百五十七，乾為辰子一千九百零九世；大有為星壬一百六十九，乾為辰子二千零六十五世，參考寅會圖），於是皇降而帝矣。就元會運世而言，自子會至巳會，陽已盛至至極，故一陰生而為姤，巳會星乾之三十運，初變世卦姤，至上變世卦夬，亦與閏卦氣運相吻合，於此可見邵子所謂的天人之道以及閏、運、世卦之用了。

祝氏泌說：《皇極》編年以月建寅為歲首，舜禹皆書正月。

第四節　以會經運午一——觀物篇十五

經日之甲一，經月之午七，經星之甲一百八十一

按：經星之癸一百八十一，運卦當姤之乾（姤為正卦，乾為運卦），世卦分乾之爻（乾卦一爻管兩世），乾初變姤、二變同人、三履、四小畜、五大有、上變夬，世卦分乾之爻，乾之六爻分管一十二世，一卦管兩世，為查閱方便計，茲列表如下。

經辰之子二千一百六一	姤初六變乾，九二變遯，九三變訟
經辰之丑二千一百六二	姤九四變巽，九五變鼎，上九變大過
經辰之寅二千一百六三	同人初九變遯，六二變乾，九三變无妄
經辰之卯二千一百六四	同人九四變家人，九五變離，上九變革
經辰之辰二千一百六五	履初九變訟，九二變无妄，六三變乾
經辰之巳二千一百六六	履九四變中孚，九五變睽，上九變兌
經辰之午二千一百六七	小畜初九變巽，九二變家人，九三變中孚

經辰之未二千一百六八	小畜六四變乾，九五變大畜，上九變需
經辰之申二千一百六九	大有初九變鼎，九二變離，九三變睽
經辰之酉二千一百七〇	大有九四變大畜，六五變乾，上九變大壯
經辰之戌二千一百七一	夬初九變大過，九二變革，九三變兌
經辰之亥二千一百七二	夬九四變需，九五變大壯，上六變乾

以下為午會第一運（經星之甲一百八十一），乾運之十二世，各世三十年之干支與世首，以及各十年之卦直。

甲子夏禹八									舜陟方乃崩
甲戌一八		丙子							禹東巡至會稽 崩
甲申夏啟								壬辰啟崩	癸巳夏太康

經辰之子二千一百六十一，姤初六變乾，九二變遯，九三變訟。

舜陟方乃崩：陟方，猶云升遐，即所謂升天之意。癸酉舜南巡狩，崩於蒼梧之野。

禹東巡至會稽崩：癸未八年（表列夏禹八），甲戌十八，乃禹居攝之年，丙子為禹踐祚之年，癸未巡狩江南，更名茅山為會稽，禹崩於會稽。

甲午太康二									
甲辰太康一二									
甲寅太康二二							太康失邦羿拒於河而死	壬戌 夏仲康	癸亥

經辰之丑二千一百六十二，姤九四變巽，九五變鼎，上九變大過。

太康失邦，羿拒於河而死：辛亥太康十九歲，以荒怠畋獵洛水之表，十旬弗歸，羿拒於河，不得歸國，遂都陽夏（河南太康縣）而死。次年，后羿立其弟仲康。

甲子三									
甲戌一三	乙亥 夏相							壬午	
甲申十									癸巳

經辰之寅二千一百六十三，同人初九變遯，六二變乾，九三變无妄。

仲康立十三年而崩，子相立，旋被後羿所逐，徙商邱，依同姓諸侯斟灌、斟鄩氏。

甲午二〇								寒浞殺后羿使子澆滅相	癸卯夏少康始生二

甲辰三									
甲寅一三									癸亥

經辰之卯二千一百六十四，同人九四變家人，九五變離，上九變革。

寒浞殺后羿，使子澆滅相：夏政歸后羿，任佞臣寒浞，誘羿復為無道，壬午寒浞殺后羿（浞使其家臣殺羿烹之），寒浞復因其室（納羿妻）生澆、豷二子。壬寅寒浞弒相于商邱，同年相後緡生少康於有仍，遺臣靡奔有鬲（音格，古國，今山東德縣北）。

癸卯，夏少康始生二年（少康生已兩歲）。

朱氏隱老論說：於其始生，即以一二計，所以存正統也，正統所存，則亂賊之所去矣！邵子以亂賊斥羿、浞，則羿、浞其為亂賊一也。

說「生二」的原因，是表示夏王朝的延續。

甲子二三									
甲戌三三	乙亥	丙子	丁丑	戊寅	己卯	庚辰	辛巳	壬午夏少康立臣靡滅澆豷絕有窮氏之族	癸未二
甲申三									癸巳

經辰之辰二千一百六十五，履初九變訟，九二變无妄，六三變乾。

上表之甲子二十三、甲戌三十三的記載方式，乃是史學家的筆法，時夏統雖則業已中絕達四十年之久，因為有少康的誕生，書此，即表示夏統未絕之意。

壬午少康已四十歲，夏遺臣靡滅澆、豷，而立少康，夏室中興，乃遷歸故都。

朱氏隱老說：自辛酉以來，執國柄者，賊羿而已！而年則以夏為紀；自壬寅以來執國柄者，賊浞而已矣！而年則以夏為紀，前後八十餘年，大柄旁落於大奸之手，然而不亡者，豈非神禹之功，終古不泯，而少康之慮，其積有素，夫是以夏配天，為光復祖業之首稱歟！

關於「有窮、有寒」之稱謂，朱氏以為：滅澆、滅豷，謂之絕有寒氏還可以，何以不說絕有寒氏，而說絕有窮氏，是因為寒浞之所為，未有反后羿之所為，則窮即寒也，寒即窮也，其類本一，所以不另用其他稱呼？

這一段朱氏在說明邵子認知事理的觀念，如夏本為有窮后羿所滅，而羿復被寒浞所亡，少康復國，邵子用絕「有窮氏」，而不說絕有寒氏，豈非張冠李戴？朱氏以為澆也、豷也，有窮、有寒也，皆一丘之貉耳，同為人人得而誅之之亂賊，其為亂賊一也，所謂「其類本一，安用殊稱」？不必多此一舉。

甲午一三									
甲辰夏杼									

甲寅一二							辛酉 夏槐		癸亥

辰之巳二千一百六十六，履九四變中孚，九五變睽，上九變兌。

夏杼為少康之子；槐，夏杼之子。

甲子四									
甲戌一四									
甲申二四			丁亥 夏芒						癸巳

經辰之午二千一百六十七，小畜初九變巽，九二變家人，九三變中孚。

夏芒、槐之子。

甲午八									
甲辰十八	乙巳 夏泄								
甲寅十							辛酉 夏不降		癸亥

經辰之未二千一百六十八，小畜六四變乾，九五變大畜，上九變需。

夏泄，芒之子；夏不降，泄之子。

甲子四									
甲戌一四									
甲申二四									癸巳

經辰之申二千一百六十九，大有初九變鼎，九二變離，九三變睽。

甲午三四									
甲辰四四									
甲寅五四						庚申扃			癸亥

經辰之酉二千一百七十，大有九四變大畜，六五變大有，上九變大壯。夏不降在位五十九歲崩，弟扃立。

甲子五									
甲戌一五							辛巳廑		
甲申四									癸巳

經辰之戌二千一百七十一，夬初九變大過，九二變革，九三變兌。扃崩，子廑（音勤）踐位。

甲午一四								壬寅孔	
甲辰三									
甲寅一三									癸亥

經辰之亥二千一百七十二，夬九四變需，九五變大壯，上六變乾。

夏孔甲為不降之子，以豢龍亂國。

以上自辰子二千一百六十一，迄辰亥之二千一百七十二，為午會之第一運，運卦為姤之乾，世卦分乾之爻，一爻管兩世，六爻分管十二世。如乾初變姤，管辰子二千一百六十一、辰丑二千一百六十二兩世；二變同人，管寅卯二世……。

乾初變姤（天風）、二變同人（天火）、三變履（天澤）、四變小畜（風天）、五變大有（火天）、上變夬（澤天），初二三為乾之內卦，管辰子至辰巳六世；四五上為乾之外卦，管辰午至辰亥六世，十二世為一小運。

姤、同人、履，小畜、大有、夬，每卦又各變六卦，每卦管十年，六卦共管六十年，亦稱年卦，如姤初六變乾、九二變遯、九三變訟，管一世三十年；姤九四變巽、九五變鼎、上九變大過，管一世三十年。其後之同人、履、小畜、大有、夬，亦各變六卦，各卦卦變如下：

	初變	二變	三變	四變	五變	九變
姤	乾	遯	訟	巽	鼎	大過
同人	遯	乾	无妄	家人	離	革
履	訟	无妄	乾	中孚	睽	兌
小畜	巽	家人	中孚	乾	大畜	需
大有	鼎	離	睽	大畜	乾	大壯
夬	大過	革	兌	需	大壯	乾

以上姤、同人、履等所變之卦，每卦各管十年，各以干支為紀，共為三百六十年，而成一運之數。

劉氏斯組論說：茲午會第一運，即姤之乾之初運（姤為正卦，乾為運卦），而為乾之分直者也（乾卦分直之爻，分別為世卦及世首之卦）。乾以爻次而之乎六卦，六卦亦各以乾變之爻次，而反本乎乾，觀姤之初、同人之二、履之三、小畜之四、而大有之五、夬之上，各得乾之一變，而又變而乾也（姤卦等由乾變來，而復變為乾）。以此知姤運初直之卦，屢變而不離乎乾，乾主天道，亦主君德，雖當姤陰，實應乾陽，時蓋天地相遇，陰陽當消長之交，曆數在中，帝王直升降之會（巳午為陰陽消長之交，巳會之末堯讓舜，舜禪禹，為邵子《皇極經世書》，帝與王之分水嶺）。姤之《象》曰：「后以施命誥四方（施命，今言公告周知之意）」。令出震而曰帝（《說卦傳》：「帝出乎震，齊乎巽。」帝為陽、為君，乾以君之，故為出令者，旨在釋後以施命。命施巽而曰後，巽《彖》說：「重巽以申命。」即巽為命令），於姤言后，倘亦從乎運而為稱耶（稱姤為后，可能是藉以稱運之意）。維時夏后承乾，有終陟元後之命（舜禪禹說：「天之歷數在爾汝躬，汝終陟元后。」舜說禹對社會國家有如此之懋功，天下大位，只有你才可以擔任）；天中禦世，有允執厥中之姿（舜命禹說：「人心惟危，道心惟微，惟精惟一，允執厥中。」見《書・大禹謨》）。午為夏令，文命四敷（文命，說禹之文教已布四海），明德配天，姒祀衍世（說禹之功被天下，因之夏傳子，姒姓遂為家天下矣）。自姤之甲子入乾，禹攝八載（星甲一百八十一入乾運，經辰之子二千一百六十一，直姤之甲子，為禹受命之八年），暨乙亥踐祚踐位（舜於辰子二千一百六十一之癸酉崩，禹於乙亥十九年踐祚），而後歷十五傳，共四百五十餘年，除孔甲二十三年甲子，直姤之遯，其當初運，分乾起姤迄夬，三十六卦中爻變，推應夏道之興衰治亂，概可睹矣。學者前觀已往，各證其大小、分直卦應，乃知《經世》一書，各書事於年卦下，夫豈徒然哉？（《釋卷・二》219）

按：劉氏本段乃以乾、姤二卦的精神，來說明巳、午二會，關係於陰陽交會之間，與元會運世之氣運消長。

關於乾姤二卦的大意，簡單的說：

乾、姤二卦，乃是由於互變而來，如乾初變姤，姤初亦變乾（他如同人之二、履之三、小畜之四、大有之五、夬之上等亦然，各卦雖得乾之一變而離乎乾，又一變而可復為乾），又乾主天道，亦主君德，因而乾姤之間的關係，就姤而言，雖當姤陰，實應乾陽，故於其天地相遇之時（乾為天陽，姤為地陰），陰陽當消長之交，曆與數皆在其中，所以說「帝、王」直升降之會（帝為堯、舜，王為禹、湯，堯舜升、禹湯降）。

再者復與姤二卦，代表冬夏二至，古人視二至之日，尤甚於今日之新年。斯日，在上者（指帝）要告知人民、宣示政令，放大假、停止一切工作，乃至於商旅行為，一概在停止之列。所以復卦《象》說：「先王以至日閉關。」「至日閉關」，有必要下達命令，使四方周知，故說：「后以施命、誥四方。」（姤卦《象》辭。又來氏知德亦說：「乾為君，后之象，又為言，誥之象。」尚氏秉和說：「乾為后，巽為命，伏坤為四方。」並請參考。

易《說卦傳》：「帝出乎震，齊乎巽。」帝為陽、為君，乾以君之，故為出令者。後之所以施命者以此。

黃氏畿說：午會第一運，運卦當姤之乾，世卦分乾之爻。禹承堯舜，雖曰帝降而王，而一中相授（俱見上說），兩朝不異，故皆當乾。

子丑兩世直乾之姤（乾初爻變姤），「潛龍勿用」（乾初爻辭），「羸豕見凶」（姤初爻）。應于陟方東巡，舜禹且然，況太康乎？乾之姤，亦姤之乾也，一運三百年六十年象占，大率不越乎此。

寅卯二世，「見龍在田」（乾九二爻辭），「同人于宗」（同人六二爻辭），君德為臣，乾、離反本，其後相少康之事歟？

辰巳二世，「乾乾愓若」，懼「履虎尾」（履六三爻辭），神器久移於咥人寒浞（咥音係、咬的意思，此言噬人惡魔），而能光復禹業，祀夏配天，非少康臣靡積慮有素，其孰能之？

前以二紀者？少康始生之二年也；後以二紀者，少康御極之二年也，皆正統所繫也。自杼以下，無可徵焉。孔甲豢龍召災，夏德衰矣！其戌亥之世乎？乾之夬，亦夬之乾也，惟其不能如舜禪禹，故曰「亢龍有悔」（乾上九爻辭），「無號，終有凶」（夬上九爻辭）。

以上黃氏的觀點，是說卦變之間，本卦爻與「之卦」爻（本卦所變之卦，為之卦），其所應，約略相同。如午會首運，乾姤二卦之間的關係，是乾初變姤，姤初變乾。因之、禹承堯舜，雖謂帝降而王，然堯之於舜，舜之於禹，皆以「危、微、精、一、中」心法，相授相承（即所謂一中相授），所以兩朝的大政方針，略無差異，故皆可當乾。

再如子丑二世，直乾之姤，乾初爻為「潛龍勿用」，姤初為「羸豕見凶」。意思是說：如乾初為潛龍勿用，姤之羸豕孚蹢躅，則「有攸往見凶」。姤之攸往見凶，應于舜禹之陟方東巡。直卦之驗若此，即舜尚且不可避免，況太康乎（子世，舜陟方東巡；丑世，太康失國）。所以黃氏結論說：「乾之姤，亦姤之乾也，一運三百年六十年象占，大率不越乎此。」

按：子丑二世：子世，即經辰之子二千一百六十一，斯世癸酉，舜陟方東巡；丑世，即經辰之丑二千一百六十二，辛酉，太康以不競失國。

姤初爻辭：繫于金柅，貞吉，有攸往，見凶。柅，音尼，古時所用的煞車，所謂金柅，乃形容其堅固之意。

羸豕孚蹢躅：羸音累，瘦弱的樣子；蹢躅，行走遲緩的樣子。這一卦是取象於姤卦的下卦巽，巽為繩，故說繫，巽木乾金，故說金柅。巽為羸、巽伏故為豕。

姤初的意思是說，陰不宜動而消陽，猶如車子行於崎嶇山路，隨時要保持煞車，即所謂「繫于金柅」，才能貞吉、保持安全。「有攸往，見凶」。是說：如其不然，便會有問題。

從「潛龍勿用」、「羸豕見凶」，吾人當可了然運卦、世卦之所以用之之道，與《皇極》之用卦。

黃氏以為寅卯二世：「見龍在田（乾九二爻辭），同人于宗（同人六二爻辭），君德為臣，乾離反本，其後相少康之事歟？」

黃氏「君德為臣」的意思是說：夏后相踐位之初，即被後羿所逐，居於商邱，後被寒浞所弒；少康因其父被弒而居於有窮之野。二者恰如乾二之「見龍在田」，故說象少康之事。所謂「乾離返本」之意，乾九二變離為同人，同人六二變而復為乾，故說「乾離反本」。「乾離反本」，亦猶少康之復國。

按：黃氏所謂寅、卯二世，即經辰之子二千一百六十三；經辰之丑二千一百六十四。

乾九二為「見龍在田，利見大人」。少康之所以得復國，得力於臣靡之力為多，其非見龍在田，利見大人之象？乾九二變天火同人，同人六二爻辭為「同人于宗，吝」。同人為什麼說宗？乾為六十四卦之祖，有祖必有宗。尚氏說：「乾為主為宗，二五正應，故同人于宗。」

辰巳二世，「乾乾惕若」；懼「履虎尾」（履六三爻辭），神器久移於咥人寒浞，而能光復禹業，祀夏配天，非少康、臣靡，積慮有素，其孰能之？

辰巳直世之爻，為之九三，履六三。乾之九三則說：「君子終日乾乾，夕惕若，厲無咎。」說一個人，如果能時時反省自己、充實自己，遇事戰戰兢兢，以臨深履薄的態度去從事，這不正如少康與其臣靡為復國所作的努力麼？

履之六三爻辭為：「眇能視，跛能履，履虎尾，咥人，凶，武人為于大君。」即黃氏所謂之「懼履虎尾」。履卦為上天下澤，由於天與澤的變化和配合，遂形成了履卦六三爻的象和辭，如所謂眇能視，跛能履……等，就《皇極》而言，履六三爻的爻辭，亦正應驗了辰巳二世寒浞之竊竊神器，與少康、臣靡復國之史實。

履字的意義就是禮，履卦的大前題亦在此，所謂「君子以辨上下，定民志」。眇只眼瞎或小叫眇，離為目，在履卦中二三爻為半離，所以說「眇能視」，二三爻為半震，所以說跛，意思是說力雖不足，而其心不止之象。所以《象辭》說：「眇能視，不足以有明也；跛能履，不足以與行也。」這裏邊有兩重含意，一則說少康復國的艱難，非有朝乾夕惕的精神，不足以成其事；再則說羿與寒浞竊國，何異於眇而視，跛而履，必不得有好結果。至於履虎尾的虎象，諸家的看法不一，有說乾為虎，有說兌為虎，有說艮為虎，有以謙坤為虎者……，虎尾指履四，由三以履四，上回首而咥三來看，這裏似以乾虎較妥。咥念喋，有齧食之意。尚氏秉和說：「以爻而言，四虎尾，上虎首，三應在上，虎首回齧，故三受咥而凶也」。

至於「武人為于大君」。尚秉和氏以為：三四五爻伏震為武人，乾為大君，三承乾，故說武人為于大君。

虞翻（《虞氏易》）說：三失位，變而得正成乾，始能成乾而為大君。然而羿、浞，雖欲為大君，奈其不正何？

黃氏說：前以二紀者？少康始生之二年也；後以二紀者？少康御極之二年也，皆正統所系也。

《皇極》於經辰之丑二千一百六十四之癸卯，紀少康始生二。經辰之亥二千一百六十生之癸未，紀少康踐位二。邵子為什麼在這里加兩個二字？這就是所謂的春秋筆法，雖然后羿、寒浞，竊弄大夏國柄達四十年之久，皇極仍不以正統予之，而以正統與夏，近世有所謂「歷史的長期佔有論」者，生乎斯世，長乎斯世，安得不云爾乎？

朱氏隱老論說：「前者所以系正統，此則遂以正統歸之也」。

自杼以下，無可征焉。孔甲豢龍召災（夏之衰由孔甲始），夏德衰矣！其戍亥之世乎？乾之夬，亦夬之乾也，惟其不能如舜禪禹，故曰「亢龍有悔」（乾上九），「無號，終有凶」（夬上九，號即號咷，意即是說當其敗壞已至於極點，雖號咷，亦不足以挽救其覆亡之意）。

孔甲豢龍召災。

按：孔甲為不降之子，繼其叔子廑而立，崇神好鬼，相傳時天降二龍，有劉累者學擾龍術於豢龍氏，為孔甲飼二龍，後雌龍死，劉醢而供夏后食之，後因而招災。

第五節　以會經運午二——觀物篇十六

經日之甲一，經月之午七，經星之乙一百八十二。

按：經星之乙一百八十二，運卦當姤之遯（姤為正卦，遯為運卦），世卦分遯之爻（遯一爻管兩世），遯初變同人、二姤、三否、四漸、五旅、上咸，世卦分遯之爻，即遯之六爻分管一十二世，一卦管兩世，茲列表如下。

經辰之子二千一百七三	同人初九變遯，六二變乾，九三變无妄
經辰之丑二千一百七四	同人九四變家人，九五變離，上九變革
經辰之寅二千一百七五	姤初六變乾，九二變遯，九三變訟

經辰之卯二千一百七六	姤九四變巽，九五變鼎，上九變大過
經辰之辰二千一百七七	否初六變无妄，六二變訟，六三變遯
經辰之巳二千一百七八	否九四變觀，九五變晉，上九變萃
經辰之午二千一百七九	漸初六變家人，六二變巽，九三變觀
經辰之未二千一百八〇	漸六四變遯，九五變艮，上九變蹇
經辰之申二千一百八一	旅初六變離，六二變鼎，九三變晉
經辰之酉二千一百八二	旅九四變艮，六五變遯，上九變小過
經辰之戌二千一百八三	咸初九變革，九二變大過，九三變萃
經辰之亥二千一百八四	咸九四變蹇，九五變小過，上九變遯

經辰之子二千一百七十三，同人初九變遯，六二變乾，九三變无妄。

夏皐踐位，皐、孔甲子。發、皐子。

甲子 夏孔甲二三年									癸酉 夏皐
甲戌二									
甲申 夏發									癸巳

甲午一一									癸卯
甲辰二									

甲寅二二									癸亥

經辰之丑二千一百七十四，同人九四變家人，九五變離，上九變革。
癸，即夏桀，發子。

甲子二三									
甲戌三二									
甲申四二									癸巳

經辰之寅二千一百七十五，姤初六變乾，九二變遯，九三變訟。

甲午	乙未 商湯							壬寅	
甲辰				戊申 太甲					
甲寅七									癸亥

經辰之卯二千一百七十六，姤九四變巽，九五變鼎，上九變大過。
太甲、湯孫。太甲戊申踐位，冬十二月居憂於桐，庚戌冬十二月，伊尹奉王歸於亳。還政太甲。

從以上經辰之卯二千一百七十六表，看乙未欄，此欄邵子但書商湯二字，所謂「湯武革命，應乎天、順乎人」者，邵子皆隻字未書，與書舜禹者不同，書舜有如所謂「徵舜登庸」、「薦舜於天之位」、「虞舜正月上日，受命于文祖」、「月正元日，舜格于文祖」、「薦禹於天命之位」等……。這是因為舜禹之行事不同於湯之故。誠如朱氏隱老所說：「湯之所為，既異于舜禹之所為，因之，則雖伐桀之大事，尤且有所不書，何況宵宵之禱雨？又何足書呢？（湯即位後，有七年之旱，湯以身禱于桑林，而獲霖雨。）於以見前書堯之水，此不書商湯之旱，並非是由於水旱之不同，乃是正以堯湯之不同也」。

甲子一七									
甲戌二七							辛巳 商榕沃丁		
甲申四									癸巳

經辰之辰二千一百七十七，否初六變无妄，六二變訟，六三變遯。

商沃丁、太甲子。

甲午一四									
甲辰二四						庚戌 商太庚			

甲寅五									癸亥

經辰之巳二千一百七十八，否九四變觀，九五變晉，上九變萃。

商太庚、沃丁弟。兄終弟及，由太庚始。

甲子一五									
甲戌二五	乙亥 商小甲								
甲申十								壬辰 商雍己	癸巳

經辰之午二千一百七十九，漸初六變家人，六二變巽，九三變觀。

商小甲、太庚子，商雍己、小甲弟。商雍己立，商道中衰。

甲午三									
甲辰 商太戊									
甲寅一一									癸亥

經辰之未二千一百八十，漸六四變遯，九五變艮，上九變蹇。

商太戊、雍己弟。太戊修德，祥桑死，商道復興。

甲子二一									
甲戌三一									
甲申四一									癸巳

經辰之申二千一百八十一，旅初六變離，六二變鼎，九三變晉。

甲午五一									
甲辰六一									
甲寅七一					己未 商仲丁				癸亥

經辰之酉二千一百八十二，旅九四變艮，六五變遯，上九變小過。

商仲丁、太戊子。仲丁崩，國亂，弟外壬立。

甲子六								壬申 商外壬	
甲戌三									
甲申一三			丁亥 商河亶甲						癸巳

經辰之戌二千一百八十三，咸初九變革，九二變大過，九三變萃。

商外壬、仲丁弟。河亶甲（亶音膽）、外壬弟。外壬崩，國復亂，弟河亶甲立，商道寖衰。

甲午八		丙申 商祖乙							
甲辰九									
甲寅一九	乙卯 商祖辛								癸亥

經辰之亥二千一百八十四，咸九四變蹇，九五變小過，上九變遯。

祖乙、河亶甲子，祖辛、祖乙子。祖乙踐位，巫賢為相，商道復興。

黃氏畿說：以上是午會第二運，運卦當姤之遯（姤為正卦，遯為運卦），世卦分遯之爻，於是陰浸而張矣（正卦為天風姤，為一陰之卦，運卦天山遯為二陰之卦，故說陰浸長）！君為陽，臣為陰，為天地之常經；陽為賓，陰為黃主，則遯、姤之時義（遯有退義，姤卦義為柔遇剛，所謂柔，如美色，如佞臣，朝中如和珅之流等，執政者遇到這種情形，即所謂「柔遇剛」，致於其吉凶禍福，關鍵在於老闆的取捨與抉擇，所以二卦皆說其「時義大矣哉」）！是故出其宮而適野（說做國君的，離開或失去了發號施令的位置），則為賓，不利於君；比如丙子、丁丑之世

（經辰之子、之丑二世），遯之同人，出門召厲（同人初九《象》說：「出門同人，又誰咎也？」遯初《象》：「遯尾之厲，不往，何災也？」反過來說，如果一定要往的話，前途便十分令人擔憂了）；再如同人之革說「應天順人」，其卦直與當時史實，竟如此應驗（革卦《彖》辭說：「湯武革命，順乎天而應乎人。」）。

相反的，「出其家而適國，則為主（意指賢能之臣，由野而朝，能得時用），反利於臣」。如戊寅、己卯之世（經辰之寅、之卯二世），「湯得伊尹，中順交固（賓主推心置腹）。」遯之姤曰：「執之用黃牛之革。」（遯六二爻辭，極言其中心堅固之意）。

湯伐夏放桀于南巢，姤之遯曰：「包有魚，無咎，不利賓」（姤九二爻辭，意指湯伐夏放桀，其內心自不免誡懼於後世之評論）；及太甲徂桐宮居憂（太甲年幼，甫即位即破壞湯之制度，伊尹規戒不聽，乃將其幽於桐宮），姤之鼎曰：「以杞包瓜，含章，有隕自天。」（姤九五辭），君降屈以聽臣也。

按：所謂「姤之遯曰」，即指姤九二爻的爻辭而言者。因姤九二爻變，為天山遯，故其爻辭亦可說是「姤之遯」。

姤九二爻辭說：「包有魚，無咎，不利賓。」黃氏以為這句話，應驗于湯伐夏放桀于南巢一事（南巢即今安徽巢縣）。不利賓，按當時情形，桀為主、湯為賓，不利賓，即不利於湯，因湯放桀不免落人以下犯上之口實。齊宣王就問過孟子說：「湯放桀、武王伐紂，有諸？」有這回事嗎？孟子說書上有這樣記載。宣王又問：

「臣弒其君可乎？」孟子的答覆是，以桀紂的所作所為，已經不配稱其為國君了，湯武只是放逐了一個殘民以逞的獨夫而已，沒有聽說過湯武弒君的說法。

湯放桀為什麼以「包有魚」來比方？「包有魚」有兩種解說：一說，包就是包裹的包，包有魚即指陰盛陽損而言；另一說，包就是庖廚。說庖廚有魚，賓客無此口福。湯放桀為什麼以「包有魚」來比方？這裏邊有一個「常」與「變」的大道理，問題是，儘管湯放桀是為解民倒懸，拯民水火，但亦不免為後世野心分子，篡竊造逆，作奸犯科的一種藉口，這是古人所疑慮和擔心的。

太甲徂桐宮居憂，時為卯世戊申年（經辰之卯二千一百七十六），這時正直姤九五變鼎之十年，故說姤之鼎，黃氏以「以杞包瓜，含章，有隕自天」（姤九五辭），應乎「君降屈以聽臣」也。

按：姤九五爻辭為：「以杞包瓜，含章，有隕自天。」朱子說：「瓜為陰物而在下者，甘美而善潰；說杞是高大堅實之木，五以陽剛中正為卦之主，下而防始生必潰之陰，其象如此。然陰陽疊勝，為時運之常。若能含晦章美，靜而制之，則可以回造化矣！」至於「有隕自天」。朱子釋為：「本無而倏有之意。」朱子的解釋大致與本節「君降屈以聽臣」意相似。或謂乾為圓為瓜。姤上卦乾，乾為君，太甲本為君，今屈而在下，有隕自天之象。

伊尹奉王歸於亳，鼎之姤（鼎六五辭）曰：「鼎，黃耳、金鉉，利貞。」臣中德以輔君也，不書者？非終遯耳（說伊尹並無終廢太甲之意）。

黃氏繼這段話是說，伊尹放太甲於桐宮（今山西曲沃，即湯王墓地所在），太甲處桐三年，能自怨自艾，處仁遷義，伊尹乃奉太甲歸於亳，還政於太甲。黃氏以為這與鼎之姤六五之：「鼎，黃耳、金鉉，利貞。」意相應（鼎六五辭）。

按：「鼎之姤曰」與「姤之遯曰」，文法相同。鼎之姤，即指鼎六五爻而言，姤五爻變為天風姤，故說姤之鼎云云。

鼎六五說：「鼎黃耳、金鉉，利貞。」來氏知德（明之蜀人，著有《易經集注》等，人稱來氏易）以五為鼎耳，黃為中色，五又居上卦之中，所以有黃耳之象，五爻變則為乾，乾為金，故有金鉉之象。古人以鼎烹煮食物，鉉的作用是用以穿於鼎兩耳以舉鼎，所以說利貞。陸績解釋鼎六五爻辭為「諸侯順天子」之意。「鼎六五黃耳、金鉉，利貞。」在這裏的意思是說：九五為黃耳，九五君位象太甲，金鉉象伊尹，利貞象徵伊尹奉王太甲歸於亳之意。

庚辰、辛巳而後，書序征焉（庚辰，為太甲崩，翌年辛巳，沃甲踐位，書有明白的記載），遯之否「畜臣妾吉」，豈沃丁之用咎單乎（咎念高）？有系而包羞（進也），惟謹伊尹之訓而守之，則小人伏矣！

上段說：經辰之辰二千一百七十七世之庚辰，為太甲之三十三祀，斯年太甲崩，翌年辛巳，沃丁踐位而用賢臣咎單（咎單念高單、春秋人名），應在卦直遯之否「畜臣妾吉」而小人伏。

按：遯九三、即遯之否，其爻辭為「系遯，有疾厲，畜臣妾，吉」。系同繫，遯有退意，系遯，即系而不舍之意。來氏釋為懷祿徇私而不忍去，所謂凡出於人欲之私者，皆陰之類也。然而出於天理之公者則不然，所謂「蓄臣妾吉」。否之九三曰包羞，杜預注《左傳》說：「潢污行潦之水，可薦於鬼神，可羞于王公。」羞者進也（意即是說，只要意正心誠，即便是山溝、池塘的水，亦可進獻於王公，禮敬於鬼神）。否卦六三爻說「包羞」，豈非沃丁之用咎單乎？「有系而包羞」，說沃丁對咎單，有系而進之之意。咎單佐、沃丁，常常以伊訓而叮嚀謹守之（告太甲者），所以君子進而小人伏矣。

遯之漸，說乾金變木祥焉（遯上卦為乾，乾為金，四爻變，則上卦變巽，巽為木，故云乾金變木），伊陟相太戊，巫咸乂王家（巫咸太戊賢臣），桑穀枯死，商道中興，故曰「君子吉，小人否」（遯九四爻辭）。

經辰之未二千一百八十之甲辰，運卦當姤之遯，世卦分遯之九四爻為風山漸，所謂乾金變巽木，癸卯雍己崩，弟太戊立，伊尹的兒子伊陟為相，又有賢臣巫无為佐，這時朝中發生了一件怪事，史所謂「桑穀共生於朝」，有兩種野生的小喬木，一是桑樹，一是楮樹，二樹相擁共生於朝中，一日之間，大可拱抱，太戊十分恐懼，伊陟說「妖不勝德」，太戊乃修先王之政，三日而祥桑死，商因以中興，正如古人所說「作善降之百祥，作不善降之百殃」者，亦如遯卦九四之「君子吉，小人否」之意。

遯之咸，「肥遯，無不利」（遯上九辭）、「咸其輔、頰、舌」（咸上九辭），其諸河亶甲居相（河南彰德），祖乙圮于耿（圮音痞，毀壞、傾圮之意，即有黃河決堤之患），五遷而騰口悅者歟？斯時也，遯二以中正順應於五，姤五以中正親合於二，故雖出宮屢遯（說商都屢遷，且時有內亂，國君不免仆風塵於外），亦有君臣良遇（如伊陟、巫咸等為相，均能獲得信任），宜乎多歷年所而不衰云！

按：遯之咸，即經辰之戌二千一百八十三，及經辰之亥二千一百八十四二世，卦直遯之六爻，內卦三爻為八十三世，外卦三爻為八十四世，每爻十年。經辰之戌二千一百八十三丁亥，商河亶甲居相，經辰之亥二千一百八十四之丙申，商祖乙圮于耿（祖乙都相，因水患而遷于耿）。時於卦為遯、咸之上九。遯上九為「肥遯，無不利」；咸上九象為「咸其輔、頰、舌，滕口說也」。遯上應於君臣之合，咸上應於盤庚時因遷都所導致群情之囂囂。

遯上之「肥遯，無不利」，遯就是退，肥遯，能以忍讓為懷，簡單的說，即凡事一本於大公至誠，其退也、豈非既肥且大？自然便「無不利」了。通俗點說，即吃虧人常在之意，意義十分淺明。

至於咸象之「咸其輔、頰、舌，滕口說也」的意思，需要稍加解說：

咸之上六說：「咸，咸其輔、頰、舌。」《象》曰：「咸其輔、頰、舌，滕口說也。」

咸就是感。「輔、頰、舌」是幫助口腔動作的部位。來氏矣鮮說：「輔者口輔也，即近牙之皮膚，與牙相依，因協肋牙齒咀嚼及說話，故說輔。頰即兩旁，輔在內，頰在外，舌動則輔應而頰從之，三者相需用事，皆所用於言者。」這裏為什麼以「輔、頰、舌」為喻？因咸上卦兌，兌為口舌，所以有口舌之象。滕口即騁肆其辨之意。亦如當時盤庚所處的環境。

自太戊之後，有商之國情如下：

太戊在位七十五年崩，子仲丁踐位。

仲丁六年遷都於囂（今河南開封河陰縣），十有三年崩，國亂，弟外壬立。

外壬十有五年崩，國亂，弟河亶甲立。

河亶甲徙都於相，立九年崩，子祖乙踐位。

祖乙圮於相，徙都于耿（祖乙都相，又為河水所圮），遂徙都于耿（今山西平陽河津縣），耿又為水所圮，徙于邢（今河北邢臺縣）。

祖乙十九年崩，子祖辛踐位，祖辛十六祀，辛弟沃甲立，沃甲二十五年崩、國亂，辛子祖丁立，三十有二年王崩、國亂，沃甲子南庚立，二十有五年王崩國亂，祖丁之子陽甲立，七年王崩，弟盤庚立。盤庚擬遷都于殷（今河南偃師縣），臣民皆安土重遷，盤庚乃作書以諭其遷都之利害關係，作《盤庚》三篇，遂遷都于亳（殷又稱西亳），改商曰殷，此所謂五遷而騰口皆悅者。

午會二運之戌、亥二世，卦直遯之咸，戌世河亶甲即位徙都於相，其子祖乙復圮于耿，至盤庚又遷于殷，此期間旋治旋亂，然國之所以未遽弱亡者，就整個大運之卦象看，遯二以中正應乎五（六爻正位，二爻為陰位，遯二為陰爻，遯五、姤五皆為陽爻，陰二與陽五為正應，皆合於六爻正位）。姤五以中正親合於二（姤五為陽爻，與遯二陰爻為正應），亦有君臣良遇之象，商室諸君，雖一再遷都，乃至因王位之繼承所發生之內亂，國運仍能屹立而不衰者，或適應於此歟？

以上為黃氏的看法。

劉氏斯組以為：午會第二運，運卦當姤之遯，世卦分遯之爻。遯初分同人、二姤、三否、四漸、五旅、上咸，每卦直兩世，共直十二世。

經星之乙二百八十二運，亦即午會二運之子世，時直孔甲二十三年甲子，世卦直遯之同人之初、二、三爻，越夏皐（癸酉）、夏發（甲申），直卦同人之遯、之乾、之无妄，暨咸世之家人（世卦同人所變之卦，每卦管十年，即三卦管一世，二世共六十年）。逮于夏癸（癸即夏桀）二年甲辰，則直卦之離、之革，至於癸亥，六甲周而一變窮矣（由子世之甲子至丑世之癸亥，即孔甲二十三年，歷夏癸二年甲辰，迄癸亥，共二世計六十年）。乃入於遯之姤之初、二、三（寅兩千一百七十五），其變為乾、為遯、為訟（遯變姤，姤之初變乾、二變遯、三變訟。三爻管一世三十年，甲子為夏癸之二十二年、甲戌三十二、甲申四十二至癸巳而夏亡）。這時正應了妹喜女壯之禍。

夏自少康中興七傳至孔甲，卦直遯之同人之遯、之乾、之无妄，孔甲因崇神好鬼、拳龍而召災，致夏道復衰。越夏皐（癸酉）、夏發（甲申），逮于夏癸（癸即夏桀）二年甲辰，直卦為離為革（同人五變離，上變革），正應了商湯應天順民、伐夏放桀之事。而桀亦重應妹喜女壯之禍（桀之三十二年，伐有施氏，有施氏進女妹喜，桀嬖之，為瓊室象廊，瑤台玉床，窮奢極欲，而桀以亡）豈非重應乎姤？（時直姤卦。文王為姤卦所作卦辭是：「姤，女壯，勿用取女。」孔子的《彖》辭說：「姤，遇也，柔遇剛也。勿用取女，不可與長也。」長、念長久的長。）恰應「姤勿用取女」之說。

劉氏又說：桀囚湯，則「有孚窒惕」，且兼應遯之「執、系」與訟之「逋、竄」。時日曷喪？夏命用迄。

甲申夏桀四十二年，囚湯于夏台，既而釋之。時直訟卦之「有孚，窒惕，中吉，終凶」。（有孚，即誠信而無詐偽之意；窒，窒塞不通，誠信被打了折扣；惕，即檢討反省。能檢討反省，自必有吉，反之，則終必有凶。）

晉人干寶認為：訟是「天氣將刑殺，聖人將用兵」之卦。於此可見「囚湯，孚窒之惕」，其意已躍然紙上，且兼應遯之「執、系」與訟之「逋、竄」（言執之牢，系之緊）。遯六二所謂：「執之，用黃牛之革。」九三：「系遯，有疾厲。（系同繫）」訟九二《象》曰：「不克訟，歸逋竄也。」（度德量力，訟不能成，因逃而歸，應于湯之夏台得釋）於是湯乃誓師伐桀，召告天下，謂人民於桀，無不竊歎其「時日曷喪？予及汝皆亡！」遂與夏桀戰於鳴條，桀師大敗而崩，遂放桀于南巢，於此，夏朝的天下畫下了休止符，「夏命用迄」，終斷送了有夏十七主，四百三十九年之國祚。所謂「乙未而南巢放、而有亳興矣」！

劉氏說：「巽以申命，鼎以享帝。正而凝者，聖敬之日躋；顛以覆者，湯孫之克正，惟時湯之君臣，皆具大過於人之才德，遂得伐夏救民，放桐顧祖，蹈非常而不懼，豈偶然哉？」

經辰之卯二千一百七十六世初之乙未，湯放桀于南巢，底定了商王朝的基業，而有亳興，時世卦直姤之九四變巽，九五變鼎，上九變大過（卯兩千一百七十六）。巽為風，風無所不至，故有命令之象，又巽為順，巽上有巽，故說「重巽以申命」；鼎以享帝。鼎《彖》辭：「聖人亨以享上帝」（亨同烹，鼎用以熟食以祀上帝），應湯王朝之有天下，上則得祀上帝，下則申命萬民。所謂「正而凝者，聖敬之日躋；顛以覆者，湯孫之克正」。（聖敬，諡法：稱善賦簡曰聖，敬賓厚禮曰聖。簡的意思即所謂「責於己者重以周，責於人者輕以約」，亦即厚往薄來之意。湯崩後，湯孫太甲踐位，太甲顛覆湯之典刑，伊尹徂放於桐宮，三年太甲重定，故說顛以覆者，湯孫之克正），惟時湯之君臣，皆具大過於人之才德，遂得伐夏救民，放桐顧祖（讓太甲朝夕於湯之墓園，以緬懷其祖恩聖德），蹈非常而不懼，豈偶然哉？

太甲十七年甲子，世卦入於否，否之无妄，歷訟、遯、觀、晉，以迄乎萃，凡六變，閱沃丁（辰世之辛巳商沃丁）、太庚之世（巳世之庚戌商太庚），前後六十年（起太甲，甲子十七，迄太庚癸亥，共六十年），此其間休否所應，系于苞桑，天行匪正，君德用茂。說太甲，沃丁與太庚之世，伊尹之遺教猶在，沃丁與太庚亦能嚴守不踰（沃丁之八年伊尹薨，沃丁祭以天子之禮），所謂「休否所應，系于苞桑」者也。雖天行匪正，而君德用茂。誠如李鼎氏所說：「五、二包系（五為君，二為臣，君臣相協），根深柢固，若山之堅，如地之厚者，雖遭危亂，物莫能害矣。」

按：古人關於「苞桑」的解釋，有極其相左的看法。

一說苞桑為叢桑，乃柔弱之物，如系國家安危于叢桑，其危殆可知。故古人更慎而言之曰：「其亡其亡！系於苞桑。」有懂慎、惕勵之意。

一說包為乾坤相包，因桑之上玄下黃，象乾坤，乾職在上（如四時運行），坤體在下（如坤厚載物），系其本體，不能亡也（荀爽）。有說桑有衣、食供人之功，聖人有天覆地載之德，故以此相喻（京房）；有說包為本，言其堅固不亡，如以巽繩之系也（陸績）……。

李鼎祚說：「田上有木，莫過於桑。」故說「其亡其亡！系于苞桑」。言五二包系，根深柢固，若山之堅，如地之厚者，雖遭危亂，物莫能害矣。

休否在此亦有兩說。一說乃指此兩世六十年間，國家昌隆與混亂之應；一說即指否九五爻「休否」一辭而言，意即當否之時，應休息以待時，即所謂俟機而動。二者之間，少有區別。否九五說：「休否，大人吉。其亡！其亡！系于苞桑。」准此而言，似與否苞桑之意相屬。

若乃遯四變而為漸之家人，十年而巽，又十年而觀，各十年而遯、而艮、而蹇，越小甲、雍己至於太戊，商道益光。

以上說經辰之午二千一百七十九，經辰之未二千一百八十二世。

其後也旅（經辰之申二千一百八十二），旅之變六，起離，中鼎、晉、艮、遯，迄小過，以上說經辰之午二千一百七十九，經辰之酉二千一百八十二兩世。

其後也咸，咸之六變起革，中大過、萃，蹇、小過，迄遯，則自太戊而下，傳仲丁、外壬、河亶甲，而至祖乙、祖辛，一百二十年間，其興衰不必視乾卦而求，有心者歷觀商祚中葉，驗之天人，亦思過半矣！至是則直乎姤之訟，而運乃三矣。

咸之六變：咸初變革，上九變遯，九二變大過，九三變萃，九四變蹇，九五變小過，亦即內卦之中為大過，外卦之中為小過，九三變萃，九四變蹇，故說大、小而包萃、蹇。萃《彖》辭說：「王假有廟，致孝享也，利見大人，聚以正也，用大牲，吉，利有攸往，順天命也。觀其所聚，而天地萬物之情可見矣！」蹇《彖》說：「利見大人，往有功也，當位貞吉，以正邦也。蹇之時用大矣哉！」

商自大戊而下（經辰之未，甲辰），傳仲丁（經辰之酉，己未）、外壬（經辰之戌，壬申）、河亶甲（經辰之戌，丁亥），而至祖乙（經辰之亥，丙申）、祖辛（經辰之亥，乙卯），一百二十年間，其興衰不必乾卦變而求（商之運卦為遯與訟，二卦外卦皆乾），有心者歷觀商祚中葉，驗之天人，亦思過半矣！至是則直乎姤之訟，而運乃三矣。

我國歷史，自堯、舜而後，所發生關係於千年萬世的第一件大事，為禹夏傳子、家天下的問題。康節先生的深慮沈憂，以「皇、帝、王、伯」四字以喻之。在對堯舜禹的稱謂上，也有極大的區別。其於堯則說「徵舜登庸」，「薦舜於天命之位」，「虞舜受終於文祖」，「月正元日，舜格于文祖」；於舜則說「薦禹於天命之位」，「夏禹正月朔，受命于神宗」；于禹則說「禹東巡至會稽崩，甲申夏啟」。如果我們讀書至此，即認為前文堆砌而後文簡煉，那不但大錯而特錯，且辜負了康節先生之心志與深意。邵子在《皇極經世書》中，一字之異，即有天機存焉。

第二件關係於千年萬世的大事，為湯武革命，今日吾人皆識：「湯武革命，應乎天而順乎人。」不但一部二十五史，繇此演義而來，歷代的野心家，無不假「應乎天，而順乎人」之名以行之。故歷代皆有所褒貶，《東坡志林》以為，武王非聖人，孔子對湯武，即持否定的態度，這點可從孔子對伯夷、叔齊的肯定上，可以看出。此外孔子敘書也很明白的說：「伊尹相湯代桀，成湯放桀于南巢；武王伐商，武王勝商殺受。」與春秋趙盾弑君，稱許太子申生之孝之筆，《皇極書》中對商湯僅言「乙未商湯」；于周武王則言「己卯周武王」，如此而已。《皇極》效法孔子春秋筆法之意，於此可見。宜乎朱氏隱老於經辰之卯甲午五十二年論說：「但書商湯而不書其事，可以見其異于舜、禹之所為矣！」

第六節　以會經運午三——觀物篇十七

經日之甲一，經月之午七，經星之丙一百八十三。

按：經星之丙一百八十三，運卦當姤之訟（姤為正卦，訟為運卦），世卦分訟之爻，訟初變履、二否、三姤、四渙、五未濟、上困（訟卦所變之履、否、姤、渙等，一卦管兩世）。世卦履、否、姤、渙等，如履初所分之訟、二之无妄、三之乾等，一卦管十年，三卦管一世，茲表示如下。

經辰之子二千一百八五	履初九變訟，九二變无妄，六三變乾
經辰之丑二千一百八六	履九四變中孚，九五變睽，上九變兌
經辰之寅二千一百八七	否初六變无妄，六二變訟，六三變遯
經辰之卯二千一百八八	否九四變觀，九五變晉，上九變萃
經辰之辰二千一百八九	姤初六變乾，九二變遯，九三變訟
經辰之巳二千一百九〇	姤九四變巽，九五變鼎，上九變大過
經辰之午二千一百九一	渙初六變中孚，九二變觀，六三變巽
經辰之未二千一百九二	渙六四變訟，九五變蒙，上九變坎
經辰之申二千一百九三	未濟初六變睽，九二變晉，六三變鼎
經辰之酉二千一百九四	未濟九四變蒙，六五變訟，上九變解
經辰之戌二千一百九五	困初六變兌，九二變萃，六三變大過
經辰之亥二千一百九六	困九四變坎，九五變解，上六變訟

1	2	3	4	5	6	7	8	9	10
甲子祖辛十							辛未商沃甲		
甲戌四									
甲申一四									癸巳

經辰之子二千一百八十五，履初九變訟，九二變无妄，六三變乾。

1	2	3	4	5	6	7	8	9	10
		丙申商祖丁							
甲辰九									
甲寅一九									癸亥

經辰之丑二千一百八十六，履九四變中孚，九五變睽，上九變兌。

1	2	3	4	5	6	7	8	9	10
甲子二九				戊辰商南庚					
甲戌七									
甲申七									癸巳商陽

經辰之寅二千一百八十七，否初六變无妄，六二變訟，六三變遯。

甲午二						庚子 商盤庚			
甲辰五									
甲寅一五									癸亥

經辰之卯二千一百八十八，否九四變觀，九五變晉，上九變萃。

甲子二五				戊辰 商小辛					
甲戌七									
甲申一七					己丑 商小乙				癸巳

經辰之辰二千一百八十九，姤初六變乾，九二變遯，九三變訟。

甲午六									
甲辰一六									
甲寅二六		丁巳 商武丁							癸亥

經辰之巳二千一百九十，姤九四變巽，九五變鼎，上九變大過。

甲子八									
甲戌一八									
甲申二八									癸巳

經辰之午二千一百九十一，渙初六變中孚，九二變觀，六三變巽。

甲午三八									
甲辰四八									
甲寅五八		丙辰 商祖庚							癸亥

經辰之未二千一百九十二，渙六四變訟，九五變蒙，上九變坎。

甲子二									
甲戌一二									
甲申二二									癸巳

經辰之申二千一百九十三，未濟初六變睽，九二變晉，六三變鼎。

甲午三二		丙申 商廩辛						壬寅 商庚丁	

甲辰三									
甲寅三									癸亥 商武乙

經辰之酉二千一百九十四，未濟九四變蒙，六五變訟，上九變解。

甲子二			丁卯 商太丁			庚午 商帝乙			
甲戌五									
甲申一五									癸巳

經辰之戌二千一百九十五，困初六變兌，九二變萃，六三變大過。

甲午二五									
甲辰三五			丁未 商受辛						
甲寅八					錫周文王命為西伯				癸亥

經辰之亥二千一百九十六，困九四變坎，九五變解，上六變訟。

黃氏畿曰：「右午會第三運也。運卦當姤之訟（正卦為姤，運卦為訟），世卦分訟之爻。姤遇也，《象》曰：「姤，后以施命，誥四方。」訟、爭辯也，《象》曰：『君子以作事謀始。』自禹以來，事物相遇，誥誓繁矣！及商五遷，爭辯生焉。」

戊子、己丑之世，當訟之履，祖乙居邢，巫賢為相，祖辛承其素履，率而不遷，上下辨而民志定（履象）。豈能終訟哉？故曰「不永所事，小有言，終吉。」（訟初爻）

黃氏以為：午會第三運是姤之訟卦，運卦為訟，訟卦所分之卦：如初變履、訟二變否、訟三變姤、訟四變渙、訟五變未濟、訟上變困等為世卦。一卦管兩世，六卦（即訟之六爻）共管十二世。

姤的意思是遇，《象》辭說：「姤，后以施命，誥四方。」后為發令者。尚氏說：乾為后，巽為命，伏坤為四方（姤外卦為乾，乾為伏坤），「后以施命誥四方者」。來氏說：乾為君后之象，又為言誥之象，錯坤為方之象（乾錯坤），巽乃命之象。來氏以為：所謂施命，即施命於天下之意。誥者、告也，即曉諭警戒之意。施命誥四方，就像風吹而至四方之意。

訟《象》說：「君子以作事謀始。」訟就是爭辯，凡事如能善謀于初，即可免於紛爭，免於爭議了。所謂「靡不有初，鮮克有終」，一個國家或團體，如不能審慎於其始，建立其好的基礎，是絕對不能長久的。

所謂「自禹以來，事物相遇，誥誓繁矣！」，堯舜之時，僅有《堯典》《舜典》二典，及禹復有《大禹謨》，《皐陶謨》，《益稷篇》；夏書有《禹貢》，《甘誓》，《五子之歌》，《胤征》；之後又有《湯誓》，《仲虺之誥》，《湯誥》，《伊訓》，《太甲》上、中、下，《咸有一德》；《盤庚》、《說命》上、中、下等。可見禹後誥誓之繁。

及商五遷，爭辯生焉。商之五遷：湯始居亳（今河南商邱），仲丁遷囂（今河南開封河陰），河亶甲徙相（今河南彰德），祖乙初徙耿（今河南商邱），繼遷邢（今河北邢臺縣），皆以水患而遷都。及至盤庚又遷于殷（今河南偃師又稱西亳），盤庚為遷都之事，遭到極大阻力，乃作《盤庚》三篇，曉國人以利害，眾意乃平。

黃氏說：庚寅，辛卯之世，當訟之否，國日以亂，盤庚欲遷，胥動浮言，作誥三篇，乃遷于殷，怨咨息焉。故曰：「不克訟，歸而逋，其邑人三百戶，無眚（訟二爻）。」訟者歸其邑，則否者亨於位。故曰：「包承，小人吉，大人否亨。（否二爻）」庚寅，即經辰之寅二千一百八十七世，直世之卦為否之初、二、三爻，初六變无妄、六二變訟、六三變遯。

所謂辛卯，即經辰之卯二千一百八十八，直世之卦為否之四、五、上爻，否九四變觀、九五變晉、上九變萃。黃氏說：「當訟之否，國日以亂。」

首先來看看寅、卯二世，商政權繼任的情形：

前經世之亥之八十六世，祖辛十六祀崩之後，弟沃甲繼立。沃甲二十五祀之後國亂，祖辛之子祖丁立。

祖丁三十有二祀之後國亂，沃甲之子南庚立。

南庚二十有五祀之後國亂，祖丁之子陽甲立。

陽甲七祀之後，弟盤庚立。

百來年間，從王位的繼承上看，似乎隱藏著國家權力鬥爭（商是否為兄終弟及之制，待考），致政局陷於動蕩不安之中。到了盤庚，國勢積弱，就國家發展長遠利益言，圮都之虞，或所不免，乃復有遷都之議，但遭遇到社會極大的抗力，盤庚乃作書三篇，以曉諭人民，於是遷都于殷（河南偃師）。這時的直卦為訟之否，所謂：「不克訟，歸而逋，其邑人三百戶，無眚。」（訟二爻，眚音升，眼中所生的病。）不克訟而逋歸其三百戶之邑，故說「訟者歸其邑」。否六二說：「包承，小人吉，大人否亨。」於是則生否者亨於位矣。

尚秉和氏釋訟六二說：坎為隱伏，故曰逋。上無應，故不克訟，不克訟故逋。逋逃也。逃歸何處呢？二居坤中，坤為邑、為百、為戶。坎為三，故其邑人三百戶，言二逃於坤二之中。坎為眚，二逋坤中，尚能布誠於上下，故無眚。眚者災害也。

朱子亦說：九二陽，為險之主，本欲訟者也，然以剛居柔得下之中，上又應陽剛居尊之九五，其勢不可敵，乃自卑其處於三百戶之小邑、以免其眚。

朱子釋否六二說：陰柔而中正，乃小人而能包容、承順乎君子之象，小人之吉道也。大人則當安守其否，而後道亨。所謂「小人吉，大人否亨」者，於是否者亨於位矣。

壬辰、癸巳之世，當訟之姤，食舊德，無大咎，而武丁免喪弗言，群臣咸諫。

按：經辰之辰二千一百八十九，姤初六變乾，九二變遯，九三變訟。經辰之巳二千一百九十，姤九四變巽，九五變鼎，上九變大過。

盤庚在位二十有八年崩，傳弟小辛，辛二十一年崩，小辛傳弟小乙，小乙二十八年崩，傳子武丁。武丁在我國歷史上，是一位頗為怪異神秘的帝王，即位居喪間，不言不語，國家一切施政，悉委于宰相甘盤，喪期屆滿後，仍不言語，群臣亟諫，皆無效。所謂「王宅憂（居喪期間），亮陰三祀（居喪三年，或謂居喪的地方），既免喪，其惟無言，群臣咸諫于王……」，大意是說：天子君臨萬邦，百官皆奉承王命而行政，今王不言，則臣下何以稟命行事？

黃氏說：壬辰、癸巳之世，當訟之姤，卦直訟六三之「食舊德」，姤九三：「臀無膚，其行次且。厲，無大咎。」而武丁免喪弗言。

來氏釋「食舊德」謂「食」為吞聲不言之意；從姤之九三「臀無膚，其行次且（即趦趄）」，即可知武丁所處的時代，有舉步惟艱之情，所以「王宅憂（居喪期間），亮陰三祀（居喪的地方），既免喪，其惟無言」，武丁於國事能深自緬懷，以至免喪弗言，乃「無大咎」。

甲午、乙未之世，當訟之渙，夢賚（賚音給，賜予之意）旁求，得傳說於岩下，無違命者，故曰「不克訟，復即命，渝，安貞吉」（訟四爻）。四、五君臣得位而上下同，說克欽承大號以濟渙，百執事豈能為黨哉？故曰：「渙其群，元吉，渙有丘，匪夷所思（渙六四）。」

按：甲午、乙未即經辰之午二千一百九十一；經辰之未二千一百九十二之兩世，其直卦前者為渙初六變中孚、九二變觀、六三變巽三爻；後為渙六四變訟、九五變蒙、上九變坎三爻。武丁于巳世之丁巳踐位，亮陰三年仍不言，夢上帝賚以良弼，所謂「當訟之渙，夢賚旁求，得傳說於岩下，無違命者」。

武丁「三祀，免喪，弗言」。說武丁喪期屆滿後，仍不言語，所謂「恭默思道」夢得上天賜給他一位賢相，於是便把夢中所見，繪成圖像，訪求於國內，果然于傅岩（今河南陝州）以工代賑的工人囚犯群中，找到了以力謀食的傅說，並立即拜說為相，置諸左右，以受學焉。傅說乃陳《說命》三篇……殷以中興。

武丁的天賚良弼，今人看來，似乎頗有神話色彩和傳奇味道，不免令人匪夷所思，但史書如此記載，所謂「王宅憂（居喪期間），亮陰三祀（居喪三年，或謂居喪之地），既免喪，其惟無言，群臣咸諫……」。（去古迄今五千餘年歲月中，多少無法理解，不可思議之事，令人難以揣度。又如預言之類，亦無代無之。）「天賚良弼」，武丁於恭默思道三年之餘，極盡冥思之中，有此奇夢，固不無可能。或者武丁於其為世子時，曾居留民間有年（其父小乙，欲其瞭解民間疾苦，其遯于荒野，入宅於河，自河徂亳……），於民間時曾聞傳說其名，或曾與謀面，或有高士指引（如其相甘盤等）亦未敢說。

按：古時往往有大學問、大智慧人，淡泊名利，不求顯達，隱居草野之間，世所謂「岩穴之士」者，如伊尹、姜尚、甯戚、百里奚，乃至三國時的諸葛亮等，咸隱於民間，三國時劉表據荊州，多人皆向其推介龐德公為奇人異士，劉表亦曾派其寶貝兒子劉琮前往訪問，見其為齷齪農夫，即以不學無術目之，表為漢之宗室，又頗事學問（劉氏曾有易注傳世），而據天下要衝，以不能識人求才，旋為曹操所滅。

武丁得傅說於板築之間（服勞役的囚犯中），即以之為相，同樣為不可思議之事。後人對傅說以匹夫而登相位，所謂「不由薦舉；不由人望；不由家世；不由勳業；不由資敘，但憑時下傳說，即確信不疑……」，僅僅于武丁之一夢，朝中並無異議，誠屬異數。山堂章氏論說：「此不可以常情論也，有高宗、有傅說則可，君非高宗，臣非傅說，則必有私意用人，難合於公議矣！漢文帝以夢得鄧通，光武以讖用王梁，亦此類乎？」

黃氏畿以為武丁直訟之九四：「不克訟，復即命，渝，安貞吉。」意思是說九四剛而不中，故有訟象，以其居柔，故又為「不克」，而復就于正理，渝變其心而安于正理，因之能得安正而吉了。（復，即恢復；即，就也；命，指正理；渝為變。即變其訟之決心之意。）

渙卦六四爻謂：「渙其群，元吉，渙有丘，匪夷所思。」渙字在此有雙重義意，一是渙散，渙其群，即瓦解其小政治團體，對國家當然是好事，所以說元吉。一是渙發，「渙有丘」，即將小團體予以整合，而成為一大團體，誠「匪夷所思」者。

九五為：「渙汗其大號，渙王居，無咎。」尚氏以為「渙汗」即澔旰（浩旰，玉的光彩照耀）之意。巽為號令「渙汗其大號」，即頒佈光顯其號令，如風之無不屆。艮為居，五君位，故曰王居，「渙王居」，言王居巍煥也。五履萬民之上，故光大如此。得中故無咎（五居上卦之中，陽居陽位）。

渙九四為陰爻居陰位，五陽爻為君位，四五君臣得位而上下同說，克欽承大號以濟渙，能夠使社會更安定，人民更幸福，鄰邦來朝，百執事豈能為黨哉？故曰：「渙其群，元吉，渙有丘，匪夷所思。」（渙六四）

在這種情形下，朝臣豈能復為小黨，博其私利哉？

丙申、丁酉之世，訟之未濟，祖甲當之，不義惟王，知小人之依，陽剛中正，是謂元吉（訟五爻），匪承震伐鬼方之餘烈者歟？故曰：「貞吉，無悔，君子之光，有孚，吉。」（未濟九五）

經辰之申二千一百九十三、經辰之酉二千一百九十四。未濟初六變暌、九二變晉、六三變鼎，三爻共直申世；未濟九四變蒙、六五變訟、上九變解，三爻共直酉世。

祖甲於經辰之未之癸亥即位，武丁之後，自祖甲起，商王朝已步入了遲暮時期，所謂「訟之未濟，祖甲當之，不義惟王」。從祖甲便荒淫無道，開始在蠶食武丁辛苦建立的基業，在位三十三年，之後殷室的繼承者，每下愈況，至武乙，幾乎成了神經病，發瘋至與天神決鬥，天神不可見，乃以革囊盛血，仰而射之，命曰「射天」，卒被雷殛於野。爾後子太丁，太丁子帝乙，帝乙子辛受（即殷紂王），終於斷送了三十世，六百年成湯基業。

朱熹謂：「陽剛中正，以居尊位。（訟五爻）」，訟九五陽剛中正，而居尊位，所以說「陽剛中正」，能夠「陽剛中正」，「中則聽不偏；正則斷合理」，聽訟自然能大公至平，能如此，自然大吉大利，是謂「元吉」了。這是說祖甲之後，廩辛、庚丁繼位，雖亦頗能體恤人民疾苦，能為所謂的陽剛中正，也不過承乎高宗「震用伐鬼方」之餘烈罷了。應乎未濟六五：「貞吉，無悔。君子之光，有孚，吉。」而已。

按：訟九四謂：「貞吉，悔亡，震用伐鬼方，三年有賞于大國。」；六五謂：「貞吉，無悔，君子之光，有孚，吉。」

九四說「貞吉，悔亡」。九四陽居陰位，陽剛為正，故說正。正自然吉了，所以其「悔」必亡。吉就無悔。

「震用伐鬼方」。虞翻、來氏皆以四變陰，則二三四爻為震。尚氏依《易林》謂四五為半震。「震用」，即指四五爻言。又震為威武，故言伐。坎為鬼，故說鬼方（商曰鬼方，漢曰匈奴，魏曰突厥）。尚氏以坎為三，虞翻以陽稱賞。商高宗武丁伐鬼方三年克之，故說「三年」。「有賞於大國」者，言伐鬼方有功，以大國賞之也。六五謂：「貞吉，無悔，君子之光，有孚，吉。」意略如上。

此二爻說廩辛、庚丁，在武丁的餘廕下，得其「貞吉，悔亡」，「有賞于大國」。尚能維持局面而已。

戊戌、己亥之世，當訟之困，武乙無道，極于受辛，讒人受賞，鮮克有終，故曰「或錫之鞶帶，終朝三褫之（訟上爻）」。

己未，書錫文王，命為西伯，雖不稱王而豫書謚者？出羑里而興也勃焉，莫之能禦矣！故曰：「困于葛藟，于臲卼（念聶兀，不安意），曰動悔，有悔，征吉。（困上六）」

戊戌、己亥之世，即經辰之戌二千一百九十五、經辰之亥二千一百九十六二世，卦直當訟之困，困初六變兌、九二變萃、六三變大過，三爻直戌世；困九四變坎、九五變解、上六變訟，三爻直亥世。

戊戌、己亥之世，運當訟之困，在殷王朝最後二世中，武乙與太丁，為有商在位最短的君王，然而武乙在短短四年間，卻已佈下了殷王朝覆亡的種子。戌、亥二世，共有四位帝王，即武乙、太丁、帝乙、辛受（受即後世所謂的殷紂王），武乙即射天，被雷殛的狂人，太丁在位僅三年，其善其惡，均無足稱，其子帝乙在位三十七年，連辛受的十七年，此半個世紀，正是西方周王朝興起的時候，帝乙、辛受在位期間，最重要的交往諸侯，即為西伯。帝乙元年命周公季歷為牧師，並賜以圭、瓚、秬（音巨）、鬯（音暢），為侯伯（圭瓚，宗廟禮器；秬，黑黍；鬯，香草。皆諸侯釀酒以降神者），西伯發政施仁，天下賢士多歸之。

帝乙在位三十七年，是一位平平常常的帝王，對是非亦有一定的認知能力，如其決定太子人選時，帝乙與後，因微子賢，皆欲立微子為太子，偏偏有位食古不化的太史，認為有妻之子，不可立妾之子為太子，如立微子，則違背祖宗家法，堅持認為應立辛受，才合乎禮法。按說微子與辛受為一母所生，微子又為長兄，只是因為微子生的時候，其母尚是妾的名分，過了幾年才扶正為夫人后，始生辛受，因之太史認定辛受為夫人所生，微子為妾所生，所以依法應以紂為太子。帝乙因立辛受為太子。這中間有無存在著宮庭秘辛，今已無從查考，但殷太史的一言喪邦，不但很快的斷送了大殷王朝，而且為五千年中華歷史，增加了一位名垂千古的暴君，然而非常遺憾的，這件血淋淋的擇立故事，仍然未能對後世有所警惕和啟發。如春秋末年，晉知宣子的立瑤為後，智果以「瑤有賢者五（此所謂賢，乃指技能理論而言，無與賢德），以五賢淩人，而以一不仁行之」，天地間誰能與其共事呢？智果斷然預判，如果立瑤為後，則智宗必滅。很不幸的，瑤不但滅絕了智氏一族，連帶使五霸之首的晉國，也在戰國的國際舞臺除名了，同樣成了歷史話柄。

辛受踐立後，即為無道，為炮烙之刑、剖孕婦、殺諫者、醢九侯、脯鄂侯，西伯昌看到殷紂倒行逆施如此，暗自慨歎！即被告密而囚於羑里，西伯的謀臣，乃以天下奇玩美女，獻予紂王，紂即赦免了西伯的罪，姬昌更以洛西一帶的土地，獻于紂王。紂王大喜，不但廢止了炮烙之刑，並命其為西伯，賜以弓矢、鈇鉞與專征之權。時為紂王十七年己未。

按：

造鉅橋：紂之特別倉庫，以聚天下之粟米與奇玩珍寶於此，此其猶小焉者。

剖孕婦：妲己想知道胎兒在媽媽肚裏的情形，就把孕婦剖開觀看。見冬天鄉人渡河，皆男負女，甚少見女負男者，怪而問之？或告以男子脛骨中有髓，不怕寒湅，妲己不信，遂將負女渡河之男子脛骨折斷來驗看其情。

為炮烙之刑：諸侯或人民有批評乃至反叛或其他不滿之犯禁者多有，妲己以為乃是刑罰太輕之故。於是制炮烙之刑以取樂歡笑。將銅柱塗以油膏，下置炭火燒紅，使犯者赤足從上走過，或墜火中，或使赤膊抱柱，天下顫怨，妲己聞其慘號以取樂。

訟之上九說：「或錫之鞶帶（錫同賜，謂王之錫命，鞶帶，即大帶為命服之帶），終朝三褫之。」（褫奪也，二三四爻互離日，有朝象，四為互離之末，故說終朝；朝，為早晚、朝夕之朝。）

訟之上九，猶如紂之與文王，或予或奪，遂其喜怒而已。

所謂戊戌、己亥之世，當訟之困，武乙為無道，至於受辛而達極點，讒人受償，為佞讒者受上償，或錫或奪，鮮克有終，故曰「或錫之鞶帶，終朝三褫之」（訟上爻）。

劉氏斯組說：午會第三運，運卦當姤之訟，世卦分訟之爻，初訟之履，祖辛履之，上下以辨，民志以定，率前履也。其變為訟、為无妄與乾，為中孚、睽、兌。越沃甲辛未，曁祖丁二十八年癸亥於履乎？此其間或功或過，或福或禍，考焉，歷史已有明白交待。所謂「或疚或祥」。考焉，文中所列人物、時間，各如下表。

甲子 祖辛十							辛未 商沃甲		
甲戌四									
甲申一四									癸巳

經辰之子二千一百八十五，履初九變訟，九二變无妄，六三變乾。

甲午二四		丙申 商祖丁							
甲辰九									
甲寅一九									癸亥

經辰之丑二千一百八十六，履九四變中孚，九五變睽，上九變兌。

劉氏又說：分二訟之否（說訟九二爻變為否），其變：首无妄（否初變无妄）、訟次之（二變天水訟）、遯又次之（三變天山遯）：若觀（否九四風地）、若晉（否九五火地）、若萃（否上九澤地），又遞而次之，各直十年。

越南庚（一百八十七世之戊辰）、陽甲至盤庚（陽甲八十七世之癸巳，盤庚一百八十八世之庚子），論者謂「胥動浮言，率籲眾戚，應訟言也」。

商每遷（商自建都於亳後，及盤庚已歷五遷），皆是「水」所製造的麻煩，真可說是「天與水違行」了（訟卦《象》說：「天與水違行，訟，君子以作事謀始。」）到了盤庚又有遷都之議，亦然遭到朝野的反對，經盤庚作誥三篇，曉諭臣民後，在盤庚「式敷民德，永肩一心」，大公無私，為國為民的責任心驅使下，始得順利完成遷都計劃，人民奠居新邑，得到了安樂，並為殷王朝創造了中興的機會。所謂「民用保聚，萃者聚也，其征諸此（征、証也）？」，所謂「盤庚籲遷，作事謀始」，「雖小有言，以終吉也」者歟？

甲子二九	甲戌七	甲申一七
戊辰 商南庚		
		癸巳 商陽甲

經辰之寅二千一百八十七，否初六變无妄，六二變訟，六三變遯。

甲午二						庚子 商盤庚			
甲辰五									癸亥
甲寅一五									

經辰之卯二千一百八十八，否九四變觀，九五變晉，上九變萃。

到了于小辛、小乙，訟四爻變為姤（天水訟四爻變為天風姤，為第一變），姤初變復為乾，二變為遯（遯為天山），三、四變為訟、巽（巽為風），五、上變鼎與大過（澤風）。當大過之癸亥，武丁振六、七聖賢之緒，於一四百五十餘年之間（孟子說：由湯至於武丁，聖賢之君六七作）。湯至武丁踐位，共四百四十八年，武丁在位共五十八年，反棟橈而隆吉（大過卦辭：「棟橈，利有攸往。」）來氏知德謂：「木曲曰橈，高而豐曰隆。」可不謂大過人乎（大過，即其大有過人者）。自是渙而中孚、而觀、而巽、而訟、而蒙、而坎，其當恭默思道（洗心滌慮以思道，夢上帝賜其良弼來代其言），果然找到了應夢賢臣傅說，使大商王朝又一次獲得中興，所謂：「孚乃化邦，乘木有功。」（中孚《彖》辭：「孚乃化邦……乘木舟虛也。」又渙《彖》辭：「利涉大川，乘木有功。」）

傅說之與商王朝，若涉川之舟，說作舟楫乃卒（《說命》：「若金，用汝作礪；若濟巨川，用汝作舟楫），雖然傅說已去，但其「渙王居」之功，確是千秋萬世的。擊蒙（蒙上九：「擊蒙，不利為寇、利禦寇。」能以退為進，不汲汲於求功。），習坎（卦辭：「習坎，有孚。」），赫聲（中孚上九：「翰音登於天。」有赫聲之意。」）、濯靈（「習坎，有孚，維心亨，行有尚。」有濯靈之意。），良有由已。承其後者，訟之未濟（訟九五：「訟，元吉。」），睽以威（《彖》：「睽，火動而上。」），晉以錫（康侯用錫馬蕃），鼎以凝（《象》曰：「木上有火，鼎，君子以正位凝命。」端視、凝重之意），粵（發語辭）在祖庚（未世九十二之丙辰）、祖甲（未世九十二之癸亥）之世，其猶有震伐之餘烈乎？說祖庚，祖甲承武丁震伐之餘威，猶得維持局面於不墜。（未濟九四：「震用伐鬼方，三年有賞於大國。」史謂：「鬼方無道，武丁伐之，三年乃克。」）

按：

恭默思道。武丁亮陰三祀，既免喪，猶弗言，群臣諫，爰乃作誥，謂其：「恭默思道，夢帝賚予良弼，其代予言。」

意思是說：武丁服喪三年，仍然不言不語，群臣極諫，乃作誥告知諸臣，彼之所以不言，乃是洗心滌慮以思道，並夢見上帝告其、天將賜其良弼來代其言者。果然得到了夢中所遇到的賢臣傅說（唸扶侻），使大商王朝又一次獲得中興。

武丁得了傅說之後，國家、社會所呈現出來的是：

孚乃化邦：中孚，上風澤，謂風澤，是講誠信的卦。《彖》辭說：「柔在內而剛得中。」中孚上巽下兑、風澤中孚。三、四爻為陰爻，故說柔在內；二、五為陽爻，分居內外卦之中，陽為剛，故說剛得中。「說而巽，孚乃化邦也。」以誠信治國之意。

又說：「信及豚魚也。」豚魚動物極無知者，誠信尚可及之，何況其他？「利涉大川，乘木舟虛也。」木舟若不虛，則不可以乘載。人心不虛，則難以治事。

乘木有功：渙《彖》辭：「利涉大川，乘木有功也。」木虛始可載可乘。說（傳說、說音悅）作舟楫乃卒：《說命》：「武丁得傅說，即立為相，置其左右，命之曰：『朝夕納誨以輔台德。若金，用汝作礪；若濟巨川，用汝作舟楫；若歲大旱，用汝作霖雨……。』」

渙王居：渙九五：「渙汗其大號，渙王居，無咎。」謂當渙之時如能捨得，即可光大王居，此稱傅說之功。

擊蒙：蒙上九：「不利為寇、利禦寇。」意即能以退為進，不汲汲於事功。

習坎：坎卦辭：「習坎，有孚，維心亨，行有尚。」能誠信於人，則人亦必以誠信與之。

震伐：未濟九四：「震用伐鬼方，三年有賞於大國。」史載：「鬼方無道，武丁伐之，三年乃克。」震伐余烈，說祖庚，祖甲承武丁震伐之餘威，猶得維持局面於不墜。

此。

按：貴州有鬼方國地，筆者曾遊其地，有刻石曰「古鬼方國」，未知是否即此。

逮于稟辛、庚丁而至武乙，直未濟之蒙、訟、與解。當解之上六者，武乙也，不射以解悖，反悖而射天。坎血卦而震從之，天道殆不遠矣。

稟辛為經辰之酉二千一百九十四世之丙申；庚丁為九十四世之壬寅；至武乙為本世之癸亥，直未濟之蒙、訟、與解，這三位帝王中，武乙當解之上六，也是覆滅商王朝的始作俑者，略似夏之孔甲。武乙在位才只四年，就已經弄得天怒人怨了。這位大商王朝的天子，發神經要與天鬥，天無法鬥，乃以革囊盛血，懸而射之，名曰射天。所以劉氏說「不射以解悖，反悖而射天」。劉氏以為：武乙卦直解之上九「公用射隼于高墉之上，獲之無不利」。《象》說「公用射隼，以解悖也」之意而來（隼音準，鷙鳥類；悖，喻暴君）。解卦射隼的主要精神，即在於解除國家社會之「悖」（悖逆無道），今武乙不射悖而射天，亦如「坎血卦而震從之」（《說卦》謂，坎為隱伏，為血卦。震為帝。應武乙射天出血），福善禍淫、天理昭彰，不就在眼前了嗎？可悲啊，天道迨不遠矣！

嗣是而太丁而帝乙，分訟之困。困初變兌、二變萃、三大過、四坎、五仍為解，六變為訟。帝乙御世，起兌之庚午至解之丙午，易兩言帝乙歸妹，或以兌象而言（兌卦直辰戌之首十二世，泰。歸妹六五皆言帝乙歸妹），萃與大過俱上，兌從困坎而解，則上乎震矣。

太丁為經辰之戌二千一百九十五世之丁卯；帝乙為九十五世之庚午，由帝乙至九十六世之丙午。無巧不成書的，直卦由武乙之未濟上九而變解；至困九五亦為解，上九之解主在「射悖」（見上九《象》），九五之解即在於「解結」。說君子維有解，才能有孚於小人。此外《易》在泰與歸妹兩卦六五，皆說帝乙歸妹，或是因為二兌之故（泰二三四錯兌，歸妹下卦為兌）。劉氏說：「萃（為澤地）與大過（為澤風）上卦皆兌，兌從困坎而解（困為澤水，困五變解，為雷水解；未濟為火水、上九變震，亦為解），則上乎震矣！（二卦之所以成解，皆由於上卦變震之故。）萃與大過俱上（二卦之上卦皆兌）；泰二三四錯兌、歸妹，下卦兌，兌從困（澤水困）坎而解，則上乎震矣（震皆在上）。

帝令出震（《說卦傳・五章》：「帝出乎震，齊乎巽。」），長子主鬯（鬯音暢、古時帝王祭祀山川神祇之稱，必帝王親主之，偶或以長子「儲君」代，故言主鬯，此言王位之繼承者）。武乙因微子賢。欲立以為後。太史以為：「有妻之子、不可立妾之子。」受冊為后時所生，堅持立儲以貴之說（按：受辛與微之，本一母所生，因生微子時，其冊尚為妃；及為后，而生受辛，故云。）遂以受為嫡承嗣，商於甲辰之丁未，卒立受辛為太子。

黃氏畿說：「戌亥之世，當訟之困，武乙無道，極於受辛。」可知武乙與受辛，同為有商之終結者。

然而「訟之困，亦困之訟」（世卦困由運卦訟來，以會經運五，一百八十三直訟。年卦訟由世卦困來，戌亥之世直困）。以見年也、世也、運也，一脈相緣，亦猶臣弒君、子弒父，非一朝一夕之故，其所由來者漸矣！

訟為上乾下坎，天上、水下之卦。其為象，天性向上，水性向下，故說天與水違行，即天、水相背而行，故說天水訟。訟上爻變為困，可知困由訟生；然而困上爻變又為訟。訟生困、困生訟。二者互為因果。

訟卦象是上剛下險，天水違行。天為君，水為民，為君者如殘民以逞，為民者或暴犯其上，二者相背而行，即所謂天水違行者；困是澤無水，有言不信（類如：澤水乾涸，不能發揮其應有之功能）。澤為蓄水之所，若澤水乾涸，凡依水草而生者，皆受其困累。試看困卦諸爻：初入于幽谷；二困於酒食；三困于石，據於蒺藜；四困於金車；五劓刖（唸倚越，乃古之酷刑）、困於赤紱；上困於葛藟……訟卦或不容所事，或歸而逋、或賜之鞶帶，終朝三褫之，總之是困擾頻仍。

商王朝進入受辛時代，人民真可說是進入驚天動地的黑暗時代，同時有商之大好山河，亦斷送予昏君、妖婦、佞臣之手。

受辛即殷紂王，是一個聰明絕頂，材力過人，目高一切的人。所謂「智足以拒諫，言足以飾非，性汰侈，好酒色，武功也很高強。」

商王朝之終結者受辛，在妲己的狐媚惑使下，為後世烙下不可抹滅的創痕，千百年後，猶使聞者不寒而慄、令人髮指。

紂造鹿台，為瓊室、玉門，台廣三里，高千尺，七年乃成，厚賦斂，增加人民賦稅以實鹿台之財，以為遊樂之具。

按：

剖心囚奴，致命遂志之君子（如微子諫不聽而去之；箕子諫不聽被囚，乃佯狂為奴，後逃到朝鮮，今之南北韓，即箕子之後；比干極諫，紂妲己以其太聰明，比常人多一竅，遂將比干剖心，以研究其心臟構造；九侯有女入之紂，女不喜淫，紂怒而殺之，並將九侯碎為肉醬，作酢醬麵吃。鄂侯諫，紂將其做成肉干，西伯周文王暗暗嘆息，經崇侯虎告密，說西伯欲叛，紂怒，即將西伯囚於羑里（文王於此演易，為六十四卦作《彖》辭）。雷開每進諛言，錫以金玉而封之，賞以夏田。

又擴大沙邱苑臺，大聚樂戲於沙丘，以為酒池肉林，男女裸逐其間，宮中九市，為長夜之飲，有所謂一鼓而牛飲者三千人。

……

西伯臣散宜生、閎夭等，深恐日久生變，乃求有莘氏之美女、寶馬神駒（驪戎之文馬、有態之九駟）及奇怪之物而獻之。紂大悅，乃赦西伯。西伯又獻洛西之地，請除炮烙之刑，紂大喜，許之。紂以西伯誠意擁戴，所以償賜西伯「弓矢」、「錫命」並予以表揚。西伯乃由困而復亨。癸亥而後，西郊之密雲既雨（小畜卦辭：「密雲不雨，自我西郊。」此說西郊既雨，乃應周之足以王天下者（王，讀與旺的「旺」）。魴魚之頳（魴音房；頳音稱，即鮪魚），用蘇文德，更輝宏了文王的仁德，以懿（美也）武王，未受命矣！並授西伯以弓矢斧鉞，專征之權。

然而就紂而言，直可說是「時移事去，興盡悲來」。困之一卦，似悉為受辛而設，紂之所為，可謂極盡人間一切殘酷、戾惡之刑罰、無一德以予民，此天水之所以訟者。訟而如此，困亦隨之。同時也是受辛窮途末路、所受獻禮之寫照？

紂喪其國，何異入於幽谷？（困初九：「入于幽谷、三歲不覿。」）

雖聚鉅橋之粟、鹿臺之寶，肉林酒池，而卒不免於酒食之困。（「困于酒食，朱紱方來。」困九二）

剖孕婦、炮烙酷刑，雖窮極惡毒於一時，卒不免於眾叛親離，引火自焚。武王伐紂，紂以七十萬大軍出戰，三軍竟不戰而降，倒戈相向。（困六三：「困于石，據于蒺藜。」石即言山路崎嶇；蒺藜乃道旁有刺之野草球，觸之即附著衣物或傷膚出血。其狼狽如此。）困于石、據于蒺藜、雖金馬、銀鞍、玉車、繡輦，皆無所施用。

當其窮途末路，引火自焚之傾，其加諸人民、窮極人寰之炮烙酷刑之慘號，就受辛而言，不知其亦可得而聞乎？卒引火自焚（前自焚乃結局），雖曰自焚，又何異於炮烙酷刑之焚之者（後自焚乃造因）！不知受辛亦有所或感否？「入于其宮，不見其妻，凶」（困六三）。三千佳麗，悉出樊籠，亦可謂之吉矣！套句幸災樂禍的話說，觀止矣！

紂以西伯誠意擁戴（自以為是），特賜周伯以「弓矢」、「錫命」，予以表揚。並授西伯專征之權，西伯乃由困而復亨。癸亥而後，西郊之密雲既雨（小畜卦辭：「密雲不雨，自我西郊。」此說西郊既雨，乃應周之足以王天下而言。王讀興旺的「旺」），魴魚之䞓（魴音房、䞓音稱，即鯿魚），用蘇文德，更輝宏了文王的仁德，以懿武王與天下。

至於虞、芮質成，西伯為虞、芮解訟，是很好的事，故說元吉。訟並非皆凶，亦有訟而元吉，因訟而獲福者。

西伯時有虞（今山西陸縣），芮（音瑞今山西芮城縣）兩國相鄰，邊界有田，十分豐美肥沃，兩國皆認為應屬於己國所有，長期爭議不決，乃同赴周，請天子來仲裁，以評其所屬。二人進入周境，見其國耕者讓畔，行者讓路，男女各行其道，看不到白髮人工作或負重。到其公務員辦公地方，也是秩序井然，兩位國君感到十分汗顏，於是彼此不但不再爭田，並將其田作為公有之地，這個消息傳出後，四十餘國，自請求歸屬於周。此所謂訟而元吉者。

魴魚之䞓。見《詩・周南・汝墳》：「魴魚䞓尾，王室如毀。」魴音房，即鯿魚；䞓音稱，即紅色。魴魚是一種很鮮美的魚，魚尾本不赤，因多捕撈之故，魚尾已變成紅色。比喻當時政治，如紂之暴虐於民者，仍未根絕，幸而有文王之憂勞國事，人民始尚得其一線生機。說文王之懿德，如《象》曰：「風行天上，小畜；君子以懿文德。」懿乃是一種美德嘉行。周之祖先后稷名棄，為帝堯的農業部長。孟子說：「后稷教民稼穡。」其後公劉又九傳約千餘年而至古公亶父，生泰伯、虞仲、季歷三子，三兄弟之老么季歷，季歷之子昌，生有聖瑞，古公欲立季歷以及昌

（即周文王），始昌大其國。泰伯、虞仲乃紋身斷髮，逃往荊蠻，以讓季歷，季歷徙於豐，文王脫羑時已三分天下有其二，猶服事殷，以見其德，至武王始滅殷。

第七節　以會經運午四——觀物篇十八

經日之甲一，經月之午七，經星之丁一百八十四。

按：經星之丁一百八十四，運卦當姤之巽（姤為正卦，巽為運卦），世卦分巽之爻，巽初變小畜、二漸、三渙、四姤、五蠱、上井（巽卦所變之小畜、漸、渙、姤等一卦管兩世）。世卦小畜、漸、渙、姤等，如小畜初所分之巽、二之家人、三之中孚等，一卦管十年，三卦管一世，茲表示如下。

甲子一八			丁卯周西伯歿武王嗣位		己巳				
甲戌二八					己卯周武王				
甲申六		丙戌周成王							癸巳

經辰之子二千一百九十七，小畜初九變巽，九二變家人，九三變中孚。

按：甲子十八，丁卯，周西伯歿（或作己巳，欄第六格）。甲戌二十八，己卯，周武王。

朱隱老論說：但書王而不書其事，可見武王之所為，無以異於湯之所為矣！湯之伐桀，在所不書，則武王之伐紂也，亦所不書，事之大，無逾於此矣！猶曰在所不書，則回視堯舜禹之時，珍重其事，而殷勤其書者，信非後王之所可及矣！

按：此一問題，為我政治史上千古之憾，任由紂之為所欲為，使人民長遠陷於水深火熱之中，則天下蒼生何罪？如言湯武之行是值得鼓勵的，則又為後世之亂臣賊子者，製造了一個堂而皇之、神聖不可侵犯的論典，之後我國一部二十五史上，換朝篡位者，莫不以之為堂而皇之藉口矣！

甲午九									
甲辰一九									
甲寅二九									癸亥 周幽王

經辰之丑二千一百九十八，小畜六四變乾，九五變大畜上九變需。

甲子二									
甲戌一二									
甲申二二					己丑 周昭王				癸巳

經辰之寅二千一百九十九，漸初六變家人，六二變巽，九三變觀。

甲午六	甲辰一六	甲寅二六
		癸亥

經辰之卯二千二百，漸六四變遯，九五變艮，上九變蹇。

甲子三六	甲戌四六	甲申五
	庚辰 周穆王	
		癸巳

經辰之辰二千二百〇一，渙初六變中孚，九二變觀，六三變巽。

甲午一五	甲辰二五	甲寅三五
		癸亥

經辰之巳二千二百〇二，渙六四變訟，九五變蒙，上九變坎。

甲子四五									
甲戌五五	乙亥周共王								
甲申十			丁亥周懿王						癸巳

經辰之午二千二百〇三，姤初六變乾，九二變遯，九三變訟。

甲午八									
甲辰一八								壬子周孝王	
甲寅三									癸亥

經辰之未二千二百〇四，姤九四變巽，九五變鼎，上九變大過。

甲子一三			丁卯周夷王						
甲戌八									癸未周厲王
甲申二									癸巳

經辰之申二千二百〇五，蠱初六變大畜，九二變艮，九三變蒙。

甲午二二									
甲辰二三									
甲寅三二									癸亥

經辰之酉二千二百〇六，蠱六四變鼎，六五變巽，上九變升。

甲子四二									
甲戌 周宣王									癸未
甲申一一									癸巳

經辰之戌二千二百〇七，井初六變需，九二變蹇，九三變坎。

甲午二二									
甲辰三二									
甲寅四一						庚申 周幽王			癸亥

經辰之亥二千二百〇八，井六四變大過，九五變升，上六變巽。

黃氏畿說：以上為午會之第四運，運卦當姤之巽，世卦分巽之爻，巽入也、順也，姤以施命，重巽以申命也（重念崇後同）。姤卦上為乾天、下為巽風，象天下有風，有傳達命令至於四方之意，巽卦《彖》辭說：「重巽以申命。」周商之際，誥誓不一象之。

按：商之誥誓有《商誥》、《湯誓》、《仲虺》、《太甲》等十餘篇，周有《泰誓》、《牧誓》、《武成》等。

庚子、辛丑之世，當巽之小畜（即經辰之子二千一百九十七世，直卦為小畜初九變巽、九二變家人、九三變中孚）。經辰之丑二千一百九十八世，直卦為小畜六四變乾、九五變大畜、上九變需，周以順理，懿文德而昌（小畜《象》）；紂以逆理，背懿德而亡。武王之觀兵，周公之狼跋，進退不果矣（巽初爻）！誅獨夫、誅管蔡，惟克果斷，故曰「利武人之貞（巽初爻）。」入商則政由舊，復辟則禮樂興，故曰「復自道，何其咎，吉（小畜初爻）。」

以上子丑二世，為武王伐紂、建立周王朝之始，即訪問于殷之賢臣箕子，箕子告以《洪範・九疇》。及成王踐位，周公輔政成王，先是流言四起，謂周公「將不利於孺子」，說周公有篡位野心。之後又有管蔡之亂，周公三年東征，始于彌平，所謂：「誅獨夫、誅管蔡，惟克果斷。」故曰「利武人之貞」。巽初爻說「進退，利武人之貞」，說國家用兵，是一個非常嚴肅的問題，必當深思熟慮。施政則在前朝的良好基礎上繼續努力，所謂「入商則政由舊，復辟則禮樂興」，故曰：「復自道，何其咎？吉。（小畜初）」意即回復商湯郅治之美意良圖，則天下焉有不興之理？

武王克殷後，首先封紂子武庚為殷侯，發鉅橋之粟，散鹿台之財，歸頃宮之女，封比干之墓，並歸馬華山，放牛桃林，倒載干戈而藏之武庫，示天下不復用……《逸周書》載，武王克殷後，即周公說殷政總總，今後的施政應如何？周公告以文王曾說：一個國家的興盛，首先要來遠賓，即近世之招商投資，協助人民增加生產，厚植生產資源，如山林開發之限制，水資源的有計劃運用，並嚴禁濫墾濫伐；辦好社會福利，如教育問題、男女婚姻問題，醫療問題等的計劃開展等，都是當務之急的……所謂「復自道，何其咎」呢？當然是吉了。

武王於九十七子世之乙酉駕崩，子誦踐位，謂之成王，成王在位三十七年，由於周召二公的輔佐下，不但奠定了八百年大周王朝的基礎，同時也對我國數千年來的政治、社會、家庭等制度，建立了良好的典範。

壬寅、癸卯之世，當巽之漸（即經辰之寅二千一百九十九世，直卦為漸初六變家人、六二變巽、九三變觀。經辰之卯二千二百世，直卦為漸六四變遯、九五變艮、上九變蹇），成康郅治，昭王承之，史巫紛若（巽二爻），清廟郊邱之禮也（〈清廟〉為《周頌》篇名，頌為宗廟之樂，所謂美盛德之形容，以其成功，告於神明者也）。飲食衎衎(漸二爻，衎衎，和樂意)，鳧鷖、既醉（二者皆《詩・大雅》篇名，如鳧鷖在亹；既醉以酒），言其成功以告廟之歌也。以上丑寅二世，成康之治，刑錯不用者達四十餘年，為我國政治史上的黃金時代。王子年《拾遺記》說：「成康制禮作樂，姬德方盛，營洛邑而居九鼎，寢刑廟而萬國來賓，雖大禹之隆夏績；帝乙之興殷道，未足方焉。」

成康的良好政治基礎，到辰之寅世末之己丑，周昭王即位，便開始走下坡了，昭王也在其即位五十一年南巡時，竟不明不白的死在漢水的膠舟裏，成為歷史上政治謀殺的大疑案，這是周朝式微的開始。

按：

成康之郅治：周公輔成王，彌平管蔡之亂，立法制、興禮樂，召公輔康王，王作康誥，諸侯來朝，昭王承其餘蔭。

巽九二：「巽在床下，用史巫紛若」。荀爽說，史的意思是記載功勳，巫的意思就是告廟，把功勳呈獻給祖先們知道。尚氏以為史巫乃皆以口舌為用之人，又二居正反兌之間（巽二三四為正兌，三二初為反兌），故說紛若，紛若言不一也。昭王之死，豈非所謂之紛若？

《詩》〈大雅〉〈小雅〉，古人釋雅即是正，各有正變之別，正小雅為宴饗之樂，乃歡欣和悅以盡臣下之情；正大雅為會朝之樂，恭敬齊莊（齊念齋），以發先王之德者。紛若，喻其諸事順利成功之意。

黃氏說：甲辰、乙巳之世，當巽之渙，昭王南征，舟膠楚澤；穆王西征，徐戎入寇，「非頻，吝。（巽三）」「渙其躬，无悔。（渙三）」

甲辰、乙巳之世，當巽之渙，即經辰之辰二千二百一世，直卦為渙初六變中孚、九二變觀、六三變巽，經辰之巳二千二百二世，直卦為渙六四變訟、九五變蒙、上九變坎。

周昭王自經辰之寅，己丑即位，到辰世二二百〇一年，已去了四分之三，可說是已進入昭王蒞朝的末期，在大周王朝的基業上，不但沒有光輝的事蹟可談，而且還頗有瑕疵，如在其持國十四年的時候，其屬國魯侯之弟即弒其君幽公而自立，為我歷史上弒君爭國之始作傭者，昭王卻視若無睹，任由其稱孤道寡，這是綱常衰渙之始。到其五十一年己卯，南巡返來，經過漢江的時候，卻糊裏糊塗的上了賊船，死在漢濱之民所進的膠舟中。究竟是楚王所策劃的政治謀殺，還是漢濱之民劫財害命之所為？楚國則視若無睹。迨周穆王即位，對其父昭王之死，視如平常的壽終正寢一樣，既不去釐清案情，亦不追究責任，不聞不問。到齊桓公的時候，管仲曾藉這個題目作文章，率兵伐楚，質問昭王溺船的責任。但楚國卻不認賬是他們幹的，反要管仲去問漢江之神，而不了了之，成為歷史上的無頭公案。即所謂之「昭王南征，舟膠楚澤」。直卦巽三爻說「頻巽，吝」。與渙三爻說「渙其躬」，竟有如此之應驗！

按：巽三爻說：「頻巽，吝。」《象》曰：「頻巽之吝，志窮也。」王弼釋頻為顰蹙不樂（顰，即古文顰字）。九三「渙其躬」，這不正是昭王的寫照？

古諺曰：「千金之子，不死於盜賊之手。」周昭王之死，卻不幸飲恨幽冥，千古難伸了。

昭王死後，其子滿即位，史稱周穆王，是歷史上極富傳奇性的皇帝，小說中曾贋稱其曾為西王母的座上客，接受過西王母的盛宴招待。

穆王即位之初，對其父——天下之共主周昭王，與其隨行大臣一般人等，不明不白的，葬身漢江之魚腹，嚇人聽聞之驚天巨案，竟淡然處之，但卻也任用了不少謀國賢臣，如君牙、伯容等，各付以重要職位，希望在治績上能媲美乃祖文、武，成、康之治，很像是要有一番作為的樣子，但其得到了造父與八駿馬之後，便腐蝕了初衷，忘去了自己對君牙、伯容的話，而產生了車轍馬迹遍中國的「雄心壯志」。王子年《拾遺記》說：「穆王即位三十二年，巡行天下，馭黃金碧玉之車，傍氣乘風，起朝陽之嶽，自明及晦，窮宇縣之表，有書史十人，記其所行之地，又副以瑤華之輪十乘，隨王之後，以載其書也。」猶如今日青少年之飆車然。唐人李商隱有詩說：「瑤池阿母綺窗開，黃竹歌聲動地哀（〈黃竹〉乃《逸詩》篇名，穆王西遊遇大風雨雪與凍人，因作詩三章以哀之，有「我阻黃竹負閟寒……」之句），八駿日行三萬里，穆王何事不重來。」以諷之。

當穆王西遊興味正濃的時候，有一位品秩很低的徐子（偃），封地在今安徽鳳陽附近，因好行仁義，偶然得到一幅紅色的弓箭，便突發狂想，認為「天命在孤」，便自稱偃王。一則由於穆王西遊不返，諸侯間的一些糾紛，無人主持公道來處理，再者因徐偃能行仁義，於是四方諸侯，贊玉帛死生之物，于徐之廷者三十六國，穆王聽到了這個消息，顧不得再事遊樂，便匆匆轉轡東返，長驅馳歸以彌亂，徐子不忍其民遭受戰爭之苦，逃到徐州而亡。

穆王在位三十五年的時候，又動了征犬戎的念頭。蔡（讀戴）公謀父諫說：「不可。先王耀德不觀兵。夫兵戢而時動，動則威；觀則玩，玩則無震。」（戢，聚也，集中，即今所謂之動員；玩即黷意，如所窮兵黷武；震即軍威。）說中央與諸侯、蠻夷之間，各有其禮儀與規範，在一定的規範上，各守分際，有荒怠者，或以刑罰，或以威讓，或以文告。仍不能改進時，則我們還要自我檢討，修之以德，而不可輕動干戈，以勞民傷財，如此方可使近者服、遠者來。兵乃國之大事，乃不得已而用之。現在犬戎並未不遵守其分際，如即加之以兵，這是吾人先破壞了祖先的規矩，所以犬戎不可伐，穆王不聽。遂往征之，犬戎獻四白狼、四白鹿而還。自是荒服者不至。蠻夷從此不朝于周。末了或許穆年老體衰，或者是人之將死，終被蔡公謀父〈祈招詩〉「思我王度，式如玉，式如金，刑民之力，而無醉飽之心」之所感，才回了頭，終於壽終於祇宮（即離宮），活了一百〇四歲。所謂「穆王西征，徐戎入寇」，說穆王因西遊忘返，怠荒政事，為國內之野心者，製造了動亂的機會。

丙午、丁未之世，當巽之姤，征犬戎而遊獵，徙槐里而遠民，故曰「悔亡，田獲三品。（巽四）」「包無魚，起凶。（姤四）」

按：周穆王於經辰之巳二千二百〇二世之甲寅，雖因征犬戎而荒服者不至，晚節尚能悟于蔡公謀父之諫，而得壽終祗宮。

及其孫囏即位，徙都槐里（今西安興平縣），周王室之不競，已昭然可見了。歷來遷都問題，若非危及國家存亡，一般而言，遷都乃關係國本之大事，皆不得已而行之（如周之古公亶父、季曆、文王等也都曾遷其都，如自邠遷岐，由岐遷鄗等，出幽谷而入喬木，終不掩其成功），孟子曾記其事說：「古公亶父，來朝走馬。率西水滸，至於岐下。」古公亶父之遷岐，乃是不願與狄人發生戰爭，因而傷及人民，乃遷岐。結果老百姓皆不約而同，自動的追隨他，大家都不期然而然的說：「仁人也，不可失之也。」來者如歸市。但當國勢走下坡的時候，便不同了，如懿王之遷槐，平王之東遷，皆因遷都而失其根本。懿王遷槐遇巽九四之「悔亡」，與姤四之「包無魚，起凶」，也都是無可奈何之事。

按：巽之九四說：「悔亡，田獲三品。」姤四謂：「包無魚，起凶。」《象》曰：「無魚之凶，遠民也。」王弼說：「二有魚，四故失之，無民而動，失應而作，是以凶矣！」卦意似乎針對懿王遷都而作者。崔憬說：「二有其魚而賓不及，若起於競涉遠行，難及遂心。」故曰：「無魚之凶，遠民也。」凶因之「起」也。卦直之驗，竟有如此不可思議者。

戊申、己酉之世，當巽之蠱，夷王始下堂見諸侯，而禮制變更；厲王流彘，共和行政，而太子僅以身免，「無初有終（巽五）」，「幹父之蠱（蠱初）」。

按：戊申、己酉之世，當巽之蠱（即經辰之申二千二百〇五世，經辰之酉二千二百〇六世），邵子說：「由泰至否，其間必有蠱焉。」申酉二世，當巽之蠱，大周國勢，不言可喻。周懿王為共王之子，穆王之孫，在位二十五年，懿王崩後，繼立者周孝王，為共王之弟辟方，乃懿王之叔，這中間意味著孝王之立，似乎並不合于周室繼承的一般常理。（是因為孝王觀察到夷王不足以繼承周室大業，乃自動取而代之，仰由於其他？）孝王十五年崩後，諸侯復立懿王子燮為夷王，夷王為了感激諸侯的擁立，乃下堂接見諸侯，由此覲見之禮廢。所謂「夷王始下堂見諸侯，禮制因而變更」。夷王在位十五年崩，子胡立，是為厲王。厲王暴虐無道，任用小人，諸侯亦不再行享禮了。

厲王流傳於千古後世為笑談的，即所謂「止謗之法」。王以暴虐無道，民皆怨王，召公諫不聽。王乃命衛巫監謗，凡有怨王者，有告則殺之，於是國人莫敢言，「道路以目，不敢偶行」（大街上遇到熟人，只偷偷的互望以示意。兩人不敢併肩而行，二人以上，不准相互交談）。厲王非常滿意自己止謗的高招，便告訴召公說：「吾能弭謗矣！」召公說：「防民之口，甚於防川，川壅而潰，傷人必多，民亦如之。」所以「為川者，決之使導；為民者，宣之使言……」，王的作法，不是弭謗，是障之也，只是堵塞住老百姓的嘴巴而已。王不聽。三十有四年召公作〈大雅〉民勞以諷王；凡伯作〈大雅・板〉之篇而諷王。三十五年，王暴虐滋甚，芮伯作〈大雅・桑柔〉刺以王；國人作〈大雅・蕩之什〉以刺王，王皆不予理睬，三十七年人民便發生了暴動，厲王逃到彘，太子也匿藏於召公家中，即後來的周宣王，國家的政事，由召、周二公共同主持，後人美之謂「周召共和」。

黃氏說：「厲王流彘，共和行政，而太子僅免。」豈非直卦「無初有終（巽五）」，「幹父之蠱」者（蠱初）？

按：戊申、己酉之世，當巽之蠱（山風蠱）。即經辰之申二千二百〇五世，直卦為蠱（山風蠱）初六變大畜、九二變艮、九三變蒙。經辰之酉二千二百〇六世，直卦為蠱六四變鼎、六五變巽、上九變升。周夷王於二百五世之丁卯即位，共十六祀。厲王於二百五世之癸未即位，在位五十一年。

又說：庚戌、辛亥之世，當巽之井（即經辰之戌二千二百〇七世，直卦為井初六變需、九二變蹇、九三變坎。經辰之亥二千二百〇八世，直卦為井六四變大過、九五變升、上六變巽），宣王中興，始勤終怠，吉凶相雜，居幽厲之間，故曰「喪其資斧，貞凶（巽上）」，「勿幕有孚，元吉（井上）」，是知惠迪從逆，《尚書・大禹謨》：「惠迪吉，從逆凶。」（惠，順；迪，道也；從逆，違道者也）皆由乎人。所謂「禍福無門，惟人自招」，乃天地間不移之理。

以上四世一百二十年，歷經夷、厲、宣、幽四王，幾幾乎為大周王朝的終結者。吾人從其諡號上，即可看出，其中唯宣王雖有所振作，夷、厲、幽，皆可與亡國之君同列，宣王於二百七世之甲戌即位，初期雖似有中興跡象，但虎頭蛇尾，有始無終，所謂「始勤終怠，吉凶相雜，居幽厲之間，故曰喪其資斧」，其凶自屬必然了，中興氣象，亦僅曇花一現而已。末年殺忠臣，誅諫者，在位四十六年，又生了個名湦的寶貝兒子，立為幽王，寵褒姒，舉烽火，其德行略可與夏桀、殷紂相媲比，不但自己死於犬戎之手，而且在其子宜臼——周平王手中，結束了西周王朝，東遷洛邑，為「小朝廷」了。

就宣王而言，上無好父親，下無好兒子，豈非喪其資斧者？喪其資斧，貞凶。當到上下無援時，即正亦難免其凶了。

按：巽上九說：「巽在床下，喪其資斧，貞凶。」尚秉和氏以為：巽就是順的意思，指四爻而言，意思是說順我者在下，上九失其輔助，故說喪其資斧，父與輔是相通的，再者兌為斧，亦為輔，上卦巽為覆兌，故說失。

井上六說：「井收勿幕，有孚元吉。」井收勿幕，收即收成，幕即蓋子。是說井既已挖成，以出水為其目的，不可將其蓋上；有孚，形容井水用之不盡之意，所以說元吉。

劉氏斯組說：午會第四運，運卦當姤之巽，世卦分巽之爻，巽初六分小畜，象文王之為政（「尚德載（小畜卦辭）」。直年卦，巽初六分小畜；九二分漸；九三分渙；六四分姤；九五分蠱；上九分井。更分小畜、漸、渙等為年卦）。

劉氏以為：世卦小畜所謂之「密雲不雨，自我西郊」。象西伯文王之德政，僅及于岐周之地，天下未能共沐文王德澤，對天下人而言，直如所謂「密雲不雨，自我西郊」（小畜《象》辭：「密雲不雨，尚往也，自我西郊，施未行也。」殷東、周西，故言西郊。亦如俗所謂之：「東邊日出西邊雨，道是有情還無情。」）。大有、睽，火象，亙見王室如毀（火在天為大有，火在澤為睽，睽象王室之如毀），謂孔邇何（《詩・周南》：「父母孔邇。」《左傳・文十七年》：「以陳蔡之密邇。」意即像陳蔡之接近）！武王因之而「巽以行權」（《繫辭下・七章》：「巽以行權。」順乎天，即巽順乎理也，故能深入人心。行權，如湯武之放、伐），尚父決尚往之占，家人定變家之策，君臣俱老，天人並孚，格應魚徵，入舟獻瑞（殷受辛之三十一年丁丑，武王觀兵孟津，渡河中流，白魚躍入王舟，武王取以獻祭（「殷尚白」，「白魚入舟」，象徵殷紂之亡），逮於弢戈習射（弢滔，箭衣。意即牧馬桃林，如今之戰事結束，軍隊復員之意），周之文德益懿矣（懿，美也）。惟是子和在陰（中孚九二：「鳴鶴在陰，其子和之，我有好爵，吾與爾靡之。」像武王之子承父業）。男乘震（艮為少男，言成王年幼而為長男），沖人踐祚（沖人，少不更事之人，成王十三歲踐位），家相居攝（言其叔周公攝政），小畜之六四，巽而變乾，臣申君命，以靖畔謀（小畜六四本為陰爻，今變而為乾，乾為君，此說周公輔成王，代攝國政，故云臣申君命）。九五變大畜，臣養君德而又尚賢（大畜《彖》云：「剛健篤實，輝光日新其德，剛上而尚賢。」周公輔成王之政績）；上九變需，其飲食宴樂，皆綢繆陰雨之憂乎？（需《象》曰：「雲上於天，需，君子以飲食宴樂。」小畜上九：「既雨既處，尚德載。」《詩・豳風》：「迨天之未陰雨，徹彼桑土，綢繆牖戶。」喻防患未然。）時則明農復辟（成王疑周公，周公乃避位居東，三年秋天，五穀大熟，正待收穫之時，忽然一陣大風雨，所謂「禾盡偃，大木斯折」，成王大恐，乃發金縢，始知周公之寃，乃出郊親迎周公回朝，成王出郊，又忽然大雨風，吹得偃禾復起，歲大豐收），周公之巽志健行（巽《彖》曰：「重巽以申命，剛巽乎中正而志行。」此總結周公忍辱負重之行事），又何加焉？

劉氏又說：「巽有鳥象，鳳鳴西岐，王瑞之開於是可驗。」

按：在殷帝乙即位之初，即命周家的祖先季歷為牧師，帝乙七祀季歷薨，世子昌嗣位（即周文王），發政施仁，澤及枯骨，敬老慈少，禮下賢者，一般賢士如太顛、閎夭、散宜生、鬻子、辛甲等（辛甲事紂七十五諫而紂不聽，遂去而之周），殷帝乙之十有二祀，鳳凰鳴於岐山，這是岐周的瑞應。可見周王朝八百多年的國祚，乃其歷代祖先積善、累行而得，是其來有自的。

又說：粤康之世，厥分為巽之漸，變而家人、觀，其正家觀國、而化成天下者、已非一日。

昭王直漸之遯、艮、與蹇，而又當渙九二、初六之變，渙象乘木變孚，則虛舟觀民省方，南征不復，而膠舟解散，尚應渙象乎？

按：岐周自文王之後，武、成在周、召二公等的努力下，治績可說是更上層樓。到了康王，在召公奭的經營下，諸侯來朝，王作康誥，宣示文武功業，朝諸侯於酆宮，由是諸侯率服。

康王即位於經辰之丑一百九十八世之末，即小畜上九之需，歷漸初之家人、漸二之巽、迄寅世漸三之觀，在位二十六年。

康王在位之二十六年，卦直為漸，初之家人，六二之巽，九三之觀。漸卦《彖》：「進得位，往有功也。進以正，可以正邦也，其位剛得中也。」《象》說：「山上有木，漸，君子以居賢德善俗」。家人「父父、子子、兄兄、弟弟、夫夫、婦婦，而家道正」。巽則「重巽以申命」，觀則「中正以觀天下，有孚顒若。（有孚，信也；顒為君德。說君德宏偉），下觀而化也（能以上觀下，重視基層，以民為本，遂乃化民）」所以諸侯來朝，天下率服。

昭王即位於經辰之寅九十九世末之己丑，歷經辰之卯、及辰之辰世之半，共五十一祀，直卦為巽之漸之六四遯、九五艮、上九蹇，與渙初之中孚、九二之觀。即劉氏所謂「當渙九二、初六之變」，說渙初變中孚，中孚《彖》辭：「利涉大川，乘木虛舟也。」（舟中虛，而始可乘載），渙變中孚，始應「乘木虛舟」，故說「乘木變孚，則虛舟觀民省方」。昭王南征觀民省方，返來時，行至漢江，卻不幸誤上賊船，坐上楚人所獻膠舟，船行中流，膠溶舟解，昭王與隨行君臣，皆葬江魚之腹。所謂南征不復，豈非應乎渙九三所說「渙其躬」之象？

劉氏又說：穆王享國五十四年，起渙之觀（渙為風水，渙九二變為風地觀），至姤之乾（姤為天風，巽初變乾）。渙變中歷巽、訟、蒙、坎四變，以訖乎姤之乾。六四巽之正位，於象為長，乾老而健，在位久長，壽考之徵耶（穆王壽百〇四歲）！傳謂其「車轍馬迹、欲周行天下」，蒙之耄瀆（蒙為瀆），坎之輪蹄（《說卦》：坎為弓輪，為薄蹄），亦略可睹（可見其應）。

共、懿、孝、夷之間，姤變為遯、為訟、為巽、鼎、大過。大過，澤滅木，時大冰雹，江漢俱凍。乾為馬，亦為寒、為冰，馬方蓄息而冰雹應，為其天道過歟？蠱之大畜曰：「閑輿衛。」又與之應（蠱初變大畜，大畜九三：「良馬逐，利艱貞，日閑輿衛。」）謂孝王何？（孝王的際遇如此）

夷王則下堂而見諸侯，已有外患來侵（西戎侵鎬、翟人侵岐，不得已而遷都，二十年又命虢叔伐犬戎，卒大敗而歸），益蠱壞弗振。

這是劉氏對以上穆、共、懿、孝、夷五王直卦，所作的分析和批判。質言之，以上四王，對西周而言，可以「夕陽無限好，只是近黃昏」形容之。

穆王雖然車轍馬迹，周行天下，當國長達五十餘年，賴造父、八駿之力，日行萬里，亦只是滿足了個人觀光旅遊的興致，對大周王朝的文治武功，千年基業，環域之風土民情，似乎並無多大貢獻。

穆王直經辰之辰之二千二百〇一世之庚辰年即位，歷渙二之觀、三之巽、四之訟、五之蒙、以至渙上之坎，由坎而至姤初之乾。似乎為穆王推流年一樣。從觀而巽、而訟（西遊而東征徐，征犬戎而荒服不至）、而蒙老耄、而乾、而壽終祇宮。舉一反三，吾人從劉氏「蒙之耄瀆，坎之輪蹄」中，略可以睹其梗概。

蒙卦卦辭說：「初筮告，再三瀆，瀆則不告。」穆王西遊不返，豈非瀆於玩樂？蒙上九之「不利為寇（無罪而征犬戎，從此荒服不朝），利禦寇（征徐戎）。」皆可見穆王之耄瀆，坎之輪蹄（穆王直坎卦時，頗有車輪馬迹周行天下之志，故云坎之輪蹄）。所幸穆王車轍馬迹，周行天下的雄心壯志，時常被謀國良臣蔡公謀父澆冷水，所謂蔡公謀父作〈祈招〉之詩以止王，穆王暮年，頗受謀父的影響而戢其行，乃得壽終祇宮，豈非姤之乾之應？

劉氏又說：「共、懿、孝、夷之間，為遯、為訟、為巽、鼎、大過。大過澤滅木，時大冰雹，江漢俱凍。乾為馬，亦為寒、為冰，馬方蓄息而冰雹應，謂為天道？過歟！」蠱之大畜曰：「閑輿衛。」又與之應（蠱初變大畜，大畜九三：「良馬逐，利艱貞，日閑輿衛。」）謂孝王何？

共王於經辰之午二千二百三世之乙亥即位，直姤之遯，七十二歲即位，八十四崩，執國十二祀，子囏踐位（囏念艱），豈非所以為遯者？

懿王于姤訟之丁亥踐位，直姤之訟，甫即位即徙都槐里（陝西興平），徙都必繫於興亡二字，一是徙而後國勢會有更多開拓機會，一是有國家有了危亡之虞，但無論何者，爭辯是必然的，豈非訟之應？姤之九四：「包無魚，起凶（凶由之而起）。」《象》曰：「無魚之凶，遠民也。」

孝王辟方，繼其侄懿王之位，在位之十三年，因非子善養馬（非子紂臣惡來之後），封為附庸（為爾後秦國之始祖），當牛馬大行蓄息的時候，但卻不幸的發生了嚴重的災難，大雨、冰雹，突然而至，牛馬死，江漢冰。劉氏以為，此種天氣的異常變化，應於蠱之大畜（山風蠱初變為山天大畜，故說乾），因乾為馬，亦為寒、為冰，馬方蕃息而應以冰雹，這是自然災害呢？還是人為之失？非徒此也，又與大畜之「閑輿衛」相應，閑為習，震為輿衛，意思是說「車馬已閑習可用」了。換言之，即國家已訓練成了一支勁旅。吾人於此，不難看出周孝王之所以用非子主馬政之故了。

按：蠱初變大畜，大畜九三說：「良馬逐，利艱貞，日閑輿衛。」

來氏（明來知德）說，此爻取蘊蓄之意，大畜上卦為艮，下卦為乾，從卦象看，三四五爻為震，震為作足之馬，乾為良馬，震上乾下，震動有追逐象，但遇艮止不得馳上，故說利艱貞。乾錯坤輿之象，坤之陰爻左右分列，衛之象也。利艱貞之意，即在戒其助長。閑者習也，有優遊自得意。

尚氏秉和說：乾為良馬，震為逐，三多懼，故利艱貞。乾為日，《爾雅》釋閑為習。《詩・秦風》：「遊於北園，四馬既閑。」震為馭衛，日閑馭衛者，言車馬已閑習，利於行也。

又說：厲變而蒙，又甚弭謗防川？卒流於彘。坎川也，而艮防之，其遂潰乎？維時蠱之鼎、巽，而冥消于升，共和攝位十四年，當井之需。

宣王興，蹇乃濟，坎乃享矣。迹其「問夜瞻星，回天憂旱」，無非返身修德，勞民勸相之為田獵，會同韎韐講武（韎音妹；韐音格；韎韐，古時的一種祭服，或為蔽膝之服。）且經營至於南海，城築及于朔方，甃無禽之舊井，隆失輔之橈棟，本末弱而復強，往來汲而無喪，其蹇蹇王臣，若尹吉甫、張仲、方叔、召虎、申伯、仲山甫諸人，朋來濟蹇，大猷允升，可不謂中興之賢輔矣哉？卒以料民太原，入於荒怠，巽喪資斧，威命終喪。

幽王暴虐尤甚，而宗周以滅，女壯之禍，又應姤之占矣。

按：以上夷、厲、宣、幽四王，可說是西周王朝之終結者。

夷王于經辰之申之二千二百〇五世之丁卯即位，直卦為蠱之初六，乃是賴諸侯之力，因之對諸侯們的扶持，十分感激。於是對天下諸侯特別優容，連「朝謹之禮」也不要了。夷王離開發號司命的座位，大家像哥們一樣，與諸侯們平起平坐來議事（很像現代的民主政治，大家排排坐吃菓菓），致使西周政治「蠱壞不振」。直卦入蠱，故有斯應。

厲王是個惟利是圖的皇帝，榮夷公善於聚斂，便以榮夷公為卿士，大臣規諫，皆不予置理，諸侯們看到這種情形，也就不再尊重王室，遵行對中央天子應有的禮儀與規制了，所謂「諸侯不享」。厲王除聚斂外，更暴虐無道，民怨沸騰。召公為民請命，厲王大怒，並用衛巫來止謗，凡舉告謗王者，即殺之。於是「路人以目」，無敢言者，甚至二人不敢並肩而行。厲王很高興，告訴召公，他已經能止謗了。召公說，這不是止謗，乃是用刀子封住了人民的嘴巴而已。要知道防民之口，甚於防川，川壅而潰，傷人必多，是故「為川者，決之使導；為民者，宣之使言」。王不聽。終於釀成民變，厲王三十七年己丑，大周王朝的天子，竟然被一群老百姓，趕出了皇宮，所謂「弭謗防川，卒流於彘」（彘，今山西平陽附近），連太子也藏匿於於召公家不敢見人。

厲王即位於二百五世之癸未，直卦為蠱之艮，翌年入蠱之蒙，蒙下為坎，坎為川，艮為山，為止，所謂「川流而艮防之，其潰也」自是必然的了。厲王逃彘，因太子年幼，國政由召、周二公，共同主持，長達十四年之久，號曰共和，卦直蠱、升。

劉氏說：「維時蠱之鼎、巽，而冥消於升。」蠱之鼎為「鼎折足，覆公餗，其形渥，凶」（形同刑；渥，重也。極言其不利也）；蠱之巽為「悔亡」。說鼎、巽皆消於升。也就是說由蠱之鼎、巽而至於升。

按：升上九說：「冥升，利于不息之貞。」《象》曰：「冥升在上，消不富也。」冥指陰而言，言坤升於上之意。不息之貞，貞即正，說執其正而不變之意。消不富，是說不走正路，即難以致富之謂。

荀爽說：坤性暗昧，今升在上，故曰冥升。陰用事為筲，陽用事為息，陰下陽上，陽道不息陰之所利，故曰「利于不息之貞。」《象》曰：「冥升在上，消不富也。」荀爽：陰升失實，故消不富。

共和攝位十四年，當井之需。「需，有孚，光享，貞吉。」位乎天位，以正中也。可為共和之應。

五十一年癸亥，厲王死於彘，召、周二公，奉太子靖即位，即大有中興氣象之周宣王。

宣王即位於經辰之戌二千二百〇七世之甲戌，卦直為井二之蹇，三變為坎。即位之初，有周、召二公輔政，法文武、成康之遺風，任用申伯、張仲、尹吉甫等一般賢臣，於是諸侯復宗周室。宣初直井二之蹇，蹇《象》曰：「山上有水，蹇，君子以反身修德。」更直井三之坎，坎辭曰：「習坎，有孚，維心亨，行有尚。」所謂「宣王興，蹇乃濟，坎乃享矣」！之後討西戎、北伐玁狁、南征荊蠻、伐淮南及淮北夷……的確有一番作為，很有中興氣象，獲得國人頌贊，如〈六月之詩〉（尹吉甫北伐玁狁）、〈采芑〉（方叔南征荊蠻）、〈江漢〉（伐淮南之夷）、〈常武〉（伐淮北夷）、〈雲漢〉（王化復行，百姓見王之瞻星憂旱，仍叔乃作詩以美之）等。史稱宣王中興。

六年大旱，宣王非常憂心，乃夜瞻星，祈之於上帝，《詩・大雅・瞻卬》：「瞻卬昊天，則不我惠。」〈雲漢〉：「倬彼雲漢，昭回於天。」（雲漢即天河；倬，讚歎偉大之意）說宣王看到國家大亂之後，又遇此旱災，便夜禱於上天，祈求上帝能為老百姓降福免禍。即所謂「問夜占星，回天憂旱」。亦即所謂之反身修德之意。史謂宣王承厲王之烈，內有撥亂之志，遇災而懼，側身修福，欲消堪之，天下喜于王化復行，乃作詩以美之。

宣王直井六四之大過、九五之升，上九之巽。

劉氏對宣王中興，作如下論說：

「宣王興，蹇乃濟，坎乃享矣。迹其『問夜瞻星，回天憂旱』，無非返身修德，勞民勸相之為田獵，會同韎韐講武（韎音妹；韐音格；韎韐，古時的一種祭服，或為蔽膝之服。）且經營至於南海，城築及于朔方，甃無禽之舊井（井初六：『井泥不食，舊井無禽。』甃音宙，用磚砌井，意即使凋敝的村落，復現生機），隆失輔之橈棟（淘汰厲王時庸劣之臣，而代之以方叔、尹吉甫等賢良有為之士），復振中央的領導威望，所謂本末弱而復強，往來汲而無喪，其蹇蹇王臣，若尹吉甫、張仲、方叔、召虎、申伯、仲山甫諸人，朋來濟蹇，大猷允升，可不謂中興之賢輔矣哉?卒以料民太原，入於荒怠，巽喪資斧，威命終喪。」

然而，好景不長，當宣王十二年的時候，便開始有些轉變了，歷史上說是「王不藉千畝」，虢文公諫說，「藉千畝」是下教於民，上祀於神的大事，是富民強國的根本，天子欲修先王之緒，千萬不可放棄其大功，以致匱神乏祀，而困民之財，「藉千畝」是不可輕忽的。宣王不聽，之後便怠于朝政，經姜后諫，始恢復視朝。

按：宣王不藉千畝：藉同籍，借的意思。《詩疏》：「藉之言借也，言借民力治之，故謂之藉田。」天子藉，以供上帝之采盛，有古時之示範農場之意。耕作時皇帝必親自參加。古制天子千畝，諸侯百畝，故說「藉千畝」。

宣王三十九年，親率大軍伐姜戎，王師大敗。復料民（清查戶口、田糧等）太原，仲山甫諫王，料民是勞民傷財的事，說無故而料民，害於政而妨於後嗣，乃天人所惡之事，宣王不聽。所謂「卒以料民太原，入於荒怠，巽喪資斧，威命終喪。」

之後又無故殺戮大臣杜伯，左儒九諫不許，王殺杜伯，左儒死之。最後便精神失常，白晝見鬼，卒癲狂而死。到了其子幽王，寵褒姒，其行可方之桀紂，其祖孫（厲、宣、幽）終成為西周的終結者。

第八節　以會經運午五——觀物篇十九

經日之甲一，經月之午七，經星之戊一百八十五。

按：經星之戊一百八十五，運卦當姤之鼎（姤為正卦，鼎為運卦），世卦分鼎之爻，鼎初六變大有、九二變旅、九三變未濟、九四變蠱、六五變姤、上九變恒（鼎卦所變之大有、旅、未濟、蠱等一卦管兩世）。世卦大有、旅、未濟、蠱等，如大有初所分之鼎、二之離、三之睽等，一卦管十年，三卦管一世，茲表示如下。

甲子 周幽王五	甲戌四
乙丑	
丙寅	
丁卯	
戊辰	
己巳	
庚午	
辛未 東周平王 晉文侯一一 齊莊公二五 宋戴公三〇 秦襄公元年 楚若敖二〇	
壬申	
癸酉三 魯惠	癸未

甲申一四									癸巳

經辰之子二千二百〇九，大有初九變鼎，九二變離，九三變睽。

朱氏隱老以為年表所列秦襄西元年，當作八年。

朱氏又說：表列諸侯（見辛未格中）之前之諸侯，與表列以外之諸侯，所以未列者，因其無與於未來天下興衰理亂之關之故。

這裡之所以錄此諸公，乃五霸之軔始者。以五霸為天下倡者，晉文是也。除晉文侯外，錄齊莊公，是預為未來的齊桓公作伏筆；錄宋戴公，是為未來的宋襄公作伏筆；錄秦襄公，是為未來的秦穆公作伏筆；錄楚若敖，是為未來的旅作伏筆；此外即無與於霸國，然則何以錄春秋之魯惠公？所以為隱公預之地。

甲午二四									
甲辰三四									
甲寅四四				戊午 晉鄂侯	己未 魯隱			壬戌 周桓	癸亥

經辰之丑二千二百一〇，大有九四變大畜，六五變乾，上九變大壯。

孔子作《春秋》，何以起於魯隱公元年？朱氏隱老以為，犬戎之亂，晉文侯捍衛周室之功為最大，周平王始得以立，甲寅四十四年戊午，晉昭侯封其叔成師于曲沃，昭侯之所以封其叔，很顯然是有其苦衷的，而後曲沃日大，昭侯日弱，詩人為賦〈揚之水〉以哀之。這時平王在位已四十九年，竟坐視文侯後裔為曲沃所戕，而無以任何存恤之意，平王對于功臣，未免太恝然了（恝，音夾，漠然漫不關心之意），孔子看周王室已至於是，《春秋》托始於魯隱公，可能也是其因素之一，亦未可說？晉鄂侯之次年，即己未魯隱元年。

甲子三						庚午 魯桓			
甲戌一三			楚稱王						癸未
甲申二三	乙酉 周莊王			戊子 魯莊					癸巳

經辰之寅二千二百一十一，旅初六變離，六二變鼎，九三變晉。

甲午十		丙申 齊桓公			庚子 周釐王				
甲辰五	乙巳 周惠王								

甲寅十						庚申 魯閔王		壬戌 魯僖公 秦穆公	癸亥

經辰之卯二千二百一十二，旅九四變艮，六五變遯，上九變小過。

甲子二〇						庚午 周襄王	辛未 宋襄公		
甲戌五									癸未
甲申一五	乙酉 晉文公								癸巳

經辰之辰二千二百一十三，未濟初六變睽，九二變晉，六三變鼎。

甲午二五	乙未 魯文								癸卯 周傾
甲辰二				戊申 楚莊	己酉 周匡王				癸丑 魯宣
甲寅六						庚申			癸亥

經辰之巳二千二百一十四，未濟九四變蒙，六五變訟，上九變解。

甲子一〇							辛未 魯成		
甲戌二〇		丙子 周簡王 吳壽夢							癸未
甲申九					己丑 魯襄	庚寅 周靈王			癸巳

經辰之午二千二百一十五，蠱初六變大畜，六二變艮，九三變蒙。

甲午五									
甲辰一五									
甲寅二五			丁巳 周景王			庚申 魯昭			癸亥

經辰之未二千二百一十六，蠱六四變鼎，六五變巽，上九變升。

甲子八									
甲戌一八								壬午 周敬王	癸未
甲申三								壬辰 魯定	癸巳

經辰之申二千二百一十七，姤初六變乾，九二變遯，九三變訟。

甲午一三									
甲辰二三	乙巳越勾踐		丁未魯哀						
甲寅三三						庚申			癸亥

經辰之酉二千二百一十八，姤九四變巽，九五變鼎，上九變大過。

甲子四三		丙寅周元王		戊辰越滅吳				壬申周貞定王	
甲戌三									癸未
甲申一三									癸巳

經辰之戌二千二百一十九，恒初六變大壯，九二變小過，九三變解。

甲午二三						己亥周哀王	庚子思王考王		
甲辰四									
甲寅一四		丙辰周威烈王				庚申			癸亥

經辰之亥二千二百二〇，恒九四變升，六五變大過，上六變鼎。

黃氏說：右午會第五運也，運卦當姤之鼎，世卦分鼎之爻。鼎重器也，其用，去故取新；其象，木上有火，西周舊都豐鎬，及東遷而王者之迹熄，王降而伯矣！非其應歟？

按：午會第五運，運卦當姤之鼎，世卦分鼎之爻，為火天大有、火山旅、火水未濟、山風蠱、天風姤、雷風恒。大有更分年卦初九為鼎、九二為離、九三為睽、九四大畜、六五乾、上九大壯，大有所分之鼎、離等，分別各直子、丑二世之各十年。黃氏以為鼎為國之重器，有去故取新之象（《雜卦傳》說：「革去故也，鼎取新也。」）；就卦象而言，是木上有火（鼎下卦為巽，巽為木；上卦為離，離為火，故說木上有火），西周舊都豐鎬（鎬即今之長安，周家自后稷居邠，即今陝西武功、公劉居豳，即今陝西邠縣、太王邑岐、文王遷于豐，武王選于鎬），及東遷而王者之迹熄（周家發迹，本在於陝，今將其祖先基業、風土文物皆棄而去之，象徵王者之迹已熄滅了），王者之迹熄，自然失去了王之威儀，王之氣象式微了，王降而伯矣！遷都兆周家重器之鼎，無木而火熄，很不幸的，這難道不是去故取新之兆應嗎？

壬子、癸丑之世，當鼎之大有，犬戎滅幽王，太子宜臼立，是為平王，因敗為功，去賤取貴，重器自此遷於洛邑。故曰：「鼎顛趾，利出否，得妾以其子。（鼎初爻）」

緣周王朝當經辰之子、丑二千二百九、十兩世（西元前七七七—七一八），鼎之大有，因人為之禍，釀成了驚天動地之變，這就是有名的幽王烽火戲諸侯的故事。幽王寵褒姒，雖未至於亡國，然亦城破君死，宮室被掠一空，不但摧毀了西周王朝的根基。也招致了殺身之禍。豈非鼎初變大有之應？

鼎之大有爻辭是：「鼎顛趾，利出否，得妾以其子，無咎。（初六）」這裏邊有兩重意思，鼎，即古人烹飪所用之具（鍋），使用時，先要把鼎洗乾淨，也就是先把鼎內之殘餚剩羹之類倒掉，所以要把鼎的腳提起來，即所謂「鼎顛趾，利出否」。把鼎翻轉使鼎趾向上，鼎口向下，就可把鼎內洗乾淨了。利出否，否，即汙穢之物。得妾以其子，鼎趾本在下之物，今顛而倒之，使趾向上，非得已也，亦猶有妻而納妾，因妾而得子之意。鼎初的意思，亦猶幽王之廢申后，廢長立庶。于平王而言，不就是鼎顛趾嗎？

犬戎殺幽王於驪山，賴晉文侯、衛武公、秦襄公與鄭太子掘突等之力，將兵救周、平戎，並共赴申國（今河南信陽）迎立故太子宜臼，是為平王。於平王而言，豈非「利出否，得妾以其子」？於文侯而言，則是「晉文侯捍王於難，為霸者之倡」，所以周書之終篇，即為文侯之命篇。史家序晉于齊、宋、秦、楚之上，即所以崇其功之故。故曰：「無交害、匪咎，艱則無咎。（大有初爻）」，文侯始伯，晉文公不過繼伯者耳。說晉文侯能「捍王於難，為霸者之倡」，能艱其大有，故能順天休命。後世一般皆以齊桓為霸者之領導者，惟邵子獨以晉文為霸者之倡，所謂晉文，乃指晉文侯（晉公子重耳），非指晉文公而言，邵子所謂修夫才，乃指桓公，修夫賢則指文侯，而非文公也。

大有初九：「無交害，匪咎，艱則無咎。」

虞翻說：「害謂四，四離火，為惡人，故無交害。初動震為交，比坤為害。」匪，即非，艱難，大有初陽動成鼎，鼎為難，艱則無咎。

尚氏秉和氏釋大有初九說：「初無應，因陽遇陽失類，故無交，無交，故無害。」

來氏以為：上卦離為戈兵，應爻戈兵在前，為惡人傷害之象。就理而言，初居下位而大有，所謂家肥屋潤者，豈有無害之理？離為火，乾為金，火克金，所謂無交害者，去離尚遠也，如何始可無害？惟艱則可保其大有而無咎。

于齊錄莊公，所以為桓之地也；于宋錄戴公，所以為襄之地也；于秦錄襄公，所以為穆之地也；于楚錄若敖，所以為莊之地也；此外即無霸國矣！曷以錄魯？錄惠公所以為隱之地也。

《皇極經世》于平王即位之年，並錄晉、齊、宋、鄭、楚等諸侯、公，是為未來的晉文公、齊桓公、宋襄公、秦穆公等作伏筆；錄楚若傲，是為未來的楚莊作伏筆。錄魯，所以為魯隱公作伏筆，因魯隱乃孔子春秋之始。

甲寅、乙卯之世，當鼎之旅。齊桓霸諸侯，受王錫命，而楚人為仇（不滿），不我能即（何以不讓我一起參與？致其老羞成怒），非剛中有實者歟（鼎二爻：「鼎有實，我仇有疾，不我能即。」）故豫于丁丑書楚稱王，以仇視之。「旅即次，懷其資，得童僕貞（旅六二爻）」，則江黃附庸，同盟於貫者也。

周室東遷之後，王室本身，初期賴晉文、秦穆，齊桓等者之維持，尚有點天下共主的象徵，天下諸侯如晉文、齊桓等，亦尚能尊周天子為天下共主，以之來維持諸侯之間的紛爭與關係，齊桓公能存絕世（魯國發生內亂，為立魯僖公），舉廢國（衛、邢二國俱遭狄人之禍），所謂「存魯、存邢、存衛」，因之被稱為五霸之首，但這種現象，看在南方楚人眼裏，便很不是味道了，楚成王心中不樂，認為自己「德不足懷人，威不足懾眾，當今之世，有齊無楚，寡人恥之」！不但決心與中原諸侯爭一日之長短，乾脆便自家稱王，進軍中原，用蠶食鯨吞的策略，先把漢東諸國（今河南西南、湖北西北一帶之地）如：巴、庸、濮、鄧、鄾、軫、申、江、黃諸國，沈鹿（今湖北鍾祥東），大家並聯名遣使上書周天子，請周桓王策命楚為王，周王不准，楚便自稱成王，後來江、黃二君，不甘受楚國控制，便秘密與齊結盟，議定伐楚密約。所謂「江、黃（河南安陽、潢川）附庸，同盟於貫者也。」（貫，穿意。董仲舒說：「同條共貫。」古人錢幣中空，用繩索串之，百文一串，千文為貫，同條之錢即謂同條共貫。）

按：鼎九二爻辭為「鼎有實，我仇有疾，不我能即，吉」。鼎二爻辭與當時國際情勢十分相似。鼎有實，說明齊桓公尊王攘夷，是有其時代意義與價值的，這當然是好的，故說吉。「我仇有疾，不我能即」，不就是楚成王的寫照?

旅六二爻辭：「旅即次，懷其資，得童僕貞。」說齊桓公以八國之師伐楚，江、黃二國又秘與之盟，誠如董仲舒所說之「同條共貫」者。

丙辰、丁巳之世，當鼎之未濟，葵邱之盟（今河南考城縣），齊桓斁（音妒，斁壞也，如耗斁。又音倚，厭惡也。此取怠意。）怠，及王子帶召狄入寇，而王出居鄭矣！故曰：「鼎耳革，其行塞，雉膏不食，方雨虧悔，終吉。（鼎三爻）」

丙辰、丁巳，即經辰之二千二百一十三世，及經辰之巳二千二百一十四世（西元前六五六年至前六一六年），即周惠王之末數年及周襄、頃、匡、至定王九年癸亥之世。運卦當鼎之未濟，其所變年卦，為未濟之睽、晉、鼎，以及蒙、訟、解。其間發生的大事，首先是齊桓公與管仲所領導的國際同盟權力的式微；其次是可笑亦復可憐的宋襄公，所遺留給國人的千古絕唱「宋襄公之仁」的話柄；再其次便是周襄王之弟子帶，引狄入寇而發生的鬥爭，更加速了周王朝衰亡的命運。

周惠王是一沒有原則的糊塗君王，已經立子鄭為太子，卻又因喜歡惠后而欲立其子帶，自來因為廢長立幼，必然會召致國家的動盪不安，齊桓公為安定周室，便結合諸侯之力，向周天子（惠王）表明支援世子鄭的立場，使得周惠王十分氣惱，便也透過鄭國去尋求楚國的支援。鄭伯非常熱衷這趟差事，鄭國的大臣孔諫鄭伯說，惠王的作法，是違背周家祖宗傳嫡家法的，且周室已經發生過三次類此事件，造成很大的動亂，如幽王之廢長立伯服；桓王之立克；莊王之立子頹，皆因為人心不附，而致事敗身亡，勸鄭伯不要蹚這個渾水……沒有多久，鄭國也發生了類似事件，卒賴桓公之力，始得轉危為安，這樣鄭國始纔與齊站在同一立場。當周惠王二十五年，一病不起，周世子鄭便秘密通知齊桓公，桓公便集合宋、魯、衛、陳、鄭等八國諸侯，會盟于蔡邱，各國皆分別修表，派遣使臣，公請周世子嗣位，太子鄭始得順利登上周天子寶座，是為周襄王。

蔡邱之盟後，齊桓公不免自恃功高，頗有驕人之意，遂興封泰山、禪梁父之念，經管仲委婉勸止，但心中總有一種不平的潛意識，於是治宮室務求壯麗，乘輿之制，擬于王者，國人頗議其潛……，所謂「葵邱之盟，齊桓斁怠」，自認為功高蓋世，便不免志得意滿，自然產生斁怠（斁，音杜，有敗壞及終止之意），誠如周太宰孔所說：「月滿則虧，水滿則溢，齊之虧且溢，可立而待也。」果真是不幸而言中了。

襄四年癸酉，子帶即以戎入寇，兵敗投奔於齊，齊竟予以收留，但很諷刺的，周襄王十六年乙酉，子帶便又引狄入寇，周襄王出奔鄭，並向諸侯求救。這情形正如鼎三所說之「鼎耳革，其行塞，雉膏不食，方雨虧悔。」

鼎九三爻辭：「鼎耳革，其行塞，雉膏不食，方雨虧悔，終吉」。

卦意是說，鼎九三陽變陰，即離變坎，坎為耳，革者變也，離變坎，坎為險陷，自然行進困難了。離為雉，坎為膏，中爻兌三變則不成兌，口不食之象也。三爻，則內外皆坎，雨之象也。

就周襄王與其弟子帶而言，子帶欲奪取其兄襄王政權，于兄于弟，皆有革意。其行塞，說這是行不通的，但會為周襄王製造很大的麻煩，而子帶的目的，亦難達到。太太平平的東周共主，因其弟子帶之亂，致使國危、政亂、而民不安，豈非「雉膏不食」之象？東周王室，象連綿淫雨一樣，一波未已，一波又起，豈非所謂「方雨虧悔」者！

按：鼎上卦為離，下卦為巽，火風鼎。九三說：「鼎耳革，其行塞，雉膏不食，方雨虧悔，終吉。」

尚氏秉和說：九三至六五為兌，兌為耳。巽為隕落，故說耳革，耳朵發生了問題。行，即是道路。《易林》復之中孚說：「鼎煬其耳，熱不可舉，大路壅塞，旅人心苦。」以行為道路，蓋三承乘皆陽（易，對上曰承，於下曰乘），陽遇陽為敵應，故其行塞。上離為雉，兌為膏，雉膏在上，乃上不應三，故雉膏不食。

兌為雨、為昧，故曰虧悔。虧悔，不明也；悔、暗也。按《易林》復之鼎：「陰霧作匿，不見白日。」不見白日，虧也。

來氏以為：鼎三爻變，則初二三爻為坎，二三四爻變離，坎為耳，故說鼎耳；革者變也，坎為耳痛，有耳革之象。三未變時，下卦巽錯震，震為足、為行，三變則成坎陷，不能行矣，故說行塞。離為雉，坎為膏，三四五爻為兌，三變，則不成兌口，故說雉膏不食。同時三變，則下卦（即內卦）坎為水，外亦坎水，（指中爻二三四），有方雨之象。再者三爻居巽木之極，上應火之極，水火既濟，則鼎中沸騰，即耳亦熾熱難執，革變而不可舉移，故說其行塞。

黃氏畿說：晉文之繼伯也，師由河上圍溫殺帶，而王城入矣！踐土會盟，而河陽狩矣！然其如王靈之不振何？故曰：「未濟，征凶，利涉大川（未濟三爻）。」

蔡邱之盟後，齊桓公所領導的國際聯盟，已近尾聲，未幾，管仲、桓公相繼去世（周襄七年，管仲卒。九年桓公卒），代之而起的，則為流亡國際十九年的晉文公重耳。周襄王十六年，晉公子重耳，復入於晉，是為晉文公。是年襄王因叔帶與狄后私通而廢狄后，子帶遂借狄兵入寇，王城不守，周襄王出奔鄭，並告變於諸侯。晉文公兵分兩路，以右師圍溫，取子帶於溫而殺之；左師迎王入王城。襄王二十年，晉文公聯盟齊、宋、秦四國之師，與楚人大戰於城濮，楚師大敗，周襄王聞知晉文大捷的消息，非常高興，欲親駕鑾輿，前來犒勞三軍，並派卿士王子虎前來傳達王命，晉侯便於踐土這個地方，趕造行宮，接待天王駕臨。

這年五月，襄王駕幸踐土，文侯獻上戰利品，襄王除面予嘉勉外，並策命晉侯為方伯，賜服冕、弓矢、特別衛士虎賁三百人，並授予以專征之權，冊封晉侯為盟主，合諸侯修盟會之政，歃血為盟，即所謂之「踐土會盟」。

晉侯踐土之盟，既獲得諸侯們的擁戴，更獲得周天子親臨犒勞的殊榮，儼然已形成了合諸侯、匡天下的形勢，霸業之盛，頗自擬於齊桓。晉國的謀士們認為：欲鞏固其霸業，首先必須有強大的軍事力量，其次便是利用「周天子」的號召力，因思率天下諸侯，赴王畿以行朝覲之禮，藉「尊王」以增加晉對國際的號召力。晉朝的謀士們，認為雖然這是條上上之策，但周天子基於王畿偏小，容納不下諸侯這麼大的陣容；更現實的是周天子太窮，無力招待各國諸侯；而尤為耽心的是，萬一諸侯有居心叵測，來者不善，乘機製造問題，亦非絕無可能。又如何應變？就周天子而言，能獲得天下諸侯朝覲，無疑也是天大的盛事，周室的光彩，對提升王朝身價，也是一個千載難逢的機會，但周天子不敢冒這個險，一定會拒絕諸侯的朝覲，果爾，自必招致天下諸侯的恥笑，自家豈非灰頭灰臉？

最好的辦法是：假朝覲之名來將襄王的軍，然後把襄王請到河陽（即踐土會盟之處），使襄王用巡狩的名義，來接受天下諸侯的朝覲，襄王自然非常樂意此一作法，便於周襄王二十年冬，會天下諸侯於溫（今河南懷慶），以接受諸侯朝賀，襄王非常高興。這就是孔子《春秋》所記的：「天王狩于河陽。」史書謂：「諸侯會於溫，晉召王，以諸侯見，且使王狩。」孔子認為這是「以臣召君，不可為訓」的事，所以《春秋》大書：「天王狩于河陽」。

依禮而言，晉侯的作法，是不無瑕疵的，孟子嘗答齊景公問說：「天子適諸侯，曰巡狩，巡狩者，巡所狩也；諸侯朝于天子，曰述職，述職者，述所職也」。當時周天子既無土可巡其所狩；諸侯又各自為政，亦未能依禮而述其所職，且河陽為晉土，王狩河陽，多少有些不自在的味道，所以孔子對晉文公重耳的作法，認為是「以臣召君，不可為訓」的事。

雖說晉文公譎而不正，齊桓公正而不譎，然而踐土之盟，河陽之狩，晉文能率天下諸侯以尊王，于諸侯放恣，君弱臣強之亂世，也是春秋數百年罕見之盛事，亦很難能可貴了！

但是不無遺憾的是，「踐土之盟，河陽之狩」，晉文雖盡力率天下諸侯以尊王，而周天子卻並未能因以重振乾綱，所謂「其如王靈之不振何？」不正如《易》未濟所說：「未濟，征凶，利涉大川」之義嗎？（未濟三爻）。說周既不能振其乾綱，尊王攘夷的主張，亦隨晉文之去世而日見式微，之後迨戰國之世終，終不復更見了。

按：「靈」字義甚廣，有命令、精誠、美善、威靈，關乎天子的等義。

戊午己未，即經辰之午二千二百一十五；經辰之未二千二百一十六兩世，運卦為鼎，世卦當鼎之蠱(山風)，為自周定王十至二十一年，周簡王之十四、靈王之二十七至周景王之七年。當定王十三年，召伯、毛伯見殺于王劄子（見《春秋・宣十五年》），王師敗績于茅戎（見《春秋・成元年》），可謂「折足，覆公餗」矣（鼎四爻）！晉悼既沒，伯業衰緩，非「裕父之蠱，往見吝」乎（蠱四爻）？

其錄吳何也？吳能弱楚，此吳之所以見於春秋也。

按：王劄子即王子劄、亦即王孫蘇、王子捷，與毛伯召伯皆為周卿士，《左傳》說王劄子殺毛、召二氏，是為了爭取執政的機會，若僅僅如此，則只是大臣們爭權奪利之常事，何以孔子《春秋》書中，大書而特書呢？孔子書於《春秋》，顯而易見，是有其重大義意的。首先我們要瞭解的是：王劄子殺召伯、毛伯，乃公然行之於朝堂者，如果王劄子不是獲得周定王的授意，那王劄子豈非囂張至於極點？定王豈非形如傀儡？如果是定王默許或授意的，則定王要殺大臣，光明正大的方法很多，何以用盜賊驅鬥之技以屠殺大臣？如此，則身居天下共主堂堂的中央王朝，已是君不君、臣不臣了，天下事還能有什麼可為的呢？

定王十七年春天，周王室與伊雒以北之茅戎（茅或作貿），發生了糾紛，賴晉侯派瑕嘉居間調停，已順利達成協議。代表周室參加談判的，是定王的第二個兒子康公，協定達成後，康公忽發奇想，認為這時茅戎一定不會有所防備，如果突然發起奇襲，當可必操勝券。周朝的大臣們，認為這是「背盟而欺」的行為，不義不祥，一定不會有好結果，周王不理會大臣的建議，遂發兵偷襲茅戎，果然打了敗仗，幾乎弄得全軍覆沒。孔子在《春秋》書中記說：「秋，王師敗績于茅戎。」

我們從「王箚子殺召伯、毛伯，周王朝突襲茅戎」二事來看，周王朝已至秋風落葉之候，鼎之蠱說：「鼎折足，覆公餗。」鼎折足而不能自立，覆公餗乃勢所必然，豈非王朝沒落之驗？

領導諸侯聯盟的晉國，自文公重耳之後，歷襄公、靈公、成公、景公、厲公、悼公，其間如靈公之暴，景公時屠岸賈之亂，厲公之奢靡及枉殺大臣，悼公既歿，晉領導諸侯之霸業，也已衰緩，豈非《易》所謂「裕父之蠱，往見吝」者乎？

按；蠱之六四：「裕父之蠱，往見吝。」蠱，即敗壞之意。《左傳》說：「女惑男，風落山，謂之蠱。」女惑男、男敗；風落山、山敗，即以敗壞說蠱（蠱卦為山風，上山、下木，上男、下女）。裕，即寬容的意思。虞翻解釋為「不能力爭之意」，並引曾子「父有諍子，則身不陷於不義」，來說明諍字。也就是說，如子女對父親的錯誤，能有所諫言，則其父便不會陷於不義，否則，「往見吝」，一定不會有好結果的。

至於經辰之午二千二百一十五世之丙子，所以列出吳壽夢者，乃是因吳能滅楚之故，吳之所以見於春秋之故亦此。

黃氏說：庚申、辛酉之世，當鼎之姤，子朝雖亂，單伯為三公，召晉定之，王入成周，而子朝奔楚。魯國雖衰，孔子為大司寇，夾谷之會，齊人服焉。故曰：「鼎黃耳，金鉉，利貞。」（鼎五爻）。君相造命，陽剛中正，以防陰邪，則造化可回轉，陰而為復，故曰：「以杞包瓜，含章，有隕自天。」（姤九五爻。按：杞為高大堅實之木，瓜乃陰柔之物，堅實融容晦護柔弱，以眷護其章美，故說以杞包瓜）。

其錄越何也？越能滅吳，此越之所以見於繄《春秋》也（繄音依、有維、歎之意。如繄我獨無）。庚申獲麟而春秋終焉。

按：庚申、辛酉，即經辰之申二千二百一十七、經辰之酉二千二百一十八世，運卦為鼎，世卦當鼎之姤。周王朝發生了兄弟奪權之亂。

時周景王有三個兒子，長子壽、次子猛、少子朝。長子早卒，少子朝有寵，王欲立之，未果而卒（周景王二十五年四月駕崩，即經辰之申、甲戌之辛巳年），大臣單伯等立次子猛為王，子朝即發動政變自立。單子奔晉，晉納王猛于王城。未幾王猛卒，子朝入于王城，國人立其母弟匄為敬王（匄音葛，乞借也），敬王不得入王城，乃居於狄泉，為之東王。子朝入于王城，謂之西王，所以孔子《春秋》書說：「天王居於狄泉。」便有褒貶之意。一國兩君的情形，延長了三四年之久，最後還是賴晉與諸侯之力，敬王始得入于王城，子朝奪權失敗，便投奔楚國去了。一場政變，賴單伯與晉國之力，予以彌平，這是周敬王四年冬天的事。

當時的魯國，是一個既弱且小的國家，內有強臣的專權跋扈，外有強鄰的侵略欺淩，周敬王二十年夏天，魯定公接到了齊侯的通知，希望兩國國君，能在夾谷這個地方，舉行一次友誼性的集會，以修好兩國的邦交（夾谷在今山東淄川附近）。定公自然要參加，這時孔子為魯大司寇，知道齊國不安好心，便建議定公：「有文事者，必有武備。」宋襄公被楚人劫持的故事，猶歷歷在目，不可不預為防範。果然齊國臣子黎彌與齊景公，計劃劫持魯公于夾谷，先用很低俗的靡靡之音，來侮辱魯君，孔子便令人斬其左右隊長，齊景公驚駭不疊，黎彌發現孔子已有周密的佈署和準備，才不敢輕舉妄動。齊景公感到很沒有面子，宰相晏嬰便勸齊侯將過去侵佔魯國汶上的三塊土地——鄆、汶陽、龜陰（即今魯西兗州一帶之地），歸還給魯國，表示致歉之意，齊景公知道這是很高明的下臺方式，便很高興的答應了。此所謂「君子知其過，謝之以質」者。夾谷之會，齊人非常佩服孔子的文治、武功，所謂「齊人服焉」。這不正如鼎卦所謂之「黃耳，金鉉，利貞」之意嗎？故曰：「鼎黃耳，金鉉，利貞。」（鼎五爻）孔子的作為，即所謂「君相造命，陽剛中正，以防陰邪，則造化可回轉，陰而為復」者。說明事在人為，如能陽剛中正，君臣一爻）。

心，則「造化可回轉，陰而為復」，故曰：「以杞包瓜，含章，有隕自天」（姤五爻）。

按：鼎六五爻辭為：「鼎黃耳，金鉉，利貞。」鼎為上離下巽，金耳，鼎之初爻象足，二三四，象鼎腹，五為陰爻，象鼎耳，上為陽爻，象鼎鉉。為什麼說黃耳、金鉉？黃為中色，五居四與上之間，為中爻，故說黃耳，五爻變，則上卦為乾，乾為金，故說金鉉，鼎耳有孔，鉉穿於兩耳之中，以便舉提。

五爻的意思是說，鼎有耳有鉉，而後始可運用自如。象徵臣良主賢，即可回轉造化，以陰為復，黃耳金鉉並喻臣良主賢之難得。

姤（天風）為上天下巽，即所謂天風姤。九五爻為：「以杞包瓜，含貞，有隕自天。」

尚氏釋杞為杞柳，以乾為瓜。意即用杞柳編的籃子盛瓜。乾為大明，故說章。瓜放在杞柳籃子裏，故說以杞包瓜。亦即所謂之含章。五為天位，巽為隕落，故說「有隕自天」。究竟「以杞包瓜，含貞，有隕自天」，在這裏是什麼意思？這要從卦象看，姤卦為上乾下巽，換言之即一陰初生之卦，有一陰之生，便有二陰之生，有二陰之生，便與五陽相應，故有隕落之險（姤五象：有隕自天，志不捨命也。捨命即任命之意，意即是說，明知其後有隕落之險，而不為之防），如能知其險而預為之備，則得之矣！尚氏云：「此聖人防遠之意也。」即象徵孔子的遠見。

庚申、獲麟而《春秋》終焉。

孔因魯史而作《春秋》，上自魯隱西元年，下迄哀公十四年，凡十有二公，至魯，西狩獲麟，孔子絕筆（周敬王三十九年）。春秋即終於此。

魯自夾谷之會後三年，便以孔子為相，孔子為相七日，即誅少正卯，三月而魯國大治，夜不閉戶，道不拾遺，孔子治國的能力，震驚了列國政壇，最感到芒刺在背的，莫過於齊國，便仍用黎彌之策，在齊國選了八十個能歌善舞的美女，並加以訓練，到魯國城外公開表演，季桓子便與魯君偷偷摸摸的前往觀賞，把魯國一年一度祭天的大典，分給大夫們的膰肉，也忘掉了。孔子眼看對魯國的政治，已無能為力，無奈，便辭去了相位，周遊列國去了，希望能找一個能施展政治抱負的地方。但當時列國的政客們，皆急功好利，對孔子的看法是杯葛的多，歡迎的少，致列國諸侯對孔子，是大國不能用，小國不敢用。不但如此，還有人要殺他。終於興起歸歟之歎！周敬王三十六年，孔子倦遊歸來，開始從事于文化事業，於敘書、記禮、刪詩、正樂、序易、作春秋……

周敬王三十九年之庚申，魯人西狩於大野，叔孫氏之車，獲得一頭怪獸，認為是不祥之物，便拋棄於野外。孔子聽到了便親往察看，果然是隻麒麟，心中十分難過，不期然而痛哭流涕的說：「吾道窮矣！」孔子的《春秋》，也就寫到這裏為止，即所謂之「獲麟絕筆」。

黃氏說：壬戌、癸亥之世，當鼎之恒，王室分成周以「居王」，王城以封「周桓公」。於是大夫強盛，各貳于諸侯，而家臣又竊其柄，是猶鼎有二鉉，玉居金上也（鼎上爻「鼎玉鉉」）。雖曰大吉無不利，實無其德，是以居上非其所安，而干戈日尋焉！「振恒，凶」（恒上爻），又奚免哉？是運也，仲尼修經，人極自我而立，造化為之更新，苟能行之，鼎之正位凝命，其在茲歟？

壬戌、癸亥之世，即經辰之戌二千二百一十九、經辰之亥二千二百二十世，運卦為鼎，世卦當鼎之恆，為自周元王之六年；周貞定王之二十八年；周哀王、思王一年；周考王之十五年；至周威列王之八年。

周貞定王於二十八年春崩，長子去疾踐位，是為哀王。立三月，王弟叔襲其兄去疾而自立，是為思王；秋七月（思王立五月）貞定王少子嵬，又弒其兄叔而自立，是為考王。大演其手足相殘之悲劇。

考王又封其弟揭于「王城」（遷都以前的舊城為王城），考王現在所居為新城，是為西周桓公，周一分為二，「王室分成周以居王，王城以封周桓公」。十有五年考王崩，子午踐位，是為威烈王。西周桓公卒，子威公立，威公卒，子惠公立，惠公封其少子於鞏，是為東周。

一城之地的周室，積弱如此，而竟篡弒無常，分為東、西，不但失去了宗周形象和尊嚴，浸浸然已成為亂竊歪風之浸潤示範者，風流所及，各國之盛強大夫，則頗懷貳于其諸侯矣！於是諸侯之間，私相交通，大夫家臣、或竊其柄……，以致紀綱崩毀。這情形亦猶鼎有二鉉，玉居金上（鼎上為「玉鉉，大吉」，五為「黃耳，金鉉」，故說玉居金上）。雖曰「大吉，無不利」（鼎上九爻辭），實無其德，是以居上非其所安，而干戈日尋焉（尋，仍也、繼也，《左傳・昭元年》，日尋干戈，以相征討）！「振恒，凶」（恒上爻），又奚免哉？是運也，仲尼修經，人極自我而立，造化為之更新，苟能行之，鼎之正位凝命，其在茲歟？

按：鼎象說：木上有火，君子以正位，凝命。意即是說，火因木而生。象徵天下之大是大非，所謂「人極之立，造化之更新」，是人生之至者。鼎為國之重器，只有君子始足以正其位、凝命、貫徹實踐，即所正位，凝命）。

上九：「鼎玉鉉，大吉，無不利。」

恒（為雷風。震雷在上）。故上六謂：「振恒，凶。」《象》曰：「振恒在上，大無功也。」恒卦為上震下巽，尚秉和氏說：「上六居動之極，故曰振恒。振起也，卦以貞靜、恒久為義，振與恒久貞靜義不協，故說「振恒召凶」。

劉氏斯組說：右午會第五運，運卦當姤之鼎，世卦分鼎之爻：初變大有之鼎，鼎初為「得妾以其子」。而出否從貴，初《象》曰：「利出否，」其寵姒、廢后、立伯服、黜宜臼之應乎（以上說周幽王）？幽以巽之先庚立（幽立於二千二百八世井之巽之庚申），鼎之後庚亡（亡於二千二百九世之鼎之庚午），甫十一年驪山禍見（幽王被犬戎殺於驪山），周鼎用顛趾矣（見鼎初爻）！夫豈不悖？（鼎初爻、悖，違忤叛逆之意。）

平王既立，大有變而為離、為睽、為大畜、為乾與大壯。在位五十一年，所謂「西京棄而徙洛，王師出而戍申」（周天子派王畿內之民，去戍守申國，即今之河南信陽），人民十分怨嘆，遂有黍離、蓷嘆、兔爰、仳離之嘆！見《詩・王風》（詳如後註）。

土女仳離，上下睽怨，雖以人事，或亦天行（說由於人謀不臧，或亦天命）。以上皆其間命公錫侯饗于天子（平王東遷，護駕諸侯各有賞錫），伯方用壯（諸侯勢力擡頭），王漸替（中央天子日益式微）。

乾迹熄，詩亡（孟子說：王者之迹熄而詩亡，詩亡然後春秋作），《春秋》托始褒貶以正邦。遏，揚以順命，事見於後，運兆於前矣！

按：戌申。

幽王寵褒姒，廢申后及太子，宜臼逃于申，申侯便與犬戎攻宗周，幽王被弒，京畿被搶一空，晉文侯、鄭武公迎宜臼于申而立之，是為平王。後來因申受到犬戎的威脅，便向平王求救，平王遂派王畿之民，前往戍守申國，引起王畿人民之怨言與不滿，因作詩刺王。

〈黍離〉、〈中穀有蓷〉、〈兔爰〉、〈雉罹〉，皆王風之詩，因平王戌申，使畿內之民妻離子別，人民怨王所發之嗟怨。如〈黍離〉之：「知我者，謂我心憂，……悠悠蒼天，彼何人哉？」〈中穀有蓷〉：「有女仳離，啜其泣矣！」兔〈兔爰〉：「我生之後，逢此百凶！」……可見一斑。

命公、錫侯、饗于天子：平王東遷，因秦襄護駕有功，遂命秦襄為諸侯，並錫以岐豐之地，秦於是始列入諸侯之林；命衛侯和為公；晉為方伯，錫晉秬鬯、弓矢、及侯仇命（即書所謂文侯之命，今所謂之褒獎令之類）伯（即霸）方用壯，王漸替、乾迹熄，中央天子日益式微。平王直大有變離、睽、大畜、乾與大壯。大壯為震上乾下之卦，所謂雷天大壯。大壯九三爻為：「小人用壯，君子用罔。」罔就是不用。用壯，即用霸力之意，此言伯方用壯，亦即小人用壯之意。

乾迹熄，火天大有，上九變而為雷天大壯，大壯九三為小人用壯，九三變則乾迹熄。

詩亡：詩的作用，現代人已領略體會不到了，子夏所作的詩序，分析詩的作用，如：經夫婦；成孝敬；厚人倫；美教化；移風俗，主文而譎諫……詩亡以後，這些作用，後皆不存在了。

乾迹熄、詩亡。孟子說：「王者之迹熄而詩亡，詩亡然後春秋作。」朱子說：「周衰，王者之賞罰不行於天下，諸侯強淩弱，眾暴寡，是非善惡，由是不明，人欲肆而天理滅矣！夫子因《魯史》而修《春秋》，代王者之賞罰，是是而非非，善善而惡惡（前惡字唸誤），誅奸諛於既死，發潛德之幽光，是故《春秋》成而亂臣賊子懼。故云《春秋》托使褒貶以正邦，遏揚以順命，事見於後，運兆於前矣！」

遏揚以順命：大有《象》曰：「火在天上，君子以遏惡揚善，順天休命。」順天，人當效法乎天以休命，休，光大人們的生命，所謂永垂無疆之休者。

事見於後，運兆於前：天地間事，兆必先見，而事生於後。如周宣王之「檿弧箕服」而西周亡；宋之「六鷁退飛」而宋襄亡。平王直大有之離、睽、大畜、乾、大壯等，皆其先兆。

自是王降而伯（霸）。

平王東遷，不但由湯武之王，降而為諸侯之霸局的分水嶺，且使堂堂天下共主的周天子，變為有名無實，國力下降，猶不及于一般諸侯。

桓、莊直旅之離、而鼎、而晉（桓、莊二王，直旅初之離、二之鼎，至旅三之晉）；釐、惠直旅之艮、而遯、而小過（釐、惠二王，直旅四之艮，至旅上之小過），可說是「移天上之火、而於山上照之」（桓、莊二王，直旅初之離、鼎、晉，離火皆在天上，至釐、惠旅之艮、遯、小過，則山皆在下，火皆照於山），廣狹乃可知矣！命既不行，變多不處（不但王命有所不行，周天子卻時常被迫，逃離京畿），襄王直未濟之睽，越晉、鼎而訖蒙，家之不造，叔帶之亂（叔帶為襄王之弟，帶通王后，並引狄入寇而為王，襄王奔鄭），同於子頹（周莊王次子，莊王欲立未果，及惠王即位，五大夫奉子頹作亂），亂之既平，晉文之定，後於鄭、虢（晉文定子帶之亂在後；鄭虢定子頹之亂在前），而晉則享有「錫馬蕃庶」，鄭、虢則無。火澤之為女戎，禍生於狄（火澤為睽，子帶之亂，禍因戎女而生），晝日之用蕃錫（晉卦辭），功賴於晉，其有徵乎？乃訟、乃解，頃，匡各六年。定王以立，又有蠱之大畜，天大而畜於山中（山風蠱，蠱初變為山天大畜，故說天大而蓄於山中），山雄而踞於天上，觀兵問鼎，無亦卑天王而睨神器耶（大畜艮山在上，乾天在下，楚子觀兵、問鼎，脅山雄居天上之勢，目的豈非窺竊神器）？簡、靈繼之弗幹而又裕焉（簡直蠱之六二幹母之蠱，九三幹父之蠱。靈直蠱六四，裕父之蠱），蠱亦甚矣！變而艮蒙、變而鼎巽（山水蒙，火風鼎，水、風皆在下），象徵大權下移，國命屢降，時則孔子生，位不在而道在（孔子無位），素王當姤五之運（孔子無位，故稱素王，姤五為以杞包瓜，含章，有隕自天），孔子生不逢辰，亦猶東周之於魯乎？

按：

子頹之亂：莊王嬖妾姚姬生子頹，並為擇傅，欲立之未果而亡，莊王死後五大夫奉之作亂，鄭厲公約西虢公，同伐王城，乃誅五大夫及子頹，立惠王。釐、惠直旅之艮（艮為山）、遯、小過，則火皆照於山者。

叔帶之亂：子帶為襄王之弟，襄王以狄女為后，子帶通之，並引狄入寇而自為王，襄王奔鄭，後晉文公執子帶而殺之。子頹之亂，十分類似子帶之亂，但時間上鄭虢平子頹之亂在前，晉文定子帶之亂在後，晉文則錫馬蕃庶，晝日三接，鄭虢則無之。

火澤之為女戎：火澤為睽，子帶之亂，禍生於女戎，即禍生於狄人，晝日之用蕃錫，乃晉卦辭，所謂：「晉，康侯用錫馬蕃庶，晝日三接。」恰襄王直未濟九二之晉。襄王之得立，功賴於晉，豈非其徵乎？

乃訟、乃解，頃，匡各六年。定王以立，又有蠱之大畜，天大而畜於山中（山風蠱，蠱初變為山天大畜，故說天大而蓄於山中），山雄而踞於天上（山天大畜。山上天下），

觀兵問鼎：周定王元年，楚莊王覬覦周鼎，乃藉故伐陸渾之戎（陸渾在周都城洛陽之南郊），觀兵于周疆，以問周鼎之大小輕重焉。在楚莊王心目中，已根本沒有周天子的存在了，難道不是所謂之「無亦卑天王、而睨神器耶」？

簡、靈繼之弗幹而又裕焉，蠱亦甚矣（幹父之蠱）！簡王直蠱二之艮，蠱三之蒙；靈直蠱四之鼎、蠱五之巽，象徵王室大權下移，國命屢降，孔子即生於此時，東周之魯。無位有道，當姤五之運。

素王當姤五之運。孔子無皇王之位，所以人稱素王。姤五爻辭為：「以杞包瓜，含章，有隕自天」。以杞包瓜，是說把瓜放在杞柳籃中，意指孔子生不逢時，不得其地，東周其為於魯乎？魯如東周之不競，東周如魯之日衰。含章，即孔子具聖人之道，而無所用之。有隕自天，孔子之道所以不行，如有隕自天者，卦五為天，下巽為隕，不久陰消至二，則與五為應，故有隕落之象，魯不用孔子，列國諸侯亦不用孔子，無論是泥於小人，或由於道之不同……豈非有隕自天者？

周景王直經辰之未二千二百一十六世，年卦直蠱上九之升，歷升而行乎姤初之乾，二之遯。景王二十五年崩，子猛踐位，其弟朝爭國，晉人帥師納猛于王城，未幾王卒，國人立其弟匄（音葛，乞也）是為敬王。

敬王立，子朝復據王城，敬王居於狄泉（洛陽城外），人稱東王，子猛居王城，人稱西王，四年冬賴晉國之力，王始入于王城，子猛奔楚。

敬王直經辰之申二千二百一十七世，年卦直姤三之訟，九三之訟：「臀無膚，其行次且（且念取），厲。」朱子釋說：居則不安，行則不進；歷訟而行乎姤四之巽，姤四說「庖無魚，起凶」。《象》說：「無魚之凶，遠民也，豈非居狄泉之應？」姤五之鼎、姤上九之大過（此二爻應乎西狩獲麟）。敬王之三十九年，魯西狩獲麟，孔子看到了，即慨然歎息流涕說：「吾道窮矣！」

齊桓、晉文尚能合諸侯，尊周室，以周天子作號召，主持部分國際正義，至是則強淩弱，眾暴寡，惟力是尚，無視於善惡，由是伯（同霸）又下降而為夷狄矣！恒之六變，初變大壯、二變小過、三變解、四變升、五變井、上變大過而鼎（雷風為恒），元王直之、貞定王直之、哀王、思王、考王並直之。威烈之世，亦當振恒，恒上六說：「振恒，凶。」是其始終乎（按恒卦以貞靜恒久為義，今上為雷震，振為起，雷為動，且震上為震之極，其動必極，今復為震，故其義與恒靜義相左，其凶可知）。

貞定王崩，子去疾踐位，是為哀王，五月弟叔弒王自立，是為思王，八月王子嵬殺叔自立，是為考王，考王封弟揭于河南（即王城），是為西周桓公，卒、子威公立，卒、子惠公立，惠公封其少子班於鞏，是為東周。十有五年考王崩，子午踐位，是為威烈王。

以會經運，午會第五運當姤之鼎，起幽王五年至十一年而犬戎之亂作，平王立即東遷，迄周威烈王八年，所謂貫三百六十運之迴圈者。《春秋》起魯隱西元年，即周平王之四十九年己未，迄周敬王三十九年春、魯之西獲麟，即謂二百四十年之筆削，其間雖世有升降，道無汙隆，然正位凝命者遠矣（鼎《象》說：木上有火，鼎，君子以正位凝命，正則不偏，凝命即秉持其正而不阿之意）！

第九節　以會經運午六——觀物篇二十

經日之甲一，經月之午七，經星之己一百八十六。

按：經星之己一百八十六，運卦當姤之大過（姤為正卦，大過為運卦），世卦分大過之爻，大過初六變澤天夬、九二變澤山咸、九三變澤水困、九四變水風井、九五變雷風恒、上六變天風姤（大過所變之夬、咸、困、井、恒、姤等一卦管兩世）。

世卦夬、咸、困、井、恒、姤等，亦復各變六卦如下：

	初變	二變	三變	四變	五變	上變
夬	大過	革	兌	需	大壯	乾
咸	革	大過	萃	蹇	小過	遯
困	兌	萃	大過	坎	解	訟
井	需	蹇	坎	大過	升	巽
恒	大壯	小過	解	升	大過	鼎
姤	乾	遯	訟	巽	鼎	大過

以上各卦，一卦管十年，三卦管一世，表示如下。

甲子九	甲戌一九	甲申五
	戊寅 韓景侯 魏文侯 趙烈侯	
	庚辰 周安王	
	癸未	癸巳

經辰之子二千二百二十一，夬初九變大過，九二變革，九三變兌。

甲午一五

甲辰二五	甲寅 二周分為二
乙巳 晉亡	乙卯 東周君 傑立
丙午 周烈王	
	庚申
癸丑 周顯王	癸亥

經辰之丑二千二百二十二，夬九四變需，九五變大壯，上六變乾。

甲子二二	甲戌二三	甲申三三
	庚辰	
	癸未	癸巳

經辰之寅二千二百二十三，咸初六變革，六二變大過，九三變萃。

甲午四二	甲辰四	甲寅八
		乙卯 秦昭襄
丙申 燕易王		
	丁未 周赧王	
		庚申
辛丑 周慎靚王		
癸卯		癸亥

經辰之卯二千二百二十四，咸九四變蹇，九五變小過，上六變遯。

甲子一八									癸酉
甲戌二八	乙亥 齊滅宋								癸未
甲申三八									癸巳

經辰之辰二千二百二十五，困初六變兌，九二變萃，六三變大過。

甲午四八									
甲辰五八	乙巳 秦滅周	丙午 周烈王					辛亥 秦孝王	壬子 東周亡秦莊襄	癸丑
甲寅六八	乙卯 秦始皇					庚申			癸亥

經辰之巳二千二百二十六，困九四變坎，九五變解，上六變訟。

甲子秦十							辛未 秦滅韓		癸酉 秦滅趙
甲戌秦二〇		丙子 秦滅魏		戊寅 秦滅楚	己卯 秦滅燕	庚辰 秦滅齊稱帝			癸未
甲申五								壬辰 秦二世	癸巳

經辰之午二千二百二十七，井初六變需，九二變蹇，九三變坎。

甲午 漢高祖先入關 楚伯王後入關 秦亡	乙未 漢高祖				己亥 楚亡				
甲辰一〇			丁未 漢惠帝						癸丑
甲寅 漢呂后立無名子			丁巳 呂后立恒山王			庚申		壬戌 漢文帝	癸亥

經辰之未二千二百二十八，井六四變大過，九五變升，上六變巽。

甲子三									
甲戌一三				戊寅 後元年		庚辰			癸未
甲申二三	乙酉 漢景帝							壬辰 中元年	癸巳

經辰之申二千二百二十九，恒初六變大壯，九二變小過，九三變解。

甲午三三				戊戌 後元年			辛丑 漢武帝建元		
甲辰四			丁未 元光						癸丑 元朔
甲寅一四					己未 元狩				癸亥

經辰之酉二千二百三十，恒九四變升，六五變大過，上六變鼎。

甲子二四	元鼎						元封		癸酉
甲戌三四			太初				天漢		癸未
甲申四四	太始				征和				後元

經辰之戌二千二百三十一，姤初六變乾，九二變遯，九三變訟。

甲午五四	乙未 漢昭帝始元						元鳳		
甲辰十			元平	戊申 漢宣帝本始				地節	
甲寅七		元康				神爵			癸亥

經辰之亥二千二百三十二，姤九四變巽，九五變鼎，上九變大過。

黃氏畿說：以上為午會之第六運，運卦當姤之大過，世卦分大過之爻。大過（澤風）即「大者過」之意，此所謂大者，即指陽爻而言（大過，四陽二陰，故說大者過），陽為君，為大人，則陰為臣，為小人可知矣！

甲子、乙丑之世，（即經辰之子二千二百二十一世，經辰之丑二千二百二十二世），直大過之夬，陰變為陽，有以家化國之象（大過為上兌下巽，巽初陰爻變而為陽，即大過之夬，大過之夬，變陰為陽，化小為大，故云）。如韓、趙、魏三家分晉、田氏（和）之篡齊。這些都是以下犯上，以臣欺君，大逆不道，罪不容誅的篡竊行為，但卻獲得周天子（周威烈王）的承認與許可。亦猶今日國際間之政變，轉而即獲得國際社會的認同，正式進入聯合國一樣。但就三家與田氏而言，可說是以家化國了。

齊桓公、晉文公對捍衛周室，曾作出極大貢獻，周有三位國王，皆為晉所立，後來晉之六卿（韓、趙、魏、范氏、中行氏、智氏），用聯合鬥爭的方法，逐次先將最強消滅而分其地，後來六卿之中，只有韓、趙、魏與智氏，之後三家又滅智氏。周安王二十六年，共廢其君靖公俱酒（靖公俱酒為晉君）為家人（家人或稱庶人，或曰僕人）而共分其地，史所謂之三家分晉。周威烈王竟然任命魏斯、趙籍、韓虔為諸侯。至此，周武王少子叔，所受封的古晉國，算是徹徹底底的被滅亡了。

司馬《通鑑》開卷，即對周威烈王提出了嚴厲的批評，說周威烈王是天下的共主，竟然帶頭破壞了王者的禮法與名分，換言之即是破壞了足以維繫君臣上下的紀綱與制度，這樣會使天下大亂的。

田齊本為陳厲公之後，因陳國發生內亂，陳公子完便逃到齊國，齊桓公欲封其為卿士，田仲卻很有禮貌的懇辭了，說自己只希望能保其生命，平平安安的過日子就好了，於是便作了齊國的工正（閔為底下的職位），改姓田氏。到了周貞定王十六年，田氏已完全掌握了齊國的政權，田恒子作了齊國的宰相，于周安王十一年，齊田和乃遷其君貸於海上，給予一城的食祿，齊侯貸卒，田氏遂併齊，姜太公後代建立之富庶繁榮的齊國，卻被田氏完整的接收了，「大盜」移國，偷雞摸狗的是小偷，竊國的名之曰大盜。

尤有甚者，三晉與齊田氏，先後皆向周王朝申請為諸侯（齊田氏乃于周安王十三年時，由魏侯代為申請而獲批准者），周天子卻一律照准，此舉無異於鼓勵篡竊，何況所篡者周之同姓。司馬光《資治通鑑》，開卷即從三家分晉說起，並大書特書，論說周威烈王命三晉為卿士之不當及其嚴重性。

《通鑑》論說：「蓋事未有不始於微，而成於著。聖人之慮遠，故能謹其微而治之；眾人之識近，故必待其著而救之。治其微，則用力寡而功多；救其著，則竭力而不能及也。嗚呼！周道之衰，紀綱散壞，禮之大體，十喪七八，然猶歷數百年，宗主天下，徒以名分尚存故也。今晉大夫暴滅其君，剖分其地，天子既不能討，又寵秩之，使得列于諸侯，是區區之名分，復不能守而並棄之也，先王之禮，於是盡矣！然則三晉之列于諸侯，非三晉之壞禮，乃天子自壞之也。」

所以黃氏說：韓趙魏三家分晉，田和篡齊（齊本姜太公後代之封建地），皆命為侯，誰敢咎之？到底應該責備誰呢？究其所以，乃是在上者處事未能深思，顧慮未盡周延之故。所以《象》說：「藉用白茅，……慎之至也。」（大過初爻），說人君處理天下事，要能像祭祀所用的白茅一樣，慎之又慎之才可。

按：茅草的根是白的，所以叫白茅。這種草到處可見，垂手可得，很不值錢，但它潔白無瑕，祭祀時用以薦物，以表示對上帝神祇的敬慎。日常生活的禮儀，尚且如此，國家大事，自然更應該慎之又慎之了，所以說「慎之至也」。

一個社會、國家或時代，之所以能夠維繫其生存，除組織法律外，尚有一種無形力量在維繫，依司馬溫公的看法，這種力量就是禮。禮，具體的表現，簡單的說，就是一種名分。這種名分上自天子，下至凡庶，皆當遵守，否則天下必然大亂。東周末年，初命三晉為諸侯，便是一個例子，而且破壞這個禮之大防的，竟還是周天子自己。黃氏很感歎的說：「誰敢咎之？」當周天子作這個「初命」決定的時候，若能明白「藉用白茅」的精神，能夠敬慎將事，必不至貽誤天下後世了，所以古人要「慎之至」也，治國、立身，皆不例外。然而，周威烈之初命，誰又能奈何他呢？

夬初說：「壯於前趾，往不勝。」又何過焉？（周威烈王，於時直大過之夬，故引夬辭為說）。夬初九爻辭說「壯於前趾，往不勝為咎」。朱子解釋說：「當決之時，居下任壯，不勝宜矣！」居下而任壯，急進而決之（即智小謀大，位低任重，未經深思熟慮，躁進而決之，當然勝算不大），往不勝而有咎，是自然之事，又何過焉？又有什麼值得大驚小怪的啊！

夬初何以說「壯於前趾」？萬年淳氏以為：初九剛燥，處乎初位，未盡孚號之誠，而為即戎之事，力不能勝，必受其殃，「往不勝」為咎，戒輕動也。萬氏解說的已非常明白了。

黃氏又說：周之興也，一陰蓄五陽，懿文德而終亨。《彖》曰：「密雲不雨，自我西郊。」是所施雖未行，而君子上下應之，自岐而豐、鎬，終能澤民；及其衰也，五陰決一陽，尚武力而終窮。《彖》曰：「告自邑，不利即戎，是所施雖孚號，而小人在上伺隙興兵。故趙、韓分周地為二，東周惠公居成周，西周武公居王城，使各自治而王寄焉。」

昔者寢昌，今則寢微，非澤滅木歟？

周之興，以一陰蓄五陽，一陰蓄五陽，於卦為風天小蓄，小蓄之《彖》說「密雲不雨，自我西郊」，意指文王的仁政，雖未能施及全國，但已經獲得海內普遍的尊崇與愛戴了，所謂「所施雖未行，而君子上下應之，自岐而豐鎬，終能澤民」。即所謂「柔得位而上下應」之意。豈非「以一陰蓄五陽，懿文德而終亨」者？

周興起於北豳之地，周之祖先，由邠而岐，自岐而豐、鎬，由豐、鎬而至天下，皆以澤民為至上，為澤其民，不惜以皮幣、犬馬、珠玉乃至土地以事其敵人，必要時雖放棄其土地而去之，亦在所不惜，一切皆以能否達到愛民養民的目的，為施政作為之先決條件。故雖三分天下有其二，猶服事于殷，孔子謂為「周之盛德」。

「密雲不雨，自我西郊」，意指文王的仁政，雖未能施及全國，但已經獲得海內普遍的尊崇與愛戴了，所謂「所施雖未行，而君子上下應之，自岐而豐鎬，終能澤民」。即所謂「柔得位而上下應」之意。豈非「以一陰蓄五陽，懿文德而終亨」者？

按：

懿文德：尚氏（秉和）解說：懿美也，乾為德、離明，故說文德。離明照天下，巽風散佈四方，故說「懿文德」。

密雲不雨，自我西郊（《彖》小畜）：小蓄卦上下皆陽，一陰止於內，所止者小，故說小蓄，蓄止也。楊子太玄擬為斂，說陽氣大滿於外，微陰小斂於內，即小蓄之義。為什麼說密雲？尚氏以為小蓄旁通豫（雷地為豫），坤為雲，豫上下皆坤爻，故說密雲不雨。兌為雨，因兌雨被巽風吹散，雲過日出，故不雨也。何以說西？兌為西，伏坤為我，乾為郊，故說「自我西郊」。「密雲不雨，自我西郊」，象徵于周之德行，僅自我西郊，而尚未雨之於天下之象。

終能澤民：周王朝祖先們的創業，也是有血有淚，非常辛苦的，然而十分難能可貴的，是能把人民的生活與安全放在第一位上，孟子便有如下的說法：

昔者大王居邠（大音太，大王即古公亶父、周文王的爺爺，邠、在今陝西西北），狄人侵之，事之以皮幣，不得免焉；事之以犬馬，不得免焉；事之以珠玉，不得免焉，乃屬其耆老而告之曰：狄人之所欲者，吾土地也，吾聞之也，君子不以其所以養人者害人，二三子何患乎無君？我將去之，去邠、踰梁山，邑於岐山之下居焉。邠人曰：「仁人也，不可失也」，從之者如歸市。

黃氏說：「周之衰也，以五陽決一陰（卦直五陽一陰）。以五陽決一陰，尚武力而終窮。」《彖》曰：「告自邑，不利即戎」（《彖》夬）。是所施雖孚號，而小人在上，伺隙興兵，故韓、趙分周地為二，東周惠公居成周，西周武公居王城，使各自治而王寄焉。

一陰蓄五陽，於卦為風天小蓄（小畜為以巽蓄乾，以一陰蓄眾陽之卦），小蓄的基本精神為「懿文德」。

五陽決一陰，於卦為澤天夬卦，夬為三月卦，為陽長陰消之卦，故說陽決陰，但陽長至六月以後，則陽窮而陰盛矣！同理夬之五陽決一陰，亦必有終窮之日，故有尚武力而終窮之象（周之末，天下諸侯，皆唯力是事）。

夬卦辭說：「夬，揚于王庭，孚號有厲，告自邑，不利即戎。」皆指上六之一陰而言，而所謂「揚于王庭」，有得志放肆之意；「孚號有厲」，表面上，看似尚合事理，但其間卻潛存著極大的問題（或後遺症），故說「有厲」（如威烈王之一命再命等）。由此可知，夬之一陰，危處於上，豈可不戒慎恐懼？故當「告自邑」，明白惟力所尚的問題，對伺隙興兵者，應如何防範或化解。不然，則天下勢必如既倒之狂瀾，愈益不可收拾矣！

「不利即戎」，國家大事，不可冒然處理，尤其輕易訴諸武力，更為國之大忌。《彖》辭說：「告自邑，不利即戎，所尚乃窮也。」必須自家臣屬，能明白不利即戎之故，始可避免「即戎所尚乃窮」之害。如日本發動第二次世界大戰，不是「即戎所尚乃窮」之害嗎？（但今日之日本，浸浸然似又欲重溫曩日之綺夢矣！但願乃筆者之囈語。）

萬氏年淳說：「以五陽決一陰，其勢甚易，而聖人多為戒懼之辭，則無時而不宜戒懼可知也。」歷史上因不能忍一時之憤，而致千古之憂者，每所常見常聞，周威烈王以後諸王之處境，對「不利即戎」；「惕號，莫夜有戎」之戒，尤應深思！

「不利即戎」，雖未必即可謂當國者用兵之基本原則，但即戎之不利，則所見多有，古今以來，有多少國家，即亡於不當之「即戎」。最可笑的是周朝末年的周赧王，尚不知周王朝自己，已是嬴秦陰影下的寄食者，遇到秦軍來攻，竟然像是大夢初醒一樣，始覺察到秦國對東周的威脅太大，便發動天下諸侯來討秦，惹得秦王派兵攻入西周，赧王無奈，便到秦國去向秦王賠不是，並把僅有的三十六個縣的土地及其三萬餘口，統統獻給秦王，秦人始將赧王放還，周赧王也就鬱鬱而終。數年之後，東周君亦以同一情況，被秦遷於陽人聚，我國歷史上享年最久（八百七十四年）的周王朝，於焉告終。

按：秦遷西周君於憚狐聚，即洛陽南百五十里之山區；東周君被遷陽人聚，在河南汝州西之伊川（洛陽陽龍門南），今名其地曰古城，當即其地。

王船山氏釋「告自邑，不利即戎」說：「以剛之盛為尚，而恃之以戰，陰則窮」。意即是說，不可惟力是賴。因為自古崇尚霸力者，結果必然是失敗的，所謂「所尚乃窮也」。試看古今中外，無論如何武勇強盛的國家，皆有其歷史盡頭的一天。世上沒有永久的羅馬，也沒有永久的秦始皇、漢武帝……，昔日的拿破崙、希特勒、列寧、史達林，尤其日本之軍國主義者，不知彼等對長崎廣島，夕陽落日下之數十萬悠悠寃魂，尚有所餘哀否？他們除了給子孫，留下斑斑血迹和歷史創傷外，還有些什麼呢？今日的霸權國，如仍不能以仁道是倡，但執世界殺人科技之牛耳，唯強力是尚（更等而下之者，視戰爭為其國家民族之商業行為，伺隙興兵，以鄰為壑，如二十世紀中頁日本帝國之於東南亞，及全世界之弱小民族或國家。不但更愚不可及，而簡直是喪心病狂了），來時所報施於其後世子孫者，豈千百倍而已哉？吾人斷言，無論你擁有什麼樣的「彈」，終於逃不過歷史的裁判。因為世界上無論如何強盛的國家，皆無法永遠擁有、享受其「獨強」滋味。此古人所謂「尚武力而終窮」者，其然其豈然乎？

黃氏非常感歎于大周王朝末期的淒涼景況，說：「昔者寢昌，今則寢微，非澤滅木歟」？黃氏以為周朝之衰亡，應大過「澤滅木」之象。

經辰之寅二千二百二十三世，周顯王之二十一年直大過之咸，大過《彖》謂「棟橈，本末弱」；《象》辭謂「澤滅木」也。

萬氏年淳分析說：大過與大有、大壯、大蓄不同，別卦只是一意（只有一個意思），大過則有二，一是過，一是顛的意思。萬氏更進一步說：「剛過者，自逞其才，故有棟橈之敗；陰柔者，不勝其任，則有鼎折之憂」。周被分為二，豈非所謂鼎折之憂？鼎折，就是鼎的腿折斷了，鼎中的食物，當然也傾泄於地上。一個國家而鼎折，其情形不言可諭。

黃氏說：小人伺隙分周地為二（周顯王二年趙成侯、韓懿侯攻周，城邢丘，二國分周為兩，見《竹書紀年》），東周惠公居成周，西周武公居王城，使各自治而王寄焉（周天子為東西周的名義領袖）。昔者寖昌，今則寖微，「非澤滅木歟」？

東西二周與當年邠、岐、豐、鎬的情形，已不可同日而語了。

何以說澤滅木？大過為兌上巽下。兌為澤，巽為木，木在澤中，故說澤滅木；周天子寄居于諸侯的卵翼下，又分東西為二，亦如木在澤中，故有澤滅木之象。

附：史家東西周之說：

《史記・周本記》：考王崩，子威烈王午繼（西元前四二六年），考王立其弟揭于河南（即王城），是為西周公，居洛陽，稱為河南桓公，或西周桓公，是為東西周之稱之始。

桓公傳威公，威公傳惠公，惠公時立其長子武公曰西周武公，居王城（河南洛陽），立其少子斑于鞏（河南鞏縣，王城之東）曰東周惠公（東周君），自此有東西周之分。

赧王時東西周分治，東周惠王居鞏，治東周之政；赧王居洛陽，治西周之政，西周君亦居洛陽。

赧王降秦，秦遷西周君於單狐聚，秦莊襄王元年，又遷東周君於陽人聚，周亡。

以上為司馬遷《史記．周本記》所載。

按：東周自貞定王崩後之一百六十年間，實際上國已非國。貞定王崩後，子去疾踐位，是為哀王；三月，哀王弟叔，弒哀王自立，是為思王；思王弟嵬，又弒其兄思王自立為考王（三王皆貞定王子）；考王又立其弟揭為河南桓公。桓公傳其子威公，威公傳惠公，惠公乃立其長子為西周武公，居王城洛陽，自封其少子斑于鞏（河南鞏縣，王城之東）號曰東周惠公（斑雖曰東周惠公，實居洛陽，對東周亦只遙控而已），自此有東西周之竝立。

威烈王之後又有安王、烈王、顯王、慎靚王，赧王。這是歷史的正統，換句話說，這些似乎皆為名義上的虛位元首而已，如丁丑顯王二十五年，諸侯大會於洛陽，對顯王毫不理睬，可見一般。黃氏說：「東周惠公居成周，西周武公居王城，使各自治而王寄焉。」當時的周天子，亦僅東、西周之寄食者而已。

黃氏說：丙寅，丁卯之世（即經辰之寅二千二百二十三、經辰之卯二千二百二十四二世，直世之卦為大過之咸，直年之卦為自咸初六變革、六二變大過），大過之咸說：「枯楊生梯，老夫得其女妻，無不利。」七國久竊王稱，而又遞相迎婦，可謂「過以相與矣」！曰：「咸其腓，凶，居吉」。故錄燕焉，以周同姓也，周同姓莫強於晉，既先亡矣！使燕居而不隨，養德待時，其吉矣乎！故錄燕所以幸周也，幸其猶有同姓如燕者在也！

大過九二說：「枯楊生梯，老夫得其女妻，無不利。」辭義很淺顯。意思是說已經將乾枯死的老楊，忽然又生出嫩枝來，像八十老翁娶了個大姑娘一樣，生子有望，可喜可賀。但黃氏於此為什麼說「枯楊生梯，老夫得其女妻……」？

丙寅，丁卯直世為大過之咸，于時周已分東西為二，其名義上的共主為周顯王（十二至四十八年）、周慎靚王（七年）、周赧王（十七年），于周王而言，無異於「枯楊生梯，老夫得其女妻」？但也是十分淒涼與悲哀的。我們從下文「七國久竊王稱，而又遞相迎婦，可謂過以相與矣」來看，因為老夫娶其女妻，年齡如此懸殊的老少配，基本上是很有問題的，所以說「過以相與」（大過九二《象》辭）。

按：尚秉和氏對枯楊生梯的解釋如下：

尚氏以為：巽為楊，為隕落，為枯。並引《易林》泰之咸所說：「老楊日衰，條多枯枝」；噬嗑之否說：「朽根枯樹」，因之咸否互巽為枯。梯音惕，鄭玄作荑，《詩經》說柔荑，形容女人柔美的手指，這裏作新生的柔嫩枝條。又乾為生，巽為木，巽柔，故說枯楊生梯。

又說：大過下卦巽為伏震，伏震為老夫，巽為女妻，女妻即少妻之意。二下孚於陰，故無不利。

黃氏以為：五霸之後，周天子已經成了若存若亡，乃至有若無的虛渺狀態，諸侯在國際間，稱孤道寡（所謂久竊王稱），業已司空見慣，被此之間，或系之以婚姻，或脅之以兵戈，爾虞我詐，不一而足……誠如董仲舒氏所說：「夫德不足以親近，而文不足以來遠，而斷之以戰伐為之者，此固春秋之所甚疾已，皆非義也。」在春秋二百四十餘年間，「弒君三十六，亡國五十二」，文化的墮落，已經到了極點。

咸六二爻辭說：「咸其腓，凶，居吉。」咸就是感，腓是我們的小腿肚，行走前進時，一定要腓用力才可，如果用力過當，便不能行走了，故說凶。如能停止下來，好好休息一下，便可復原了，故說「居吉」。黃氏在此提出咸九二爻辭，乃是因「錄燕」之故。希望燕能明白「感其腓」之凶，要靜以待變而「居吉」。但很遺憾的，燕竟以屑屑之憤（使荊軻刺秦而先亡），而咸其腓，不知居吉以待時，燕竟先諸侯而亡，遂終遺恨於千古。

按：咸其腓，凶，居吉。朱子說：「欲行則先自動，躁妄而不能固守者也。」故說凶，亦猶燕不當之動，而致其速亡之禍，故有咎，反之，而居則吉也。

邵子於經辰之卯，周顯王甲午之四十二年，特別錄列燕易王，乃是有所存恤于燕之故。因燕乃周之同姓，燕存，象徵周之同姓，猶有存者，雖然周之同姓，最強大者莫如晉，然晉已先亡，假如燕能忍一時之憤，不燥進（指荊軻刺秦），待時而動，與時間競賽，安分守己，不與流俗爭短長，而和光同塵，默默無聞的守以待時，則國際局勢，或將有意想不到的發展（燕亡八年而始皇死），這是邵子緬懷于燕之不智，所作無可奈何的犧牲和感慨。

朱氏隱老論燕說：邵子于燕，蓋欲其不務名而務實，庶不滅于秦者也。然卒不免為秦所滅，數之窮歟？或者理之有未盡也。

戊辰、己巳之世（經辰之辰二千二百二十五、經辰之巳二千二百二十六兩世。其直年之卦，為自困六爻所變之卦。）大過之困曰：「棟橈，凶。」蓋木德之滅久矣！書秦滅周，棟橈者，秦也。曰：「困于石，據於蒺藜，入于其宮，不見其妻，凶。」豈惟東周君哉？篡弒相仍，秦之華陽、趙之孟姚，其可得見乎？

黃氏說：戊辰、己巳之世，直世之卦為大過之困，曰：「棟橈，凶。」蓋指秦而言；困九三說：「困于石，據於蒺藜，入于其宮，不見其妻，凶。」不僅指東周君，乃至當時諸侯之篡竊以至秦華陽夫人，趙之孟姚一概而言者。

秦孝公死，昭襄王兄弟爭立，賴宣太后及弟魏冉之力，始得彌定內亂，並清除諸亂源，不但使昭襄得立，而且開疆拓土……，然昭王卻聽信范睢的獻策，而逼死宣太姤，逐穰侯于陶，司馬光曾論說：「穰侯援立昭王，除其災害，薦白起為將……使天下諸侯稽首而事秦，穰侯之功也。雖其專恣驕貪，足以賈禍，亦未至盡如范睢之言。若睢者直欲得穰侯之處，故搤其吭而奪之耳，遂使秦王絕母子之義，失舅甥之恩，要之睢真傾危之士哉！」

周赧王五十七年，秦昭王欲攻趙，武安君白起謂趙未易攻，昭襄不聽，先令王陵，後使王齕，圍邯鄲約一年之久，不但未能克趙，卒大敗而歸，王羞見武安君，因賜武安君劍，武安君白起自殺，秦人哀之，鄉邑皆祀焉。

秦立安國君為太子，太子妃華陽夫人，又立質於趙之異人為子，而這些皆為趙之大賈呂不韋，所操縱安排者。換言之，茲後秦之政權，皆操持在外商與婦人手中，豈不諷刺？昭襄王死後，秦之政權，皆在呂不韋的計畫之下進行，太子安國君即位，為孝文王，順理成章的華陽夫人立異人為太子，偏偏孝文王福薄命短，只當了三天秦王，淪落異國的庶孽孫、流浪漢異人，在呂不韋的計畫安排下，神不知，鬼不覺，輕輕鬆鬆的，揀到了一個大秦皇帝，即莊襄王，莊襄王尊華陽夫人為華陽太后，「秦華陽太后」，不也是從天而降嗎？

黃氏說「梀橈凶」，豈非大秦當國人物之寫照？

趙之孟姚，亦如楚襄王的雲夢神女，更是一個吉凶莫辨，幽冥難說的故事。

趙武靈王是個很有膽識的國君，因趙接近北胡，為了保土安民，不顧全國臣民反對，毅然教國人胡服騎射，以開拓雲中、九原之地，並親身入秦，以觀察秦中形勢，秦人大為驚駭，又封其弟勝為平原君，自稱主父。一日遊大陵返來，夢與神遇，見一很漂亮神女，鼓琴而歌，詩曰：「美人熒熒兮，顏若苕之榮（苕音條，即淩霄花、亦即葦花）；命乎！命乎！曾無我嬴。」異日王飲酒興奮之餘，便說出了這個故事，恰有一位名叫吳廣的大臣（並非秦末起義的陳勝吳廣），其女娃嬴名孟姚，名字容貌，一如趙王夢中所見，於是便納入宮中，十分得寵，是為惠姤，生子何，趙武靈王愛烏及屋，便要把何立為太子，而且迫不及待的，盡速完成策立手續，對孟姚而言，固然是好夢成真，但對趙武靈王而言，則是悲是喜？就另當別論了。

趙武靈王廢太子章，立少子何，完全是情感用事。但當次子何坐朝，為兄的章在下參拜的情形，看在主父眼裏，又有所不忍，於是又封章於代，希望兩兄弟都封王，考慮了尚未決定，便擱置了，當主父與王遊沙丘的時候，公子章便發動了兵變，李克與公子成率兵平亂，公子章便逃到其父處避難，李克與公子成，乾脆把主父也一齊包圍起來，達三個月之久，斷水斷糧，不供飲食，亦如齊桓公一樣，活活餓死，甚至蛆蟲流於戶外，尚無人知曉。一代英雄人物，自稱主父的趙武靈王，竟被最心愛的兒子所囚困，以至取鳥卵而食，卒餓死於荒漠之野沙丘宮中。

戊辰、己巳之世，直世之卦為大過之困，困之六三，黃氏以為，周木德之滅，至此已很久了（周赧王之乙巳五十九年，周為秦昭襄王所滅，其實周之木德，自平王東遷，歷齊桓、晉文之後，已日益式微了）！邵子所以書秦滅周，黃氏以為大過之棟橈，即指秦而言，故說：「棟橈者、秦也。」曰：「困于石，據於蒺藜，入於其宮，不見其妻，凶。」亦並非僅指東周君而言。依當時國際情形看，可說是篡弒相仍，秦之華陽、趙之孟姚，雖風光一時，其實亦皆歷史之陳迹，如秦華陽、趙主父……豈非「困于石，據於蒺藜，入於其宮，不見其妻，凶」者，曩日風情，其可復見？困之六三直為趙主父、秦華陽而書者，可不令人慨歎！

按：棟，就是棟梁，郭樸解棟為屋脊，《易林》以坎為棟、為屋極，大過即大坎，故三四爻為棟。橈，就是曲折，再者上卦兌為毀折，下卦巽為隕落，故說棟橈。

困六三爻所說：「困于石，據於蒺藜，……。」乃是根據困之卦象來說的，困上卦為兌，下卦為坎，三四五爻為巽，邵子與《易林》皆以巽為石，說卦以坎為蒺藜，三爻前臨巽，故說困于石，下據坎，故說據于蒺藜，石堅不可入，蒺藜刺人不可踐；巽為入，坎為宮，故說入於其宮，又巽為齊，妻者齊也，故齊即是妻。巽為伏，又上無應，故入宮而不見妻。象而如此，故可見其凶。黃氏以為這豈非東周君、秦華陽、趙孟姚等之寫照？

甲子一八									
甲戌二八	乙亥 齊滅宋					庚辰			癸未
甲申三八									癸巳

經辰之辰二千二百二十五，困初六變兌，九二變萃，九三變大過。

甲午四八									
甲辰五八	乙巳 秦滅周						辛亥 秦孝文	壬子 東周亡秦莊襄	

甲寅六八	乙卯 秦始皇帝					庚申			癸亥

經辰之巳二千二百二十六，困九四變坎，九五變解，上六變訟。

庚午辛未之世，即經辰之午二千二百二十七、經辰之未二千二百二十八兩世，直世之卦為大過之井。秦始皇統一六國，躊躇滿志，顧影自雄，自以為自己已建立了曠古未有的大秦帝國，自稱始皇帝，希望傳至萬世而無窮。叵奈天下帝王不是自家封的，玉皇大帝硬是不買賬，拒絕發給嬴秦氏的帝王專利權，纔至二世，便被漢家接收了。從表面看，似乎是秦統一了六國，而實質上，秦不過是為漢家天下打前站而已，似乎秦一天下、築阿房，皆是為漢家準備的一樣，秦家天子諸公，只是漢家的開路先鋒，為漢家修橋補路、剪除之隸而已。

大過之井，豈非秦為漢掘井以供？故漢興不旋踵而秦滅。

黃氏以為：在經辰之未二百二十八世之乙未，邵子大書漢高祖者，即所以正統予之也，於甲午小書「漢高祖先入關，楚霸王後入關」，即在示秦之並天下以不仁，故不以正統予之，仁人者視秦，只不過是歷史上虛餘的空位而已。

邵子于甲午書漢高先入關，即以正統視漢，其所然者，乃是以漢高入關之初，即與民約法三章，盡除秦之苛法，以見漢高之仁，書楚以見其不仁之必亡如秦（楚弒義帝、破城必屠，其為不仁，似尤愈于秦）。

朱氏隱老論說：「秦並天下，而不與於正統之書，漢始入關，即以正統書之，此無他，漢祖之寬仁，蓋宜乎其居正統者也。」

按：華甸由極亂而復歸於治，結束自春秋戰國五百餘年之亂局，漢追蹤三代之後，可謂大過人者。然而由於陽德未純，牽制於陰，致「有他吝」，其呂后之事乎？

「有他吝」，乃大過井四之辭，大過九四說：「棟隆吉，有他吝」。意思是說棟隆之吉，因受到其他方面的影響，會「有他吝」，有很大的麻煩。

漢高祖即位後不久便去世了，他的兒子即位為漢惠帝，惠帝是位寬厚、仁慈而沒有城府的皇帝，在其老娘的面前，當然顯得十分懦弱。高祖有位非常寵愛的妃子戚姬，兒子封趙王，呂后想盡辦法，欲除之而後快，惠帝為保護這個小弟弟，便與之同食共寢，片刻不離，使呂后無下手機會，一日惠帝早起習射，因弟弟年幼不能早起，而留在床上，呂后俟機將之鴆殺。之後便把戚姬四肢斬斷、挖眼、輝耳、飲以啞藥，使居於廁中，名曰人彘，還故意使惠帝看到，惠帝看到這種情形，心中十分不忍，但又無可奈何，因之不但對帝王生活十分厭煩，即連人生亦感痛苦無味，於是便自暴自棄，藉酒澆愁來摧殘自己，這樣便給呂后以更多的機會來奪權，首先大王諸呂，凡是呂家的子侄，皆封王晉爵，積極準備將劉家天下，轉變為呂氏王朝，大過之井四「有他吝」，豈非呂后之應？

黃氏說：以陰當陽，廢立恒山，恒久也，代王恒立而祚永矣！恒之先兆也。

漢定天下後，尚未及五年，劉邦便去世了，惠帝雖已即位，但國家大事，皆在呂后操弄之中，所謂「以陰當陽」者。先是惠帝的婚姻，呂后硬把她的外孫女，給兒子惠帝作皇后（即外甥女給舅舅作老婆），並取宮中美人有子者，殺其母而以其子為張皇后子，立為皇太子，惠帝死後，新太子登基，呂后便臨朝稱制，四年夏，呂后即廢少帝而幽殺之，旋又立恒山王義為帝（不知何人子，呂氏皆謂為惠帝子），呂后稱制之八年，太尉周勃（時呂后已去世）、陳平、朱虛、侯章共誅諸呂，男女無少長，皆斬之。諸大臣迎立代王恒即位，是為漢文帝。經辰之申其經世之卦即為恒，代王恒立，漢始漸趨安定，所謂「恒之先兆也」。以下二表，可供參考。

甲子秦十						辛未 秦滅韓		癸酉 秦滅趙
甲戌秦二〇		丙子 秦滅魏		戊寅 秦滅楚	己卯 秦滅燕	庚辰 秦滅齊稱皇帝			癸未
甲申三〇								壬辰 秦二世	癸巳

經辰之午二千二百二十七，井初六變需，九二變蹇，九三變坎。

甲午 漢高祖先入關楚伯王後入關 秦亡	乙未 漢高祖				己亥 楚亡				
甲辰十			丁未 漢惠帝						
甲寅 漢呂后立無名子			丁巳 呂后立恒山王			庚申		壬戌 漢文帝	癸亥

經辰之未二千二百二十八，井六四變大過，九五變升，上六變巽。

黃氏說：壬申、癸酉之世，大過之恒曰：「枯楊生華，老婦得其士夫，無咎，無譽。」恒五爻：「恒其德，貞，婦人吉，夫子凶。」文帝出於薄姬，武帝出於金婦，二後吉矣，然如魏豹、王孫之凶何？

按：壬申、癸酉之世，即經辰之申二千二百二十九、經辰之酉二千二百三十兩世，直世之卦為大過之恒。「枯楊生華，老婦得其士夫」，即大過五爻爻辭，故說大過之恒。大過五爻說：「枯楊生華，老婦得其士夫，無咎，無譽。」二爻說：「枯楊生梯，老夫得其女妻」，五爻則說「枯楊生華，老婦得其士夫」。前說枯楊，以下卦巽為楊、為隕落、為枯，此所謂枯楊，乃以上卦兌為伏巽，故亦說枯楊，兌為華，《易林》否之咸云「華落實槁」，以咸上兌為華，故說枯楊生華。《易林》以中孚下兌為老妾，伏艮為士夫，故說老婦得其士夫。

黃氏此處所說「枯楊生華，老婦士夫」之意，蓋在印證恒五「婦人吉，夫子凶」之義。就呂后而言，可謂婦人吉矣，但就呂氏而言，則為夫子凶了！就薄氏、王氏而言，可謂婦人吉矣！但就魏豹與王孫而言，則又凶矣。

文帝為高祖之中子，其母薄姬，未遇高祖時，先在魏許負相曰「當生天子」，後入漢，高祖納之後宮，召幸生帝。

武帝之生，亦相當傳奇，早在楚漢時，楚封臧荼為燕王，後歸漢。臧荼有孫女曰臧兒，為槐里王仲妻，生一男兩女，後仲死，復嫁田氏生男蚡、勝。文帝時，臧兒長女嫁為金王孫婦，已生一女，臧兒令卜卦，兩女皆當貴，臧兒乃奪金氏婦，金氏怒，不肯予，乃納于太子之宮（文帝太子景帝之宮），時女已有孕在身，王夫人夢日入懷，生男徹，即後之漢武帝。實質上漢武帝亦如秦始皇一樣，秦政乃呂不韋之子，已非嬴氏苗裔，武帝乃金王孫之後，亦非劉氏之種。故說武帝出於金婦。

魏豹初屬楚，後被韓信擊擄而歸漢，楚漢之爭時，漢王使豹與周苛守滎陽，楚圍滎陽之急，苛曰「反國之將，難與共守」，遂殺豹。魏豹以反復不定，時漢時楚，終難免於禍。

「王孫」是漂母對韓信禮貌上的稱呼（漂母，即河邊的洗衣婦）。信未得志時，有漂母憐信饑餓，常以飯食周濟信，韓信很受感動，便對漂母說將來有辦法的時候，一定要重重的報答她。漂母很生氣的說：「大丈夫不能自食，吾哀王孫而進食，豈望報乎？」信終助漢得天下，後卒死於呂后之手。故說魏豹、王孫之凶。

甲戌、乙亥之世大過之姤曰：「過涉滅頂」，曰：「姤其角，吝。」武之窮兵及其子宣帝之苛法誅及其臣，是皆陽過於中而本末弱也，故曰「大者過也」。

按：甲戌、乙亥之世，即經辰之戌二千二百三十一、經辰之亥二千二百三十二兩世，直世之卦為大過之姤，直年之卦為姤六爻所變之卦。

大過上爻說：「過涉滅頂」，姤上爻說：「姤其角，吝。」武、宣是皆陽過中，而本末弱，故謂「大者過」。

「過涉滅頂」：是大過上六爻辭，尚氏以為：乾為首，故為頂，澤水在上，故說滅頂。滅頂、當然凶了。

姤上說：「姤其角，吝」。尚氏以為：「乾為首，上九居乾之上，角之象也」。象說：「姤其角，上剛吝也」，尚氏以為：「處亢龍之位，故窮吝」。王氏船山以為：「上處於窮極之地，陽道將衰，不容不亢」。

以上大過、與姤兩上爻，可以二字概之，一為過，一為吝。在上者所作所為，乖迕情理法之常，皆為之過；逾越情理之作為，違傷正義與公理，應予補救而不補救，即謂之吝。明白了這兩爻的意思，再看看漢朝諸帝的作為，總括而言，可以「刻薄寡恩」四字概之。

司馬氏，論漢武帝說：「孝武窮奢極欲，繁刑重斂，內侈宮室，外事四夷；信惑鬼神，巡遊無度，使百姓疲敝，淪為盜賊，其所以異于秦始皇者，無幾矣！」

除了司馬氏的評述外，當漢宣帝時，即有朝臣公然批評漢武帝，說其「無德澤於民」，這真是石破天驚之語，為此言者是冒著殺身滅族之禍來說的。事情的緣起是：漢宣帝本始二年詔，說孝武皇帝的功德「躬仁義，厲威武，功德茂盛，而廟樂未稱（現有廟樂，未足以頌揚武帝之德）……詔朝臣等研擬武帝廟樂。長信少府夏侯勝不以為然，並說：「武帝雖有攘四夷，廣四境之功，然多殺士眾，竭民財力，奢泰無度，天下虛耗，百姓流離，物故者半，蝗蟲大起，赤地千里，或人相食，蓄積至今未復，無德澤於民……，不宜為之廟樂。」說漢武帝好大喜功，以致國庫空虛，赤地千里，人或相食……這是何其嚴重的指責，滿朝公卿皆責勝非議詔書，詆毀先帝，而且丞相長史黃霸，亦不予彈劾舉發，俱下獄……。

夏侯勝批評武帝的話，是置生命於度外的衷心之言，即如二十一世紀之今日，敢對主官直言如此者，亦不多見。夏侯勝之所說，直可謂椎心泣血，而宣帝竟以大逆無道視之，吾人於此，不但可見武帝歷史功過之一般，而大漢帝國之前境，亦思過半矣。

關於漢宣帝的苛法：

司馬《通鑑》論說：「以孝宣之明，魏相、丙吉為丞相，于定國為廷尉，而趙、韓、楊之死，皆不厭眾心，其為善政之累大矣！若廣漢、延壽之治民，可不為能乎？寬饒、惲之剛直，可不謂賢乎？然則雖有死罪，猶將宥之，況罪不足以死乎？」

魏相、丙吉乃歷史上的名丞相，于定國掌司法，史謂「定國為廷尉，天下無冤獄」。在這樣公正明直丞相與司法之下，而趙、韓、蓋、楊罪不當死而死之，人人悲痛，怨聲載道，所謂「皆不厭眾心」。乃至漢宣之善政，亦因而蒙上了極大汙點，司馬公慨然而言：「其為善政之累大矣」，信哉！

按：魏相：史稱其明易理，有師法，其為政首重陰陽之道，所謂陰陽為王事之本，群生之命，乃古人之所繇。另嘗就漢家以往行事有資為鑑者，以及國家賢臣如賈誼、董仲舒之奏，可資於治者，建議皇帝施行……

丙吉為人深厚，不伐善，尚寬大，好禮讓，以正百官，理陰陽為事，不親小事，時人以為知大體。

二人皆為歷史上之名宰相。

趙廣漢為潁川太守，不但使全郡盜賊絕迹，連匈奴也聞知廣漢威名，朝廷知道了，便派他為京兆尹（即京都首長），竟能使京畿盜竊肖小和刑事案件絕迹。有一次幾個不良少年，在一個很偏僻的空屋中，商議如何打劫的問題，計議未定，便被廣漢全部活捉法辦，史稱其：「閭裏銖兩之奸皆知之。」又說：「其發奸摘伏如神。」一是自漢興以來，京兆最佳治績之第一人。宣帝元康元年，因與蕭望之（曾作皇帝的老師和宰相）發生糾紛，宣帝將廣漢下獄懲治。老百姓聽到這個消息，守在監獄外號泣者數萬人，皆願代趙死，廣漢竟被腰斬。

韓延壽在趙廣漢之後為潁川太守，承廣漢已往之治績，並重視教化與禮讓，興辦學校，表彰孝悌，所治二十四縣肖小絕迹，因其治績優異，升調左馮翊，有兄弟爭田地來打官司，廷壽很傷心，自責自己的教化不夠，致使骨肉興訟，不但有傷風化，且使「孝悌」倫理蒙羞，感到非常慚愧和難過，於是便「退臥傳舍，閉門思過」，訟者的宗族，皆責備訟者，該兄弟亦深自悔過，終生不訟。

延壽代蕭望之為左馮翊，蕭望之使御史查韓廷壽的舊賬，韓亦查蕭望之的賬，案子到了宣帝那裏，蕭望之部分查無實據，韓廷壽坐不道棄市。吏民數千人送至渭城，老少扶持車轂爭獻酒肉，延壽不忍拒絕，人人皆飲，計飲酒石餘，百姓莫不流淚。

漢宣帝神策二年，有位司隸校尉蓋寬饒（蓋念葛），為官剛直公正，清廉愛民，不畏權勢，看到朝廷重刑罰，用宦官，非常憂心國事，便上書宣帝，分析國家施政的不妥，希望宣帝勿以刑罰代教化……。宣帝非常憤怒，以為蓋寬饒大逆不道，是故意給宣帝難堪的，便交給司法單位偵辦。司法單位以為蓋寬饒居心叵測，大逆不道，應處以極刑。諫議大夫鄭昌，非常感傷於寬饒的忠直憂國，因為說了主上不愛聽話，而為刀筆羅織其罪，於國家而言，誅殺忠臣為可惜；于寬饒而言，無辜被戮為可悲，一位赤膽忠肝、一心為國的忠臣，竟因其一言之拂忤，便落得如此下場，實在於心不忍，因上書宣帝，希望珍惜忠臣並謂寬：「居不求安，食不求飽，進有憂國之心，退有死節之義……」說寬職在司察，直道而行，多仇少與，遭攻擊的機會多，獲讚譽的機會少，今以言國事，而有司竟劾以大辟之罪，實在太過分了，我是國家的諫議大夫，不敢不向皇上稟明……，宣帝不但不准，並下交吏議，寬饒便引刀自剄，眾莫不憐之。

光祿勳平通侯楊惲，是個輕財好義，廉潔無私的人，但往往因語言不慎而開罪人，甚至因而賈禍，斷送性命。五鳳二年，大仆載長樂即上書告惲譭謗當世。又因日食，一個養馬的小人，亦上書謂惲驕奢不悔過，日食之咎即因惲起。於是便下廷尉案驗，得其予孫會宗書，廷尉當惲大逆無道、腰斬。妻子流放酒泉郡，凡在位與惲有關係者，皆免官。

諫議大夫鄭昌上書宣帝：「山有猛獸，藜藿為之不采；國有忠臣，奸邪為之不起。」漢宣似乎對國家存亡的關心度，遠未若殺楊惲為爽。管你有無治民之能，士之剛直，賢與不賢似乎皆無關緊要。「然則雖有死罪，猶將宥之，況罪不至於死乎？」

黃氏以為武、宣之所以刻薄寡恩，其所以然者？是皆「陽過於中，而本末弱也」。故曰「大者過也」。

劉氏斯組說：午會之第六運，運卦當姤之大過，世卦分大過之爻。初夬、二咸、三困、四井、五恒、上姤。

夬之初九變大過，二變革、三兌、四需、五大壯、上為乾。

威烈前直鼎之丙辰（即午會第五運最後之第八年、周威烈王即位之年），至革之己卯，凡二十四年（即午會第六運之十六年間），九鼎以震，其鼎耳革乎？

周安王直革、兌、需、壯之世（參閱下圖），田氏篡齊；韓、趙、魏三家分晉。需於血者順聽，壯於趾者孚窮，其何能救？

按：禹鑄九鼎，以象九州，故歷代皆以九鼎為傳國信物。周朝傳至威烈王時，傳國信物的九鼎，無故而震，這是一個非常嚴重的問題，劉氏以為有「鼎耳革」之象。「鼎耳革」為鼎九三爻辭，九三爻說：「鼎耳革，其行塞，雉膏不食，方雨虧悔，終吉。」意思是說：鼎的耳朵壞了（鼎耳是用以持鼎的），移動困難，雖然有很多豐美的食物，也不能享用。這是一個十分灰暗、虧悔的時期，必待義合理順（陰陽相應），始可有吉啊！劉氏以為這是周威烈王，對晉之諸侯魏斯、趙籍、韓虔篡晉（魏斯、趙籍、韓虔三家分晉）為諸侯之兆。

安王直革、兌、需，需血、壯趾：這段話的意思，是指周安王之田氏篡齊，三家分晉，田和篡竊了他們恩人姜氏的基業；韓、趙、魏三家，又瓜分了他們歷代祖先，生死以之所熱愛的晉國。田氏與三家的行為，即所謂需於血（需六四爻辭，）、壯於趾（大壯初爻辭：壯於趾，征凶）者，即勇於敢冒進之意，所謂征凶，其孚窮是必然的，其何能救？這是無法挽救的！

	甲戌一九	
	戊寅	
	庚辰 周安王	
	癸未	

經辰之子二千二百二十一，夬初九變大過，九二變革，九三變兌。

烈王嗣位，齊威來朝，猶知有君也。觀揚于王廷，可不謂非禮勿履乎？然亦僅矣。

烈王嗣位於經辰之丑二千二百二十二世、甲辰之丙午（烈王非威烈王。參閱下圖），直年之卦為夬九四需、九五大壯、上六乾。夬，揚于王廷，劉氏以為齊威來朝，足見其心目中猶有周天子的存在。朝王，即所謂禮，當周烈王之時，其能非禮勿履者，已經很難見到了。

顯王直大壯之癸丑（烈王嗣位為甲午，顯王在烈王之後七年癸丑，參閱下圖），明年直乾越咸之革、大過、萃，其時慧星見西方，公孫鞅入秦作冀闕（冀即紀，闕，即國的公告欄），徙都咸陽，並諸小鄉，聚集為一縣，置令丞，凡三十一縣，廢井田，開阡陌，更為賦稅法，其更革周制，過橈不懼，萃孚鮮終，舊章乃亂，悉與卦應。時孟子初至梁，陳仁義，黜利於舉世言利之日，豈非拔萃而大過人哉？自是咸之蹇，慎靚王直之，咸之小過而遯入於困之兌，而革而大過而萃，凡五十九年，赧王終之，西周邑三十六，口三萬，並獻而秦有矣！

劉氏以為，顯王直大壯最後一年之癸丑，顯王二至十一年直乾，之後之十年，直咸之革，再十年直大過，再十年直萃。參考下表：

甲午一五									
甲辰二五	乙巳 晉亡	丙午 周烈王							癸丑 周顯王
甲寅二 周分為二	乙卯 東周 君傑立					庚申			癸亥

經辰之丑二千二百二十二，夬九四變需，九五變大壯，上六變乾。

按：庚申彗星見，衛鞅入秦。

甲子二二									
甲戌二三						庚辰			癸未
甲申三三									癸巳

經辰之寅二千二百二十三，咸初六變革，六二變大過，九三變萃。

周顯王八年庚申，彗星見西方，古時認為彗星見是很不吉利的，適逢其會，這年衛公孫鞅入秦，這是天象之應。秦孝公用鞅以變法，十年而令行國治，道不拾遺，山無盜賊，民皆勇於公戰、而怯於私鬥，亦皆與卦相應，如：

顯王十九年，秦徙都咸陽，直世之卦為咸之革。

並諸小鄉、聚為一縣……應萃卦，萃卦《彖》說：「萃，聚也，順以說，剛中而應，故聚也。王假有廟，致孝享也……聚以正也。」豈非商「並諸小鄉，聚集為一縣，凡三十一縣，並置令丞。開阡陌，更稅法」之應？

更革周制，過橈不懼，萃孚鮮終：豈非大過棟橈，利有攸往者？初六有孚不終，乃亂乃萃，鞅變更周制，舊章乃亂，所謂有初鮮終者（《象》萃）。商鞅于周顯王八年入秦，十年開始變法，十年而道不拾遺，二十年卒被車裂而亡。此劉氏所謂「過橈不懼，萃孚鮮終」者。

孟子至梁，黜利於舉世言利之日。孟子至梁，梁惠王第一句話，就問孟子何以利吾國？孟子對說：「亦有仁義而已矣，何必曰利。」可見孟子是出類拔萃而大過人者。為萃與大過之應。

劉氏說：自是咸之蹇，慎靜王直之。咸之小過、而遯入困之兌、而革而大過而萃，凡五十九，赧王終之，西周邑三十六，口三萬，並獻而秦有矣！在夬之乾初，周東西分，至是困之解，並亡于秦。時東周比亡止七邑，秦遷西周公於憚狐聚（在洛陽南百五十里）、東周君於陽人聚（河南汝州西），應幽谷蒺藜之困焉（見困卦）。運卦姤角上窮（姤上），世卦過涉滅頂（大過上），其分爻卦直困，適為會矣。

以上劉氏所說運世直卦，除「在夬之乾初，周東西分」，可參考上外，餘皆從以下三表中窺其脈絡。以上卦直，皆與時事相應，詳請參閱黃氏前說。

甲午四三		丙申 燕易王					辛丑 周慎靚王		
甲辰四			丁未 周赧王						
甲寅八	乙卯					庚申			癸亥

經辰之卯二千二百二十四，咸九四變蹇，九五變小過，上六變遯。

甲子一八									
甲戌二八	乙亥								癸未
甲申三八									癸巳

經辰之辰二千二百二十五，困初六變兌，九二變萃，六三變大過。

甲午四八									
甲辰五八	乙巳 秦滅周						辛亥 秦孝王	壬子 東周亡 秦莊襄	癸丑
甲寅	乙卯 秦始皇					庚申			癸亥

經辰之巳二千二百二十六，困九四變坎，九五變解，上六變訟。

劉氏又說：周為三王之盛，平王以後，降而五伯，功罪定於《春秋》，流為七雄，義利判於孟子。維時周之本末俱弱，棟橈失輔，寄命東西，枯楊之華耳！若秦者、詐力取之，郊雍見帝，乃先六國而潛移於呂，嬴氏又豈久哉？始皇當困之訟，入井之需、而蹇、而坎；於時滅六國、制海內，更號皇帝，恣宴樂而宮阿房；禦胡寇而城臨洮；通渠川而鑿涇水；東巡浮海，卒崩沙邱，斯、高（李斯、趙高）矯命，殺扶蘇、立胡亥，是為二世，變在望夷，在困三，入宮不見之占，坎初有入窞失道之戒，凶何如之？或謂沙邱未必非需沙之驗，豈其然乎？二世應之。

劉氏以為周盛于文、武、成三王，自平王東遷後，周天下已經成為五伯（同霸）的天下了，有關五伯的功罪，定於《春秋》一書。之後更分為七雄，諸侯皆唯利是圖，只有孟子提出義利之辯，但卻不能為當時的霸主們所接受。這時周世直大過，本末俱弱。周天子則寄命於東西二周，實質上乃枯楊之華而已，《象》大過之九五說：「枯楊生華，何可久也？」

至於秦則是以詐力取者，自平王東遷後，秦襄公，即開始以天子之禮祭天地了，及其子文公，自稱其夢黃龍自天而降，因亦以天子之禮祭天地（夢黃龍天降，是否故弄玄虛，外人莫知）。然而冥冥之中，似有定數，在神不知鬼不覺中，秦嬴氏的血胤，已被呂氏取而代之了，是嬴氏已先六國而亡矣。

秦始皇直困之訟，入井之需、而蹇、而坎；於時滅六國、制海內，更號皇帝。

困卦說：「有孚，窒，惕中吉，終凶。」困之訟說：「或賜之鞶帶（鞶音般，鞶帶、大帶，男子有事於外所束之帶，在此象徵某種榮崇），終朝三褫之。」言誠信未孚於民，故窒，知所惕則吉。困之訟即不吉矣。

井之需，在古時，井是人民生活的象徵，而井之初六則說：「井泥不食」，說井中只有泥漿，不能食用。需說「有孚光亨」。要有誠信，始能光大長久。《彖》辭又說：「需，須也，險在前也。」《象》說：「雲上于天，君子以飲食宴樂。」一如劉氏所說「於時滅六國、制海內，更號皇帝」「恣宴樂而宮阿房」者。更妙的是「東巡浮海，卒崩沙邱」，一如需二之「需于沙，小有言」，明明輀車上是秦始皇的死屍，但卻說是條大魚，「小有言」可為奇驗。至需於泥，需於血，悉為始皇沙邱以下之兆應！

二世直井之坎，坎初六說：「入於坎窞，凶。」上六說：「系用徽纆（纆音墨，徽、纆皆繩索，徽為三股，纆為二股），寘於叢棘（置於叢棘之中。坎為棘，上下皆坎，故說叢棘）。」二世之凶，亦可想見。困三有「入宮不見其妻」，與入於坎窞，其為凶可知。

劉氏又說：若井之大過，漢祖入關破秦而楚後至，雖拔山扛鼎，力大過人，卒為漢擒。漢以德勝，又大過楚以力也。變而井之升，井九五變六，坤母用事，而有井、坎血傷之慘，其應人彘乎？惠帝廢聽政，雖以順事，疑於升虛邑矣（升九三說「升虛邑」，九三陽升而變陰，似為惠帝形同虛位之應）。

甲寅立無名子，丁巳立恒山王，時太后女壯，欲陰移漢祚，平勃安劉、志疑而進退不果，既乃利武人之貞（井之巽，巽初六「進退利武人之貞」），勒兵入北軍盡誅諸呂，迎立代王，是為文帝，在位二十三年，其分爻所直井之巽，又直恒之大壯與小過也。大壯勿履非禮（大壯《象》辭：君子以非禮弗履）；小過無失恭儉（小過《象》辭：君子以行過乎恭；喪過乎哀；用過乎儉），恒久不已（恒《彖》說：天地之道，恒久而已矣），帝德有焉。故初不病浚（浚音濬同浚，初六「浚恒，貞凶」），終不病振（上六「振恒凶」），中不貽羞（九三「不恒其德，或承之羞」），吝而悔亡（九二「悔亡」），豈非恒和之世？（以上有關世運直卦，請參看下二表）

恒初爻：浚恒、浚就是深入。初爻之陰，乃自外來，入於二陽之下，希望能根深蒂固，以至於永遠，故說浚恒。

上六，振恒、凶：所謂振，即如金聲玉振之振，但如果自恃其居高得位而動，凶之來，無以禦之矣！

按：

尚氏說上六居動之極，故曰振恒，振起也，恒卦的精神，乃以貞靜恒久為其義，振，便失去了恒之德，故凶。

九三不恒其德，或承之羞，貞吝。恒之德宜靜不宜動，如急於動，則不免為凶吝了。

九二悔亡：居不當位，而能守其故常，不求恒而未變，所以說悔亡。

故文帝之政，能夠初不病浚；終不病振；中不眙羞；吝而悔亡。當然為恒和之世。

甲午 漢高先入關項羽後									
甲辰			漢惠帝						癸丑
甲寅 呂后立無名子			丁巳 立恒山王					壬戌 漢文帝	癸亥

經辰之未二千二百二十八，井六四變大過，九五變升，上六變巽。

甲子三									
甲戌一三				戊寅 後元年					癸未
甲申二三	漢景帝							中元年	癸巳

經辰之申二千二百二十九，恒初六變大壯，九二變小過，九三變解。

按：表列文帝戊寅（甲戌十三）之「後元年」意，蓋指文帝執政後之後期。同意，景之中元年，其景政之中期。

劉氏又說：武帝因之而侈大貪功，直恒之大過與鼎，並姤之乾、遯而訟，凡五十三年，海內虛耗，欲求無悔，而可得乎？至於巫蠱訟而太子寃，尤大失父子之恒道，悲夫！

姤之與鼎，昭帝直焉，博陸乃以武人之貞（霍光封博陸侯，巽初「進退利武人之貞」），輔其幼主而「申命行事」（《象》巽：巽，君子以申命行事），群小謀反而皆伏誅（初有燕王旦，後有上官傑等之謀反，皆為霍光、雋不疑等所緝平），尚鼎有食，我仇不即（鼎九二「鼎有實，我仇有疾，不我能即吉」），而終無尤者也。至姤之大過廢昌邑，立宣王，棟不橈而復隆，可與有輔矣！僵柳蠱兆，倘即枯楊稊應耶？至是午會之姤運訖矣（以上卦直，均請參考下列各表）。

武帝侈大貪功已見前，老復惑于巫蠱，方士巫蠱聚於京師，宮中或埋木人祀之，更相告訐其咀咒武帝，武帝憤怒，所殺數百人。之後武帝日益昏憒，嘗白日夢有木人數千，持杖來擊，致精神恍惚。江充因與太子有隙，便告武帝祟在巫蠱，於是上以充為使者，治巫蠱獄，遂陷太子，太子逃亡自殺。

僵柳蠱兆：漢武帝傳位於么兒子弗陵，是為昭帝，昭帝十四歲登極，二十三歲便崩逝了，昭帝無子，大臣們又立昌邑王，昌邑王立纔二十七日，即以荒淫無道被廢。後來在民間找到了武帝名叫公孫病乙的孫子，立以為帝，即漢宣帝。宣帝立，有一則十分奇巧的故事，即漢昭帝元鳳三年正月，泰山上有塊大石，忽然自己站了起來；同時上林苑中，有一棵倒在地上、乾枯已久的老柳樹，忽然又站起來復活了，並且樹葉上被蟲咬了「公孫病乙立」五個字。當時有一個掌理符節（即今掌理勳獎及國家信物之類的官），名叫眭弘的官員便說：「大石自立，僵柳復起，當有匹庶為天子者（匹庶、指一般平民）；枯樹復生，故廢之家公孫氏當復興乎？」當時朝廷以為眭弘妖言惑眾，便被誅殺，很諷刺的，眭弘的話，未及三年便應驗了。

甲午一三						漢武帝		
甲辰四								癸丑
甲寅一四								癸亥

經辰之酉二千二百三十，恒九四變升，六五變大過，上六變鼎。

甲子二四	元鼎					元封		
甲戌三四			太初			天漢		
甲申四四	太始							後元

經辰之戌二千二百三十一，姤初六變乾，九二變遯，九三變訟。

甲午五四	漢昭帝							
甲辰十				漢宣帝				癸丑
甲寅七					庚申			癸亥

經辰之亥二千二百三十二，姤九四變巽，九五變鼎，上九變大過。

劉氏結論說：按以上六運各舉事證卦應，或亦似附會臆說。未可膠柱而求，在學者即其象得其意而可矣！

有關運世所舉兆徵、卦應等，是一個難以解說的問題，康節先生原書，僅列事故發生時之干支，並未談運、世卦直，與應驗問題。所謂卦直，雖並未隨運世附列，然其理已存，此可於元經會、會經運、運經世處見之。邵子元統會、會統運，運統世……，亦猶年統月、月統日、日統時也。《皇極》取一日十二時、一月三十日、一年十二月、一世三十年、一運十二世、三十運為一會……。直卦乃以先天六十四卦圓圖，去乾坤坎離四卦以為直閏之卦外，只用其餘之六十卦，自冬至之復起，歷復、頤、屯、益、震……為大運，更取復、頤、屯、益、震等六爻之變卦，以為直運之卦，乃自然之理。七章之三節說：「一生二為夬，當十二之數也；一生四為大壯，當四千三百二十之數也……」，其間雖未明示卦直，並依干支列附，而會運世之直卦，則在其中矣！

至於卦直徵應之說，各家皆就其所直卦之內容，合於事實者（取運、世、年卦等以釋之），舉以為證，並無一定規律可循，此劉氏所謂「各舉事徵卦應，似亦附會臆說，未可膠柱而求」者。于此可見對於解卦，當有更進一層之體會，如不能深知卦意，則對徵應之說，豈非膠柱而求？

第十節　以會經運午七——觀物篇二十一

經日之甲一，經月之午七，經星之庚一百八十七。

按：經星之庚一百八十七，運卦當大過之夬（大過為正卦，夬為運卦），世卦分夬之爻，夬初六變澤風大過、九二變澤火革、九三變兌為澤、九四變水天需、九五變雷天大壯、上六變乾為天（夬所變之大過、革、兌、需、大壯、乾等為世卦，一卦管兩世）。

運卦夬所變之世卦：大過、革、兌、需、大壯、乾等卦，復各變六卦，如下：

	初變	二變	三變	四變	五變	上變
大過	夬	咸	困	井	恒	姤
革	咸	夬	隨	既濟	豐	同人
兌	困	隨	夬	節	歸妹	履
需	井	既濟	節	夬	泰	小畜
大壯	恒	豐	歸妹	泰	夬	大有
乾	姤	同人	履	小畜	大有	夬

以上各卦，一卦管十年，三卦管一世，茲表如下。

甲子一七 五鳳				甘露				黃龍	癸酉 漢元帝初元
甲戌二				永光					建昭
甲申一二				竟寧	己丑 成帝建始	庚寅			河平

經辰之子二千二百三十三，大過初六變夬，九二變咸，九三變困。

甲午六			陽朔				鴻嘉		癸卯
甲辰六	永始				元延				綏和
甲寅 二六	乙卯 漢哀帝建平				元壽		辛酉 平帝元始		癸亥

經辰之丑二千二百三十四，大過九四變井，九五變恒，上六變姤。

甲子四		丙寅 孺子居攝		初始	王莽稱 新建國				癸酉
甲戌 莽天鳳						莽地皇			癸未 劉元稱更始
甲申 漢光武封蕭王	乙酉 稱帝建武								癸巳

經辰之寅二千二百三十五，革初九變咸，六二變夬，九三變隨。

甲午一〇									癸卯
甲辰二〇									癸丑
甲寅三〇	建武中元			戊午 明帝永平					癸亥

經辰之卯二千二百三十六，革九四變既濟，九五變豐，上六變同人。

甲子七									癸酉
甲戌一七		丙子 章帝建初							癸未
甲申 九元和			章和		己丑 和帝永元				癸巳

經辰之辰二千二百三十七，兌初九變困，九二變隨，六三變夬。

甲午六									
甲辰一六	元興	丙午 殤帝延平	丁未 安帝永和						癸丑
甲寅 八元初						永寧	建元	延光	癸亥

經辰之巳二千二百三十八，兌九四變節，九五變歸妹，上六變履。

甲子一八		丙寅 順帝永建						陽嘉	癸酉
甲戌九		永和						漢安	癸未
甲申一九 建康	乙酉 沖帝永嘉	丙戌 質帝本初	丁亥 桓帝建和			和平	元嘉		永興

經辰之午二千二百三十九，需初九變井，九二變既濟，九三變節。

甲午八	永壽			延熹					
甲辰一八			永康	戊申 靈帝建寧				熹平	癸丑
甲寅七				光和					癸亥

經辰之未二千二百四十，需六四變夬，九五變泰，上六變小畜。

甲子一七 中平						庚午 獻帝初平			
甲戌五 興平		建安							
甲申一五									

經辰之申二千二百四十一，大壯初九變恒，九二變豐，九三變歸妹。

甲午二五	甲辰	甲寅
	丙午	
	魏明帝太初	魏景初
		蜀延熙吳赤鳥
	吳黃龍	己未
庚子文帝黃初		魏主芳正始
辛丑蜀昭烈帝章武		
壬寅吳大帝黃武	吳嘉禾	
癸卯蜀漢帝禪建興	魏青龍	癸亥

經辰之酉二千二百四十二，大壯九四變泰，六五變夬，上六變小畜。

甲子魏五蜀二一吳二三	甲戌魏主髦正元吳五鳳	甲申魏咸熙吳元興
		晉武帝泰始吳甘露
	魏甘露吳太平	吳寶鼎
	戊寅蜀景耀吳景帝永安	
魏嘉平		吳建衡
	庚辰魏元帝景元	
吳大元		
吳神鳳又吳主亮建興		吳鳳凰
吳五鳳	癸未蜀炎興蜀亡	

經辰之戌二千二百四十三，乾初九變姤，九二變同人，九三變履。

甲午一〇	晉咸寧 吳天冊	吳天璽	吳 天紀			庚子 晉太康 吳亡			
甲辰二〇						庚戌 晉惠帝永熙	辛亥 晉惠元康		癸丑
甲寅四						永康	永寧	太安	癸亥

經辰之亥二千二百四十四，乾九四變小畜，九五變大有，上九變夬。

黃氏畿說：右為午會之第七運，運卦當大過之夬，世卦分夬之爻（夬為上兌下乾，分初為大過，大過管二百三十三、三十四兩世）。夬（澤天）與剝（山地）卦相反，夬為一陰在上，五陽在下之卦，剝則一陽在上，五陰在下之卦。

就剝而言，乃是一陽在上而將盡，陰盛長，陽消落，陰盛陽衰、小人壯而君子病之卦，所謂陰自下生，漸長而至於盛極。故黃氏說：「於剝，見剝一陽之易。」從夬之爻象看，乃五陽盛長，一陰將消，為陽決陰之卦。然而夬卦則說：「夬，揚于王庭，孚號有厲。」來氏以為，此乃小人得志，放肆于王庭之意。小人而得放肆于庭，此已非陽盛陰消之象，乃見陰覆于陽之危，小人氣候已成，遂乃「揚于王庭」，即以譬言諛其上；「孚號」，乃誕告於其下者。亦如現今之世，運用媒體，蒙蔽世人，蠱惑世人，如第二次世大戰，希特勒鼓動民粹，欲以大日爾曼民族，統治世界，遂丑角成世界大戰。此所謂「揚于王庭，孚號有厲」者。所以黃氏說：「於夬，見決一陰之難。」這是由於「君子難進易退，小人易進難退」之故。黃氏以為不僅僅小人難退，即凡一切亂臣賊子、妾婦、夷狄，皆不易去。故說：「豈惟小人哉？亂臣賊子、妾婦、夷狄，凡陰類居上者，自是恣橫而不可遏矣！必也。」說小人以至於揚于王庭，其為惡，必至無所不用其極。

夬者，決也。即使君臣有大過人之才，也要注意不可躁急冒進。如夬初九所說之「壯於前趾」者，當常懷「往而不勝」之咎，更要如所謂之「藉用白茅」一樣的謹慎才是。因為惟有存乎「藉用白茅」之慎，始可免乎「往而不勝」之咎。故黃氏說：「君臣有大過人之才乎？亦惟壯趾是戒（夬初爻），藉茅是慎而已（大過初爻）」。

丙子、丁丑之世，即三十三、三十四兩世，直卦為夬之大過，元帝立王后值咸，而外戚大過；成帝立趙後值恒，而帝嗣中絕，至於哀平，則過涉凶矣（大過上爻）！

按：咸者，感也，元帝即位，立王氏為皇后，及太子即位，尊皇后為皇太后，復感于王氏之族，乃以其舅王鳳為大司馬大將軍領尚書事。次年又封其舅王崇為安成侯，譚、商、立、根、逢等舅為關內侯，所謂一日五侯，天下側目，如此濫封母氏家族，故有「大過」之應。

成帝好色成性，寵趙飛燕，其直卦為困與大過，漢朝之亡，已由漢元之「白露迎霜」，以至成帝之「秋風落葉」之時，其卦直徵應，歷歷可見。到了漢哀帝，直大過之姤，曰「過涉滅頂，凶」，處大過上六已極之位，才弱不能以濟，故有滅頂之象。過澤滅頂（大過上卦為兌，兌為澤，故說過澤滅頂），殺身之禍，已迫在眉睫，其凶可知。

戊寅、己卯之世，當夬之革。夬之九二說：「惕號，莫夜有戎。」（莫，即暮）意即十分警惕的說，這是一個極端艱難危險的時刻，隨時都可能有重大情事發生。

革之六二說：「己日乃革之。」己即戊己之己，為什麼說「己日乃革」？因為戊己為十干的中數，即天干之中，己日乃革，是說大勢已至，變革已是不可避免的了。漢自成帝耽於酒色，委任外家，將國柄悉交于外戚王氏之手，國家的命運，已大致注定了，所謂「惕號，莫夜有戎」，大漢天子，對「莫夜有戎」，尚懵然不知，而王氏對篡漢，卻已步步進逼，莫非其應？

及至哀帝，雖欲收攬威柄，一則受制于傅太后，再則復寵信讒諂，憎疾忠直，在位六年，漢室益形不振。哀帝崩後，太皇太后（漢元帝後之王氏政權），即以王莽為大司馬，領尚書事。太皇太后臨朝，王莽秉政，立中山王興子為平帝，年方九歲，太后以王莽為太傅，號安漢公，加九錫，平帝年歲已長，漸不滿於莽之所為，在位五年，王莽即將其毒殺。莽弒平帝後，復立漢宣帝玄孫嬰，年甫二歲之吃奶孺子為帝，王莽居攝，人人稱假皇帝，越二年即廢嬰篡漢，自己做了真皇帝，公然稱帝建國，號曰新室。

夬之九二說：「惕號，莫夜有戎，勿恤。」意即是說，雖「莫夜有戎」，當國家極其動蕩不安的時候，如能懷臨深履薄、戒慎恐懼之心，呼號惕勵，而自為警戒，向朝野提出警訊與呼籲，使上下一致提高警惕，則自可「勿恤」；革之六二說：「已日乃革之，征吉。」已日乃革，王莽稱新室，始建國即在己巳年，故說已日乃革，再者萬事必待時機成熟，始能得其「征吉」。如莽初篡位時，海內起義者比比，然而悉皆失敗，無一成功。迨更始一舉，而誅篡成功。黃氏以為「勿恤」、「征吉」，即更始誅篡之謂。

「順天應人」（革《彖》），「大人虎變，未占有孚」（革五）。黃氏以為乃光武之徵應。

革卦《彖》說：「革而當，其悔乃亡。天地革而四時成，湯武革命，順乎天而應乎人。」革之九五也說：「大人虎變，未占有孚」。所謂大人，即具有陽剛之才，中正之德，居尊位而為革之主者，始得稱為大人。

虎變，變，指虎之文彩而言，革《象》說：「大人虎變，其文炳也。」虎為百獸之王，換毛即虎之變，虎換了新毛，自然光澤絢麗，於此天下動亂，生靈塗炭，人民陷於水深火熱之時，有大過人之豪傑，出而持之，以撥亂反正，即所謂之「大人虎變，其文炳也」。炳煥，即光耀煥發之意，俗所謂粲然文章者；虎為百獸之王，其變自為眾獸所不及，故以虎變形容鼎革後之新政。

「大人虎變，未占有孚」，大人有虎變之才，必當是「未占有孚」者，即是說當其尚未出人頭地時，大家對其已有甚大之期許了。當新市平林兵起，李軼兄弟即謂「今四方大亂，漢室當興，南陽獨劉伯升兄弟，泛愛容眾，可與謀大事」。劉秀兄弟起兵時，家鄉子弟十分恐懼，當大家看到了劉秀也「絳衣大冠」，穿著造反者的衣著時，大家便感到很驚奇，認為連劉秀這樣安分守己的忠厚人都幹了，還有什麼可怕的？當下便有七八千人參加。

光武自舂陵起兵，有識之士，咸認惟有劉氏兄弟，為可成大事者。昆陽戰後，更突顯了這一點，於是豪傑多歸向之，即所謂之「大人虎變，未佔有孚」。

按：王莽篡漢後，法令煩苛，人民搖手觸禁，不得耕桑，於是天下皆叛，光武與其兄演起兵舂陵（河南南陽），與平林（武昌）、新市（湖北孝感）、綠林（湖北當陽）合兵，眾十餘萬。後新市、平林諸將，懼憚于演之威名，而利於更始之懦弱，乃與新市共立劉玄為更始皇帝。三月，劉秀收復了昆陽、定陵、郾等地，王莽發兵四十二萬，並驅虎豹犀象之屬，號稱百萬，前軍已至戰場，後軍尚未出發，將昆陽團團包圍，史稱自秦漢出師之盛，未有如此之甚者也。劉秀纔數千人，諸將皆憂念妻孥、財物，光武謂：「今若破敵，珍寶且萬倍，苟不能破敵，則首領無餘，何妻子財物之有？」諸將不悟，光武但會兵計策而已。

光武以昆陽兵少，乃突圍，親往各地調集兵力，來救昆陽，秀自將步騎千餘為前鋒，直沖莽軍，斬首數十級。諸將大驚謂：「劉將軍平日見小敵怯，今見大敵勇，甚可怪也，將軍復前，請助將軍。」秀復前進，斬首數百千級，漢軍膽氣益壯，人人以一當百，會適大雷雨，莽兵大潰，主將王尋被殺，副將王邑、嚴尤等，抱死人逃去。海內豪傑，翕然回應，皆殺其牧守（王莽所任者），用漢年號，以待詔命，此所謂「虎變，有孚」者。光武建立如此大功，更始卻將其兄劉演殺死，光武不但不敢為其兄發喪，即是在生死至交之前，亦不敢自伐昆陽之功，口出怨言，惟深自我檢討而已，更始感到十分慚愧，乃拜光武為大將軍。

黃氏以為：「虎變，有孚。」乃光武興而群盜滅之徵應。並由此以見光武之才，實有大過人者。

按：史家對「立」字之稱，有其特定用法，凡說「立」的，皆是不當立而立的；凡說稱的，皆是不當稱而稱者。正常的新君即位，史皆稱踐位，凡是不正常（不正常、不當，是指特殊狀況而得位者，如動亂而未能依法而立者）、或借他力而取得其位者，皆稱立。如西周末年，幽王被犬戎所殺，諸侯共「立」世子宜臼，是為平王；東周末顯王二年，東周君傑「立」；再如漢惠帝後，呂后「立」無名子，又「立」恒山王等，顯然皆不當立而立者。較早如「夏少康立」（經辰之辰，甲戌三十三壬午）。夏君相被寒浞所殺，其後方孕，歸有仍，生少康。少康二十二歲，為有仍牧正（牛曰牧，馬曰圉，牧正，即養牛官之長。牧亦地名，或為該地之小首長），後被浞子澆所逼，逃奔于有虞，為庖正，虞妻以二姚。少康四十歲，夏舊臣靡，自有虞氏，召集舊有殘部，滅浞而立少康。夏亡四十年，靡始助少康即位，故不說踐位，而說「少康立」（即有其事實之存在）。

至於「稱」字，如周桓王十六年，楚熊通「稱」王：再如秦「稱」皇帝（經辰之午，甲戌二十之庚辰）」；劉玄「稱更始」；光武乙酉「稱帝」（經辰之寅，甲申次年）。此所謂稱，皆不當稱而稱者，乃是不當的。

王莽篡漢，天下英雄並起，當時以聲望、能力、處事有原則、識大體，惟秀兄劉伯升，然平林、新市諸將，利於劉玄懦弱，易於掌控，故立劉玄為帝（玄即皇帝位，接受朝臣朝拜，嚇得羞愧汗流，不能言語，如此其人）。當時劉演的意見是最好先稱王，迨破王莽、降赤眉後，再稱尊號為妥，演意不被採納，即設壇登極。可見其稱帝之不當。

何以說光武稱帝亦有未當？光武以更始帝大司馬名儀徇河北，時更始已遷都長安，北有王郎，南有赤眉，天下仍極擾攘不安，再者甲申更始封光武為蕭王，這年冬天，赤眉西攻長安，次年乙酉，光武稱帝。時光武身分，乃更始肅王，去更始另起爐竈而稱帝，時機未盡允妥、完美，史家故以「稱」字予光武（似乎未臻至善至美之境界）。

黃氏以為：

就少康而言，史書于少康之生，即先書少康始生，予以紀年，乃是承認其正統之歷史地位，而後始書立，少康之立，乃是天下共同的期盼，是天下立之也。

至於光武，先書封蕭王，而後稱帝。也是天下共同的需要，其稱帝，實乃天下稱之也。由此以見少康、光武二君，乃天下歸之者，其「立」、其「稱帝」，不得不用如此之辭，以稱二君之名號，雖然未盡美滿，但也惟有如此稱之了，故黃氏說：「難乎其辭、此名也。」

朱氏隱老以為，史書凡說「立」的，皆是不當立者；凡說「稱」的，皆是不當稱者。因此。後人常以光武稱帝，與少康之立，二者無異。遂有其所「稱」，至其時之當否，亦難深究，識者則以為，少康之立，光武之稱，實為二君之不幸，但既有其歷史事實，遂有如此之稱、之名，也是無可奈何之事，然而由於二君之「立」、之「稱」，不但拯天下百姓於水深火熱之中，得以休養生息，可謂為天下蒼生與萬民之幸，即夏之先王、漢之先帝，各得祀配天血食，亦必以為幸矣！就二君而言，誠所謂以己之不幸，換得（禹夏與劉漢）萬民之幸，換言之，少康、光武縱不欲為，能放棄對天下蒼生的責任嗎？後世史家，可見二君之「立與稱」，與他人之「立與稱」者，是有所區別的！何況稱謂問題，既有其實，後之史家，也很很難不如此稱謂了。

黃氏又說：庚辰、辛巳之世，當夬之兌：「壯頄」，「來兌」。則西域浮屠，致之明帝，凶可知也。隨之「孚兌」，則章帝崇儒；兌之九五「孚剝」（孚於剝，有厲。《象》曰：孚於剝，位正當也），則鄧后專政，何其協歟？

庚辰、辛巳之世，當夬之兌。漢明、章、安等帝當之。黃氏以為；章帝直夬三「壯頄」（夬九三「壯於頄，有凶」。頄、音逵，即面部顴骨，君子夬夬）。兌三「來兌」（兌六三「來兌凶」），二爻皆凶，而章帝當之。其所以凶，則是由於迎「西域浮屠」之故。黃氏說：「壯頄、來兌，則西域浮屠，致之明帝，凶可知也。」

按：但就事實言，明帝迎西域浮屠，並沒有為明帝朝政與社會，帶來禍患與災難，不但獲得史家大有年之譽（明帝九年丙寅，史書大有），且西域與漢，中絕六十五年，班超得一朝復通之，實為前所未有之盛事，並未見其「凶」之事實之所在。

黃氏謂：歷史稱佛氏之旨，謂其書「大抵以虛無為宗，貴慈悲、尤忌殺生，以為人死精神不滅，生時所為善惡，皆有報應，故所貴修練精神，以至為佛，善為宏闊勝大之言，懸的以勸誘愚俗……」

按：黃氏所謂：歷史稱佛氏之旨，「大抵以虛無為宗……，善為宏闊勝大之言，懸的以勸誘愚俗……」等說，似並非全然如此，佛氏所求者非是虛、無，惟虛，始克有所納；惟其無也（思想始得清明），無即真空，惟真正空了，乃生妙有，可知「空」，乃是一種方法，是求其「清明在躬」的過程。而非目的，乃一積極之行為，由思想之極精微，而後始足以「道高明」，亦如儒家所謂之「極高明，而道中庸」，由明明德，而止於至善之道。宋明理學家，幾乎鮮有不從靜上作工夫的，其他宗教亦然，所謂「雖不能至，然心向往之」。至所謂「勸誘」愚俗與君子，以「去正歸邪之惡行……」這話便很嚴重了。佛氏乃由個人之潛修，以明心見性，而達其究天人之際之道；所謂「極精微而道高明」。行善利他，猶其小焉者，歷代不乏大功德之修行人，近世以一弱女子，創辦之慈濟功德會，賴其救助而濟困活之鰥寡孤獨，何止十、百、千、萬之眾，其他大小宗團體，亦莫不自動自發，默默的進行社會救助工作者，亦數以萬計（此言佛教，無與於民間之信神），是佛氏何負於社會人群？因信佛而害於善良風俗者，實不多見。

近人熊十力氏亦說；「印度傳來之佛學，雖不本於吾之六經，而實吾經學之所可含攝。」又說「萬物之本，不待向外窮索，反求之於心而自識，《大學》所云明明德是也；離身、家、國、天下，心意知物，無所謂涅槃，即誠正格致，修齊治平，便是涅槃。是不亦致廣大、盡精微，極高明，道中庸者乎？」

就明帝而言，如說因西域迎佛而致其凶，似遠不如其窮治楚王之獄影響之甚。明帝窮治楚獄，以至累年，彼此以言語牽連，自京師親友、諸侯，州郡豪傑，及考案吏等，阿附連坐，死徙者以千數，繫獄者數千人，拷掠備至，五毒之苦，至肌肉消爛，死者大半，其殘酷之狀，至今猶令讀史者為之太息。明帝以莫須有之罪（謂楚王作金龜玉鶴、造作圖書，意欲篡位），治以大逆不道之罪，致朝野震動。此或系明帝之所以凶者。

越年癸酉（楚王英案在辛未）。復治淮陽王延案，徒刑穆案，連及死徙者甚眾。

章帝直隨之「孚兌」，是則章帝崇儒；兌之「孚剝」，則鄧后專政。黃氏說：何其協歟？

按：章帝直兌之隨，兌九二說：「孚兌，吉，悔亡。」《彖》：「麗澤兌，君子以朋友講習。」故黃氏謂章帝崇儒之應。兌九五「孚于剝，有厲」。歸妹《彖》說「位不當也」，「柔乘剛也」。協乎竇太后專政。

壬午、癸未之世，當夬之需，「牽羊悔亡」，卻行使先；「需血出穴」（需六四「需於血，出自穴」，處險難之中，不能安，故求出險脫困，而故曰出自穴），傷險脫難。其宦豎廢立，外戚跋扈之時乎？黨錮起而黃巾反，僅免於亡耳。

東漢自章帝始，外戚即掌握國家的政治脈動，先是竇后誣廢太子慶，立子肇為皇太子，外戚魔掌，就已掌握住了東漢章帝時政治之核心。皇后兄憲、弟篤掌握禁兵，自由出入禁中，憲並侵佔公主田園，公主亦不敢計較，公然殺都鄉侯暢，可見其無法無天之一般。

以下臚列章帝以後之漢王室，女禍、外戚交相為奸，蹂躪朝政之狀，以見漢祚之所以終。

章帝駕崩，和帝即位（年十歲），竇太后臨朝。

和帝崩，太子隆即位（生始百餘日），是為殤帝，鄧太后臨朝，以鄧騭為車騎將軍。

殤帝即位八月崩，迎清河王子佑即位（年十三歲），是為安帝，立貴人閻氏為皇后，帝拒諫信讒，戮殺忠良賢臣如趙騰，楊震等。

安帝崩，閻太后秘不發喪，屯兵自守。中黃門孫程等，迎濟陰王保即位，是為漢順帝，誅閻顯，遷閻后於離宮。以梁商、梁冀為大將軍。乃宦官預政之始。閻太后臨朝。

順帝崩，太子炳即位（年二歲），是為沖帝，在位一年。閻太后臨朝。

沖帝崩，大將軍冀與太后，迎勃海王子纘即位（年八歲），是為質帝，目梁冀為跋扈將軍，冀毒殺之。

質帝在位一年崩，宦官曹騰與冀議，立蠡吾侯志（年十五歲），是為桓帝，梁太后臨朝。梁氏諸多不法，大臣奏舉，帝皆不問，冀殺貴妃家人時，帝始震怒，用宦官力量，將梁氏一族七侯、三后、六貴人、三大將軍、卿校等數五十七人，及冀妻孫氏兩族，無少長皆皆棄市，戢其財物，減天下租稅之半，封宦官單超等五人為列侯，執掌朝政。

漢家皇帝，到了桓、靈，殺諫者，親佞、遠賢，宦官封侯者十餘數，乃至大將軍之職。

按：桓帝任宦滅梁氏，於是權歸宦豎，宦豎貪縱枉法，傾動內外，白馬（河南滑縣）令李雲上書，陳述國家危機，因下獄拷問。弘農掾杜眾為雲鳴不平，願與雲同死，帝皆下獄死之。陳蕃上疏，諫國有三空之危（田野空、朝廷空、倉庫空），桓帝不予理會。蕃復上書斥黜佞邪，上不納。襄楷上疏謂帝拒諫誅賢，不聽。劉瓆、成瑨，皆以誅奸邪而遭帝下獄死。

史家論桓帝謂：桓帝「所厚者宦官，所悅者女寵」。欲天下之不亡，豈非奢想？

到了靈帝，朝政悉入宦官之手，天下賢士，亦悉陷於黨錮之中，朝政益亂，盜賊蜂起，其所以未亡者，如遊絲之懸耳。

壬午、癸未之世，當夬之需，歷漢順、沖、質、桓、靈五帝，朝政之壞，江河日下，步步皆向覆亡之途邁進。

時直夬之需，所謂：「牽羊悔亡」，卻行使先；「需血出穴」，傷險脫難。莫非宦豎廢立，外戚跋扈之徵應，黨錮起而黃巾反，僅免於亡耳。

「牽羊悔亡」，為夬卦四爻辭。夬九四說：「臀無膚，其行次且，牽羊悔亡，聞言不信。」（次且，即趑趄，行而不前意）

伊川程子釋說：「臀無膚，居不安也；行次且，進不前也。」這好像屁股上的肉糜爛了，當然行住坐臥，不能安了，故說其行次且。

牽羊，羊是群體動物，大小羊群，皆有其領導者，如果掌握了羊群之首，便像牽羊一樣，很容易帶好這群羊，而不致有所逃亡。所謂「牽羊，悔亡」，能牽羊，其悔乃亡。使卻行者先，便不至「其行次且」了。

需血出穴，夬四爻辭。夬九四說：「需於血，出自穴」。朱子的解釋是：「血者殺傷之地；穴者險陷之所，四交坎體（上卦為坎），入乎險矣！」程子也說：

「既傷於險難，則不能安處，必失其居。」所謂「傷、險、脫難」，意即是說，既已陷於險地，欲突破困境，是十分困難的。及桓、靈二帝，黨錮大起，天下豪傑，及儒學有行義者，宦豎一皆指為黨人，其死、徙、禁者，動輒數百人，郭泰私為之慟曰：「漢室滅矣！」天災人禍交迫，人民淪為盜匪，黃巾賊人，應時而起，國之淪亡，不絕如線耳。

伊川先生也說「必失其居」。信矣！

桓、靈二帝，終其世而朝綱不振，親小人，遠賢臣，就一個政權而言，至如所謂之「臀無膚」，其居自不能安；「其行次且」，任何有益於國家、人民的工作、政令，皆欲進而不前。所謂「牽羊，悔亡」，政府沒有強有力的領導，即如所謂之不能「牽羊」，安能避免其「悔亡」？既已「需於血」，而不能「順以聽」，如何「出自穴」呢？其亡！其亡！不亡又何待呢？

甲申、乙酉之世，夬之大壯也，「莧陸、中行」，宦官誅而曹操崛興！「喪羊于易」，東漢亡而三國鼎峙焉。

「莧陸、中行」，夬九五爻辭：「莧陸夬夬，中行無咎。」莧，即馬齒莧，蔓生植物，其生命力特別強，雖乾曬十日半月，依然可活，乃至無根亦可得活，或將其鋤除，其微根亦可重生。藥性為散血解毒，祛風殺蟲，怯諸淋、疳、痢等惡瘡。

陸，即商陸，沈陰下行，癰腫不通，主十二種水，其藥性如此，二者皆為祛除沈積惡痞之藥（或以莧陸即馬齒莧，故說莧陸，似以莧陸分言較妥）。

這裏為什麼說莧陸夬夬？莧陸皆陰性之物，易於孳長，以之比喻小人滿朝，正是桓靈時之寫照，夬，決也，夬夬，重言其當決之意，對於朝中的宦官小人，皆應予以清除。但在手段方法上，特別應予注意，如陳蕃、竇武欲誅宦官，皆因事機不密，措置失當，結果非但未能除宦官，反而被宦官所害，即其策略上發生了問題。到了袁紹，詔引諸侯進京除宦官，雖然宦官盡除，但卻又釀成董卓之亂，所以說要能中行，始可無咎。

宦官除而天下亂，曹操因之而崛起。

「喪羊于易」。大壯九五爻辭：「喪羊于易，無悔。」易，有二解，一即容易之易，一為疆埸之埸。簡單的說，前者是說，羊很容易跑失；後者是說羊在草場上跑丟了，兩者的意思，皆在於失羊。三國諸侯的紛爭，亦如牧場上的羊群一樣，天下州郡，朝中大臣等，紛紛從賊，搖身一變，都成了諸侯、王爺，毀沒了昔日的政治體系與名號，豈非喪羊于易之兆？

《易程傳》：「羊群行而喜觸，以象諸陽並進。」豈非三國群雄割據之兆。故說東漢亡而三國鼎峙焉！

黃氏說：丙戌、丁亥之世，當夬之乾，則魏滅蜀、晉平吳而一統者也。陰消已盡，「無號終凶」，有君子之德，則其敵當之，不然反是。

晉武帝（司馬炎）直乾之世，混一六合，除苛政，服通喪，蓋前人之衍矣！然德不如禹，立嗣非人，自是亂臣賊子犯闕、竊位，而五胡雲擾，其「亢龍之悔」

乎？

「無號，終凶」，夬上六爻辭。夬上六為一陰爻，象小人之窮途末路，故朱子說：「陰柔小人，居窮極之時，黨類已盡，無所號呼，終必有凶。」楊氏簡以為，其意在於「柔已決去，剛道已長，然不可不敬戒。如果疏忽而不敬、不戒、不警號，則亦終將有凶……。」

晉武帝直乾之世，混一六合，除苛政，「服通喪」（恢復古時的三年父母之喪期），即所謂之「服通喪」（古制父母之喪三年，漢文帝廢之，至此始予恢復），即所謂前人之「衍」，漢文帝之敗筆。

但是很可惜的是，晉司馬氏父子，或因為心機太深，陰德損傷太重，窮極陰險從曹魏手中弄到了天下，如俗所謂「司馬昭之心，路人皆知」。上天因賜晉以白癡兒子，並為其子選以了一個奇醜無比，而又狠毒、權力欲強、而又不守婦道之淫蕩悍婦，遂給予亂臣賊子以犯闕竊位之機，卒使五胡雲擾，天下大亂，豈非亢龍之悔？

按：通喪：《論語》宰我以為三年之喪，時間太久了，建議孔子改為一年，問孔子如何。孔子說：「子生三年，然後免于父母之懷，夫三年之喪，天下之通喪也。」

亢龍有悔：為乾上九爻辭。《象》曰：亢龍有悔，盈不可久也。言治久必亂之意。

劉氏斯組說：午會第七運，運卦當大過之夬，世卦分夬之爻：初分大過，其變夬、咸、困、井、恒、姤，每變卦各管十年。

二分革，其變咸、夬、隨、既濟、豐、同人，各管十年。

三分兌，其變困、隨、夬、節、歸妹、履，各管十年。

劉氏以為：就事而論，宣帝直夬而英斷，信賞必罰，吏治民安。命諸儒講論五經異同，稱制臨決，應書契文字之象。

按：夬卦辭說：「夬，揚于王庭，孚號有厲。」《彖》曰：「夬，決也，剛決柔也，健而悅，決而和。」說宣帝英斷，剛以決柔，信賞必罰，而吏治民安，可為漢宣之徵應。《說卦下傳》一章也說：「上古結繩而治，後世聖人，易之以書契，百官以治，萬民以察，蓋取諸夬。」劉氏所謂「應書契文字」，蓋指此而言。

漢宣帝在政治上的成就，有中興明君之稱，但也有其敗筆：一是任用宦官弘恭、石顯參與中央決策（弘恭、石顯，以中黃門宦官，而為中書令，掌握朝中機密），以啟元帝信任宦者之始心；二是貴顯許、史兩外戚家（宣帝許皇后外家，侯者三人。其祖父戾太子之外家，侯者四人，率皆放縱不法，天下苦之），而啟元帝信依外戚，政權落王氏；其三、殺趙、韓、楊（參考前說），而啟哀帝之誅殺大臣（如殺馮太后及弟參、以傅太后見疾而下獄死；尚書鄭崇、丞相王嘉等，嘉封還詔書，崇、嘉皆以諫寵董賢而被殺）。故史家以為：宣帝論其功，則為中興之君；論其過，則為植禍之主，雖然功罪各半，但功存一時，禍延百世，覆亡種子，從此佈下，故議者謂為西京之衰，自宣帝始。漢宣所啟迪於後世者，皆亡國傾家禍亂之源。

元、成二帝直咸、困暨井。咸之感在男女、外戚宦官用事，其禍水滅火，困於赤紱者多矣！有言不聽，猶井渫不食，行道者為之心惻，其如帝昏不明何？

元、成二帝，元帝信任宦官，錯亂朝政，立后王氏政君，開外戚專政之門。成帝封舅王崇，委政王鳳，延及哀帝而王莽專政，成帝溺於女色，寵趙飛燕及其女弟，皆召入宮，宣帝時披香博士淖方成謂「此禍水也，滅火必矣」！漢以火德王，謂漢必亡於趙氏，故說滅火。

困卦的本旨，即君子為小人所揜蔽，君子道屈之時，如元帝二年，聽信石顯等讒言，下蕭望之、周堪（蕭、周皆曾為帝師）、劉更生獄，魏郡太守京房，諫去佞任賢，帝雖知之，而不能退石顯等，甚且竟下房獄死，大臣們所有諍諫之言，皆不能入於帝耳，豈非有言不信？忠良之士多不能為國所用，莫不困於赤紱！（朱紱、尚氏以為乃貴人所服，以祭祀宗廟者。）此喻賢良多厄，所謂「困於赤紱者多矣」！

井九三：「井渫不食，為我心惻！」渫，音泄，即汙染。意即是說朝政為小人把持，君子則或廢、或去、或殺，皆不能得其用，天下莫不為之心惻不已。但對於元、成之昏憒不明，又能為之奈何呢！

京房嘗問漢元帝：「幽、厲之君何以危？其所信任者為何人？」元帝說：「因為君不明，而所任者皆巧佞之故。」房說：「這個道理，齊桓公，秦二世也都很明白，而且也曾譏笑幽、厲二君，但是齊桓公卻用豎刁，秦二世用趙高，以致天天下大亂，為什麼幽、厲對他們不能發生一些警惕作用呢？」上說：「那要很有學問的人，纔能以往知來啊！」京房又問元帝：「現在我們國家是治呢？還是亂呢？」元帝說：「已亂至極點了，但到底誰是致亂的禍根呢？」房說：「明主自己知道。」上曰：「不知也，如知，何以會用之？」房說：「上最所信任，與圖事帷幄之中，進退天下之士者，是矣！」上已知之，謂房曰：「已諭。」上亦不能退顯也。

這樣的皇帝，倘被掌握在無知女人（傅太后）的手裏，「井渫不食」，「行道心惻」，又有什麼可怪呢？

逮哀、平當恒、姤之際，德失其恒，而有比溺頑男雯之羞（男雯、按雯為天上美麗的彩雲色），道牽於柔而已；陰成女壯之勢，安漢公實危漢，其來有自矣！

哀、平直大過之恒、姤，恒卦的意思是久長，所謂「天地之道，恒久不已」，換言之乃常道也。哀帝在位，如策免大司空高樂侯師丹為庶人，復賜爵關內侯，再復廢為庶人；中山王太后馮氏及弟參皆自殺；以王嘉為丞相，繫獄殺之；下尚書僕射（讀夜）鄭崇獄，殺之；以太后弟傅喜為大司馬，封傅商為汝昌侯，史家對孝哀帝的評論是：「狠愎不明，佞幸盈朝。」劉氏謂哀帝「德失其恒」，信然。

侍中董賢美麗自喜，性和柔便辟，得幸於哀帝，其受寵情形，亦猶成帝之寵趙飛燕。可謂滿門貴顯，賢女弟為昭儀，父為少府，詔將作大匠。孝哀並為賢起大第，起塚塋……。所謂「比溺頑童之羞」者（比，親也）。王嘉、鄭崇等諫帝寵賢太過，皆下獄死。就哀帝而言，上受制于太后，所謂「陰成女壯之勢」；下溺於頑童之羞，所謂「道牵於柔而已」者。自漢宣之後，元帝之信宦官；成帝之任外戚，封王氏；哀帝之戮大臣，復受制于傅太后……，漢朝政治，在昏君、外戚、宦官等之放任、脅制、專權下，致小人道長，君子道消，終委政外戚，立沖幼以卵翼外戚之族，卒致所謂「道牵於柔；陰成女壯之勢」，致所謂「安漢公」者，實為漢賊而危漢。誰為為之？孰令致之？其來有自矣！

恒之九三說：「不恒其德，或承之羞。」六五說：「恒其貞，婦人吉，夫子凶。」（指小人吉，君子凶）哀、平二帝皆當之。

莽乃直革，太元（玄）曰：「更二歲見代，建國為新，歲在己巳。」其應己日乃革乎？咸志外而匪貞，夬有戎而勿恤，無號終凶，何可長也？漢兵起，漸台誅，建武於是應孚嘉之言，當中正之位，凡三十三年，以柔道理天下、動而隨，詎非剛來而下柔者乎？

王莽直夬之革，稱新室，亦正直己巳年，所謂己日乃革，豈非巧極？太元說：「更二歲見代。」漢孺子嬰、王莽居攝，亦恰恰更二載，而王莽篡。

革初變咸，咸初六說：「咸其拇，志在外也。」拇即腳大拇趾，咸就是感觸，腳部之動，以拇趾為先。為什麼「志在外」？咸卦內卦為艮，艮為少男；外卦為兌，兌為少女。少男想慕少女，故說志在外。感其拇，故說外而匪貞，貞，正也。王莽之感於漢室，其感自是不正。

夬有戎而勿恤。夬九二說：「惕號，暮夜有戎，勿恤。」意即是，夬二所處，是非常危險的時候，所謂「暮夜有戎」，時時刻刻皆在警惕中，懷恤、憂懼，能夠知所惕號，便可無憂。

夬、無號終凶。夬上六爻辭：「無號，終有凶。」無號，即人家對你的殺戳，但不反抗，且默默承受之，即所謂無號，當你甘受宰割，無絲毫反抗時，終有凶，何可長也，如此豈能長久？

漢兵起，誅王莽於漸台（漢宮池塘中央所築之台），建武於是應孚嘉之吉。

孚嘉之吉。隨九五：「孚于嘉，吉。」（孚，誠也；嘉，善也）《象》曰：「孚于嘉，吉，位正中也。」楊氏萬里說：「九五以陽剛居兌之中，為一卦說（說念悅）隨之主，此聖君至誠，樂從天下之善也。」說光武即位，改元建武，徵驗「孚嘉之吉」，當中正之位，在位三十三年，以柔道治天下。光武從起兵之後，無論於更始，於叛將，以貴下賤，剛來而下柔，不但獲得群眾的擁戴，甚且連敵人也受到感動，如光武破昆陽而更始殺伯升，「光武不敢為伯升發喪，更始以是慚」。李軼、朱鮪乃殺伯升之主謀者，來降，光武封扶溝侯，安反猜於危險之地，彼等皆誠心悅服，此光武初直隨而大亨貞者。

光武之世，復直既濟、豐、同人。豐，大也，以明而動，有盛大之勢，但是日中則昃，月滿必虧，王者當國勢達於頂峰時，應明盛極必衰的道理，稍一不慎，便啟亂端。光武非聖人，故亦不例外，日中而昃，光武廢太子，立陰后，信圖讖，謫桓譚，頗遺後世之羞。雖直于豐，而同人卻忽於豐之道，是其所憾。

明帝承同人之世，同人《彖》曰：「柔得位而應乎乾，曰同人。」《彖》所說之柔，即六二，六二與九五相應，故說柔得位而應乎乾，所謂文明以健，皆明帝之重視教育，自皇太子、諸王公、大臣、功臣子弟，莫不受經；又為外戚樊氏（光武母家）、郭氏、陰氏（俱光武后家）、馬氏（帝后家）諸子，立學南宮，號四姓小侯（四姓非列侯，故稱小侯），置五經師，以授其業，即匈奴亦遣子入學。所謂文明以健，君子正也。

同人《象》曰：「天火同人，君子以類族辨物。」同人，就是能與人同。軍隊有共同目標，彼此互稱同人（或同仁）。一般公私團體之工作人員，相互之間也叫同人。乾、離（天、火）之所以為同仁，其一：同人為五陽一陰之卦，五陽對一陰，有其共同之向心力。如五男一女，同處一孤島，其五男一定有志一同的，去關心這位女士，即所謂之同人。就卦而言，乾為天，離為火、為日、為電、為光明，天與火、日、電、乃至光明，皆有著密切關係，故說天火同人。天火同人，給我們的啟示是「類族辨物」（天地萬物，各有其族類）。類族之間，有同有異，異同之間，有著各種不同問題，如能將其調和，使由同軌、同倫，而同其風俗、道德，如天火之不同而同者然，同於族群和諧，物類認同，使社會得以安定，如所謂「遐邇麗澤，人同文明之盛」。豈非革卦所謂之「大人虎變，其文炳也」？虎變而文炳，猶兌《象》所謂之「麗澤兌」。「君子以朋友講習」，使功臣子弟，人人受經，立學南宮，皆明帝之徵應。史稱永平之政（永平明帝年號），可與建武並美（建武、光武年號）。

章帝力行寬大，動隨有獲，為東漢賢主，過在寵竇后，遂成竇憲外戚之亂階。章帝直兌之隨，隨《彖》說：「剛來而下柔，動而說，隨……天下隨時」（隨時，即隨其理之所在）。隨卦上兌下震，兌為說（同悅），震為動，所謂下動上說，此動彼說，故說動隨有獲。（寵竇氏請參考前說）

和帝密用鄭眾誅憲，孚號揚庭，夬矣！卒以賞功施祿逮下，致啟宦官之禍。和兌之吉，反以來凶，於茲象焉。

和帝十歲即位，竇太后臨朝，后兄憲、弟、景、瓌，並處機要專權，驕縱違法，以至企圖謀逆，和帝乃與鄭眾謀誅竇氏。

夬卦辭：「夬，揚于王庭，孚號有厲。」夬乃五陽決一陰之卦，其所以決之者，必須光明正大，而且有孚號之誠，並當眾為之，乃可無厲。和帝密用鄭眾誅憲，所謂謀諸婦人，謀諸小人，鮮有不敗事者。實已違背了「夬，揚于王庭，孚號有厲」的原則，致所謂和兌之吉，反啟來兌之凶（兌初、三爻辭），故有封宦官之失，遂招致其厲。此所謂厲，延及於漢室之亡，其為厲也，不亦大乎？明帝以為，在剷除權臣上，宦官出了大力，理應封賞，但封侯拜相，未免太嚴重了，遂導致宦官之禍。

午會第七運為大過之夬，夬初變大過，二變咸，夬為上兌下乾。

劉氏斯組說：午會第七運，運卦當大過之夬，世卦分夬之爻：

初分大過，其變為夬、咸、困、井、恒、姤，每變卦各管十年。

二分革，其變為咸、夬、隨、既濟、豐、同人，各管十年。

三分兌，其變困、隨、夬、節、歸妹、履，各管十年。

以上為午會第七運大過之夬、世卦所分之卦，即夬內卦三爻所變之卦。

以下為夬外卦（上卦）三爻所變之卦。

夬為澤天，內卦為乾，外卦為兌，兌三爻俱變，即夬四變需、五變大壯、上變乾。所謂分夬之外卦。需、大壯、乾又各分六卦，為之年卦如下：

四分需，需復分：井、既濟、節、夬、泰、小畜，所分卦各管十年。

五分大壯，大壯復分：恒、豐、歸妹、泰、夬、大有，各管十年。

上分乾，乾復分：姤、同人、履、小畜、大有，而仍終之以夬兌，各管十年。

劉氏說：兌九四之節，猶和帝之世，歸妹及履，則殤帝不嗣（殤生三月而即位，八月夭折），鄧后為利於掌握政權，乃取年之少者，而安帝立矣（十二歲）！安少慧、長不德（誅戮忠臣楊震、鄧騭等），立閻后，后性姤，卒以亂朝，非歸妹「征凶，女承筐，無實」之驗乎？

按：安帝在位十九年，鄧太后臨朝十六年始親政，親政後以宦者江京等為列侯，封其乳母王聖為野王君，政委佞邪，屠戮忠良，廢太子，致啟亂源。

歸妹：征凶無有利。從卦象而論，三、五兩爻，皆不得位，其行動，亦皆不得其正，故說征凶，征，即動的意思。

上六說：「女承筐，無實。」古人娶妻，所以承先祖，奉祭祀，其奉祭祀之物，為主婦要準備的，承筐無實，說筐是空的，意即是說，其不能承先祖，奉祭祀，便當離絕。安帝立閻后，一無是處，為歸妹承筐之驗。

是時廢太子保為濟陰王（本安帝太子，因受閻后、宦官江京等讒陷而廢，封濟陰王）。帝崩，閻、宦定策立北鄉侯，侯尚未及即位，便一命嗚呼了。中常侍孫程等，即迎濟陰王即位（原安帝太子），誅閻顯、遷太后，封十九侯，是為順帝，時蓋直需之井與既濟也。

需，需也（即等待意），險在前而不陷（上卦坎，為險，因需故，遂不陷），位乎天位，其廢而復立，而未失常耶！說濟陰王本應位乎天位，今廢而復立，自是理所當然。需就是待，意即不冒進，因坎險在前，觀察清楚而後進。井則不革，井卦說：「改邑不改井，無喪無得。」《雜卦傳》說：「既濟定也。」天命不可違，故終即帝位，就順帝而言，實為奇遇。

漢安帝時，閻宦弄權，楊震因諫而下獄死；順帝則閹宦弄權，梁氏用事，初吉終亂，雖賢人君子亦莫之能振，以救漢祚之衰亡。

順帝崩，太子炳即立，是為沖帝，年纔二歲，即位一年而崩；梁氏復選僅八歲之渤海孝王子纘，入主大位，是為質帝。帝少而聰，嘗因朝會目梁冀為跋扈將軍，亦一年而為跋扈將軍所弒。孔子曰：「亂之所生也，則言語以為階，……機事不密則害成，是以君子慎密而不出也。」一說為大事者，往往由於機事不密而造成，這是為事者值得警惕者。

桓帝則當需之節、夬而泰三卦。需為水天需，上卦為坎，下卦為乾，中爻之乾陽，變而為兌陰（即下卦乾之上爻，變而為陰成節），為陰柔毀折（《說卦》：兌為毀折），乃有中官女寵之患，忠節以苦。雖柔乘五剛（夬，決也，以一柔乘五剛，為五剛決一柔），夬能誅冀，而五侯權傾內外（帝封宦官單超、左悺等五人為列侯，窮兇惡極，無法無天），不免終凶。此道之莧陸未光歟（莧，即馬齒莧；陸，即商陸，其為藥皆陰性，此喻小人當道）？時則需血、順聽（需六四，需於血，危險困難之意。順聽，聽小人則非順聽），眾君子罹黨錮之難，卒困陷不出，郭泰所由慟，人之云亡，知漢室滅矣！

按：桓帝窮治鈎黨，皆天下名士，死者百餘人，妻子皆徙邊，天下豪傑，學行有名望者，宦者皆指為黨人，或殺、或充邊、或罷黜者，又六七百人。郭泰非常悲慟的說：「詩云，人之云亡，邦國殄瘁。」一說如果一個國家的人才凋亡殆盡時，這個國家一定是病入膏肓，無可救藥了。

靈帝直需之泰而小畜、至大壯之恒，二十餘年，治鈎黨益亟，宦豎曹節、王甫等，為禍更烈，如矯詔殺太傅陳蕃、大將軍竇武、李膺等百餘人。或謂泰君子道長，何消亡若是？從卦象看，需之九五，本乾飛龍之天位（乾九五為飛龍在天，故云），今變而為陰六（需乾變泰），為龍將蛇伏，陰小用事之象。陽益消矣！時青蛇見御座（史：靈帝光和元年七月，有青蛇見王堂殿庭中），或其兆歟？

小畜巽股上乾首（《說卦》：巽為股。小畜下卦為乾，上卦為巽，故說巽股上乾首，說巽乾位），蜺墮雞化（同年宦官內署，雌雞變雄），為「婦人政而失婦貞；臣矯命而違臣順」之象（恒六五：「恒其德，貞，婦人吉。」需六四《象》：「需於血，順以聽也。」），賣官近利，廢后反目（何后酖王美人），誅逆宦、利武人之貞（巽初）；召外兵、則喪資斧之利（巽上九）。何進失策，憂及乘輿，張讓伏辜，禍延京寢，自是而壯趾孚窮（大壯初九《象》：壯於前趾，其孚窮也），卓雖誅，操又甚矣！

賣官近利：桓帝時已開始賣官關內侯以下。至靈帝時竟開店、挂招牌賣官，官各標有定價，如二千石，定價二千萬；四百石，定價四百萬，縣官則視其富瘠而有差等。公卿則要透過關係，公價為千萬，卿價五百萬，並且還可以視其身分而打折，很公道的。此外，並在宮中開設市場，使諸采女販賣，靈帝自己作老闆。

壯趾孚窮：大壯初九：「壯於前趾，征凶，有孚。」《象》曰：「壯於前趾，其孚窮也。」趾進也，壯於前趾，意即居下而壯於進之意，居下位不當進而敢於進，不但必凶，而且還會失掉誠信。故說壯於前趾，其孚窮也。

武人之貞：巽初六：「進退，利武人之貞。」進退，當進當退，不知所從，亦即拿不定主意。于此，果能有武人剛貞之志，明智果決，知所取捨，始可解決問題，為政者當知「當斷不斷，反受其亂」之諺。

喪其資斧：巽上九：「巽在床下，喪其資斧，貞凶。」《象》曰：「巽在床下，上窮也，喪其資斧，正乎凶也。」地震時，驚慌的人會向床下鑽，即所謂「巽在床下」，即類此情形。所以朱子說：「巽在床下，過於巽者也。」說巽得太過分了，便授人以柄，使自己喪失了維持生存的憑藉，即所謂喪其資斧，失去了主動的能力，如是則雖貞亦凶。朱子又說：「居巽之極，失其陽剛之德之象。」王弼亦說：「處巽之極，極巽過甚，故曰在床下。」過巽失正，喪所以斷，故說喪其資斧。召來外兵如董卓，豈非喪其資斧之明驗？

三國時冀州牧韓馥，與袁紹頗有交情，因袁紹沒有根據地，即邀請紹來住，其屬咸以為請紹來無異於引狼入室，絕對不可，馥不聽。紹來即逐韓馥，自領冀州牧。如韓馥，可謂喪其資斧者矣！

漢獻帝在位三十一年，自恒之庚午（獻帝即位），而豐而歸妹，至泰之庚子間（曹丕稱帝），乾剛解紐，巽命下專，挾天子而令諸侯，群方震動（說董卓、曹操專權），弒母后（董卓酖何皇后，操殺伏后及其二子），僭殊禮，淩轢君父，凶悖當塗（卓、操皆入朝不趨，劍履上殿……），道反其恒（所謂不恒其德。恒九三爻辭），力用其壯（大壯，壯於前趾），曹瞞得志，炎運無光。致雷電交至之明威，在龍鳳並扶之正統（伏龍鳳鶵），故南陽伏龍出，而西蜀鼎足峙，要其三離四震，地裂兵騷兼之。（按離九三《象》曰：「日昃之離，何可久也。」震四《象》：「震遂泥。」（來氏說：沈溺於險陷，而不能奮發也。）吳歸妹于荊牧（孫權嫁妹于劉備），曹立女於獻宮（曹操以其女為獻帝后），皆相應也。九四當泰（大壯九四變為地天泰），曹丕篡位，昭烈乃正大號於漢中，天地之交，何必不在王業偏安時也。至是而直夬、而大有、而乾之姤，至於同人（乾二變同人），蜀漢以亡（時為經辰之戌，二千二百四十三世，乾同人之癸未）。

越二年，司馬炎廢魏主，皇帝為司馬姓，炎名，晉乃應乾符矣！乾為馬，天火炎上，在漢亡之年曰炎興（蜀亡時劉禪年號），吳亡之年曰咸熙（吳亡時吳主孫皓年號），熙炎皆從火，父昭為晉王，國號晉，昭晉皆從日，日火本乾體，武帝受命，當乾之履：「武人為于大君」（履六三辭，應晉武帝受命）。初紀年曰太始（晉武帝年號），取乾姤（乾初變姤，取初變之意）。又曰「咸寧」本乾《彖》辭（乾《彖》曰：「首出庶物，萬國咸寧。」），太康亦乾健、履泰之義（帝改年號為太康，亦取乾健之意，乾《象》曰：「天行健，君子以自強不息。」）。以此推之，受命豈偶然哉？若乃乾之小畜、大有以至夬（皆二百四十四世，所直之年卦），南風烈烈之謠，似應小畜；天下無窮人之語，似應大有；金墉正法似應夬（魏主禪位於晉，出居於金庸城等），時一陰上乘五陽，逆后悖臣，疆胡內偪，股上首下（兌上乾下，直夬），惠至懷、滑之間，君子謂乾坤何等時哉？真所謂「燕子不知何世」（南北朝之亂，生靈塗炭，候鳥來、不識其家），大有今夕何夕之感！嗣是而大過之革，典午之命革矣（典言大統，干支午為馬）！晉室遂東。

按劉氏謂：南風之謠應小畜，蓋小畜直武帝之世，去賈后施虐，尚有數年之

久，似與南風之謠未允。（按：事之先見者曰兆）

南風烈烈：京洛民謠，「南風」為賈后字，南風烈烈，喻賈后為禍之烈。〈南風〉謠謂：「南風烈烈吹黃沙，遙望魯國鬱嵯峨，前至三月滅汝家。」後為趙王倫所殺。（永康元年三月殺太子遹，四月趙王倫廢賈氏為庶人，遂殺之。）另首〈南風〉謠謂：「南風起兮吹白沙，遙望魯國何嵯峨，千歲髑髏生齒牙。」白，晉行也，沙門為太子小字，后父賈充封魯公（謐為后女弟子），言後與謐為亂以危太子，趙王倫因之而起篡奪也（見《晉書・五行志》）。

小畜《彖》說：「小畜，柔得位而上下應之。」說晉國之政，為陰人所把持，「柔得位而上下應之」，說南風烈烈賈后之禍。

天下無窮人。干寶《晉紀・總論》說：晉武帝太康十七年間，天下道不拾遺，夜不閉戶，商人雖懷巨金，單身露宿郊野，也很安全，老百姓牛馬牧于田野之中，亦無遺失之虞，吃不完的糧食，放在田野裏，可任人取用，過路的行旅，均可留宿民家。（此點並非諛辭，作者幼時，每聞商旅行走故鄉山區（伏牛山），不但可在民家住宿，且免費供應食物。）故時有「天下無窮人」之諺。

金墉正法：魏主禪位於晉，出居於金庸城；惠帝賈后廢楊太后為庶人，出居於金庸城；趙王倫廢賈后為庶人，出居金墉城；趙王倫稱帝，遷帝于金庸城。金庸城似為廢王、后放逐、酖弒的公式，罷黜帝、后的代名辭。夬為五陽決一陰之卦，所謂「揚于王庭，柔乘五剛也，孚號有厲。」

第十一節　以會經運午八——觀物篇二十二

經日之甲一，經月之午七，經星之辛一百八十八。

按：經星之辛一百八十八，運卦當大過之咸（大過為正卦，咸為運卦），世卦分咸之爻，咸初六變澤火革、六二變澤風大過、九三變澤地萃、九四變水山蹇、九五變雷山小過、上六變天山遯。（咸所變之革、大過、萃、蹇、小過、遯等為世卦，一卦管兩世）

運卦咸所變之世卦：革、大過、萃、蹇、小過、遯等卦，六卦復各變六卦，如下：

	初變	二變	三變	四變	五變	上變
兌	咸	夬	隨	節	妹	履
大過	夬	咸	困	井	恒	姤
萃	隨	困	咸	比	豫	否
蹇	既濟	井	比	咸	謙	漸
小過	豐	恒	豫	謙	咸	旅
遯	同人	姤	否	漸	旅	咸

甲子 謙 永興漢 劉淵	乙丑	丙寅 萃 光熙	丁卯 晉 懷帝永嘉 後蜀李雄			庚午 比 漢劉聰	辛未 剝 懷帝蒙塵平陽		癸酉 晉湣帝建興
甲戌 屯		丙子 震 蒙塵平陽漢麟嘉	丁丑 噬嗑 東晉元帝建武前趙劉曜	戊寅 隨 東晉元帝稱王建武	己卯 无妄 後趙石勒	庚辛 明夷	辰巳 賁	壬午 既濟	癸未 家人 晉明帝太寧
甲申 豐		丙戌 同人 晉成帝咸和			己丑 節 後趙滅前趙				

經辰之子二千二百四十五，革初九變咸，六二變夬，九三變隨。

甲午 履	乙未 泰 晉咸康趙石虎建武								癸卯 晉帝建元
甲辰	乙巳 觀 晉穆帝永和		丁未 晉滅蜀	戊申 前燕慕容儁	己酉	庚戌 魏冉閔	辛亥 燕滅趙前秦符健皇始	壬子 燕滅後趙前燕元璽	
甲寅 涼張祚	乙卯 秦符生		丁巳 升 平秦堅					壬戌 晉哀帝隆和	癸亥 晉興寧

經辰之丑二千二百四十六，革九四變既濟，九五變豐，上六變同人。

甲子三		丙寅 晉帝奕太和				庚午 秦滅前燕	辛未 晉簡文帝咸安		癸酉 晉孝武帝甯康
甲戌二		丙子 太元秦滅前涼							
甲申 燕慕容垂 後秦姚萇	乙酉西燕慕容沖西秦乞伏國仁	丙戌 秦苻堅後涼呂光魏拓跋珪							

經辰之寅二千二百四十七，大過初六變夬，九二變咸，九三變困。

甲午 後秦滅秦 燕滅西燕		丙申 後燕慕容寶	晉安帝隆安 南涼禿發烏孤 北涼段業	南燕慕容德後 燕慕容盛		庚子 西涼李暠	辛丑 北涼沮渠蒙遜	壬寅 晉元興	癸卯 後秦滅後涼
甲辰八	義熙南燕慕容超	丙午 北燕高雲	丁未 夏赫連勃勃		己酉 北燕馮跋	庚戌 晉滅南燕			
甲寅 西秦滅南涼			丁巳 晉滅後秦		己未 晉恭帝元熙	庚申 宋武帝劉裕	辛酉 北涼滅西涼		癸亥 宋王義符

經辰之卯二千二百四十八，大過九四變井，九五變恒，上六變姤。

甲子 宋文帝魏太武帝元年							辛未 魏滅夏西秦亡		
甲戌		丙子 魏滅北燕			己卯 魏滅北涼				
甲申								壬辰 魏文成	

經辰之辰二千二百四十九，萃初六變隨，六二變困，六三變咸。

甲午 宋孝武帝									
甲辰 宋子業	乙巳 宋明帝	丙午 魏獻文帝					辛亥 魏孝文帝		癸丑 宋養子李晟
甲寅			丁巳 宋順帝		己未 齊高帝蕭道成				癸亥 齊武帝

經辰之巳二千二百五十，萃九四變比，九五變豫，上六變否。

甲子 齊武帝 魏孝文									癸酉 齊主昭業
甲戌 齊明帝	乙亥 魏遷洛陽	丙子 魏改姓元氏			己卯 齊主寶	庚辰 魏宣武帝	辛巳 齊和帝	壬午 梁武帝蕭衍	
甲申									

經辰之午二千二百五十一，蹇初六變既濟，六二變井，九三變比。

甲午		丙申 魏孝明帝							
甲辰				戊申 魏孝莊帝		庚戌 魏主曄	辛亥 魏節閔帝	壬子 魏孝武帝	
甲寅 東魏孝靜帝	乙卯 西魏文帝								

經辰之未二千二百五十二，蹇六四變咸，九五變謙，上六變漸。

甲子 梁武帝四三 魏文帝一一						梁簡文帝 北齊文宣帝高洋	辛未 梁主棟	壬申 梁孝元帝 西魏主欽	

甲戌 西魏恭帝	乙亥 梁敬帝後 梁宣帝	丙子 後周閔帝 宇文覺	丁丑 陳武帝陳 霸先			庚辰 陳文帝北 齊孝昭帝	辛巳 周武帝北 齊武 成帝	壬午 後梁明帝	
甲申	乙酉 齊主緯		丁亥 陳主伯宗		己丑 陳宣帝				

經辰之申二千二百五十三，小過初六變豐，六二變恒，九三變豫。

甲午 陳宣帝六 周武帝十四			丁酉 周滅北齊	戊戌 周宣帝	己亥 周靜帝		辛丑 周亡 隋文帝楊堅開皇		癸卯 陳主叔寶
甲辰		丙午 後梁蕭琮	丁未 後梁納國 於隋		己酉 隋滅陳開 皇九年				
甲寅一四							辛酉 隋仁壽		

經辰之酉二千二百五十四，小過九四變謙，六五變咸，上六變旅。

甲子二四	乙丑 隨煬帝廣大業								
甲戌			丁丑 隋亡侑義寧	戊寅 唐高祖武德					
甲申七		丙戌 唐太宗貞觀							

經辰之戌二千二百五十五，遯初六變同人，六二變姤，九三變否。

甲午九									
甲辰一九					戊寅 唐高宗永				
甲寅五		顯慶				龍翔			

經辰之亥二千二百五十六，遯九四變漸，九五變旅，上六變咸。

黃氏畿說：右午會第八運，運卦當大過之咸，世卦分咸之爻：為革、大過、萃、蹇、小過、遯。

咸，感也。天地之情，以二氣相感，山澤見之矣；萬物之情，以兩心相感，男女見之矣，是雖利於婚姻，然變自大過，則相與不得其正，淫、姣、凶、狂，恣其所欲，大亂之故也。

戊子、己丑之世為革，賈后作逆，妻行夫事；諸王篡弒，臣行君事；天子蒙塵，夷狄行中國事。天翻地覆，變動自下，不可與有為矣！此謂咸其拇（咸初爻），鞏用黃牛之革（革初爻）。

在這個大千世界裡，無論動植，其所以生生不息者，皆由於其本能之「感」。人文世界之是是非非，惡惡善善，亦然。同理，為政者如不能惜民、愛民，而淫、姣、兇、狂，恣其所欲，則國之所感者，必然是天下大亂。

「咸」，本男女兩心相感之卦，但適值運之咸，變自大過，故其所感者，則往往不得其正，關係於當政者，尤為嚴重而深切。因為天下禍根亂源之所以生，率緣於此；男女之情亦然，天地之大、四海之眾，堪稱神仙眷屬者，實不多見。

晉武帝所以把天下傳給他的白癡兒子惠帝，是寄望于他異常聰慧的孫子，將來可收拾殘局，但人算不如天算，可能是司馬晉家壞事做的太多、太絕了，偏偏給他白癡兒子惠帝，選了一位極其醜、狠、殘、妒、貪、酷，而又不守婦道的賈氏，因之武帝駕崩後，天下立刻進入亂局，母雞司晨，賈后當國，先弒太后，誅太子，屠戮忠良……未幾即釀成八王之亂，導致胡人橫行中原，馴致連晉朝天子懷、潛二帝，亦被胡人擄去，青衣小帽，執壺陪酒，胡人視之，婢妾不如。但在中國而言，真可說是天翻地覆之變，其誰為為之，孰令致之？賈氏之感於弄權縱欲，隨興生殺，君臨天下之欲壑，無可戢止者、有以致之。黃氏以為其應在咸與革。

咸初爻說：「咸其拇。」《象》曰：「咸其拇，志在外也。」

拇，是腳大拇指，腳大拇指，在人身體之最下位，其所感者亦較淺少。程子所謂「以微處初，其感未深」者。如此時能秉其廓然大公，物來順應之心，而不汲汲於一念之私，其所處便不失其宜了。晉室之長治久安，與夫世局天翻地覆之變，皆系於如拇之「感」，而賈氏不之然，卒致身死國亡，豈不可嘆！

咸卦各爻皆說感，至其卦意，則宜靜，不宜動。賈氏不但動，而且極動、狂動，終成亂局，為野心者所覬覦，自所必然。

革初九：「鞏用黃牛之革。」《象》曰：「鞏用黃牛，不可與有為也。」鞏，固也，黃為中色，代表光明正大；牛為順馴之物，牛革亦為最富韌性者。這都是很好的條件，但為什麼說「鞏用黃牛，不可與有為」呢？

革，就是非常時期。在此非常時期，機尚未至，革之條件尚未成熟，乃「未可與有為也」之時，特應慬慎保守，不宜輕舉妄動。也就是說，當國家發生巨變之時，一定要堅定固守，不可冐動、或急於速成，遽而變革。誠如程子所說：「變革，事之大也，必有其時、有其位、有其才，審慮而慎動，而後可以無悔。」近人錢穆先生于其《國史大綱・序》中，論及國家社會之變時說：「中國之患，不在於變動之不劇，而在於暫安之難獲。」世之紛紛務求變革者，寧省斯言？

但非常遺憾的是，這兩條「不可與有為」之路，賈氏皆與之背道而馳，一切皆任其所感而為之，遂產生如斯之歷史悲局。

黃氏說：庚寅、辛卯之世為大過，強臣亂始桓溫，成於劉裕，而秦堅亦以躁動亡。妾婦亂始，孝武殛于南朝，而魏珪亦以內嬖弒，咸之大過，亦大過之咸。於茲應矣！

庚寅、辛卯之世，直咸之大過，為西曆三六六至四二六之間，晉為海西，至晉恭帝而晉亡，此其間胡人之稱王稱帝者，如後秦姚萇、前秦苻堅、拓跋魏、南燕慕容超等。

晉朝之亂，始由於母雞司晨之賈后，所導引之骨肉相殘之八王之亂，之後則為弱主強臣，時值大過，是強臣之亂，必至於篡弒之邊緣，或篡而復篡，致國無寧日。如東晉明帝時之王敦，成帝時之蘇峻，皆欲竊位而未果。到穆帝時之桓溫，羽毛日豐，廢奕帝為東海王，後降為海西縣公，立元帝少子昱為簡文帝，溫大權獨攬，簡文備位而已。之後又有劉牢之引兵向闕，及溫子玄篡安帝自立為楚，晉卒為劉裕所篡。

東晉強臣為篡竊之巨憝大惡者，應屬桓溫，然而桓氏並沒有享受到篡竊的成果，其子溫元卻被劉裕所誅。結果反而為劉裕製造了機會，讓劉氏輕輕鬆鬆的開國稱孤，當上了南朝宋武帝。故黃氏說強臣之亂，始於桓溫，成於劉裕。

晉孝武帝時，秦苻堅舉傾國之兵，號稱百萬大軍（九十七萬），並由苻堅親自率領，大舉寇晉，秦群臣咸諫晉不可伐，符融苦諫以至泣下，並舉王猛臨死時之特別叮囑「晉不可伐」之遺言。堅終不聽。自認為秦擁百萬大軍，以投鞭足以斷流之勢，伐不競之晉，直如秋風掃落葉耳。何期謝安於談笑之傾，卒使秦軍如風聲鶴嗅，大敗逃歸。秦因而分崩離析，被姚萇所弒，而身死國亡。晉亦卒未能重返中原，至孝武帝而晉祚終。

考晉室天下之所以亡，自西晉孽婦賈后為亂始，至東晉孝武而終。武帝於晉，略可于惠帝相匹，晉室之亡，於此二帝，可謂貫徹始終矣（孝武帝酒色驕淫，被張貴妃所弒）！

北魏道武帝拓跋珪，興於晉朝末年，建官圖治，置五經博士、國子太學生員，胡人始束發冠帶，更中國化。後以煉丹崇信左道，而致神經錯亂，躁怒無常，又見賀太后妹美，因殺其夫而奪之，生子紹，而卒被紹所弒。

黃氏謂北魏道武帝，其所直誠大過之咸，咸之大過者，其行事，可謂驗矣！

壬辰、癸巳之世為萃，南北朝之君為人所立，進不能治，志在隨人，而其賊臣為眾所棄，退不能援，困然後往，非咸其腓（咸六二爻），萃而嗟者與（萃三爻：萃如嗟如）？

按：南北之君，為人所立者：

南朝：

宋：義符（少帝一年），文帝為檀道濟所立；明帝彧（八年），壽寂之立之，復廢弒之；帝昱（五年），順帝蕭道成立之（四世之君。西元420—479）。

齊：帝昭文為蕭鸞所立（第四代），三月鸞廢為海陵王；和帝（七代，在位一年國終）為蕭衍所立（三世七君西元479—502共二十三年）。

梁：簡文帝為侯景所立；孝元降魏；敬帝為陳霸先所廢，尋殺之。

後梁：宣帝、西魏所立；明帝臣事于周；帝琮、隋文帝廢死之（三世四君，西元502—557共五十五年）。

陳：後主陳叔寶，亦亡于隋（三世五君西元557—589卒）。

北朝：

元魏：孝明帝胡太后臨朝錄事，帝後被太后所酖；孝莊帝為爾朱榮所立；帝奕、節閔帝，皆為爾朱榮所立；帝朗為高歡所立（八世十二君。西元386—534共三十三）。

北朝西魏：孝武帝高歡立之；孝文帝宇文泰立之；帝欽、宇文泰弒之；恭帝宇文泰立之。

北朝東魏：孝靜帝高歡所立，歡子洋廢之。

北朝北齊：高洋（三世六君，西元550—577）。

北朝後周：明帝宇文護立，靜帝為其外公楊堅所廢。

咸六二：咸其腓，凶；九三咸其股，執其隨。象曰：咸其股，亦不處也，志在隨人，所執下也。

萃六三：「萃如！嗟如！無攸利。」說六三所處，陰柔不正，上無應與，求萃於近而不可得，故有萃如嗟如之歎（按：以上咸二、萃三，係概指南北之君共同而言）。

可見南北朝之君，多為人所立，進不能治，志在隨人，一切皆仰人鼻息，而其賊臣為世所棄，南朝如侯景死後，將其屍運至建康，眾人爭割而食之，乃至骨無存。北魏爾朱殺公卿以下二千餘人。如齊帝寶卷，悉以事委其弟寶融，融乃引蕭衍入建康而弒其兄；又如梁武帝子蕭繹，封湘東王，侯景圍台城而不發兵救，致其父活活餓死。後世詩人形容其況，如「無邊落木蕭蕭下，不盡長江滾滾來」！嘆蕭繹說：「無情最是台城柳，依舊煙籠十里堤」！誠為千古之嘆！

其屬致邵陵王綸致繹書說：「外難未除，家禍仍構，弟若不安，國家去矣！繹不答。從錦乃求救于魏，魏立其為梁王，……凡此皆所謂「退不能援，困然後往」者。豈非皆應咸二、萃三之兆，如咸二「咸其腓，凶」；萃三之「萃如！嗟如」之歎者歟？後世詩人之「無情最是台城柳」，「無邊落木瀟瀟下」、「不盡長江滾滾來」，其嘆也故然！

甲午、乙未之世為蹇，南北交聘，實則相侵，彼此強臣各行廢立，可謂憧憧往來（咸四爻），往蹇來連（蹇四爻）！

南北朝之間的來往如：宋元嘉二十七年，魏主以橐駝名馬餉宋主，請和求婚，宋主亦餉以珍羞異味，魏主以其孫示使者曰：「吾遠來至此，非欲為功名，實欲繼好援，宋若能以女妻此孫，我以女妻武陵王，自今匹馬不復南顧。」宋主召群臣議之，江湛以為戎狄無親，許之無益，魏亦竟不成婚。元嘉十八年，宋主遣使至魏，魏遣殿中將軍郎法佑來修好。

又泰始五年，魏遣使如宋修好；齊永明十年，使入魏；梁天鑒八年，遣使求成于魏。

咸四：「貞吉悔亡，憧憧往來，朋從爾思。」憧憧，形容往來不絕之意。其意是說：如果大家能以誠相見，以正為主，則其往來是有益的，所謂貞吉，其悔則亡；反之，如果爾虞我詐，不能貞固，而累繫於私，則雖憧憧往來，以朋類相從，其不能遠且久也固然！再者南北朝強臣，各行廢立紛如楊至，亦可謂之憧憧往來者。

蹇四：「往蹇，來連。」蹇，即遭逢困厄；連，即尋找助力。言南北朝之間的來往，如真正能彼此相連，如咸所謂「貞吉」者？

丙申、丁酉之世為小過。陳、隋之君，既無大志，亦無根基，所謂志末無本。隋之滅陳，如射斯獲，如直卦所說：「咸其脢，無悔（咸五爻）」，「公弋取彼在穴者」（小過五爻）？隋之與陳，對於國家之得之失，似乎並不放在心上，此所以謂「咸其脢，無悔」者。隋取陳，易如穴中取物，然而無論為隋、為陳、乃至隋、陳合一，皆不能有所為者，均無礙于唐之一統。

按：隋伐陳，後主謂侍臣說，王氣在此，彼安能有何作為？孔範說：「長江天塹，虜軍豈能飛渡耶？」後主以為然，遂縱酒賦詩不輟。隋軍已佔據鍾山，後主命軍禦之，主將以軍潰被擒，韓擒虎入朱雀門，後主欲覓所藏匿，臣屬問其欲往何處？後主說「吾自有計」，遂與張貴妃、孔貴嬪投于井。似乎理直氣壯，毫無畏縮之態。

咸其無悔：咸九五：「咸其脢，無悔。」脢，即心後背上之肉，此處之痛癢，無關乎心臟及其他部位，在卦義上，它是獨立自主的，與其他皆無關係，換句話說，如果一個國家，能守其獨立自主的原則，則自然無悔。

取彼在穴：小過六五說：「密雲不雨，自我西郊，公弋取彼在穴。」（來氏釋說：雷山小過，中爻兌雨之象。）密雲不雨，說大氣壓的沈重。朱子解釋為陰居尊位，擬取六二以為助，如隋取陳，穴亦為陰物。所以朱子說「兩陰相得」，其不能濟大事，如隋之與陳，皆無能為者。

黃氏說：戊戌、己亥之世為遯，隋既殺人以譖，亡國以遊。唐之興也，納諫以誠，行幸以節，高祖、太宗，得房、杜（房玄齡、杜如晦）而中順交固，除隋之亂，貞觀善治興焉，其亞于成湯者歟？然成湯直遯以運，李唐直遯以世，宜乎大小之不同也。閨門慚德，莫武才人過者，此所以終為大過之咸歟？

隋文廢太子勇，是由於楊廣及獨孤太后、大臣楊素等，各利益集團共同譖害的結果。及至楊廣篡位後，汲汲於遊樂與對外用兵，復窮征暴斂，以至於亡。而唐興矣！

唐興直遯，遯即退之意，所謂遯而享也。卦義與唐興似不相類，實則遯為二陰四陽之卦，天山遯（上乾下艮），二陰在下，雖陰漸長，然陽剛當位而應（九五陽爻當位，與六二相應），與時偕行也。時行則行，能順時而行，故唐之所以興（按初六、六二已應在隋之廢太子與弒父篡位）。

唐起太原，六年之間功成一統，定都長安，高祖與民約法十二條，除隋一切苛禁。及太宗即位，能用讎臣（如王珪、魏徵，皆齊王建成部下，屢勸建成殺世民，太宗不以為仇，用為諫議大夫），釋放怨女（前後稱放出宮女六千餘人）；興學，講經，招賢納諫，輕差傜，薄賦斂，海內升平，路不拾遺，商旅野宿；史稱其豁達如漢高，神武同魏祖，除亂如湯武，治績幾如成康，是我國歷史上極輝煌的時代，黃氏謂為成湯之亞。成湯大運直遯，唐則直世亦以遯，唐之未能如成湯者以此。

然而其閨門不修，為歷史所姤笑，兄納弟婦，子蒸父妾，納之為后。午會第八運，自晉惠賈后之亂始，至唐高之立武氏，遂應大過之咸，其間以咸於女而亡國者，在所多有，唐祚之感於男女，幾亡者數，祚運中絕，達數十年之久，唐室子孫被屠戮殆盡，類皆感女之故。

黃氏謂：天地之情二氣相感，見於山澤；萬物之情兩心相感，見於男女。男女以兩心之感，雖利於婚姻，然變自大過，則相與不得其正，淫、姣、凶、狂，恣其所欲，大亂之道也。此所謂為大過之咸者矣！

按：大過之咸：大過九二：「枯楊生梯，老夫得其女妻。」咸二：「咸其腓，凶。」腓為足肚，二者皆凶。

劉氏斯組說：第八會運卦當夬之咸，世卦分咸之爻，初分為革，曰「鞏用黃牛之革」，馬喪而牛代，元乃承帝之乏矣！革之變：為咸、為夬、為隨，為既濟、豐、同人。

八王之亂，不但使司馬氏王朝分崩離析，國已不國，老百姓所受的痛苦，更是亙古所未有，中原已是胡馬縱橫，鬼神愁慘之世界，誠如詩人所說：「生靈血混長江水，一陣風來草木腥。」（明楊慎念〈五史彈詞〉），生靈塗炭於骨獄血淵之中者？

於此期間，運卦當夬之咸，世卦分咸之爻，咸初分革，革卦直兩世，亦可說人民將生活於動蕩不安中，達六十年之久。「鞏用黃牛之革」（鞏為固，黃為中色，意即光明正大，牛革亦堅韌之物，此喻國家忠貞之士）忠臣義士，如嵇康、陸機、陸雲兄弟，鎮南將軍劉弘，江夏太守陶侃，王導等，誠所謂「鞏用黃牛之革」者，直時如此，大勢所趨，故皆未能與有所為也。而琅琊渡江稱帝，所為馬喪牛代，元帝當之。

按：馬喪牛代：指元帝司馬睿而言，元帝為司馬懿曾孫，襲封琅琊王，相傳為小吏牛金，與其母夏侯妃私通而生者，冒姓司馬襲琅琊王，睿渡江即帝位，是為元帝。意指元帝亦如秦政之呂種、而非嬴後，元帝本牛而非馬，乃牛氏之後。故世人諷為「馬中牛」。

革卦初變咸、二夬、三隨，直經辰之子二千二百四十五世，每卦各直十年。

咸，速也，湣為狄人行酒執蓋，有「咸股、執隨」之辱。咸九三：「咸其股，執其隨，往吝。」速之亡矣！

晉湣帝建興元年，漢主聰宴群臣於光極殿，使懷帝青衣行酒，晉臣庾珉、王儁等，皆悲憤號哭，聰並帝皆殺之。聰破長安執湣帝，每出獵時，以湣帝戎服執戟前導，或行酒洗爵，或使執蓋，晉臣或抱帝大哭，聰亦皆斬之，帝遂遇害。豈非「咸股執隨」之象？

按：咸九三：「咸其股，執其隨，往吝。」股，即是大腿，大腿本身不能行動，必隨足而動，故說咸股執隨，就卦象言，乃是以陽為陰之象，自己毫無自主的能力，一切皆在他人支使之下，故說咸股執隨，隨，不能主動，一切隨人之意。

變而夬，東晉遇之。五馬渡江，一馬化龍，夬有五陽，一當飛龍之象。已而賊逆犯順，明誅王敦於前，討蘇峻於後，占在革二三爻，夬決隨，有獲明功也。

意即是說：革二變夬，夬為五陽一陰之卦，乾為馬，象徵五馬。八王之亂後，江北雲擾，晉室王公渡江而南者五王（西陽、汝南、彭城、南頓與睿，共五王），琅琊王睿即位建業，是為元帝，故說五馬同過江，一馬化為龍。然而晉室南渡後，猶如難民群中推出一個頭頭，一切草創未就，既無強大的軍事力量，連傳國玉璽亦無，故被譏為白板天子。元帝即位後，固然有王導、陶侃、溫嶠等一般人戮力王室，有為有守之棟樑大臣，但也有臣憝大奸，時時在窺竊神器，如蘇峻、王敦、桓溫等之逆徒，威脅王室。故說：賊逆犯順，明誅王敦於前，討蘇峻於後。占在革二三爻，夬決隨，明帝能果斷，終不隨人而得以竟其功。

按：元帝初立，王敦與縱弟導，同心翼戴，形成中興局面，人稱王與馬共天下。後敦都督湘州乃舉兵反，元帝憂憤成疾而崩。太子紹即位，是謂明帝，帝明敏有機斷，故能親征以弱制強，誅剪逆臣。

明帝不幸一年而崩，太子衍立，是謂成帝。蘇竣、祖約，稱兵向闕，庾太后憂死，陶侃、溫嶠討平之。

明帝幼聰慧，常有使者自長安，帝問紹曰：「長安近？日近？」紹曰：「長安近，但聞人從長安來，不聞人從日來。」一日復問之。紹曰「日近。」元帝問其何以前後所答不一？紹說：「擡頭見日，而不見長安。」

劉氏以為南朝強臣之除，應於革二、三爻。

革六二：「己乃革之，征吉，無咎。」《象》曰：「己日革之，行有嘉也。」

「己乃革之，征吉，無咎」「行有嘉也」，豈非言明帝之誅王敦？

革九三說：「征凶，貞厲，革言三就，有孚。」《象》曰：「革言三就，又何止矣！」

王敦欲反，所有親友，無不懇切勸戒，而敦不省，大家皆已看清，王敦之反，不但不會有好結果，而且還會殃及家人與親友。因為凡言革者，必當經過深思熟慮，一而再，再而三的去分析研究，就主客形勢，多方比量。而最重要的就是要「有孚」，要能獲得大眾的認同，才能得到群眾的支援。王敦及蘇峻的造反，均違背了「革言三就」的基本原則，其凶不但是當然，而且也是指日可待之必然。

劉氏說：既濟定也，而亨小；豐多故也，而尚大（《雜卦傳》；亨小，尚大，見各本卦）。康享國不永，穆立襁褓，中殷外溫，同人幾於伏莽、乘墉矣。（莽為草茅，墉為牆壁。同人九三：「伏戎於莽，升其高陵，三歲不興。」九四：「乘其墉，弗克攻，吉」。）

建武以來，漢、蜀、秦、趙間，歲事兵革，殆皆革象也。所謂既濟，乃事之既成，事既成，不如初創之宏壯，但卻無意外的麻煩與困擾，故說既濟定而亨小。豐則不同，豐《彖》說：「豐大也，明以動，王假之，尚大也。」就卦象說，豐卦上震為雷，下離為電，雷電交作，有盛大之勢。

既濟、豐、同人，為革之四、五、上所變，乃經世之丑之二千二百四十六世。于時晉朝為康、穆二帝。康帝名岳，為成帝之弟，立二年而崩；立太子聃即位，年方三歲，是為穆帝，太后臨朝稱制。

這時朝中影響力最大的，莫過於殷浩與桓溫，殷主內，掌握朝廷決策與命令發佈；溫主外，掌握國家軍權，常自為征戰，朝廷亦聽之而已。浩則徒負虛名，並無獨支大廈的智慧與能力，但卻自視甚高。溫之驕橫可比王敦，時存不臣之心、窺竊神器之意。

當時殷浩既不能守於目前之既成，而卻抱一清中原之大志，遂率意舉兵北伐。中軍將軍王羲之（作〈蘭亭序〉），勸殷浩以江南區區之地，不能寄望以武力規復中原，應先固守長江，加強內政建設，鼓勵生產，減輕稅負，以改善人民生活，方為當務之急……羲之極力勸阻而浩不聽，卒大敗而歸。羲之之論，誠所謂「既濟定，而亨小」者。而殷浩卻著意於「豐之尚大」。如桓溫雖威震朝廷，然不思其日中則昃的道理，致應同人九三「伏戎於莽，升其高陵，三歲不興」之兆。伏戎於莽，意如桓溫終年暴軍於郊，由於客觀形勢所限，既不能規復中原，亦難能窺竊神器，如九四所說：「乘其墉，弗克攻，吉。」雖然已經站上人家的牆頭，看看牆內戒備森嚴，「弗克攻」，沒有下手的機會，於是便退了回來。吉，終於平安無事。九四卦《象》說：「乘其墉，義弗克也；其吉，則困而反也。」必困而後能自反，始可得其吉。

「既濟定也，亨小；豐多故也，而尚大。」可為殷、桓二人之烱鑒。

再者，自晉室南渡後，劉淵之漢；李雄之蜀；石勒之趙；苻堅之秦，各國之間，你攻我伐，戰亂頻仍，民無寧日，世運逢革，其驗如斯！

二分為大過（咸二分大過），其變初夬、二大過、三困、四蹇、五小過、上遯。

大過直經世之寅之二千二百四十七，經世之卯之二千二百四十八二兩世，其直年之卦為：初夬、二咸等共值六十年。

哀（西元362王羲之〈蘭亭序〉之後九年）、弈（西366）、簡文（西371）時益值夬，桓溫伐燕，深恥敗喪。夬「不利即戎（夬卦辭），壯於前趾，往不勝為咎

（夬初九）」之謂耶？秦違福德而滅燕，得非壯於頄有凶乎（夬九三壯於頄有凶、頄音即權骨）？

穆帝十九歲駕崩，在位十七年，無嗣，大臣迎立琅琊王丕，是為哀帝，在位四年崩；哀帝無嗣，太后立其弟弈，在位六年，桓溫廢為海西公，溫迎元帝少子昱，立為簡文帝，在位二年崩。

當奕在位之四年，大司馬溫帥師伐燕，初敗于燕將慕容宙，又聞秦救兵將至，因即退兵，遭秦軍前後夾擊，被斬首三萬級，旋又被秦軍邀擊，大敗之。溫十分悔恨氣惱，首先便推委責任於豫州刺史袁真，歸罪其助戰不力，而免為庶人。真不服，上表陳明溫用兵不當之罪，朝廷不答，真乾脆降燕去了。其次溫因自己的面子丟得實在太大，只有拿小皇帝來出氣，無緣無故的，廢弈帝為海西公，以掩飾遮蓋其戰敗之醜。桓溫之人格如此。

燕敗晉師，秦更進軍逼燕滅之。

劉氏以為：桓溫之敗，正應於夬之不利即戎，也就是王羲之勸殷浩的看法，所謂「壯於前趾」者，即未經深思而勇於「敢」，因之夬初爻說「壯於前趾，往不勝，為咎」。不經過完善的計劃，冒冒然而往，自然不能避免其失敗之咎了。

桓溫伐燕，大敗而歸，不但國家蒙受損失，自己更弄得灰頭灰臉，倒是由於桓溫的攪和，卻給秦苻堅帶來一個大好機會，苻堅趁燕國大戰元氣未復之際，便驅兵把燕滅了。任人皆知：燕秦同盟，親若兄弟，何期一戰未敗，竟遭到親若兄弟的暗箭而亡的下場。正如夬九三所說：「壯於頄，有凶。」（頄，音逵，即顴骨）意思是說：當你把侵略的勝利，刻畫在自己臉上的時候，你的不幸，也許會很快的接踵而至了。

溫擅大敗之餘，先是把氣出在豫州刺史袁真的頭上，但其戰敗的烙印仍無法消除，甘脆把皇帝廢了以洩憤，時直凶橈大過（桓廢奕帝，應大過九三「棟橈凶」之兆，橈，枉曲，摧折之意）；棟橈之凶，難能有輔，獨立而不懼者，惟謝安當之（大過《彖》辭說：「澤滅木，君子以獨立不懼。」應在謝安）。澤滅木（大過《彖》辭。大過，上兌下巽，澤上於木，故說澤滅木）。桓木也，冰木澤枯而溫乃喪（桓字為木亙，亙為冰，故說冰木。澤在木上，澤涸而木枯，兆應桓亡在旦夕）。溫喪沖代（沖，溫弟），王、謝和衷共事孝武（謝安石、王導等），咸為勠力，上下應與，是有咸義。

此說王、謝應咸，溫之亡，兆於大過。

劉氏釋說：咸為外兌內艮之卦（澤山咸），咸之內為艮，艮為安、止、為石、為少男（見《說卦》），有靜鎮如山之象；咸之外兌為澤，義合淝水為滕口說（咸上六《象》：「咸其頰、舌，滕口說也。」滕與騰通，肆口而言之意，今謂吹大話意，喻堅秋風落葉之言），時則苻堅欲以疾風掃秋葉（苻堅自信，其破晉如秋風掃落葉耳，史謂堅為滕口之說），安、石遣諸少年大破之（其姪玄），於卦為男下女，利取女（咸《彖》：「男下女，是以亨利貞，取女吉也。」晉為正，為陽，為男。秦為外，為陰，為女。晉下女，咸於女之深，故利。），於兵主應客，利取客也（以逸待勞），卒致大敗。其勢雖非如疾風掃秋葉然，風聲鶴唳，皆以為晉兵且至，其敗也狼狽如斯，苻秦終分崩離析而亡。

咸於當時淝水之戰諸人物，可謂奇驗。

自是慕容垂因之復燕，晉亦因之開拓中原，殆困而亨乎？

晉武帝輕鬆的渡過苻秦之危，復溺於酒色，窮奢極費，賄賂公行，官爵濫雜，刑獄謬亂，皆由於信倚佞邪王道子，與之晝夜昏醉，故說「困於酒食」。太元二十年有長星見，自須女至於哭星，很明顯是大不吉利的，武帝不但不知反省，卻于華林園中，十分戲謔而調侃的舉酒而祝之說：「長星勸汝一杯酒，自古何有萬歲天子邪？」所謂「惟是困于酒食，尚口致窮」（困《彖》：「尚口乃窮。」九二困於酒食）；武帝嗜酒，貪戀女色，張貴妃寵冠後宮，然時已年近三十，武帝戲說：「像妳這年齡，早該廢了，我還是喜歡年輕的……。」即醉寢於清暑殿，張貴妃使婢以被蒙帝面而弒之。所謂「老婦士夫，華何可久？（大過九五：「枯楊生華，老夫得其士婦。」《象》曰：「古楊生華，何可久也，老夫士婦，亦可丑也？」）」所謂「方勸長星之杯，已兆清暑之餅」，入於其宮，欲見其妻得乎？（困六三：「困于石，據于蒺藜，入于其宮，不見其妻凶。」）井洌寒泉（井九五：「井洌寒泉食。」《象》曰：「寒泉之食，中正也。」），無能清此毒暑矣。

帝直困、井二卦，其徵應如此。

武帝死的莫名其妙、不明不白，死即死耳，無人過問（張貴妃謊稱，帝因魘暴卒），循例立其太子德宗，是為安帝。安直大過之井、恒、姤。劉氏以為其所直井卦，如「繘井、瓶羸」（井卦辭：瓶羸），喻朝廷之無能，致朝政僅及於三吳，經過孫恩之亂，又奪八縣，可見東晉處境之難堪。

按：井卦曰：「……汔至，亦未繘井，羸其瓶，凶。」汔，幾也；繘，音聿，即汲水繩；羸，弱也，不勝其任，失敗也。意即是說，汲水之人，因繘力量不夠，將瓶墜落井中。

桓玄篡於前（桓溫子），劉裕禪于後，安雖在位二十年，又加恭帝二年，天子重為劉公所延（說晉朝能夠延續二十二年，皆劉裕所賜），倘即恒所云「久非其位，安得禽也」（恒九四：「田無禽。」《象》曰：「久非其位，安得禽也？」），說晉家天子根本無此能力以治天下，二十年歲月，苟延殘喘，其在位已是多餘的了，誠如恒九四《象》所說：「久非其位，安得禽也。」非耶？不正是這樣嗎？

恒上變姤，至此，南宋（南朝劉宋）則施命四方矣（姤《彖》：天下有風，姤。後以施命誥四方。）。

按：經世二百四十八世，最後直年之卦為姤。

孫恩之亂：安帝隆安五年，孫恩乘王道子、會稽世子元顯，暴虐無道，肆意生殺，東土囂然。孫恩因人心騷動，乃自海州海島攻會稽，石頭、荊、江、豫、京口、及江北、廣陵八郡，皆下之。後為徐州史謝琰及劉牢之所破，之後時寇時走，達數年之久。

桓玄之篡：玄為桓溫之子，安帝即位後，朝中大臣，無時不在權力、地盤之爭奪中，先是桓玄與殷仲堪、楊佺期、劉牢之的鬥爭；之後是桓玄與殷、楊之鬥，玄殺殷仲堪、楊佺期，詔玄督都荊江八州軍事，判江州刺史；之後又是桓玄與元顯的鬥爭，玄入建康殺元顯，自為太尉，總領百官，又為大將軍，自封楚王，安帝元興二年冬，桓玄篡位。

桓玄篡位登御座而床忽陷，殷仲文說這是桓玄「帝德深厚，地不能載」之咎，玄很高興。第二年劉裕即起兵討玄，玄挾帝入江陵，五月寧州督護馮遷，擊玄誅殺之，帝重定。

劉裕誅桓玄復帝位，帝又落入劉裕之手，裕自為揚州刺史錄尚書事，自加九錫，封宋公。裕用兵無敵，所向皆克，元興十四年十二月，劉裕弒帝於東堂，奉琅琊王德文即位，是為恭帝。翌年即示意恭帝禪位，帝欣然操筆詔左右說：「當桓玄之時，晉氏已無天下，幸為劉公所延，將二十載，今日之事，本所甘心……」裕奉帝零陵王，遷於秣陵，並派兵看守，裕即位後，即派人以毒酒賜王，王不飲，兵人以被掩殺之，一如武帝之死。裕帥百官，臨（追悼，哭拜）於朝堂三日。

咸三分為萃，萃之變內卦為隨、困而咸；外卦為比、豫而否。

萃直經世之辰之二千二百四十九、經世之巳之二千二百五十兩世，其直年之卦為：初隨、二困、三咸；四比、五豫、上否，共值二世六十年。

宋武帝（劉裕）以姤之庚申受晉禪，在位三年而殂，傳位於太子義符，義符因居喪無禮，在位二年，司空徐羨之等廢為營陽王，尋弒之，迎立武帝三子義隆，是為文帝。

在隨之甲子（一百四十九世），當迎立之時，有龍負王舟之祥，龍或占震（《說卦》：「震為龍。」），澤有龍方動而悅隨耶？（隨，外卦為兌，內卦為震，《彖》曰：「剛來而下柔，動而悅。」）在位三年，政治稱元嘉，或應孚于嘉吉（隨九五：「孚于嘉，吉。」《易林》：「震為嘉。」），帝性仁儉，戶口蕃息，四境和萃，後為魏兵所殘破，邑里蕭條，則為「有孚不終」，「萃如、嗟如」之象！（萃初六：「有孚不終，乃亂乃萃。」六三：「萃如嗟如！無攸利。」）乃至牽愛速禍，卲弒及身。孝武誅劭自立，淫樂無度，比邪侮正，又承之以明帝冥豫在上，其何可長？七年而子昱立，凶縱尤甚，蕭道成迎立安成王准，因以篡。尚云成有乎渝乎？時蓋直萃之否（萃上爻變否），而齎咨涕洟（萃上六），宋祚變而衰矣！

隨初爻說：「官有渝，貞吉，出門交有功。」

蓋文帝在位，固能勤政愛民，然對於功臣，頗多所疑忌，檀道濟身經百戰，宋主疑之，並其將佐諸子等皆殺之。道濟與魏前後三十餘戰，幾乎每戰皆捷，及道濟被殺，魏人聞之大喜曰：「道濟死，吳子輩不足復憚（指宋人）。」宋自毀長城，而與白面書生論兵，其敗之有故，不足為奇。有所謂「有孚不終，萃如嗟如」之象！（萃初六：「有孚不終，乃亂乃萃。」六三：「萃如嗟如，無攸利。」）

「有孚不終」：說文帝不能與大臣推心置腹，反而信聽不經事白面書生，如王玄謨等之言以伐魏，沈慶之固諫其不可，文帝不從，卒招致「萃如！嗟如」之歎！所謂欲求萃於近而不得，故嗟如而無所利。其直卦如此，夫復何言？

按：文帝元嘉之治，戶口蕃息，人民除正常稅賦而外，沒有任何苛捐雜稅，四境之內，晏安無事，可謂日出而作，日入而息，士人尚德操，鄉人恥輕薄，為南朝政治之至美且善者。後文帝欲恢復河南，屢遣兵伐魏，所用匪人，皆無功而返，人譏為與白面書生論兵，司馬溫公以為，文帝作承平時之良主有餘，而不能量其力，冒然輕啟戰伐，橫挑強敵，白白的使大軍葬送在河南的戰場上，致國力消耗殆盡，引來胡馬飲於江津。致魏師破南兗（今揚州）、徐（今徐州）、兗（今山東兗州）、豫（今安徽鳳陽壽州）、青（今山東臨淄）、冀（古九州之一，今山東濟南歷城，山西、河北、河南之黃河以北、遼以西之地）等六州，殺掠不可勝計，丁壯或殺或截斷其肢體，嬰兒則用槍尖挑起，當球來玩，所謂「嬰兒貫於槊上，盤舞以為戲」，所過州縣，赤地無餘物，春燕歸，巢于林木。其悲慘情形，不敢想象。

文帝立之次年，袁皇后生皇子劭，人謂此兒容貌異常，必破國亡家，即欲殺之，帝不許，卒致被弒身亡，所謂「牽愛速禍，劭弒及身」（因愛致禍）者。孝武誅劭自立（文帝第三子，名駿），復淫樂無度，比邪侮正，信任戴法興、戴明寶、巢尚之等一般小人，喜「狎侮大臣」（公然戲弄大臣），並大修宮室，窮奢極欲，未幾殂亡。太子子業即位，其荒淫尤甚于其父（使宮女裸相逐，不從，即殺之），並幽其諸叔，屠戮大臣，在位十八月被弒，是謂廢帝。

子業被弒，大臣迎立文帝第十一子湘東王彧即位，是為宋明帝。未幾將叛、地削（徐州刺史，汝南太守等投魏，魏又取宋淮北四州，豫州淮西之地），對朝中富有人望者，恐其不利於新君，即無故殺之，如揚州刺史江安侯王景文。引來蕭道成為右衛將軍，共同掌握國家機要。

所謂又承之以明帝，「冥豫在上，其何可長？」

按：冥豫在上：豫上六：「冥豫，成有渝，無咎。」《象》曰：「冥豫在上，何可長也。」冥，幽也，暗也。卦意以陰柔居豫之極，故不可長。

「七年而養子昱立，兇殘尤甚。」

宋主囚殂，立其養子昱，昱在位四年，蕭道成弒之，而立安成王准，是為順帝。蕭道成自為司空，錄尚書事，驃騎大將軍。帝年十二，與左右賭跳偷狗，驕恣尤甚，在位四年，復為蕭道成所弒，因以篡位。倘云成有乎渝乎？時蓋直萃之否，而齎咨涕洟，宋祚變而齊矣！

按：宋立養子：明帝彧無子，以宮人陳氏賜李道兒，有孕引還，生昱。又密取諸王姬有孕者，納之宮中，生男則殺其母，而使寵。

齎咨涕洟：「萃上六，齎咨涕洟。」齎，持也，遺也，有持而遺之之義；咨，嗟歎也，自鼻出者為涕，自目出者為洟，上六處萃之終，求萃而不可得，亦惟有哀求於上，乞命而已。

宋諸帝除文帝尚能與民休養生息，有元嘉之譽者外，餘皆荒淫無道，如武帝駿、閨門無禮，無論親疏尊卑，子業則帝新蔡公主（其姑）為貴妃，與其姊山蔭公主出同輦，並為置面首三十人，召諸王妃立於前，強左右辱之，其淫亂如此。明帝彧殺其弟休佑、休若，武帝二十八子，誅其十六。可見一斑。

齊武受禪當蹇之既濟，濟亦象「齊」，其為卦剛柔各當其位，有一陰一陽之謂道，謂道成性之義（《繫辭・上傳・五章》：「一陰一陽之謂道，繼之者善也，成之者性也。」），再者既，言乎既成；濟，言乎道濟，均有合焉。惟是初吉終亂，明帝弒昭業、昭文而自立，東昏踵之，凶悖濟惡，梁武由是立和而受齊禪，易國不易姓，猶改邑不改井。厥名為衍，衍之用，除虛一卦一，策四十有八，年數應之，其世卦分蹇，序亦與衍揲之數同也。

按：易《繫辭・上傳・九章》：「……大衍之數五十，其用四十有九（置其一不用）；分而為二以象兩，挂一以象三，揲之以四以象四時。」置其一不用，即虛一，四十九去其挂一，則四十八。蕭衍在位亦恰四十八年，可為巧合之至。

所謂：世卦分蹇，序亦與衍揲之數同。按蹇於六十四卦之序為四十，衍揲之數為四十八。再者世卦蹇主六十年，除齊八年，共為五十二年，為梁武之年，序與衍揲之數，雖少有出入（不及六年），其年月日時，亦必有其醞釀過程與之故。

蕭道成相傳為漢相蕭何二十四世孫，受宋禪為齊高帝，在位四年而殂，太子頤立，為世祖武帝。以其子竟陵王子良為司徒，天下文士如范雲、任昉、蕭衍、沈約、江革、范縝、王僧儒等為友。

高帝博學能文，性清儉，每自言謂：「使我治天下十年，當使黃金與土同價。」

史謂世祖武帝，能留心政事，嚴明有斷，永明之世百姓豐樂，盜賊屏息，永明十一年殂，立其太孫昭業，七月蕭鸞弒其君昭業，而立新安王昭文（年十五），自為驃騎大將軍，封宣城公，未幾即弒帝自立為高宗明帝。明帝蕭鸞殂，太子寶卷立，是為東昏侯。侯為暴虐無道，窮奢極欲，宮殿窮極華麗，鑿金為蓮花帖地，潘妃行其上，曰步步金蓮花。並殺戮大臣如江祏（音石）、江祀、蕭坦之、領軍劉暄、尚書蕭懿等，後其弟南康王寶融，廢東昏為涪江王而自立（涪音扶，涪江水名，在四川），是謂和帝，在位一年，蕭衍廢為巴陵王，自為大司馬，廢齊諸苛政。於經辰之申二千二百五十三世，甲戌之壬午，篡齊為帝，改國號梁，是為梁武帝，所謂「易國不易姓，猶改邑不改井」者。

按：蕭鸞為齊高帝道成兄道生之子，鸞早孤，道成養之，恩過諸子，後鸞篡位，殺齊主子孫殆盡。

梁武得位，在井之壬午（即經辰之午二千二百五十一世，甲戌之壬午），越比、咸、謙、漸至小過之豐，己巳以歿（二百五十三世甲子之己巳）。比樂、歲大有，米斛三十錢；咸內艮身，外兌悅巫信佛，捨身同泰，有列夤熏心（艮九三：「艮其限，列其夤，厲薰心。」艮，限，皆止的意思。夤，膂也，人的腰部，列其限，即腰部僵硬了。自然不能運動自如。薰心，用火薰烤，使更加牢固。其意是說武帝之佞佛，不顧天下家國，所謂泥古不化），不獲其身之象。（艮《彖》：「……艮其止，止其所也；上下敵應，不相與也。」是以不獲其身，行其庭，不見其人。）宗廟去牲（佛戒殺生，梁天監十六年，罷宗廟牲牢，薦以蔬果，給國人的印象是其祖先不血食，其嚴重程度，象徵其族已滅絕了），爻當萃，用大牲之變；謙利侵伐，富鄰則否（謙六五：「不富以其鄰，利用侵伐，無不利。」上六：「利用行師，征邑國。」），時取魏壽陽（梁太清元年，侯景叛魏以十三州內附）、降廣陵（梁大通元年冬，梁將湛僧智等圍廣陵克之），漸（二百五十二世之後十年）則熒惑入南斗，天象不獨虜應。

按：梁大通元年三月，梁主捨身同泰寺。梁中大通元年，梁主再捨身同泰寺，為四眾講《涅盤經》，群臣以錢一萬億奉贖，表請還宮，三請乃許。梁太清元年三月，梁主三捨身同泰寺。卒被侯景困死台城，如齊桓公、趙主父困餓而死，臨死猶謂：「天下自我得之，自我失之，亦復何恨？」似乎很瀟灑的樣子。後有人詩嘆曰：「無情最是台城柳，依舊煙籠十里堤！」

或謂梁主捨身者再，而身猶在，卒莫之舍，舍於佛而佛不受，未幾遂舍于侯景，不惟舍其身，且並子孫、家國悉舍之，豈不哀哉！

宗廟去牲：即祭祀不用牛羊，而以蔬菓替代之，在今日看來，實屬平常，如果我們帶挂香蕉，到山野的土地廟拜拜，土地公一定會很感激我們。但在古時，卻是一件震驚天下的大新聞，是數典忘祖，最為大逆不道的大事，於是舉國譁然，皆以為宗廟去牲，國家大典，如果不用牛羊，即是象徵著祖先不血食，亦即俗所謂香火斷絕，子孫泯亡之意。給予舉國上下，以為氣數已盡、國祚已終的不祥訊號。

爻當萃。萃《彖》：「王假有廟，致孝享也，……，用大牲吉，利有攸往。」故說「爻當萃」。

謙利侵伐：時取魏壽陽：梁天監六年，將軍曹景宗、韋叡等大敗魏師於鍾離。

天象不獨虜應：熒惑入南斗：齊武帝永明元年冬十月，熒惑逆行入太微。熒惑即火星，有蠱惑意。漢甘公《石星經》：南斗六星，主天子壽命及宰相爵祿之位。

劉氏所謂「漸則熒惑入南斗」：武帝永明年冬十月，熒惑入南斗，去而復還，留止六旬。諺云：「熒惑入南斗，天子下殿走。」梁篡齊後聞諺，乃赤足下殿以讓之，及聞魏主被高歡所逼而走長安，感到很不好意思，說「虜亦應天象邪？」梁主以為熒惑入南斗，乃是魏主西奔之兆，故云。

按：齊發生如此天象之後，骨肉相殘，蕭鸞於五月之中，連弒昭業、昭文二侄，而自立為明帝。魏則援引人才如王肅、薛聰等，制禮作樂，蔚然有太平之象。

劉氏說：逮於豐、屋、蔀、家（豐上六：「豐其屋，蔀其家，闚其戶，闃其無人，三歲不覿，凶。」），台城禍應矣！若乃簡文、王棟，並廢於賊臣之手，孝元文武之道，又盡于白馬素衣。敬帝既立，貞陽復歸，廢置無定，不恒其德，已而禪陳，蕭梁亡矣！

小過初六變豐，當經辰之申二千二百五十三世之甲子。劉氏斯組以蕭梁直世之豐，所遇為豐屋、蔀家（蔀音部，掩藏、遮蓋之意）之象。朱子謂豐六為「陰柔居豐之極」者。來氏釋豐屋、蔀家謂：豐其屋，乃「初登於天」；蔀其家，乃「後入於地」之象。又說：蔀其家，乃草生於屋，非復前此之炫耀而豐矣！《程傳》以為：豐其屋，處太高也；蔀其家，居不明也。所謂：初登於天，後入於地。不即梁武之困于侯景之象？卒致活活餓死於台城，徒呼「荷荷」而亡，豈非蔀其家者？侯景來歸，識者咸諫梁武不可接納，梁主一力回護，卒致如此之禍，後人有詩嘆曰：「無端最是台城柳，依舊煙籠十里堤。」悲夫！

侯景逼死梁武蕭衍，立武帝太子綱為簡文帝，未幾景逼綱禪位於豫章王棟，旋弒之。景又逼棟禪位於己，後湘東王繹與王僧辯攻景殺之，景在位二年而亡。侯景之亡，暴屍於市，人爭食之，骨亦無存，其五子在北齊者，亦皆被殺。世人哀世事之無常，有所謂「無邊落木蕭蕭下，不盡長江滾滾來」；「人世幾回傷往事！山形依舊枕寒流」傷矣！

湘東王繹即位，是為孝元帝，元帝也是一位莫名其妙的君王，魏人兵臨城下，猶戎服講《老子》於龍光殿，後被敵人包圍，中外斷絕，梁主巡城，猶口占詩，群臣亦有和者。城陷、乃焚古今圖書十四萬卷，自謂讀書萬卷，猶有今日。乃作降書，白馬素衣而降，於時尚制詩云：「南風且絕唱，西陵最可悲，今日還蒿里，終非封禪時。」尋被魏人所殺。

元帝第九子方智年十三即位，是為敬帝，為陳霸先所立，後為陳霸先所弒，霸先自立為帝，改國號陳，是為陳武帝。蕭梁以亡。

自宋而齊，自齊而梁，自梁而陳，其興其滅，如出一轍、皆同一模式，又如演戲，同一劇本，接連上演，演員雖則各盡心機，到頭來，一樣葫蘆，「以不義而得之，亦以不義而失之。」其所餘，亦惟孤兒寡婦、無助之悲泣而已！

「廢置無定，不恒其德」，以成其百六十年之慨歌。

劉氏說：「其北朝元魏，歷十三主，凡一百四十九年，亦與梁同亡，分為東西魏。時則皆當小過之恒，爻多悔吝而凶乎？抑以竊據、而久非其位歟？自是豫、謙、咸、旅，陳武暨文宣長城而並臨海。凡五主，合三十二年，亡於隨矣！」

北朝元魏乃拓跋氏所建，都平城（今山西大同），悉力漢化，置五經博士，國子太學生員，朝野皆束髮加帽……北朝自道武起，歷明、太武、文成、獻文、孝文諸帝，皆可稱為明君。至宣武則外戚佞幸用事；孝明則太后臨朝，嬖幸用事；太后且弒帝立釗，釗生始三年，未幾即為爾朱榮所廢，並胡太后沈之于河。立獻文帝孫名子攸者，為孝莊帝，在位三年，被爾朱榮所廢弒。復立長廣王曄（念葉）為帝奕，三月被廢為東海王；爾朱榮又立廣陵王恭，在位二年，為高歡所弒；歡復立帝郎，尋亦廢之；立平陽王修，修弒其故主恭、郎，元魏以亡。

劉氏以為北朝之亡，時直小過之恒，兩卦各爻皆多凶，如小過：初曰飛鳥以凶；二曰不及其君；三曰或從戕之，凶；四曰往厲必戒，何可長也？上曰飛鳥離之，凶、災、眚。如恒：初曰貞凶；二曰悔亡；三曰不恒其德；四曰田無禽；五曰夫子凶，上曰振凶。幾乎無爻不凶，所謂爻多悔吝而凶乎？或者以戎狄而竊中原而處非其位之故。

之後歷豫、謙、咸、旅。南朝陳武直恒九二，爻曰悔亡。陳武雖勤政惜民，賦性儉素，膳食不過數品，然亦捨身大莊嚴寺，在位三年而殂。臨川王兄子蒨即位，是為文帝，帝起自艱難，知民疾苦，專務儉約，在位七年而殂，太子伯宗立二年，其叔安成王頊，廢太子為臨海王而自立，是為宣帝，亦以儉德稱，在位十四年，傳位於太子叔寶，是為後主，後主荒淫無道，窮奢極侈，起高閣數十丈，皆以沈檀為之，珠簾寶帳，服玩瑰麗，與江總狎客等，宣淫賦詩，自夕達旦，有所謂玉樹後庭花者，尤為豔麗。後人詩曰：「地下若逢陳後主，豈宜重聞後庭花。」隋兵已入朱雀門，陳主惶遽出景陽殿，攜張、孔二妃，自投于井（一名胭脂井，後人名為辱井），隋兵引出送長聞安，封長城公。陳凡五主，合三十二年，而亡於隨。

隋文並周、齊、陳、梁，咸有一統，自開皇訖仁壽二十三年中，咸非和平而靈感有志，刑非明慎而刑獄不留，爻直小過飛鳥罹之凶；與旅上鳥焚其巢，時隋煬帝弒立，築苑為山，彩窮花葉，制輿飾服，災極羽毛。

隋文於經辰之酉二千二百五十四世，併北周、北齊、陳、後梁，統一南北，定都長安，天下大一統之局，已經展開，在政治措施上：如改進刑罰律令，自奉儉素，勸課農桑，輕徭薄賦，人皆以為將致太平。然識者卻不之然，房玄齡即語其父說：「主上以詐取天下（楊堅篡周，周帝乃堅外孫），諸子皆驕奢不仁，必自相殊夷，今雖承平，其亡可翹足而待。」觀其卦直，則思過半矣！

時世卦直小過，初六爻說：「飛鳥以凶。」年卦直咸、旅。旅上謂：「鳥焚其巢，……，喪牛于易，凶。」其凶皆不言而喻。

小過的意思是「小者過也」。亦可說是小人之勢大過君子，可小人之，而不可大人之事。小過初六：「飛鳥以凶，不可如何也。」一個國家連飛鳥亦不能存活的時候，天下會是什麼樣子？這當然是小人勢過君子之象。其明顯的例子，如利益集團之獨孤皇后、皇子廣、大臣楊素等，合力以謀太子，於是廢太子勇為庶人，晉王廣，輕而易舉的，取得了太子之位，大隋覆亡之運，即已注定。

隋文好吉祥小數，散騎侍郎王邵，前後上表，數言隋文受命符瑞之眾，更採擷民謠，讖緯，及斷章取義於佛經等書，撰《皇隋靈感志》三十卷，文帝令宣示天下。此劉氏所謂：「感非和平、而靈感有志」者。但于施政上，頗不乏傑出之士，如岷州刺史辛公義、平鄉令劉曠、荊州總管韋世康等，於治民議獄，咸能得平，遂致獄中草滿，庭可張羅，所謂「刑非明慎，而刑獄不留」。

辛公義為岷州刺史（陝西岷州衛），州人有怪俗，一人害病，因怕禍祟（今所謂之傳染），全家皆避之，置病人于不顧，病人因多死亡。辛到任後，即將其州衙，權作臨時病院，命將所有病人，皆送來廳署，一月中送來的病人，幾乎佔滿了廳署所有空間，辛本人也與病人同住，並用自己的俸祿，購買醫藥，病者既癒，辛即召其親人接回，並告知疾病、醫藥及生死的知識與道理，之後凡有病者，皆自家養之，風俗遂為之變。

辛後遷牟州刺史，到職時先至獄中查視，十餘日復審獄囚殆遍，當即定讞、釋返，幾乎使獄中一空。凡新訟案子，皆予立決，寧可將其他公事延後，也不讓囚人在獄中過夜。或勸以「公事自有其處理程式和規定，公何必自苦若此？」公義說：刺史無德，作不到使民無訟，怎可禁人於獄，而自己卻在家高枕安睡？不但罪人受其感動，爾後凡有訟者，鄉老即自行勸導，告以「些須小事，何必勞動刺史大駕」？訟者多兩讓而止。

韋世康為人和靜謙恕，為吏部尚書十餘年，處事廉平，皆能獲得群眾的稱道。嘗謂其子弟：「祿豈須多，防滿則退，年不待暮，有疾便辭。」因上書歸老者再，不許，使鎮荊州。

劉曠為河北平鄉令，治理縣政，有非常特異的成績，人民有所爭訟，經其一番開導，皆引咎而去，遂使獄中草滿，庭可張羅。因命為莒州刺史。

齊州行參軍王伽（音茅），送囚李參等七十餘人至京師，行至滎陽，告諸囚謂：各位自犯國法，被判刑入獄，也是罪有應得的事，現在還要勞動派人押送，不感覺慚愧嗎？於是遂將其枷鎖，悉行脫去，要大家各自到京師報到，並約定日期，如或前或後，不能準時，我會因你們而被殺頭。於是便舍卻諸囚，自己先行走了，這些囚犯十分感激，皆如期而至，無一逃者。隋文帝聽到了這個消息，十分驚異，特別予以召見、大加讚賞、表揚，遂召集所有囚人，賜宴而赦之。因下詔謂：「使官盡王伽，民皆李參，刑措其何遠哉？」乃擢伽為雍州令（陝西鳳翔）。

經辰之戌二千二百五十五世，世卦為遯。

劉氏說：遯之同人至姤，北巡出塞躍兵，呼韓屠耆接踵稽顙，撰《西域記》三卷，合四十四國入朝，有同人郊野之象。復自將征高麗，天與火同，高麗之應，遯退無功，不可大事（遯九三《象》：「畜臣妾吉，不可大事也。」），違天而行，適啟伏莽升陵之寇，遂成楊滅李興之謠，先號咷而後笑，大師克遇天下，苦隋樂唐，晉陽興，風行席捲矣。

隋開皇二十年，晉王廣立為皇太子之日，天下同日地震。仁壽四年正月，即五十五世之前十年，卦直同人，太子廣弒文帝而自立（豈非鳥焚其巢之驗？）；三月即命楊素營建東京宮室，窮極華麗；八月幸江都，所乘龍舟，從船即達數萬艘之多；次年新作輿服儀衛，課征州縣各送羽毛，民求捕之，殆無遺類；廣初殺太常卿高熲、尚書宇文弼、光祿大夫賀若弼、司隸大夫薛道衡等，謂其誹謗朝政，故皆殺之，天下莫不傷之。又徵天下兵，東征高麗，舳艫千里，往還常數十萬人，晝夜不絕，死者相枕，天下騷動。

按：三月即命楊素營建東京宮室，窮極華麗，役丁二百萬人，並搜羅江陵奇材異石，又求海內嘉木異草、珍禽奇獸，以實苑囿。發丁百萬開通濟渠，引汴入泗，以達於淮，又發民十萬開邗溝。

五月築西苑，周二百里，內為海，周十餘里，為方丈、蓬萊、瀛洲諸山，高百餘尺，台觀宮殿，羅絡山上，海北開渠，沿渠置十六院，院各以四品夫人主之，窮極華麗，宮樹凋落，則剪綵為花葉，沼內亦剪綵為荷芰，色退則時予更新，十六院各皆窮奢以邀寵，廣嘗從宮女數千作月夜遊。

州縣為徵毛羽，民求捕羽，禽類殆盡，鳥巢有高樹，踰百尺，上有鶴巢，民欲取之不得，乃伐其根，鶴恐殺其子。自拔氅毛投於地，時人或以為瑞。所謂災極羽毛，豈不可悲！

秋八月幸江都，所御龍舟，高四十五尺，長二百尺，舟分四層，上層設正殿、朝堂等；中二層有一百二十個房間。挽船士八萬餘人，皆以綿采為袍，舳艫相接二百餘里，騎兵翊兩岸而行，所過州縣，五百里內，皆令獻食，多者一州至百轝，極水陸奇珍之羞，將發時多棄埋之。

經辰之戌二千二百五十五世，世卦為遯，五十五世乙丑，為遯之同人，楊廣篡位，三年六月，北巡至榆林郡，突厥啟民可汗來朝；吐谷渾、高昌等皆入貢；秋七月，發丁男百餘萬築長城；八月北巡至金河，動員甲士五十餘萬，出塞耀兵，旌旗輜重，千里不絕，呼韓屠耆接踵稽顙。又使裴矩為黃門侍郎，經營西域，矩撰《西域圖記》三卷，合四十四國入朝，有同人郊野之象。

大業七年二月，自將征高麗；九年三月，復自將征高麗，因楊玄感圍東京而返；十年二月再征高麗，七月高麗遣使請降。高麗之役，卦直同人，天與火同，即所謂以族類辨物者（同人《象》：「天與火同人，君子以類族辨物。」），意即是說，中國自為中國，高麗自為高麗，高麗之應，遯退無功，不可大事（遯九三《象》：「畜臣妾吉，不可大事也。」如上表稱臣，即所謂畜臣妾，兵為國之大事，謂戰不可輕啟）。隋則違天而行，適啟伏莽升陵之寇，說煬帝忽視了身邊的伏寇，伏寇升陵觀望，伺機而動，遂成楊滅李興之謠，號咷後笑（同人九五：「先號咷而後笑。」），大師克遇（大師，王者之師克之，應李氏），楊號咷而李笑，隋終不敵李唐大師，加以天下苦隋樂唐，晉陽興（李唐興於晉），風行席捲矣。

按：同人卦辭：「同人於野，利涉大川，利君子正。」《彖》曰：「柔得位得中而應乎乾，曰同人。」又說：「同人於野，利涉大川，亨，乾行也。」胡人來朝，有同人於野之象。

至於征高麗所以謂天與火同者？同人《象》說：「天與火同人，君子以類族辨物。」天與火本不同，之所以說同者？天在上，火亦炎上，其為上則同，君子以族類辨物，要高麗上表稱臣，隋則不同其人，於是一征再征。

裴矩為黃門侍郎，經營西域，矩撰《西域圖》記三卷，並利誘諸胡來朝，所經郡縣，糜費以萬萬計，卒令中國疲弊，以至於亡。

庚午六年諸番來朝，陳百戲於洛陽端門，自昏達旦，終月而罷。自是歲以為常，諸番入內交易，胡客過酒食店，皆令邀入，醉飽而散，不取其直……。

七年二月，復自將征高麗：征天下兵，敕幽州總管往蓬萊造號船三百艘，官吏督役晝夜立水中，自腰以下皆生蛆，死者數四，又敕河南、淮南、江南，發江南人夫及船造戎車五萬乘，舳艫千里，往還常數十萬人，晝夜不絕，死者相枕，於是天下騷動，反聲四起，百姓困窮，始相聚為盜，天下大亂。

八年正月，諸將分道進擊，遂圍遼東，六月帝至遼東，攻城不克，七月宇文述等九軍，大敗于薩水而還，初九軍渡遼凡三十萬五千，及還至遼東，剩二千七百人，軍械輜重，悉為蕩盡。

同人九三：「伏戎於莽，升其高陵，三歲不興。」戎，為兵；莽為草，伏戎於莽，即伏寇在側，伺機而動者；登其高陵，即自己的一動一靜，皆在敵人的監視中，所謂敵暗我明，勝負之數，已經很明白了。

經辰之戌二千二百五十五世之丙戌，太宗即位，卦直否五，所謂：巳乃休否當位（否九五：「休否，大人吉。」），乃大人有所作為之時。太白兆變（武德九年六月太白經天，兆示將有兵變），雖曰包羞（喻世民兄弟相殘之羞），亦云離祉（否九四：「疇離祉。」說貞觀之治之光輝福祉），此太宗貞觀之治，益光于高祖武德間也。

按：否九五：「休否，大人吉。其亡！其亡！繫于苞桑。」休否者，休息其否也，能使時之否休而息之，當然是大人之事。其亡！其亡！戰戰兢兢，惟恐其亡者。叢生曰苞，言其枝條細弱，未能繫於松栢，而繫於細弱之苞桑，誠危之甚者。當九五休否之位，能休其時否（否、念辟），乃大人之事。

離祉：否九四：「疇離祉。」疇，即同儔之意，離指光輝，此處蓋指雖有玄武門之差，但卻共同營造得貞觀之治的千載光輝，為萬民謀得了如成湯之世的福祉。

夫乾上坤下（即天地否），天地貞觀（《系傳・下・一章》：「天地之道，貞觀者也；日月之道，貞明者也。」），卦曰否享（否六二：「小人吉，大人否享。」），君臣道立。在太子失道，漸於有言（漸初：「鴻漸於乾，小子厲有言。」），廢而立治（太宗初立承乾為太子，後以太子為無道，故廢而立治），克順以巽（治順以巽，巽即順意，治能順巽于太宗），小字雉奴（治名），象旅之離，翬麗於艮闕（離為雉，翬為錦雉。艮闕，意指宮闕），其變自晉來（火地晉三爻變火山旅），譬命由以上逮（太子賢孝之名，達於上聽），或其占也。且十漸致謹（魏徵上〈十思十漸疏〉），決囚三覆五覆，除死刑三十餘條，並改斷趾笞背，赦囚三百九十，俱得祇「明慎用刑」之意（旅《象》：「山上有火，旅，君子以明慎用刑，而不留獄。」）。至胡越一家，率土悅服，其咸感人心，而天下和平矣乎（咸《彖》曰：「天地感而萬物化生，聖人感人心而天下和平。」）！

太子失道：貞觀十九年四月，太子承乾謀反，被廢為庶人。太子承乾好聲色畋獵，所為奢靡，加以魏王泰有寵，每懷奪嫡之意，太子陰養刺客，欲謀行刺。更加以受吏部尚書侯君集等之蠱惑，欲謀反，後經其所養刺客告密，被廢為庶人。

譽命上逮：旅六五：「射雉，一矢亡，終以譽命。」《象》曰：「終以譽，上逮也。」譽命，即被稱讚美譽之意；上逮，稱讚能及於上，故說上逮。此意謂太子賢孝之名，達於上聽。

魏徵十思十漸疏：

貞觀十一年，魏徵上疏曰：「人主善始者多，克終者寡，豈取之易而守之難乎？蓋以殷憂則竭誠以盡下；安逸則驕恣而輕物，盡下則胡越同心，輕物則六親離德。雖震之以威怒，亦皆貌從而心不服故也。人主誠能見可欲，則思知足；將興繕，則思知止；處高危，則思謙降；臨滿盈，則思抑損；遇逸樂，則思撙節；在宴安，則思後患；防雍蔽，則思延納；疾讒邪，則思正己；行爵賞，則思因喜而僭；施刑罰，則思因怒而濫。兼是十思，而選賢任能，則可以無為而治矣！」

決囚三覆：

太宗即位後，前後放宮女六千餘人，又對死刑臨刑前兩日內行五覆奏，行刑之日，宮中不進酒肉，內教坊及太常不舉樂。並又下令：即是於法允當而情有可憫者，亦應特別上表申請再審，是以全活者甚眾。並廢除死刑三十餘條。

貞觀四年冬十一月，太宗因讀《明堂》針灸書，知人之五臟之系，皆附於背，故有除鞭背刑之命。

是歲稱大有年，終歲斷死刑年十九人，東至於海，南及五嶺，外戶不閉，行旅取給于道，毋須住旅店，付飯錢。

赦囚：七年十一月，太宗親自查詢獄中死囚，感到十分悲憫，便下令天下死囚，准予放其回家過年，並限期來京師報到，俟來秋行刑，結果所有囚犯三百九十人，均如期而至，太宗乃全部予以特赦之。

太白經天：太白乃陰星，上應王公大臣，東出東入，西出西入，過午為經天，白天上午出現，將有兵變。

武德九年六月，太白經天，竟發生玄武門之變，秦王殺太子建成與元吉。

否：六三「包羞」。劉氏「雖曰包羞」，其意似在喻玄武門兄弟相殘之慚德，然就卦象看，更切于建成元吉

之所為，六三非僅所處之位不中不正，即所作所為，亦不中不正，此說包羞，包乎整個有關者，俱皆不光榮之意。

九四：「有命，無咎。疇離祉。」喻貞觀之治。疇即同疇；離即光耀；離祉即附麗其福祉之意

胡越一家：貞觀四年，胡人內向，封頡利為右衛大將軍，蘇尼失、思摩皆封郡王，其餘五品以上百餘人，因而居長安者萬家。

惟是分卦主咸，兆占取女。遯又之旅，離戈艮止，武曌（音照）入宮，迨於太白晝見，占在女主多殺無辜，莫違天命，淳風有言，或亦推咸象也。

兆占取女：咸卦說：「咸，享，利貞，取女吉。」故說兆占取女。

離戈艮止：遯之旅為火山，離為戈兵甲冑，艮為止，貞觀十一年，武氏年十

四，上聞其美，召入後宮為才人。

太白屢晝見：二十二年太白屢晝見。太史占謂應在女主興起，這時民間又傳《秘記》說：唐三世之後，有女主武王，代有天下。太宗問李淳風，《秘記》所說，武氏代李有天下，是真的嗎？李淳風說：不錯，是真的。而且此人現已在宮中了，從現在起，不過三十年，當王天下，殺唐子孫殆盡，其兆已成。太宗欲把凡疑似者，盡行殺死。淳風說，天命不可違，王者不死，徒多殺無辜，沒有好處。再說，如果真能把其除掉，上天會再生一個更年輕的來，對唐室子孫，將更為不利了。所謂：「恐陛下子孫無遺類矣！上乃止。」李淳風言：「無違天命，多殺無辜。」武氏之所以得竊唐室，其兆在咸卦。咸卦說：「咸，亨，利貞，取女吉。」

取女吉，其吉在女，而非取女者吉。旅為離艮，離為雉即錦雞，應在武雉；艮為止，武氏入宮而止，以至於死而已。

咸彖說：「咸，感也。柔上而剛下，止而悅。」以男下女，不正是李治與武氏的寫照嗎？「天地感而萬物化生」，太宗聞武氏之美而選入宮，如不以其美，則另當別論了。「美色」大唐之興也由此，其亡也亦由此。李淳風言，或者亦因咸而推之者歟？

經辰之亥二千二百五十六世，甲辰之庚戌，卦直旅，高宗嗣位，甲寅五年，立太宗才人武氏入為昭儀，時正直咸，兌為水澤，艮為門闕，山水夜沖入萬年宮殿，漂溺三千餘人，又恒州大水（今河北），漂溺五千人，謂非陰盛奪陽歟？或謂高宗不可旋立武為后，后聞王、蕭二嫗之手美，忌恨之，遂斷王蕭二妃之手，又投（王皇后，蕭淑妃）入酒甕中，廢太子忠而立其子宏，虐亦甚矣！帝卒委之政事，權侔人主，豈咸中乾，巽「後以施命」之徵歟？

按：三月以武氏為昭儀，帝在萬年宮，夜大雨，山水沖玄武門，入寢宮，漂溺三千餘人，正應山水沖入玄武門之兆。六月恒州大水，漂溺六千餘家。論者以為治亂雖為天數，然能盡人事，則可將災害降低，猶如無論如何沈重之病，醫生都要施以針藥，盡力救治，因之唐數有武氏之厄，由於太宗有功于人世，無一世即斬之理，故天于高宗，再三譴告，希望其能覺悟，如即位之年地震晉陽，武氏入宮，水入寢殿，太宗臨終諄諄告誡，高宗則視之漠然，大臣之諫諍，高宗亦如清風之過耳，了無任何漣漪，卒致武氏得以中衰唐室，屠戮李氏子孫殆盡。

殘殺后妃：高宗立武氏為后，將王皇后、蕭淑妃幽於別宮，高宗因思念二人，前往探視，事為武氏所悉，即將其二人手足斬斷，投入酒甕中，數日而亡，並戮其屍。

廢太子：太子忠為王皇后子，武氏廢之，立其子弘為太子。後假借上官儀案，賜忠自盡。武氏以弘仁孝謙謹，中外屬心，恐影響其為女皇之路，亦被武氏所酖殺。誠如駱賓王〈討武氏檄〉所說：「殺姊屠兄，弑君鴆母，人神之所共疾，天地之所不容……」

卒委政事：武后既得意，專作威福，高宗處處受其所制，不勝其憤，密議于上官儀，上命上官儀草詔廢后，武氏聞知前者往自訴，帝羞縮不忍，謂皆上官儀主意，皆下上官獄死之，並誣廢太子忠，一併賜死，之後上視事，後皆垂簾聽之，政無大小，皆預聞之，天下大權悉歸中宮，天子拱手而已，即委政于武氏。所謂權侔人主，就卦象而言，兆應咸之乾，咸上為兌下為艮，其中爻為乾，下中爻為巽，巽有君子以申命行事之象。

按運卦大過，內巽外兌，（上兌下巽，澤風大過），中四互乾，巽兌長少二女（下巽為長女，上兌為少女），乾君老夫（大過九二：「枯楊生梯，老夫得其女妻。」）。就大過而言，有老夫女妻之象。（中四爻互乾，為老夫，上下兌巽為二女），巽又為木，亦為白茅，為楊；巽以齊之，亦為樑棟，為高長。乾為金、為剛堅；兌為羊，從水為洋，悅則歡，此類不可悉舉（以其卦象驗諸人事，不可悉舉）。當五代，世卦分大過之九二，其爻屬內巽，受命之姓氏、國號，類皆應巽木，如宋、齊、梁、陳與隋姓楊皆是；蕭茅屬陳，象棟齊，即巽以齊之之義。宋之姓劉，楊之名堅，實不離乾巽（劉為乾金，堅亦為乾，楊為木巽，李亦為木巽），唐以李代楊，名應乾龍之躍（乾九四曰：或躍在淵），亦應兌澤，澤即淵也，高祖李淵應之；其命世得民，太宗以大過人之才，直互姤包有魚之位（姤九二：包有魚，無咎。不利賓），統億兆眾民，起為乾主。世卦分咸，序當艮二（世民排行第二），名亦應之。至於姤凶女壯，巽利武人（武人，武氏，巽初六：「進退利武人之貞。」），於寺（寺宮皆屬陰物），為遇為感，陰僭陽權，則天建號（武氏建號則天），過亦大矣！

凡此第八運所經之卦，細為推之，悉有可驗，第學者讀書，祇當得其大意，附會強合之見，存而無論可也。

第十二節　以會經運午九——觀物篇二十三

經日之甲一，經月之午七，經星之壬一百八十九。

按：經星之壬一百八十九，運卦當大過之困（大過為正卦，困為運卦），世卦分困之爻，困初六變兌為澤、六二變澤地萃、九三變澤風大過；九四變重坎、九五變雷水解、上六變天水訟。（困所變之兌、萃、大過、坎、解、訟等為世卦，一卦管兩世）。

運卦困所變之世卦：兌、萃、大過、坎、解、訟等為世卦，世卦復各變六卦為直年之卦，如：

	初變	二變	三變	四變	五變	上變
兌	困	隨	夬	節	歸妹	履
萃	隨	困	咸	比	豫	否
大過	夬	咸	困	井	恒	姤

坎	節	比	井	困	師	渙
解	歸妹	豫	恒	師	困	未濟
訟	履	否	姤	渙	未濟	困

以上各變卦，一卦管十年，三卦管一世，茲表示如下。

甲子一五 麟德		乾封		總章		咸亨			
甲戌二五 上元		儀鳳			調露	永隆	開耀	永淳	宏道
甲申 宗嗣聖武后後廢為盧陵王立豫王旦	乙酉 武后徙帝于房陵					武后改國為周，豫王旦為皇嗣			

經辰之子二千二百五十七，兌初九變困，九二變隋，六三變夬。

甲午			戊戌 武后召帝房陵復政				鴻嘉		
甲辰	乙巳 神龍		景龍			庚戌 唐睿宗景雲		壬子 唐元宗先天	開元
甲寅三									

經辰之丑二千二百五十八，兌九四變節，九五變歸妹，上六變履。

甲子一三	甲戌二三	甲申三三
	丙子 楊妃入宮	
	天寶	

經辰之寅二千二百五十九，萃初六變隨，六二變困，六三變咸。

甲午四三	甲辰二	甲寅一二
	永泰	
唐肅宗至德	大歷	
乾元		
上元		庚申 唐德宗建中
寶應		
癸卯 唐代宗廣德		癸亥

經辰之卯二千二百六十，萃九四變比，九五變豫，上六變否。

甲子五 興元	甲戌一五	甲申二五
貞元		乙酉 唐順宗永貞
		丙戌 唐憲宗元和

經辰之辰二千二百六十一，大過初六變夬，九二變咸，九三變困。

甲午九	甲辰四	甲寅八
	乙巳 唐敬宗寶曆	
		開成
	丁未 文宗太和	
辛丑 穆宗長慶		辛酉 武宗會昌

經辰之巳二千二百六十二，大過九四變井，九五變恒，上六變姤。

甲子一四	甲戌八	甲申五
丁卯 宣宗大中		
	庚辰 懿宗咸通	

經辰之午二千二百六十三，坎初六變節，九二變比，六三變井。

甲午 唐僖宗乾符	甲辰一一	甲寅六 乾甯李茂貞據鳳翔
	光啟	
丙申 王仙芝陷淮南	丙午 王潮據福州	
黃巢陷沂鄆		
	文德	光化 王審知據閩
	己酉 昭宗 龍紀 錢鏐據杭州	
廣明 黃巢陷兩京稱齊 金統 王建據成都	大順	
中和	楊行密據揚州	辛酉 天德 劉隱據廣州
	景福	
癸卯 巢走藍關		

經辰之未二千二百六十四，坎六四變困，九五變師，上六變渙。

甲子一六	甲戌	甲申
乙丑 唐哀帝		乙酉 唐滅蜀
		後唐明宗閩延 契丹耶律德光
丁卯 梁朱全忠	丁丑 南漢劉巖稱帝	丁亥
戊辰 蜀王建稱帝		
	己卯 吳楊隆演稱王	
癸酉 梁友貞	癸未 後唐莊宗滅梁	

經辰之申二千二百六十五，解初變歸妹，九二變豫，六三變恒。

甲午 後唐從珂 蜀孟知祥稱帝	閩王昶稱帝	丙申 晉高祖石敬唐	丁酉 吳亡南唐李升					壬寅 晉主重貴	
甲辰	乙巳 南唐滅蜀		丁未 漢高祖劉知遠	戊申 漢隱帝契丹兀欲					
甲寅 周世宗柴榮			丁巳 北漢孝和帝		己未 周恭帝	庚申 宋太祖建隆			

經辰之酉二千二百六十六，解九四變師，六五變困，上六變未濟。

甲子五	乙丑 宋滅蜀			開寶	己巳 北漢劉繼元契丹耶律賢		辛未 滅南漢		
甲戌一五	乙亥 滅南唐	丙子 宋太宗太平興國		戊寅 吳越納國	己卯 滅北漢				癸未 契丹隆緒
甲申九 雍熙				端拱		淳化			

經辰之戌二千二百六十七，訟初六變履，九二變否，六三變姤。

甲午一九	至道				戊戌 宋真宗咸平				
甲辰七 景德			大中祥符						
甲寅一七			天禧					乾興	癸亥 宋宗天聖

經辰之亥二千二百六十八，訟九四變渙，九五變未濟，上九變困。

黃氏畿說：以上為午會之第九運。運卦當大過之困，世卦分困之爻。《象》曰：「澤無水，困。君子以致命遂志。」斯時也，陽揜於陰，國榛其棟，隕穫於窮阨。而猶不免於徒生徒死者乎？

困卦卦象「澤中無水」。沼澤之水已亦涸竭，故說「澤無水」。澤無水，澤中賴水以生者，自然生機渺茫，故說困。國家社會之道亦然，當國家無道時，陽揜于陰，君子困于小人。致有言不信，而困於口；危行危言而困於身，所謂「致命，遂志」，亦如澤之無水，所以為困者如此。

再就卦象言，困上兌下坎，坎險，故說「致命」；上卦兌，兌悅，故說「遂志」。

君子處困，力難回天，其能自遂者，個人方寸之「志」而已。高宗永徽六年，欲以武氏為后，侍中韓瑗、右僕射褚遂良，極諫不聽。明日遂良又言以：「武氏經侍太宗，天下共知，萬代後謂陛下為如何主？臣今忤陛下，知罪當死。」因置笏於殿階，叩頭流血，說：「還陛下笏，乞放歸田里。」上大怒，命引出……遂貶潭州。

韓瑗亦涕泣極諫，上不納。瑗又上疏曰：「妲己傾殷，褒姒滅周，每覽前古，常興太息，不謂今日塵黷聖代，陛下不用臣言，臣恐宗廟不血食矣！」

來濟亦上表謂：「王者立后，必擇禮教名家，副四海望，漢成以婢為后，卒使社稷傾淪。」上均不納。

遂良貶潭州，韓瑗上疏為遂良辯冤，說：「遂良體國忘家，損身徇物，風霜其操，鐵石其心，主之舊臣，陛下之賢佐，無罪斥去，內外咸嗟，願鑒無辜，稍寬非罪。」上不聽。

韓瑗又言：「昔微子去而殷國以亡；張華存而綱紀不亂（張、晉范陽方城人，志茂先，官至司空，博學多聞，誘進人物不倦，士有一善，皆為推薦，因贊伐吳有功，封廣武縣侯，後趙王倫廢賈后，華不從，被殺），陛下無故棄逐舊臣，恐非國家之福……」上不納。

或以為「致志」如微之；「遂志」如比干。君子所以「致命，遂志」者如此。紂為無道，微子極諫，紂不聽。微子無奈，乾脆不作官，下鄉種田去了；比干一諫再諫，弄得紂王心煩，不如乾脆殺了，便不會再惹人討厭了。所以孟子說：「微子去之，……，比干諫而死。」

所謂致命、遂志，也只有與君子談，也只有從君子之治事處世中，始可深切體會箇中之味。

黃氏說：庚子、辛丑之世，（即經辰之子二千二百五十七，經辰之丑二千二百五十八二世），世卦當兌，（其年卦皆自兌變，兌初變困、二變隨、三變夬，四變節、五變歸妹、上變履），武后凶逆，亙古未聞，其禍烈矣！故曰「臀困于株木，入于幽谷，三歲不覿」（困初六）。剛中柔外，才大過人者，狄梁公一人而已，終能順天應人（兌《彖》辭），光復唐祚，故曰「和兌吉」（兌初九）。召帝房陵，遽書復政者，錄公志也。

說武后之禍，及狄仁傑光復唐祚，召帝房陵，譽仁傑為有唐一人。

按：武氏之凶逆，亙古未聞，其為禍之烈，出人意表。武氏是為達目的，不擇手段的人，即是逆天悖理，乃至無罪而殺更多的人，包括其親生子女在內，亦在所不惜。

為爭后位，武氏不惜親手扼死自己女兒，以誣陷皇后，致帝廢後；

顯慶元年七月，貶侍御史王義方為萊州司戶；

顯慶二年八月，貶褚遂良、韓瑗、來濟皆為遠州刺史；

冬十一月，貶杜正倫為橫州刺史；

武后以長孫無忌（高宗母舅）不助己，四年削其官封；

五年七月廢梁王忠為庶人，徙黔州；

麟德元年十二月，殺同三品上官儀，賜梁王忠死；

武氏殺其從兄惟良、懷遠，因曾不禮其母；

上元元年四月，酖太子弘（武氏親生子），立賢為太子；

永隆元年廢太子賢為庶人，立英王哲為太子；

永淳元年零陵王明自殺；

弘道十二月高宗崩，英王哲即位，為中宗，是為嗣聖元年；

二月廢為廬陵王，立豫王旦；

三月殺太子賢，四月遷帝于房州（豫王旦），殺侍中斐炎；

太后以僧懷義（武氏面首）為白馬寺主；六月以懷儀為新平軍大總管；又為朔方道大總管；又命懷儀作天堂，日役萬人，費以億計，府藏為空，以武氏新寵御醫沈南珍故，儀心懷憤怨，乃密燒天堂，延及明堂，一夕皆盡。心不自安，頗多怨懟，武選壯士毆殺之，並焚其屍；

三年太后下詔歸政豫王旦，旦知后非誠心，奉表固讓，太后復稱制；

三月置銅軌，受密奏。

太后以內行不正，知宗室大臣怨望不服，欲大誅殺以威之，乃盛開告密之門，有告密者，給馬供食，來御前告狀者，無論農夫、樵夫，皆得召見，或不次除官，不實者不問，於是四方告密者蜂起。

胡人索元禮因告密召見，擢為遊擊將軍，受以治獄之職。元禮性殘忍，每審辦一人，必令牽連數千百人，於是周興、來俊臣之徒皆效之。興因累升為秋官侍郎；來至御史中丞，皆養無賴數百人，欲陷害人時，則使其徒，數處告之，所告內容皆同，既下獄，則以威刑脅之，無不誣服。又造告密羅織經數千言，以羅織無辜，織成反狀，設局佈置，枝節完整，其訊囚酷法，機巧百出，中外畏之，甚於虎狼。

陳子昂上疏說：「陛下大開詔獄，重設嚴刑，有迹涉嫌疑，辭相逮引，莫不窮捕拷按，致奸人熒惑，乘險相誣，糾告疑似，冀圖爵賞，及其窮竟，百無一實。陛下仁恕，又屈法容之，遂使奸惡之黨，快意相讎，天下喁喁，莫知寧所，伏惟陛下念之。」太后不聽。

又說：「天下有危機，禍福因之而生，百姓是也。百姓安則樂其生；不安則輕其死。輕其死，則天下亂矣！」陳氏〈登幽州臺歌〉：「前不見古人，後不見來者，念天地之悠悠，獨愴然而涕下！」逮憂此歟？

六年四月，殺汝南王煒等十三人，八月又殺內史張光輔、同平章事魏元同；流舒王元名於和州，以侯思止、王弘義為侍御史，二人皆無賴子，以告密羅織取悅武氏，侯思止甚且不識字，向武氏求為御史，武氏謂其不識字，不能為御史？他說獬豸不識字，但能分辨是非（獬豸，音協窒，是一種公正而明辨是非的仁獸，遇人爭鬥時，則攻擊理曲之一方）。意即是說，他能作武氏的獬豸，幫武氏攻擊對武氏不利的人。武氏很欣賞他，便封其為侍御史。該等制獄，入者非死不出，朝士人人自危，相見莫敢交口，道路以目，朝士入朝，輒與家人訣曰：「未知復相見否？」

七年八月殺南安王潁十四人，唐之宗室，於是殆盡，幼弱者亦流嶺南；

九月改國號周，稱皇帝；

八年八月，改義豐王光順（故太子賢子）與弟守禮、守義及豫王諸子等，皆幽宮中，不出門庭者，達十餘年之久。

周興、來俊臣、索元禮，所殺各數千人，破千餘家。嗣聖十三年，殺箕州刺使劉思禮等三十六家，流其親屬千餘人。之後武氏為帝，日有屠殺，茲不盡錄。

由於武氏之禍，大唐天下，國幾不國。高宗於永徽六年，廢后納昭儀，大臣極諫，高宗一如殷紂、周幽，不為所動。自此，李治遂陷於困而不能自拔。所謂「臀困于株木，入于幽谷，三歲不覿」。（困初六）

困初六爻說：「臀困于株木，入于幽谷，三歲不覿。」王傳山氏以為，困卦的意思，乃柔困於剛之意；所謂株木，乃木被伐而無枝葉者之謂。萬年淳氏以為：「困于株木，乃困于居也；入于幽谷，乃困于行也；三歲不覿，困之久也。」于高宗可謂驗矣！

所謂：「剛中柔外，才大過人者，狄梁公一人而已，終能順天應人（兌《彖》辭），光復唐祚，故曰「和兌吉」（兌初九）。召帝房陵，遽書復政者，錄公志也。」

所謂大過，乃大者過，超乎世之高明，其「大」過於人者（大如偉大之大，成就非凡之大，不可企及之大等）。武則天篡唐，改國號周，本欲盡殺李氏子孫，乃至其親生子，亦不例外（武氏為后，高宗即以太子忠為梁王，立武后子弘為太子，未幾武氏皆殺之），朝中大臣，無人敢異于武氏者。惟狄仁傑，除勠力于武氏外，又能俟機規諫，始復帝于房陵，得續唐祚。

論者以為：武氏之罪，實浮於呂氏，蓋武氏革命，呂氏未革命也。為當世之臣者，不能為徐敬業之討賊，惟有棄冠服而逃耳。如狄仁傑者，一再相彼，盡心乃事，而後世反以復唐之功歸之，是皆托於明哲保身，「寬柔以教」之論，而未終讀夫子「至死不變」之語，是非倒置，莫甚於此。謂狄氏乃明哲保身之流，並不能稱為大過人者，質而言之，狄仁傑乃為武氏而謀，非為唐社稷謀者。

《綱目》對狄氏的褒貶是：「周，同平章事、狄仁傑卒。」一個周字，即狄氏蓋棺之論。意即是說：狄仁傑是周，武則天氏之臣，而非大唐之臣。簡單的說，即是效忠武則天的，不能算是唐朝的忠臣。

按：寬柔以教：《中庸・十章》子路問強。子曰：「南方之強歟？北方之強歟？抑而強歟？」

子路是軍事家，問孔子怎樣才算是強者？孔子問子路所謂之強，是指南方之強？北方之強？還是你自心理的強？孔子說：「寬柔以教（以含容順巽，誨人不及之意），不報無道（橫逆之來，隱忍而不較，不爭一日長短，所謂以牙還牙，以眼還眼，惡聲至，必反之之心態），南方之強也，君子居之；衽金革，死而不厭（北方之強也，以果敢之力勝人，雖死不厭，所謂視死如歸者），北方之強也，而強者居之。故君子和而不流（和氣而不同流），強哉矯！中立而不倚（存心行事，本乎中庸之道，如坤卦所謂之黃中通理），強哉矯！國有道，不變塞焉（兢兢業業，盡其未盡之力），強哉矯！國無道，至死不變（不變平時之所守），強哉矯。」狄仁傑只作到了寬柔以教，不報無道的南方之強的明哲保身，而未及於「國無道，至死不變」的大強，還未能盡史家所謂大臣者之所守。

按：武氏立其子弘為太子，太子仁孝，中外屬心，對武氏的乖戾作為，常有建議，引起武氏不滿。如蕭妃二女，年逾三十，猶幽於掖庭，太子不忍，奏請武氏將其釋出，引起武氏震怒，沒有多久，太子便忽然死了，咸疑為武所酖。因立雍王賢為太子。調露元年，命太子賢監國，太子處事明審，時人稱之。十月便廢賢為庶人，立英王哲（即顯）為皇太子。二月太后即廢其為廬陵王，立豫王旦為帝。夏四月遷顯于房州，又遷均州，又遷房州。時武承嗣，武三思皆營求為太子，武氏意默許之，狄仁傑以姑侄母子作喻，使武氏無立承嗣意，吉頊誘張昌宗、張易之謂立功以全富貴，因乘間屢為武氏言召廬陵王之意，武氏乃托言廬陵王有疾，遣使召之，嗣聖十五年，始于房陵還東都，結束了十五年流亡皇帝生涯。

大唐天下由經辰之亥二千二百五十六世，直大過之咸，太宗、高宗直之；經辰之子二千二百五十七世，直大過之困，由高宗十五年甲子，大唐天下由咸而困，乃至終唐之世，皆在困中。究其故，皆「咸」之為禍（咸者感也，李唐天下之亂，悉皆感於女禍）。自太宗聞武氏美而徵入宮，命為才人，太宗二十二年太白晝見，太史占謂女主昌，時民間又傳《秘記》云：「唐三世之後，女主武王代有天下。」太宗詢太史李淳風，民間的傳說可靠嗎？淳風對說：「其人已在宮中，當王天下，殺唐子孫殆盡，其兆已成……」。太宗欲盡殺其疑似者。淳風勸止之。太宗駕崩後，其子李治蒸之，並立之為后，李氏子孫因被剪除殆盡。

中宗嗣聖七年，武氏篡唐，改國號為周，大唐國祚中斷者達十六年之久。其為禍唐室者，互半世紀，究其始，豈非太宗自招之者？再則由於選立太子之不當。由於長孫無忌一念之私（最初太宗以太子懦弱，恐不能守社稷，欲改立吳王格為太子，長孫無忌說太宗以「太子仁厚，真守文良主，太子地位重要，不可常易」，乃罷。按長孫氏乃太子李治之舅），遂立李治為太子，致有爾後株木之困。

黃氏謂：中宗幽不明矣！元宗誅韋后，其重兌金象歟（重，念崇）？

中宗之莫名其妙，尤甚于乃父李治，不僅僅「幽不明」，其智商之低，幾乎達於「癡、愚」的程度。在當時的政治環境中，能夠存活，已很不容易了，皇帝不過是武氏掌中的小木偶，一切罪惡的代理人，李顯昧於個中玄機，立未兩月，即被廢逐，當初迷迷忽登上了帝座，便真的以為自己可以道寡稱孤了，甫即位，即以后父韋元貞為侍中，宰相以為與制不合，中宗竟肆口：「即將天下送韋元貞，亦有何不可？」一事為武氏所悉，即被廢為廬陵王，初貶均州，後貶房州，十五年的流亡皇帝，所得的經驗教訓，竟是「一旦重見天日，皇后要什麼都行，絕不食言」。所以中宗重定後，韋氏即取代武氏地位，朝政一如武氏再版。而尤其不可思議的是，中宗復辟之後，第一件大事，便贈后父為上洛王，宰相極諫不聽，更加乖謬的，是以武三思（武氏之姪）為司空，並誅其佐命立功之五王；武氏舊日左右佞臣，如上官賴妤等，皆引援以為腹心，后蠱惑韋氏，當以武氏為法，遂乃政由己出，遍佈黨羽，掌握軍權、淫亂、鬻官，誅忠、用佞……不一而足，甚至甘脆把這個無用的皇帝也殺了，以免其礙手礙腳……終乃弒帝於神龍殿。引來李隆基盡誅韋氏之黨，即嬰兒亦無倖存者；武氏之族，亦盡誅之，其所謂天網恢恢者歟？

按：史臣對中宗的評論是：中宗自重定以來，信聽晨牝，則女禍復作；尊崇武三思（三思與韋氏通），則武氏再振；竄殺五王（五王為誅武氏，迎帝即位，中宗封王者如敬暉、桓彥範、張柬之、袁恕己、崔元暐等）；用方士，崇獎僧道；公主開府（太平公主、安樂公主等，均開府置官屬，賣官，鬻獄，政出其門），員外置官，殺戮諫士，其宮闈淫誨之情，較武氏猶有過之。

臨淄王李隆基，目睹韋氏亂政，乃來京師，陰聚才勇，密謀匡復，厚結羽林軍內豪傑，與太平公主等合謀，一夜之間，盡誅韋氏之黨，立其父相王旦為帝，是為睿宗。

隆基誅韋氏，當二千二百五十八世，世卦為兌之歸妹，即所謂重兌金象（按：兌九五變，為歸妹，如九五不動，則為重兌。兌為金，又為毀折）。兌《彖》說：

「兌，說也。」剛中而柔外，說以利貞，是以順乎天而應乎人。說以先民，民忘其勞；說以犯難，民忘其死，說之大（說同悅），民勸矣哉」！說能得其正，便可順天應人，故民無不悅！即所謂重兌金象。

黃氏說：壬寅、癸卯，世當萃（當二千二百五十九世，直大過之困，世卦為萃，變六二之困、六三之咸），楊妃入宮，不宜入者也。奸邪以燕私進，而祿山遂反；功臣以宗祀復，而肅代相承，外凶而中有慶矣！故曰：「困于酒食，朱紱方來。利用亨祀（亨讀作享），征凶，無咎。」（困九二）；又曰：「引吉，無咎。孚乃利用禴」。（萃六二）

二千二百五十九世，甲戌之丙子，玄宗在位之二十五年，楊妃入宮，直卦為萃之困。萃《象》說：「澤上於地，萃，君子以除戎器，戒不虞。」萃是聚的意思，淫雨太多，潦水不退，聚於地面，所謂澤上於地。有些什麼涵義呢？何以要「除戎器，戒不虞」？萬氏說：水聚恐勢不相容，而有奔潰之患；人聚恐情不相協，而有悖叛之虞；水聚則堤防不可不完；人聚則備禦不可不周，除戎器，戒不虞，所以長保其萃也。除有去舊取新之意，整理其弊壞，以備不時之需，所謂有文事者，必有武備，始可常保其萃。

困《彖》說：「困，剛揜……有言不信。尚口乃窮也。」玄宗初期以韓休、張九齡、姚崇、宋璟為相，其治幾可庇美貞觀，之後由於太平日久，遂生惰心，所謂

「玄宗在位日久，惓於旰食宵衣，……稍深居燕遊，以聲色自娛」（陳鴻《長恨歌傳》）。遂寵溺楊妃，信任佞邪（前有李林甫，後有楊國忠，日以爭權奪利自肥為事。）玄宗復昧于安祿山之有言不信，視其為可愛之「愚忠」，遂墜安祿山彀中。加以楊國忠之擠迫，以促其速反，而又無能制之，遂致漁陽鼙鼙，於呼吸之間，破潼關，陷長安，所謂「漁陽鼙鼓動地來，驚破霓裳羽衣曲」。於是潼關不守，翠華南幸，馬嵬尺組，長恨綿綿，卒成詩人之千古絕唱，慨嘆而已！

楊妃入宮，本是一件極其荒謬的事，玄宗與楚平王，同樣是父奪子妻。前者幾乎因而亡國，卒被剖棺鞭屍；後者則導致終唐之世，皆困於兵荒馬亂之中。萃《象》說：「萃，君子以除戎器，戒不虞。」而玄宗毫不為戒。困《彖》說：「困，剛揜……有言不信，尚口乃窮也。」不可信者，玄宗則偏偏信之，天下人皆知安祿山必反。惟玄宗聞安祿山自言其不反，即確信其必不反，貴妃並賜安祿山以洗兒錢（視安祿山乾兒子），卒任其坐大，所謂「尚口乃窮」。明皇之窮，其有自矣！

玄宗南避，群臣泣請太子留守，太子于天下雲擾、賊炎高張之際，即位靈武，四方皆知中樞有主，乃得以維繫天下人心，所謂「外凶而中有慶」者！「困于酒食，朱紱方來。利用亨祀（亨讀作享），征凶，無咎。」（困九二）；肅宗即位（應朱紱方來），無兵無餉，豈非困於酒食？糧餉無著，調兵遣將，皆有困難，其「征（戕盜其戕盜弭亂）」當然可能有凶了。但由於能援引有志之士，群策群力，故說「引吉，無咎」。能夠出之至廣集天下賢士，使宗祀得保，所謂：「孚，乃利用禴」（萃六二，禴，同礿，音悅，即春祭）。意即是說，惟誠信始可以保宗廟，行祭祀。

黃氏畿說：甲辰、乙巳，世當大過（經辰之辰二千二百六十一世，直大過之夬、咸、困；經辰之巳二千二百六十二世，直大過之井、恒、姤），君避盜而出走；后受冊而遽殂，「據于蒺藜，……，不見其妻凶」（困三）。自是宦官屢行弒逆，宮妾無復冊立者矣！憲宗郭妃猶然，而況穆、敬、文武之處險者乎？橈於盧杞一小人而有餘，隆於贄、泌、子儀，眾君子而不足（大過《象》：「澤滅木。」眾君子受制于一小人），其不亡幸耳。

天寶之亂後，肅宗作了七年傀儡皇帝（受制于宦官李輔國與皇后張良娣），鬱鬱而終。傳位代宗，代宗初時尚有任賢用能之意，賴郭子儀，李光弼、仆固懷恩等，得以收復失土，支撐大局。後復信任宦官李輔國、魚朝恩、程元振等，致州縣失而復得，得而復失，最不可思議者，如廣德元年十月，吐蕃入寇，程元振隱匿軍情，敵人快打到長安了，代宗還被蒙在鼓裏，及至吐蕃兵臨城下，始狼狽出奔陝州，皇帝發詔征諸道兵，李光弼等皆忌程元振，莫有至者，這是皇帝第一次逃難；建中四年，因涇州軍叛亂，德宗避難奉天，叛軍擁朱泚為首領、據長安；元興元年李懷光反，德宗出奔梁州，數月始返長安。即所謂「君避盜而出走」。試想一個國家連皇帝都要逃難，老百姓的生活，可想而知了。

張皇后原與宦官李輔國，狼狽為奸，肅宗駕崩，皇后張氏與李輔國爭權，被李氏所殺，所謂后受冊而遽殂。易所謂：「困于石，據于蒺藜，入于其宮，不見其妻凶。」（困六三）肅宗與張氏皆應之。

憲宗初時，信用賢臣裴度、陸贄、元稹、白居易等，自代宗來六十年不歸朝廷之黃河南北三十餘州，悉予削平，頗有一番氣象。未幾即復信用小人如皇甫鎛、宦侫程異等，陸贄屢諫不從。並大興土木，服煉修真，冀求長生；又喜聚斂，甚至連朝中喜慶，群臣亦須向皇帝送賀禮，卒於元和十五年的大年初一，被宦官陳弘志所弒，史家只說憲宗「暴崩中和殿」，像馬路上撞死的平常人一樣，連「被弒」二字也羞用，可見其在歷史上的評價了。

憲宗被弒，殺死皇帝的宦官，扶持另一個新皇帝即位，因為有輔立之功，便一切雨過天晴，誰也不問憲宗是怎麼死的，宦官依舊繼續其作威作福。到了穆宗，更縱情聲色、信仙道、服金丹，纔兩年光景，亦然因服金丹而身殞命亡。這時宦官們要擁郭太后臨朝聽政，被深明事理的郭太后所峻拒，乃立太子湛為敬宗，無奈敬宗之荒淫尤甚，親昵李逢吉，逢吉用李又新、李訓等八人，又依附者八人，各據要津，專司關說收賄，世稱八關十六子。浙西觀察使李德裕，力諫不聽。未幾，亦被宦官所害，十二月宦官劉克明弒穆宗立絳王悟為帝，樞密使王澄和等，則迎立江王涵，是為文宗，並發兵盡斬劉克明等，絳王為亂兵所殺，兩日之內，三易其君。

文宗倒是個有心的皇帝，平時喜讀《貞觀政要》，即位後仍無法擺脫宦官魔掌，乃自比于周赧、漢獻亡國之君，可見其無奈之情。

甲辰、乙巳，世當大過，其間當唐德宗之二十年，順宗之一年，憲宗之十四年，穆宗二年，敬宗之三年，文宗之十四年，此六十年中，大唐社稷，雖偶見一片晴空，但皆不旋踵而逝，大部時間，皆飄搖於淒風苦雨之中。大唐皇帝之蠢、之愚、之黯、之私，似乎一個比一個過分，真可謂為「大過」之極。所謂：橈於盧杞一小人而有餘；隆於贄、泌、子儀、眾君子而不足，不亡幸耳！大唐皇帝另一個共同的特點是：信小人，疑賢臣，如郭子儀、李光弼，李泌、陸贄、顏真卿……等忠臣、能臣，皆每為所疑、所疏，故時解兵權、或貶或放，李泌數次歸山，子儀手無一卒（曾以數家丁而退回紇）；信任李輔國、魚朝恩、盧杞、程元振等禍國殃民等邪僻佞臣，致盜賊此伏彼起，藩鎮日聞其叛，天下擾攘，民無寧日，終唐之世，德、順、憲、穆、敬、文諸宗，得所以苟延殘喘、而未即覆亡者，幸耳！

黃氏畿說：丙午、丁未，世當困「來徐徐」，變為重險坎坎。宣、懿溺仙佛而天下亂矣！

又說：書王先芝先黃巢者，為朱溫之地也。僖、昭屢走，飲食不充，非困于金車（困四），樽酒簋二者歟（坎四）？

丙午、丁未（經辰之午二千二百六十三、經辰之未二千二百六十四兩世）於時，運卦當大過之困（參考元經會午會圖），世卦分困之爻為坎，年卦分別為坎之節、比、井，困、師、渙等。

世當困「來徐徐」，是說世在困九四。困九四爻辭為：「來徐徐，困于金車，吝」。就卦象而言，困九四與初為正應，由四至初為來，四來初，受阻於九二，九二為金車，因九二與九四為敵應，故說困于金車，可知這是行不通的，故說吝。困九四變，則為重險坎坎。坎為險，重坎，豈非險之又險？

坎六四：「樽酒，簋貳用缶，納約自牖，終無咎。」這一段文字的斷句，各家多不相同。如朱子以樽酒簋，貳用缶，為句；來子以樽酒、簋貳、用缶，為句；尚氏以：樽酒，簋貳用缶，納約自牖，為句。尚氏說坎為酒，震為樽，故說樽酒。簋、音軌，乃竹器，以盛祭物，如黍稷者。缶為瓦器，盛酒漿者，或以為樂器，皆取其質樸之意。坎六四在此，其意蓋指時艱民困，生靈凋敝，連皇帝亦往往衣食不繼，何況其他？

「困來徐徐，重險坎坎。」就文字義意而言，困來徐徐，是說困之來，是日積月累，慢慢形成的；重險坎坎，坎為險陷，坎、坎，即險之又險，陷之又陷，以見其險陷之深。又說：「來徐徐，困于金車，吝、有終。」鑾轝播遷，時受制於軍帥與宦官，豈非困于金車？吝，有終。能夠信任忠良之臣，自然會有好結果，但如果能不「吝」，便另當別論了（吝為不定辭，凶吝而為吉，貞吝而為凶，可吉、可凶之辭）。

所謂「樽酒，簋貳，用缶，納約自牖，終，無咎」。宣懿溺於仙佛，僖昭困於藩鎮，連皇帝也隨時準備逃難，老百姓還有什麼好說的呢？困于金車（困四），樽酒、簋貳（坎四），豈非其應？

坎六四：樽酒、簋貳用缶，納約自牖。簋音軌，祭祀祀時，盛黍稷用；缶、瓦器，盛水酒用。本節朱子讀法為：樽酒簋、貳用缶，納約自牖；來氏讀為：樽酒、簋貳、用缶；尚氏秉和讀為：樽酒，簋貳用缶，納約自牖。樽酒，簋貳，用缶，皆從坎卦之象來，坎為水，故說酒，重坎三四五爻為震，震為尊，故說尊酒，震亦為簋，簋為祭器，盛黍稷用，重坎三四五爻為覆震，故說二簋。

伊川先生說本爻的意思是：「六四陰柔而下無助，非能濟天下之險者，因其在高位，故言為臣處險之道，大臣當險之時，唯至誠見信於君，其交固而不吾間（君臣互信堅固），又能開明君心（導之向善），則可保無咎矣！」這時唐朝的君臣能作到嗎？

納約自牖：牖為窗戶，朝中大臣，無論其出身，亦不問其如何得至其位，只要君臣之間，能以精誠相見，各具德信，雖納約自牖，又有何妨呢？

時大唐天下，適直武宗之後，為宣、懿二宗，自此而下，已然回生乏術矣！

唐宣宗是武宗的十三子，為宦官所立，極其聰明，凡事過目不忘，因以察為明，不重仁恩。嘗書《貞觀政要》於屏風，史書謂其：「樂聞規諫，門下封駁，亦多屈意相從，大臣奏章，必焚香盥手而讀之……」觀其甫登基，即去李德裕（德裕時為相，不用兵卒，僅憑數言即復河北數鎮，而帝去之），周墀諫開邊忤旨，即罷為東川節度使；帝欲禦樓肆赦（行大赦以博名），宰相崔慎由諫應先立太子，乃國家當務之急，較赦尤為重要而迫切。宣宗不悅，數日慎由即罷相。歷史上說宣宗「用法無私，從諫如流，恭謹節儉，有小太宗之稱」，似與史實頗有差距，或以為這些實質上，只是宣宗為博虛譽，所玩的小聰明而已。

終宣宗之世，幾乎所有大臣，皆諫其早立太子，宣宗不但不肯納諫，直如觸其逆鱗，每皆憤然不悅。宣宗之不喜立太子，乃是基於惡其長子，愛第三子欲立之，而又懼于大臣反對與物議，乃擬於臨終時托孤于其心腹三人以立之，偏偏三人未能同心，而卒仍立了長子，即唐懿宗，誠所謂人算不如天算者。

懿宗在位十四年，甫即位，便有浙賊裘甫作亂，之後又有桂州戍卒叛變（今廣西桂州），陷彭城（江蘇徐州）、滁州，殺刺史，以至淮南，康承訓大敗之。天下如斯之亂，並未給朝廷帶來絲毫警惕，朝政用韋保衡，路巖為相，爭通關節，索賄賂，時人目其黨為「牛頭阿傍」（言其如鬼之陰惡可怕），並盡去朝中忠良之士，如劉瞻、溫璋、康承訓等，忠臣溫璋甚且仰藥以死。十四年七月懿宗崩逝，宦官劉行深、韓文，為了利於掌握朝政，相約立懿宗少子普王儼為太子，年方十二稚齡，是為僖宗。

自懿宗以來，朝中奢侈日甚，連年兵革不息，關東水旱頻仍，百姓流離失所，無所控訴，遂相聚為盜，所在蜂起。這是懿宗為寶貝兒子留下的濫攤子。

史家對懿宗的評價是：「驕奢無度，淫樂不悛，李氏之亡，於茲決矣！」所以說：大唐江山之曲終人散，懿宗父子，應是最後的操盤者。

丁未之甲午僖宗即位，未幾，大唐即發生了更為嚴重的亂局，如王仙芝、黃巢、李茂貞等之亂。時直僖、昭二宗，於時世卦坎六四變困，故說「世當困，來徐徐」。同時困九四變，復為重險坎坎。僖宗即位之第二年，王仙芝起兵于河北長垣縣，第三年（丙申）陷淮南，次年（丁酉）黃巢陷沂、鄆（山東魯中、西一帶）。之後，王建據成都，王潮據福州，錢鏐據杭州，楊行密據揚州，李茂貞據鳳翔……重險坎坎，已昭然矣！

僖宗即位時，還是個十二歲的兒童，當了皇帝，豈識南北西東？天下事全由從小陪其睡覺的小太監田令孜來玩弄，自己只要有玩就好，呼田令孜為阿父，令孜納賄除官，無需中人，皆直接內線交易。

庚子廣元元年（時上已十九歲），左拾遺侯昌業，以盜賊滿關東，而上專務遊戲，賞賜無度，田令孜專權無上，社稷將危，上疏極諫。上大怒，召昌業賜死。十一月黃巢陷東都，十二月入潼關，尋入長安，稱大齊皇帝，號金統，盡殺唐宗室留長安者。僖宗逃往興元，次年辛丑，僖宗又逃往成都。癸卯李克用破黃巢收復長安，僖宗始得返京。黃巢走藍關，後並其兄、弟與子，皆被賊黨（其甥）斬首，黃巢之亂遂告一段落。

田令孜挾天子令諸侯，屠戮忠良，納賄鬻官，李克用上表請誅田令孜，進逼京城。田令孜挾天子幸鳳翔，李克用撤軍請上還宮。丙午田令孜刦上如寶雞，朱玫、李昌符追逼車駕，僖宗復走入大散關。二月還長安，立壽王傑為大弟，僖宗崩，大弟即位是為昭宗。

僖宗留下的第一筆大濫賬，便是收降朱溫。朱溫本黃巢部將，見黃巢已至窮途末路，亡在旦夕，便率部來降。皇上甚喜，因賜名全忠，並詔其為宣武節度使，治汴州開封。

昭宗為懿宗第七子，體貌明粹，有英氣，為宦者楊復恭所立，能尊禮大臣，僖宗威令不振，頗有恢復前烈之志，詎奈李唐已病入膏肓，亡國之徵，業已悉備，天祚已終，民心已離，雖欲不亡，不亦難乎？

昭宗即位，其措置最失宜者，便是上了朱全忠、張浚的當（張浚欲挾朱以自重，朱利用張浚動用朝廷力量，以削弱克用），遂以朝廷名義，派軍攻打李克用，並削奪其官爵屬籍。克用曾為李唐國家，消滅大盜黃巢，收復長安，有捍衛唐室之功，乃藩鎮中尚明上下之分、君臣之義者，今將之驅走，引用一些徒負虛名、好空談、而無實用的蠢材，如張浚之流，去對付李克用，結果一敗塗地，克用謂將來擾亂天下者必此其人，果不幸被其言中。

後人論說：唐藩鎮，惟李克用最為有功，雖嘗跋扈，而終不失臣節，若依為藩扞，使太原之勢常重，則諸鎮未敢窺唐也。戎狄之人，而不重信，是以不兢于汴（朱溫曾發動汴軍擊晉，于李極大打擊），而全忠獨強，吞噬諸鎮，卒滅唐室。

昭宗即位未久，新的藩鎮勢力，又已形成，其大勢如下：

以楊行密為淮南節度使，據揚州；

錢鏐為鎮海節度使，據杭州；

李茂貞為鳳翔兼山南西道節度使，盡有關中十五州之地；

王審知據閩，劉隱據廣州，各懷鬼胎，互為侵伐，朱溫又縱橫於其間，而所遇之主如此，天下大勢又如彼，冀天下太平、四海晏安，雖大羅金仙，亦恐其難以為力者！

李唐之所以亡國，從表面看，不外宦官專權與藩鎮跋扈。其基本關鍵，實歸之於君闇，而乏老成持重之大臣。

朱氏隱老以為：五代之君，非起於寇盜，則起於藩鎮，如馭之有道，則藩鎮可轉為良吏，夫敢僭竊？寇盜可轉為良民，何敢生窺竊之念？惟其皆出於「人為之重大謬誤與缺失」，是以後世學者惡其不肖而難為書，故不書五代而書宋，其諸以為必若宋之有天下也，而後始可以為唐之續歟？

其實，不惟李唐，歷代皆然。這是從夏朝家天下後，對我國千秋萬代政治制度所產的歷史功過。

黃氏畿說：戊申、己酉，世當解（經辰之申二千二百六十五，直解之歸妹、豫、恒），時入五代、劓刖相傷（困五），「赤紱無用，困已極矣！而徐有說、利祭祀」，則宋太祖興于世末，而「維有解吉」（解五），自此陽進陰退，而民蘇矣！

昭宗對大唐社稷而言，不但了無貢獻，且在其十六年歲月中，已將李唐天下，推至窮途末路，萬劫不復之地，自己也曾被宦官劉季述等，幽囚於少陽院，後經神策指揮孫德昭救出，不久即被朱溫所弒，同樣用一個十三歲的孩子作點綴，即所謂之唐哀帝，未幾便被朱溫所篡。於是天下藩鎮，紛紛開國稱孤，謂之五代，其紛亂擾攘，尤甚於藩鎮割據，所謂「劓刖相傷（劓音依，割鼻之刑；刖音月，斷腳之刑），赤紱無用」（困九五），困已極矣！

劓刖（困九五）：「劓刖，困於赤紱，乃徐有說，利用祭祀。」

劓音意，古割鼻之刑；刖音月，斷足之刑。劓刖相傷，即互相殺伐，乃至骨肉相殘之意。割鼻斷足，為古時之酷刑。澤水困，上體兌為毀折，錯艮為閹寺（宦官亦稱閹寺，此言宮刑之意），上下皆受傷害，故說劓刖。

尚秉和氏以為：上卦兌為伏艮，艮為鼻，伏艮，即艮不見，故說劓。兌為毀折，中上爻為半震，即震受傷害，故說刖。坎為赤，巽為紱（三四五爻為巽），故說赤紱，二爻坎無應，故說困於赤紱，上為陰，利陽之往，故悅。五有中正之德，有能為之才，故可徐徐脫於困境，能守此中正之德，如祭祀之誠，自可脫於困。

赤紱無用：赤紱，即大臣服飾，因豺狼當道，兵革連年，以致生靈塗炭，忠心謀國救民之士，已無施展的機會，即所謂「赤紱無用」，當然天下已混亂至極點，殘破至極點，此時已不能以哀鴻遍野來形容，而是人煙罕睹，千村寥落，蒿萊盈野，狐鼠於室矣！

解六五：「君子維有解，吉。有孚於小人。」

然而陰極陽生，否去泰見，所謂「乃徐有說（音悅），利用祭祀」（困五）。就爻《象》言，因九五中正而說體（上卦兌，兌說，故言說體），故說徐有說（悅，虞翻說，兌為說，坤為徐，二與五應故云），九五能守中正之德，復具有祭祀般之誠，如宋太祖之興于世末，以解此天下之結，所謂「而維有解者也」，自此陽進陰退，而民蘇矣！宋太祖統一了天下，老百姓始獲得了生機。

我國歷史上的幾次大動亂，不但人命如草菅，而且幾乎民無孑遺，南北朝時，有所謂五胡十六國，唐後有所謂五代十國，茲列表如下：

五代：即梁、唐、晉、漢、周。

梁：朱溫篡唐稱帝，被其子友貞篡弒，共二主十七年，唐莊宗滅之。（西元907—923）

唐：莊宗或稱後唐，李克用封晉王，子存勗嗣，滅梁稱帝。凡四主十四年。（923—936）

晉：石敬唐，篡唐稱帝，傳出帝，契丹滅之，凡二主十一年。（西元936—946）

漢：高祖劉暠，乘契丹滅晉而稱帝，傳隱帝，郭威篡之，二主四年。（西元947—950）

周：太祖郭威，篡漢稱帝，傳世宗，恭帝禪位趙匡胤，凡二主十年（西元951—960）

五代共一十三主，五十三年，僅六主善終，其間又有僭號之國十一處，稱王稱帝，賢愚不一。

按：五代之國，《通鑑》皆以後稱之，如後梁、後唐……

十國：吳、南唐、前蜀、後蜀、南漢、楚、吳越、閩、荊南、北漢。

加燕為十一國。

吳：楊行密，唐昭宗時據淮南封王，凡四主四十六年，李升篡之。（西元902—937）

南唐：李升，篡吳稱帝，凡三主、六、十八、十五，共三十九年。宋太祖滅之。（西元937—975）

前蜀：王建，昭宗時據兩川封王，唐亡稱帝凡二主三十五年，唐莊宗滅之。（西元907—925）

後蜀：孟知祥，後唐明宗時封王。凡二主，四十一年，宋太祖滅之。（西元934—965）

南漢：劉旻，因郭威篡漢，乃稱帝於晉陽，凡四主五十四年，宋太宗滅之。（西元917—971）

楚：馬殷，昭宗時據湖南封王，凡六主五十六年，唐李景滅之。（西元927—951）

吳越：錢鏐，唐昭宗時封王，凡五主八十三年歸宋。（西元907—978）

閩：王審知，據福建，凡六主，五十三年。起唐昭宗景福二年癸丑，終晉出帝開運二年。（西元909—945）

荊南、南平：高季昌，後梁臣，據荊南封王，凡五主五十七年。宋太祖滅之。（西元924—963）

北漢：劉龑（音儼）唐昭宗時封王，唐昭宗時即據廣南，梁時封王，至龑稱帝，凡四主五十五年，宋太祖滅之。（西元951—979）

燕：劉守光，父仁恭，唐昭宗時盧龍，梁初守光封王稱帝。唐莊宗滅之。（西元907—923）

按：凡此十一處，共四十二主，自唐末梁初，各據土僭號，至宋太宗太平興國四年，滅北漢，共八十三年，方完全剪除割據，完成統一，其五十餘國君，全身而善終者，纔二十餘人，餘皆死於非命。

五代十國，擾擾攘攘，各有起落，邵子《皇極經世》，並不以國君視之，因藩鎮亡唐，五十年間，國君猶如住旅館一樣，你來我往，只有兇暴殘虐，而無尊崇之容，邵子並不以國君視之，而謂為「日未出之星」，連一個諸侯的樣子也沒有，當然更談不上所謂之「皇、帝、君、王」了。亦如秦始皇一樣，雖然統一了六國，在邵子以〈會經運篇〉中，不過視為一獨夫而已，其人格價值，尚在六國諸侯之下。

黃氏說：庚戌、辛亥世當困之訟（經辰之戌二千二百六十七，直困之訟，世卦分訟之履、否、姤。經辰之亥二千二百六十八，直困之訟，世卦分訟之渙、未濟、困。）文王出羑里之卦也。僭偽削平，契丹尚在，太宗高粱之敗，真宗澶淵之盟，鮠䟘甚矣（困上，鮠䟘唸臬兀，不安貌）。大書聖祖祥瑞喧騰，蓋有訟之象焉，履反小畜，五星聚奎（天澤履反之則為風天小畜，均為五陽一陰之卦，故云），而真儒實懿文德，夫豈偶然之故哉？

隱士陳摶一日騎驢過市，聞陳橋兵變，趙匡胤黃袍加身，情不自禁哈哈大笑，很高興的說，天下從此太平了，興奮忘形的從驢背上摔了下來。可知中原粉碎，人民渴望太平的情形。宋掃埽平天下僭偽、恤民、興學，嚴治墨吏，釐清吏治，與民休息。戰士解甲歸田，文有張齊賢，呂端、呂蒙政一般賢士主政，百姓樂業，史稱太宗為太平天子。然宋雖統一中原，而契丹尚強，形成邊患，太宗太平興國四年，與契丹戰於高粱河，大敗，之後曹彬又戰敗，楊業戰死，劉廷讓敗於瀛州，至真宗遂有澶淵之役。

太祖趙匡胤，生於洛陽夾馬營，生時赤光繞室，異香經宿不散。仕周，官至殿前都檢點，數從周世宗戰伐有功，人望歸之。陳橋兵變前，軍校苗訓識天文，見日下復有一日，黑光摩蕩者久之，謂胤軍吏楚昭輔曰，此天命也。周世宗亦嘗于文書叢中，得木長三尺餘，題「點檢作天子」，時張永德為殿前都檢點，因命匡胤代之，諸多奇瑞流傳。訟初變履，履反為小畜，皆為五陽爻，故說「五星聚奎」，一時大儒備出，如周敦頤、二程兄弟、邵康節、張載、朱熹等，開創宋代儒學，在文化建設上，作出了極大貢獻。

澶淵之盟：真宗咸平元年，契丹進寇澶州，邊書告急，一夕五至，時寇準為相，既不作處置，亦不向皇帝報告，自己飲酒談笑自若（這與淝水戰前，謝石驅車出遊，同一心理作用）。兵法云：「多算勝，少算不勝。」未戰之前，謝、寇業已如今日兵家所謂之「敵情判斷，狀況分析」，而智珠在握，故能從容鎮定。真宗則十分驚駭，找寇準詢問時，準告真宗果真要解決此一問題，不過五日，便可了決。可見寇準早已城竹在胸。而出奇致勝，只要皇上能隨臣其去一趟澶州，便可解決，實際是要皇帝御駕親征。真宗面有難色，要回後宮一趟，寇準不可，說：「陛下入，則臣不得見，大事去矣！請勿還。」說皇帝進宮，便再也不會出來了。真宗很頭大，要聽聽大臣意見，大臣們建議皇帝，趕快遷都到安全的地方，四川的大臣陳堯叟，建議皇幸成都；臨安王欽若江南人，建議皇帝幸金陵。帝問寇準，準謂這些都是奸人的話，無論幸成都還是幸金陵，均足以使天下人心崩潰，敵人必然乘勝深入，天下還能保嗎？出這些主意的都該殺頭，這纔決定御駕親征。（這當然是一步險棋，要說寇準拿真宗作賭注，寇準斷不敢拿千載歷史罵名，與其全家老少的生命開玩笑。）

在行進途中，還有人建言，為朝廷安全計，真宗應幸金陵。帝問寇準，準說現在皇帝只可進尺，不可退寸。河北諸軍聞鑾輿將至，士氣百倍，若回鑾數步，則萬眾瓦解，虜乘其後，金陵亦不可得至也。機不可失，宜速進。帝至澶州城，見契丹軍勢壯大，皆以為御駕不可前進，應再觀望後，看形勢再行前進。寇準說現在如陛下不過河，人心愈危，請安心渡河，前面我們大軍已經布署好了，同時後續部隊，亦將到達，可以放心前進，於是真宗繼續前進，十二月真宗渡河，站在澶州城北門樓上，宋軍看到御蓋，皆歡聲雷動，聲聞十里，契丹亦深受驚駭，遂締澶淵之盟。

困上六說：「困于葛藟（音格壘），于鯢卼（音囁兀），曰動悔，有悔，貞吉。」真宗對澶淵之行，心中實在忐忑之極，這一爻，正說到真宗心坎深處。葛藟，即糾纏不清；鯢卼，危險不安貌。來氏說：葛藟者，纏束之物；鯢卼者，不安之狀。朝中大臣有幸蜀幸金之議，也有說寇準是以真宗作賭注……，黑白混淆，難以分辨此行究竟是福是禍？就朝臣而言，除寇準少數人之外，餘皆持相反意見。真宗心裏，實在鯢卼之極。動悔，即經過審慎研究考量，所謂動之於廟算；有悔，便征吉。能悔，便一定有希望。

實在說寇準與淝水之戰的謝石，所走皆為險棋，淝水戰後，如能乘勝規服中原，必將有一番景象。但當局者認為，能如此，亦足以偏安江左，而安享太平，也就心滿意足滿足了。澶淵之盟，寇準並不同意這個條件，是真宗認為是很滿意的條件，早簽便可以早日脫身還朝，吃點虧也就認了。結果寇準立了大功，反被小人咬了一口，說他拿萬乘之尊的皇帝作賭注，來簽下喪權辱國的城下之盟，是國家的奇恥大辱。由於真宗澶淵之盟的餘悸猶在，便以為寇準很可能是如此居心，遂把寇準下放到陝州去了。

康節先生〈觀物外篇〉說：「大過本末弱也，必有大德大位，然後可救。常分有可過者，有不可過者。有大德大位，可過者也，伊周其人也，不可懼也；有大德無大位，不可過者也，孔孟其人也，不可悶也，其位不勝德耶。大哉位乎，待時用之宅也。」以上簡單的說，有兩層意思，一是有大德、大才、而又有大位，如伊尹、周公者是；一是有大德、大才，而無大位者，如孔孟是。所謂過，即大過之過（按：不可過，即不能超過之意。有大德、大才、大位，不可懼，不會為害天下蒼生）。

也就是說：要挽救阽危的國家，有兩個要件，一是大德，一是大位，二者缺一不可，大位尤其重要，僅有大德而無大位，不能為撥亂反正，大過人者之事；但有大位而無大德，更是非常危險而可怕之事，如王莽，曹操……歷史上所在多有。宋太祖有大德大位者，故能掃五代之紛，而底定天下，濟斯民于衽席之安，有大過人者，故稱大過。

祝氏又說：康節易，於此獨詳其言，又無因而發，豈非隱說國朝之盛德耶？群賢彙征，以輔創業守成之盛乎？又說用卦之法，不可以卦名論吉凶，惟數之變則不可忽。

又大過陽多而陰少，亦有君子多而小人少之意。

劉氏斯組對本運的看法：

劉氏以為：運卦當大過之困。初分為兌，兌初之困，陰揜乎陽（揜，同掩）、而當棟橈（運卦大過三，為棟橈，三變為困），凶亦不免矣！

隨者，婦道剛來下柔主也，而悅隨之，牽於情感，乃成女主匕鬯之象（喻高宗與武氏）。比於夬（澤天夬），則一陰據五陽之上而稱尊（夬為澤天，一陰五陽之卦），彗星見出。（貞觀二十二年五月，五車之驗，其在是乎？）

此午會第九運，運卦當大過之困。始唐高宗即位十五年甲子。此十五年之前，在午會第八運中，卦直遯之咸。咸者感也，高宗咸于太宗武才人之美，罔顧人倫大義，與天變、人諫（太白屢晝見，民間《秘記》，唐三世後，女主武王代有天下；子納父妾，褚遂良叩頭流血而諫，韓瑗且謂恐宗廟不血食……皆不聽；永徽五年，大雨水沖萬年宮寢，溺二千餘人，六月恒州大水，漂五千餘家。恒，即北真定，六年即立武氏為后，自十五年甲子始，為經辰之子二千二百五十三世，運卦當大過之困。困卦分兌、萃、大過、坎、解、訟等之爻。每卦直二世，共六十年。

按：李治為太子時，見武氏美而悅之，太宗崩，乃出為尼，王皇后與蕭妃爭寵，乃納武氏於後宮，以撓蕭妃之寵，五年立為昭儀，翌年即廢王皇后而立武氏。武媚娘為禍伊始之時，所謂「悅而隨，牽於情」，復經武氏匠心安排，遍植黨羽，籠絡朝臣，卒致一陰居五陽之上而稱尊，遂成牝雞司晨，「乃成女主匕鬯之象」（匕鬯，念比暢，匕即湯匙，鬯為奉神的香酒，此處意即代表國家祭祀的主人）。猶一陰踞五陽之上，終至簒唐為周，達十六年之久，遂成五車之驗（《晉書・天文志》，五車即五帝座，在華蓋星之下，此即指居帝座之意）。

兌之困、隨與夬，各直十年，共直五十七世之三十年。

隨即從的意思，其卦為上兌下震（澤雷）隨。兌為少女，震為長男，即少女隨長男之意；兌為悅，震為動，下動上悅，故說「動而悅」。隨《彖》說：「剛來而下柔，動而悅，隨。」就卦而言，誠如劉氏所說：隨即「婦道剛來下柔主」之意，按理應柔下於剛，今則相反。簡言之，即「乾剛不振」，但又牽於情感，悅而隨之，積漸乃成女主匕鬯之象。亦猶高宗之于武氏，由高宗初時之垂簾聽政，繼之則政由己出，最後高宗連點頭的資格也沒有了。亦即高宗在位三十四年，五十六歲而崩。故高宗正應其運卦為大過之困，大過九三當棟橈，世卦為兌，初又變困，困所代表的意思，是剛為陰所揜。剛為陰所揜，亦即小人道長君子道消，困，自然因緣以生了。

困《彖》：「困，剛揜也。」（揜同掩）其為卦乃陰揜於陽，陽之光明被陰所掩蓋。同時並臨大過九三之「棟橈凶」。一座大廈的棟樑扭曲了，其對大廈安全的影響，當然關係甚大，故說棟橈。即大樑彎曲變型了，經星之壬一百八十九運，亦即自李唐、五代皆在困中，至宋太祖陳橋兵變，始出唐，迄五代三百六十年（五代六十年）之困。說剛揜，說棟橈，皆自困來，當然或不免於困之凶了。

劉氏說：是時廢帝為王（貶中宗為盧陵王），改唐為周（中宗嗣聖七年），天將反巽命而揚于王庭乎？（巽《彖》：「重巽以申命。」柔皆順乎剛，武氏則使剛順乎柔，故說反。）抑即帝之所在，而孚號有厲，告自邑乎！（夬：「揚于王庭，孚號有厲。」）陰雖踞尊，乾剛未改，天下皆思折鵡翼而培李枝，而未嘗忘夬之剛決柔也。「迄今讀賓王之檄（駱賓王〈討武氏檄〉），雖往為不勝，其振揚庭之氣者壯矣！」逮房陵復政，望協天人，授節戶廷，唐祚之反正，洵可悅也。而韋后又當歸妹之占，桑條有歌，承筐無實，點籌未畢，而餅餤又進矣！隆基討之，相王即位，誅及宗黨。

這段話為劉氏感慨之言，武氏之廢帝篡唐，驕揚跋扈于王庭，豈非與巽順之精神相背？然而非常遺憾的，雖帝之左右無能為於「孚號有厲，告自邑」，卒使陰踞乎尊，然乾剛未改，天下皆思折鵡翼而培李枝，而未嘗忘夬之剛決柔也（消滅武氏，中興李唐）。如徐敬業之討武氏，事雖未成，然亦頗振揚王庭者。

意即是說：讀賓王〈討武氏檄〉，雖未能推翻偽武而中興唐室，然其聲勢已深中四海人心，所謂「往為不勝，其振揚王庭之氣者壯矣！」之後終有五大臣者之反正，逮房陵復政，望協天人，授節戶庭，太子復政，乃順天人之望，唐祚之反正，天下復歸於唐，所謂天意人心，實在是可喜可賀之事，所謂洵可悅也。

按：折鵡翼而培李枝：鸚鵡夢，武氏告狄仁傑，嘗夢大鸚鵡兩翼俱折。狄仁傑說，武為陛下之姓，兩翼即二子，能復用二子，兩翼便復癒了，武氏乃召廬陵還朝。

巽以申命：巽《彖》：「重巽以申命，剛巽乎中正而志行，柔皆順乎剛……」重巽，即上下卦皆巽，亦即巽上加巽。巽以申命，巽為入、為齊、為順，為風，象政府發佈命令，故曰申命。

巽。

巽象曰：隨風巽，君子以申命行事。巽為風，前風去而後風隨之，故說隨風巽。

揚于王庭：「夬，揚于王庭，孚號有厲。告自邑。」

夬，即決，一陰在上，五陽在下，有陽盛陰消之象；從上下卦來說，水在天上，有決而下之勢，二者皆有決義。再者夬之前卦為益，益而不止必夬。

揚于王庭，孚號，有厲，皆指上六而言，說小人得志，放肆之意。揚于王庭，王庭，即指君側、皇君左右而言。孚號、有厲：孚號，掬誠而言，孚即誠；號，使之周知；有厲，宜提高其警覺，以防意外發生。

告自邑：使上令下達，眾皆一心。

但非常不幸的：

韋后又當歸妹之占，桑條有歌，承筐無實，點籌未畢，而餅餤又進矣！隆基討之，相王即位，誅及宗黨。

經辰之丑二千二百五十八世，世直困之兌，其年卦為兌四之節、五之歸妹、上之履。于武氏改周後之第九年戊戌，召還廬陵王，其後八年之乙巳，五臣反正，適直歸妹，故說韋后當歸妹之占。歸妹上六說：「女承筐無實，士刲羊無血（刲音葵），無攸利。」意即是說夫婦祭祀，男女分工合作，女的負責菜蔬八谷等，古人所謂之采蘋采蘩之類；男的負血牲之類如宰殺牛羊等，現在全是空的，女承筐無實，士刲羊無血，采蘋采蘩亦未準備，羊亦未殺，則何以供祭祀？這象徵著人倫已廢，後嗣已絕之意，豈非中宗與韋氏之兆？

五大臣反正：張柬之、楊元琰、桓彥範等，斬張易之、張昌宗迎太子，使武氏傳位中宗，所謂「中宗重定，而望協天人，授節戶庭」者。不幸又有韋氏桑條之歌，其禍較武氏有過之而無不及。

中宗李顯的智商，似乎近於低能程度，自己十餘年朝不保夕的放逐生涯，賴五大臣反正，滅周興唐，始得重定，憂慽愁苦纔剛剛結束，即拜武氏之黨上官婉兒為婕妤，上官通于武三思，遂薦武三思於韋后，中宗使三思與韋后打雙陸，且為點籌，三思遂與韋氏通。朝中大權，悉由武三思掌握，權傾朝野，致武氏之勢復熾，賣官鬻獄，公然行之。安樂、太平公主，亦各開府賣官，參與政事，中宗不以為忤。無獨有偶，武氏未受命時，天下歌嫵媚娘；韋氏未當權時，天下歌桑條韋，並上〈桑條韋歌〉十二篇，教宮女習唱，中宗十分高興。

雙陸：由西域傳來的一種博戲，類如現在的葉戲或跳棋之類，數點記籌，現已絕傳，惟日本尚存類似之戲。

但好景不長，上官蠱惑韋氏，亦效武氏臨朝，於是韋后便與武三思、上官婉兒、安樂公主合謀（安樂公主想當皇太女，即欲為女儲君，如皇太子），置毒於餅中，中宗啖餅餤中毒而死（餤音談，有兩義，一為進，一為薄餅卷菜肴，如春卷牛肉卷之類者）。後人認為中宗之崩：由於其妻煽禍、女特權（安樂公主）、戮五王；寵仇讎（任武三思、上官婉兒）、輕社稷、刑愛子（殺太子重俊），昏憒以至於此，卒致身弒名裂，莫非自招！

韋氏欲為武則天第二，結果畫虎不成，徒遺笑柄。為李隆基製造了機會。隆基徹底剷除了韋、武黨羽，一清廟堂，立其父李旦為帝，是為睿宗。

劉氏說：睿立二年，玄履帝位，辨上下以定民志（履《象》：上天下澤履，君子辯上下，定民志），則履之不疚（履《彖》：履，柔履剛也……剛，正中，履帝位而不疚。不疚，名如其實意）。位正中而孚嘉吉，則隨亦無咎（隨九五《象》：「孚于嘉吉，位正中也。」）開元之治，上比貞觀，逮於困而當剛揜（玄宗即位二十五年，年卦入困，楊妃入宮而剛揜），尚口信讒（困《彖》：剛揜，「有言不信，尚口乃窮。」）咸召女戎（因感戀而招女禍），悅情啟侮（因情悅而啟引的禍端）。楊妃應兌，祿山應艮（上兌下艮為咸，兌悅艮趾），佚女姣童，乾闈寵盛（美女少艾，閒居不善，無所不至，以邀男寵），天寶之亂，起於男女，終於播遷；馬嵬之變（玄宗避蜀，行至馬嵬驛，軍士嘩變，因誅楊國忠，並縊殺貴妃），靈武之留（玄宗避蜀，肅宗留而受禪靈武），群下順從，人心比輔于唐李，為存剝果于郭、李諸臣（郭子儀、李光弼，終於保住半壁江山），為來蹇朋（蹇五：「大蹇朋來。」喻君臣同其患難之意），王師用驅，逆禽若失，由是西京復（肅宗以郭、李同平章事，至德二年，收復洛陽、長安，東、西二京），上皇歸（明皇避蜀還），良娣寵（肅宗妃），輔國專（宦官李氏）；軍士廢立，姑息養亂，比之無終（比上九：「比之無首。」比上爻坎，以陰居上，故說無首，上爻亦為終，故說比之無終，肅宗直比，故云），肅概見矣（以見肅宗之一般）！

軍士廢立，姑息養亂：盧節度使王玄志卒，裨將李懷玉殺玄志子，推侯希夷為軍使，朝廷因以侯為副節度使。方面大員之節度使，由軍士廢立自此始。

河東軍殺其節度使鄧景山，上遣使慰諭以安之，請以兵馬使辛雲京為節度使，上從之。

行營突將王元振，殺都統李國貞；鎮西北庭營兵，亦殺其節度使荔非元禮，推裨將白孝德為帥。朝廷因而受之。

按：睿宗歷經武、韋二氏，所興起的腥風血雨，看得心寒；並欲給兒子施展長才的機會，因之，剛剛作了兩年皇帝，便把擔子還給了兒子，自己作太上皇去了。初時玄宗，果然不負乃父所望，其政蹟可上比貞觀。叵奈飽暖思淫欲，對國事日久厭生，誠如陳鴻〈長恨歌傳〉所說：「玄宗在位日久（即位二十五年），倦於旰食宵衣，政無大小，悉委于右丞相，稍深居宴遊，以聲色自娛。」如此，自然荒於政事，給小人以因緣趨勢，蠱惑弄權的機會，日益傾信佞邪，如李林甫（原上欲相李林甫，問於張九齡，九齡謂：宰相繫國家安危，陛下相林甫，臣恐異日為廟主之憂，玄宗不理會九齡的意見）、牛仙客、楊國忠等，甚至將國家一年的貢品，悉賜予李林甫，而了不以為過。有一張九齡而不見信聽（安祿山原為張守珪所轄，守珪派其討奚契丹，大敗而歸，按律當斬，守珪乃送往京師，九齡以守珪軍令如山，不宜免死，玄宗因惜祿山之才而赦之，九齡固爭，失律喪師，不可不誅。且其貌有反相，不殺必為後患，上竟赦之），直待安祿山把大唐天下搞得天翻地覆，玄宗逃難歸來，才後悔未聽張九齡的話，遂致付出如此慘痛的代價，生生世世難以湔雪的恥辱。

肅宗作了七年皇帝，雖賴郭、李二將之力收復兩京，但郭子儀時用時罷，不打仗時手中便無一兵一卒，形如無職散員，其他將領，或懼宦官陷害，而疏遠朝廷，如李光弼；或受寃被逼而反，如仆固懷恩等。大唐皇帝惟與宦官佞臣，則長相左右矣！

誠如司馬溫公所說：「偷取一時之安，不思永久之患，委一介之使（多為宦官），徇行伍之情，無問賢愚，惟其所欲（視行賄多寡，愛惡程度，而定高下），積習為常，謂之姑息，乃至偏裨，殺其主帥，亦不治罪，因而授之……」於是爵賞升除，殺生予奪，皆出於下，偏裨淩將帥，將帥淩天子。由是禍亂繼起，生民塗炭矣！

此種情形，終唐之世，卒無能改善，唐之國幾不國，乃至於亡者，以此。之所以然者，由於君上闇懦，遠賢親佞，肅宗有帝王師李泌而不能用，放之歸山；巨憝大奸，或則視為腹心，或則視為保障，或倚之而為斂財工具……，而無時或離。何況唐家皇帝，率為宦豎所立，皇帝安有不就範之理、之能？如代宗即位，李輔國即明對上說：「大家但居禁中，外事聽老奴處分。」群臣出入，皆先詣輔國，代宗稱尚父而不名，可見其淫威之盛。

初時李輔國與皇后張良娣狼狽為奸，把持朝政，之後又勢同水火，肅宗一死，李輔國便先下手將張后殺死，而立新君代宗。張氏欲重溫武皇之夢，卒化為炊煙，與生俱杳，付之東流矣！

劉氏斯組論代宗謂：代直豫卦，賜之名曰豫（肅宗立成王俶為太子，更名豫，復直豫卦，皆冥冥中之巧合）。豫（豫，安和悅樂之義，所謂人心和樂，以應其上）、利建侯行師（豫卦辭），利於立君用師，刑清民服，以順動故也（豫《彖》辭。豫，上震下坤，震動坤順，故有順動之義。言天理人事，能順其當然之理，則自然刑清民服）。時不盡然（好景不能常久），則世卦分困之萃，而直其九五，剛變為柔，應「貞疾，恒不死」之象（豫六五）；九四一握（豫卦惟四為陽爻，故融云），方鎮擅強（豫九四：「由豫，大有得，勿疑，朋盍簪。」），六五君位，猶豫莫制，坤，方土亦為民眾（坤為地，地方、亦為民眾），不顯比五（不，念丕，君道無光，坤不比同於五，就卦象言，五為陰爻，初二三皆陰，故不相比附），而聽四為動（四陽爻故初二三皆聽四而動，豫六五），時正應之。且艮互閽寺（艮為閽寺），初比輔國，繼緒元振，皆與象合。代宗苟安無事，豫怠之謂乎？否乃成矣！

意思是說：代宗名豫而直豫卦，豫即和樂愉悅之意，代宗即位之初，心地亦甚清明，處事尚能儘量求其中道。且代宗屢與子儀討賊，故說利建侯行師。九五本為剛位，代宗即位，仍頗受制于宦官，與藩鎮之跋扈，只有委曲求全，以維持大局，故有以剛變為柔，應「貞疾，恒不死」之象。「貞疾，恒不死」尚能卓立而不倚。豫全卦惟九四一爻為陽，對六五有極大影響，豫九四說：「由豫，大有得，勿疑，朋盍簪。」指子儀等一般大臣而言，由豫，國家由之而得其豫，勿疑，不可產生疑心。奇怪的是，唐朝自高宗起，幾乎所有皇帝，最不放心、最顧忌諱的是能得眾心，能夠作戰的忠貞將領，與堅貞不二的忠臣；最信得過的則是宦官與小人。以玄宗之明，張九齡、韓休之忠，亦嘗在罷黜貶放之列。豫卦九四的啟示是「勿疑」，只有勿疑，纔能得以「朋盍簪」，大家纔能齊心協力，團結一致，雖方鎮擅強，依然能大有為啊！（午夜夢迴，玄宗也不免很感慨的說「九齡老去、韓休死，明朝不復諫書來」的良心話。）

代宗雖然生於患難，老於軍旅，即位後頗思有所作為，然皆無能透出宦豎之迷網，因之有一李泌，亦不為元載所容，子儀功蓋天下，竟處之閑散之地，吐蕃以為老令公已死，遂大舉入寇。代宗欲招諸侯勤王，四十天無一兵一卒入關者，乃始召子儀，吐蕃入寇，子儀只帶了幾個家丁和幾十個散兵游勇，去對付三十萬眾，因之皇帝只有逃難的份了，郭子儀到了前線，吐蕃見到子儀，歡聲雷動。子儀以羊酒賜軍士，吐蕃三十萬大軍高高興興回吐蕃去了。代宗還宮，郭子儀率眾迎接時，皇帝只說了一句「用卿不早，故及於此」，豈非笑話？

刑清民服，以順動故也。豫《彖》辭：「天地以順動，故日月不過，而四時不忒。」說日月能循正常軌道運行，便不會有差錯。四時不忒，虞翻說「忒」，差疊也（即差錯之意），即四時不至反常，不會有不合理的變化；同理，聖人以順動（聖人指斷獄之人，順動，故能瀝清案情，則刑罰清而民服。

世卦分困之萃，即經辰之寅二千二百五十九世，世直困之萃兌，其年卦為萃初之隨、二之困，三之咸；即經辰之卯二千二百六十世，世直困之萃，其年卦為萃九四之比、九五之豫、上六之否。

豫六五：「貞疾，恒不死。」這一爻的意思是說：當豫之時，以柔居尊位，沈溺於豫，又乘九四之剛，眾不附而勢危，所以有貞疾之象。但因其能得中，所以又為常不死之象。

豫九四：「由豫，大有得，勿疑，朋盍簪。」九四為成豫之主，豫之所以為豫者，即因為豫由九四而來，為成卦之主，故說由豫。由豫所以為大有得者，言能得大行其志，而能為天下得「豫」之故。勿疑，朋盍簪，因為四多懼，故說勿疑，當至誠不疑，才能獲得朋類的擁護。簪，聚也，又速也。

顯比：九五顯比。顯，即顯然光明，正大無私。是說比於我者，皆顯然。顯然坦誠無私，而我亦坦然相與。

劉氏說：德宗直否與大過之夬、咸，（經辰之辰二千二百六十一世，直困之大過，其年卦為大過初六之夬、九二之咸、九三之困。）初作兩稅（夏秋各徵一次），又括富商，並稅間架，除陌錢，斂怨為德，又吝犒不恤軍士，儉于德惠，前後致生逆亂，出奔以避難，其應否之象乎？桑道茂（術士）早有暫阨離宮，高大奉天城，以備非常之請，倘亦「系于苞桑」之應耶（否九五爻辭）？

德宗初即位時，勵精為治，罷四方貢獻，減常貢錦千匹，出宮女，去服玩，頗有一番景象，中外大悅。未幾，即聽信奸臣楊炎的主意，行兩稅法，即量出以計入，視其歲出，以決定老百姓的稅負，並以夏秋兩次繳納，故說兩稅法；不足，又有所謂之間架法（即房屋稅，兩壁之間，為一間架，視其建造品質，以定納繳多寡）；又不足，「復刮富商錢」，商家財逾萬緡者（緡即串錢的繩子，一緡一千文），其多餘者，強制借給政府，朝廷並派度支單位（如今之稅捐單位），大索長安城中，長安如被盜寇，臨大敵，全城為之囂然；又括僦（租賃稅）、櫃質錢（典當稅）；又民眾凡蓄積帛粟麥者，皆借四分之一，並封其櫃窖，以防止百姓私藏，百姓為之罷市。以上並計借商所得，纔二百萬緡，人民已山窮水盡，十室九空，活命之機竭矣！豈非竭澤而漁？所謂「斂怨為德」，民心盡失！不但此也，于開赴前方作戰官兵，道經天子腳下，饑寒交迫，渴望慰濟的軍士，咸以為皇上會有犒賞，希能得以果腹，且冀有以安家，結果天子卻無絲毫犒勞，以至造成兵變，佔據京城，欲搶掠皇家金庫。德宗號召禁衛軍，竟無一人應命者，遂與太子宮妃等不足百人，匆匆忙忙，逃往奉天。繼而李懷光反，又奔梁州。劉氏認為德宗奉天之行，有「系于苞桑」之應。

按：建中四年，因叛臣李希烈欲攻襄陽，朝廷命涇原等道兵救之，姚令言將五千兵至京城，軍士冒雨前來，饑寒交迫，多帶子弟同行，想望皇帝一定會有所賞賜，俾使子弟們帶回家去，豈知一無所賜，把皮球踢給京兆尹，令京兆尹犒師，朝廷自己也沒辦法，京兆尹有什麼能力，只是供應些粗飯青菜而已，援軍大失所望，聽說皇帝國庫中金銀盈滿，大家呼號鼓噪，欲衝入京城搶皇庫，德宗聽說，趕緊派內臣宣告，每人賜布兩匹，眾益怒，遂射殺中使，入城搶掠，百姓驚走，上召禁兵禦賊，竟無一人至者，因禁軍，皆是挂名領餉的空額而已。皇帝無法，倉促攜太子公主貴妃等出奔逃往奉天，宮中宦官相隨者，不及百人。叛軍又擁朱泚為首，泚便自稱大秦皇帝。這是第一次皇帝逃難。

奉天被圍，城中糧盡，夜半軍士出城挖蕪菁食之，賴李晟、琿瑊將兵入援、李懷光亦以五萬人入援，當時情形，如李懷光遲三日至，奉天城將不守。大將李懷光，千里星夜馳往救援，解圍後本擬晉見天子，稟明天下之亂，皆由奸相盧杞所為，請誅奸佞盧杞等，沒想到自己立了大功，連天子面也未見到，便被派赴前線作戰去了（當然是皇帝中了奸臣杞的圈套），李懷光心中不是滋味，便頓兵不進，心生異謀，與反臣朱泚通謀，遂反，帝又奔梁州。為皇帝第二次逃難。

于此期間忠臣陸贄，把個中前因後果，以及如何來作一個好皇帝，苦口婆心，諄諄叮嚀，德宗尚千辯萬解，被陸贄一一戳破。因大勢所逼，不得不下詔罪己，總算收攏了不少人心。

桑道茂：德宗即位之初有道士桑道茂上書，謂陛下不出數年，暫有離宮之阨，宜高大奉天城，以備非常之請。劉氏謂為有「系于苞桑」之應。

否九五爻辭：「休否，大人吉，其亡！其亡！系于苞桑。」休否，休時之否，如弭平叛亂，即所謂休時之否者。伊川先生說：「大人當位，能以其道休息天下之否。君子安而不忘危；存而不忘亡；治而不忘亂，如此則身安而國家可保。」其亡！其亡！乃深戒之辭。系于苞桑：苞桑，即叢桑。有極其相反的解釋，一般皆以為，系于苞桑，乃得安固之意，以系于苞桑，是十分安全之象。來氏知德、尚秉和氏皆以為：應系之大木，方能鞏固，叢桑乃極柔弱之物，系之豈能安全無虞？系于苞桑應與燕巢飛幕相類，有朝不保夕之虞。應深戒於其所系。

劉氏又說：時按一如奉天，再如梁州，唐祚欲傾，乃得先否後喜，收復京城，當夬之剛，有戎勿恤（夬九二：「惕號，莫夜有戎，勿恤。」），孚號者，危乃光矣！（夬《彖》辭：「孚號有厲，其危乃光也。」）李晟、渾瑊、馬燧（皆當時大將），謂非決志去賊，而夬夬無咎者歟？（夬九三：「壯於頄，有凶。君子夬夬，獨行遇雨若濡，……」）至咸為宮市，並五坊小兒，白望攖物，則巽近利市三倍；又為之白望，艮小兒，寺僮之屬，連巽五坊也。

說京城被叛軍佔領，德宗兩次逃難，看來大唐天下快要完了，最後由李晟、渾瑊等，削平叛亂，皇帝始得還京。劉氏說：德宗是先否後喜，乃「有戎勿恤，孚號乃光，夬夬無咎」之應。德宗逃難返京後，所關心的不是痛定思痛，親賢遠佞，釐清朝政，而是要國家官吏向其行賄，用宮市、白望、五坊小兒去搞詐、勒索，所謂「至咸為宮市，並五坊小兒，白望攖物，則巽近利市三倍」。沒有本錢的買賣，豈止利市三倍呢？

德宗在位之十五年（經辰之辰二千二百六十一世，直困之大過，其年卦為大過初六之夬、九二之咸、九三之困。十五年即甲戌直咸），世卦大過變咸，咸者感也，德宗出奔時，歷嘗窮困苦難的滋味，返長安後，便專務聚斂，藩鎮多以進奉，博取皇帝的青睞，名曰稅外方圓（于常稅之外，或方或圓，用各種手段，如或向百姓加稅；或刻扣官吏俸給；或利用職權經商……率皆以十分之一二上繳，餘皆沒入私囊），或美其名曰「用度羨餘」，說是年度預算的結餘，用以上繳皇帝，報繳日期，又分為月進、日進不等。常州刺史裴肅，即以進奉，遷浙東巡察使，亦有州府判官，把府庫所有全部進奉，得奉徵為京官刑部員外郎者。

德宗貞元十三年丁丑，復為宮市。凡宮中用物，皆由宦官負責採購，謂以「宦者為宮市使」。以慣例而言，宮中所需一切物品，均由專任官吏負責採購，按買賣常規，以銀易貨。今改由宦官採購，不但不依價付費，卻把宮中不用的破舊衣物，敗繒（腐爛的絲織品），用紅紫染過，以充值，所謂「尺寸裂而給之」，賣者還得送貨入宮，並且還要負擔宦官的佣金與入宮門費。商人敢怒而不敢言，可見所謂之「宮市」，其實還不只是搶奪而已。於是商人看到宦官，便收貨罷市，宦官無物可購，遂置白望數百人，白晝入市，左右而望，抑買人物。質言之，以宦官負責作採購，即謂之宮市。杜甫〈賣炭翁詩〉中便說：「兩騎翩翩來是誰？黃衣使者白衫兒。」即指白望而言。「半匹紅紗一丈綾，繫向牛頭充炭直」，名謂「宮市」，其實乃是拿著政府執照來掠奪。

夬九二：「惕號，莫夜有戎，勿恤。」惕、恤，皆憂懼之意。惕號，呼告大家提高警覺。莫，即暮，夜暗也。有戎，即有兵事，可能有意外情況發生。勿恤，恤有憂柔寡斷意。戎，不一定指寇盜，一切小人之類，皆屬之。意思是說，如能時時惕勵自己，結納忠義之臣，遇有小人為非，當去之而勿恤。此說德宗一如奉天，再奔梁州，其始作俑者，皆由宦官佞臣之故，而賴李晟等平之，所謂先否後吉者。

夬《彖》辭：「孚號有厲，其危乃光也。」孚，誠信也。萬年淳氏（清人著《易搨》）釋說：孚號者，竭其誠以號之也；惕號者，危其辭以號之也，能惕號，故暮夜有戎勿恤也。暮夜之戎，陰戎也，小人之為害，多乘於人之所不見，能惕以號之，使之無釁可入，何恤之有？此說德宗接納陸贄建言，下詔罪己（皇帝下詔書，自己批判自己，向人民謝罪）。

夬九三：「壯於頄（音揆），有凶。君子夬夬，獨行遇雨。若濡有慍，無咎。」頄音逵，面顴也，壯於頄，喜怒形之於色，把自己的心事，挂在臉上。如將誅小人之決心，現之於面，小人必然亦有其反應之道，如此豈不有凶。

「君子夬夬，獨行遇雨，若濡有慍，無咎。」夬夬，決之又決也，意指九五與九三。夬之所以決者，即在上之小人，亦即上六之一陰，執行決小人之任務者，則為九三，九三雖與上六正應，但誅小人之決心不變，故說夬。九五與上六為鄰，其必去上六小人之決心，亦不變，故說君子夬夬。

獨行遇雨：九三欲誅上六之陰，故獨行，上為澤，故說遇雨。被雨所淋，故有慍。雖有慍怒之意，而不失其夬夬之志，故無咎。此說李晟等忠心謀國，其間雖有小人之挑撥離間，卒不為所動，艱苦與叛軍搏鬥。終於擊敗叛軍，迎帝還京。

五坊小兒：五坊即：一鵰、二鶻、三鷂、四鷹、五狗，謂之五坊。專事張捕鳥雀，名為貢獻宮中，實則巧名斂財，故或張網於門，或設羅井口，人或近之，即於痛毆，謂其驚供奉鳥雀，必出錢物求謝乃止，謂五坊小兒。極言宦官暴民之甚。唐德宗時屬宣徽院，為宦官所管。

白望攖物：攖，音英，接近，觸迫意，此即攖取之意。

又：運卦為澤風大過，即上兌下巽，巽為白眼、為雉（即鵰鷹之屬）、為長、為近利市三倍，其究為躁卦。

咸為澤山，上兌下艮，艮為小兒、為狗、為閽寺。此所謂五坊，即指巽艮各象而言。

劉氏又說：咸以虛受人，而君子以善，小人以貨也？宦者用事，執隨、志下矣（咸九三：「咸其股，執其隨，往吝。」）！讒人高張，口說、滕上矣！（咸上六《象》：「咸其輔、頰、舌，滕口說也。」）忠賢貶出，君子行遯矣！君心悅邪，感害未光矣！滅木之慚，其以是乎？

咸《象》：說：「山上有澤。咸，君子以虛受人。」

咸卦下為艮山，上卦為兌澤，故說山上有澤。兌上缺，缺即虛，咸之感，以上六之虛，虛則能通，實則氣塞而不能通矣！君子于人，以虛而能受，實則氣盈而不能受。此咸之所以為象者。然而君子虛以受善，小人之虛，則受之以貨矣。咸股執隨，股即大腿，大腿不會自己走路，會走路的是雙足，大腿要跟著腳走路，即所謂執隨。就像糊塗的皇帝，一定要聽宦官與小人的話是一樣，與佞人居，循佞人意，事情自然越來越糟，其志安有不塵下之理？德宗於此，即所謂「感股執隨」，於是小人得以肆其唇舌，口說滕上矣！滕為大口而言。（咸之上六：「感其輔、頰、舌，滕口說也」。）小人得勢，便信口雌黃，顛倒黑白，即所謂「滕口說」者。陸贄對唐朝所建功勞，不亞于郭子儀，郭之功勞多在戰場，而陸贄則是為帝王師，其所建言，皆廊廟百年大計，於有唐賢臣中，不讓魏徵。無奈大唐天子，除極少數者外，有一共同毛病，就是：與邪而棄正；惡直而好讒；好佞而悅欺；多疑而與誕（胡氏致堂氏以為，裴延齡兼此四惡），而德宗則尤甚。德宗要用盧杞，陸贄以盧杞乃大奸巨惡之徒，絕不可用；德宗欲以裴延齡管理國家財政，陸贄諫裴延齡誕妄小人，用之恐怕會為國家製造麻煩，德宗皆不以為然，而不信聽；天下四十餘州大水，溺死者三萬餘人，陸贄建議朝廷應派使者，前往災區救濟慰問。德宗則認為災情是下面謊報的，本無多大損失，如「即議優恤，恐生奸欺」（德宗當然是受了宦官的蒙蔽和欺騙），陸贄幾諫而不允。

裴延齡性多奸巧，嘗奏報皇帝說他檢查倉庫時，於庫內糞土中，得銀十三萬兩，雜貨百萬有餘，請另存別庫，以供特別需用（即欲送給皇帝作私房錢）。主管者上疏爭辯，說本為庫中存物，請派人檢驗，俾明真相。德宗明知裴所說皆欺人之談，但不容主管者申辯，即據以為糞土中之物。從此延齡便有恃無恐，恣意詭譎。陸贄每有所奏，上信延齡而不直贄（陸贄言：「度支准平萬貨。」說國家財政收支，應根據施政需要而定，如刻吝則生患，寬假則容奸，延齡誕妄小人，不可用，上不從）。次年即貶陸贄為中州別駕，延齡益被重信。諫議大夫陽誠，見陸贄被貶，便率朝中全體諫官，伏闕痛哭而諫，上大怒欲罪之，太子為之營救……所謂「讒人高張，口說滕上矣」！於是忠賢貶出，君子行遯矣！

由於皇帝喜歡小人、佞臣，亦即所謂之「君心悅邪」。如咸九四所說：「憧憧往來，朋從爾思。」小人與小人為朋，一股腦兒算計忠臣，教君為非。在上者溺於陰柔小人，不能光明正大，故說「慼害未光」，故君子貶出。於是小人道長，君子行遯，澤水太過而滅木，君子之道，豈有不息者？所謂：「君心悅邪，慼害未光矣！滅木之慚，其以是乎？」（君心被小人之害所慼，受了宦官的蒙蔽，故正道未光。）

又如，德宗於朝中大小官吏，必親自選任，而其所任、所選，亦多為小人所援引者，類以辯給取人（即善巧便佞者），不得敦實之士。大而言之，如用裴延齡而貶陸贄；信張延賞則疑李晟；惟獨始終愛護一盧杞（幾乎所有兵變，皆為盧杞所逼而生）。如盧杞之種禍，德宗之昏愚，已達極點。

「咸其股，執其隨，往吝。」（咸上六爻辭）。《象》曰：「咸其輔、頰、舌，滕口說也。」輔，即上下嘴唇；頰，即口腔左右壁。滕，張口騁辭貌，以口說而惑人。

口說滕上矣。皇帝聽得進去，很喜歡聽。

忠賢貶出，君子行遯矣！君心悅邪，感害未光矣！說德宗與小人憧憧往來，朋從爾思，為不正之感，致忠良貶出，對國家，可說是為害無窮。故說滅木之漸，其以是乎？

順帝嬰疾，失音困矣！即位而先罷宮寺諸弊政，亦即為亨。然亦不能決事，宮帷可奏，婦寺益以竊權，邪黨因以連結，剛亦愈擠矣！

德宗駕崩，太子即位，是為順宗。初即位，即罷宮市與五坊小兒。對當時社會而言，實為一大德政。然太子得風疾不能言，亦不能決事，由宦官李忠言，與昭容牛氏，自帷中決其奏，王伾、王叔文坐翰林中決事。並有劉禹錫、柳宗元等，參與決策。王柳等汲汲如狂，倜然自得，自以為伊、周、管、葛復出（即伊尹、周公、管仲、諸葛亮）。朝臣之榮辱進退，在於被等一時情緒而定，其門晝夜車馬如市。當時朝廷狀況則是：「宮帷可奏，婦寺益以竊權；邪黨因以連結，剛亦愈擠矣！」謂順宗因不能言語，以致婦人、宦官決議朝政，並與小人二王、八司馬，大家相連結一氣，順宗愈以不能有所作為矣！剛愈為之擠。待太子監國，始得退諸小人而淨朝班。

王伾、王叔文，前者善書，後者善棊，出入東宮，侍娛太子，即專陪太子玩的人。八司馬即陸淳、呂溫、李景儉、韓曄、韓泰、陳諫、柳宗元、劉禹錫等人。

順宗口雖不能言，但心底明白，於是便交由太子監國，未幾即主動退位，把政權移交給太子，自為太上皇了。順宗在東宮三十年（作了三十年太子），天下陰受其賜（如德宗罷陸贄，諫議大夫楊誠率朝中御史諫上，德宗欲罪楊誠，賴太子救而得免），誠不失為賢明之主。

劉氏說：幸即傳位太子，憲宗克振大綱，用忠謀、平僭叛，困而得其所享，本末不病於弱，而橈者隆矣！惟時任用各當，措置無乖，淮西河朔，討平有功，勞民勸相，疆理井井，巽入坎險，巽齊坎勞。詩云：「罙入其阻」，「有截其所」，與告成于王，此運之象也，憲克當之。夫何媚佛好仙，服柳泌藥求長生，而反卒致弒也！其澤滅木乎？

憲宗即位，剛明果斷，出宮女，蠲稅斂，禁奉迎貢獻，初用杜黃裳、李絳、裴度、高崇文，李愬等，所向有功。如彰義節度使吳元濟反，朝廷討之，四年不克，裴度自請督師，擒吳元濟斬之；又擒劉辟、執李錡、蕩除猾逆，致「強藩悍將，皆思歸順」。誠所謂「困而得其所享」者。本末不但不病於弱，而橈者亦隆矣！即憲宗「任用得人，措置無乖」之故。

憲宗直大過之困，即經辰之辰二千二百六十一世，直困之大過，其年卦為大過九三之困。困之《彖》說：「困而不失其所享，其惟君子乎！」豈非憲宗之謂？迨經辰之巳二千二百六十一二世，直大過之井，井卦說：「無得無喪，往來井井」；

《象》曰：「勞民勸相。」「勞民勸相」，即養民教民之意。「疆理井井」。疆理，大有力之領導，至當的治理方案。井卦說「往來井井」，井井，即養而無窮之意。井卦的卦象是水風井，上坎水，下巽風。坎為勞卦，有勞民之象；巽為申命，有勸相之象。井《象》說：「木上有水，井。君子以勞民勸相。」上水下巽，故說木上有水。（樹木的根在下，可將地下之水，傳達之樹梢，即木上有水之象。）

朱子解釋「勞民勸相」說：「勞民者，以君養民；勸相者，使民相養。」來氏知德說：「勞者，即勞之也；勸者，即來之也；相者，即匡直輔翼之也。」勞民勸相，則民德可新，有君臣父子之道，故說「井井無窮」。

劉氏說：巽入、坎險；巽齊、坎勞。詩云：「罙入其阻」，「有截其所」歟？告成于王，此運之象也，憲克當之。夫何媚佛好仙，服柳泌藥，求長生而反卒致弒也！其澤滅木乎？

罙入其阻，有截其所：《詩・商頌・殷武》：「撻彼殷武，奮伐荊楚，罙入其阻；裒荊之旅，有截其所，湯孫之緒」。罙，音彌，《說文》釋為周，即周遍之意，亦有深入與冒之意。撻，疾貌，快速之意。殷武，即殷王之武。裒，音抔。剖，用雙手捧取物意。駱賓王〈討武氏檄〉：「一抔之土未乾，六尺之孤何托？」湯孫，謂湯高宗即武丁。這首詩的意思，是說湯自盤庚之後，殷道中衰，楚人叛之，高宗撻然，以伐其國，入其險阻，以致其眾，盡平其地，使截然齊一，皆高宗之功也。引此詩以喻憲宗，伐平叛亂，以齊一國家政令。

憲宗大軍掃平藩鎮叛離，有巽入、坎險；巽齊、坎勞之象，其間有深入，有坎險；有巽齊申命，有勞坎君子有終吉。如李愬平吳元濟之役，於大風雪之夜，人馬凍死者觸目皆是，夜行士卒不知何往，李謂入蔡州擒吳元濟，士卒聞之失色，以為此行必死，因畏愬將令，不敢違抗，夜半雪愈大，行七十里，始至州城，因官軍已三十餘年未至蔡州城下，故蔡人不為備，四鼓愬至，無一人知者，殺守門卒，而留系柝者，使擊柝如故，遂開門納眾，雞鳴雪止，愬入居元濟外宅，乃擒元濟。以見其巽入坎險，巽齊坎勞之狀。猶如成湯高宗之伐荊楚，時人以詩頌之曰：「罙入其阻」，「有截其所」。憲宗亦足以當之，故劉氏說巽入、坎險，巽齊、坎勞，君子有終吉。

憲宗元和，雖號中興，然而好景不常，于平淮蔡後，數十年藩鎮割據之地，多已克服，憲宗驕侈之心，因之以生，以判度支（財經首長）皇甫鏄（鏄音博）、鹽鐵使（鹽鐵專賣局長）程異，數進羨余（常常向皇帝送紅包），故以其為同平章事。朝野駭愕，即市井負販者亦嗤之。因之忠良思退，度求退不許，乃上疏謂：淮西蕩定，河北底甯……陛下建升平之業，十已八九，何忍便自行隳壞，使四方解體乎？上以度為朋黨，不之省，鏄益無所憚。

憲宗於聚斂之餘，復大興土木，修麟德殿，龍首池。又好神仙、求長生，因服方士柳泌藥，日加燥渴。起居舍人裴濟上疏說：「世上如真有神仙，則必深潛岩壑，惟畏人知；凡候伺權貴之門，以大言自衒，奇伎驚眾者，皆不軌徇利之人，豈可信其說而餌其藥邪？夫藥以愈疾，非朝夕所餌之物，況金石酷烈有毒，又益以火氣，殆非五臟所能勝也。古者君飲藥，臣先嘗之，乞令獻藥者，先餌一年，則真偽可辨矣！」上怒，貶潾。

憲宗問宰相玄宗先理後亂之故。崔群對說：「玄宗用姚崇、宋璟、韓休、張九齡則理；用李林甫、楊國忠則亂。故用人得失，所系非輕。人皆以天寶十四年，安祿山反，為亂之始；臣以開元二十四年，罷張九齡相，專任李林甫，為理亂之所分也。願陛下以開元初為法，以天寶末為戒，乃社稷無疆之福。」上尋罷群。

經辰之巳之庚子十五年正月，帝暴崩于中和殿。時則因憲宗服金丹，多躁怒，左右宦官，往往獲罪而死，內常侍陳弘志等弑帝。豈非澤滅木之應？

憲直大過之困，大過為上兌下巽，上澤下木，澤居木上，故說澤滅木，困為上澤下坎，兌為毀折，坎為陷，世卦、年卦，上卦皆為兌，兌悅也，帝悅皇甫鎛、柳泌等而疏斐度，兌摧李折，澤滅木，此大過之所以為大過也。李純（憲宗）被弑，太子恒即位，是為穆宗。

劉氏說：逮于穆、敬、文、武、宣、懿諸宗，直井、恒、姤，坎之節、比暨井。（穆、敬、文、武，經辰之巳二千二百六十二世，直困之大過。其年卦為大過九四之井、九五之恒、上六之姤。宣、懿，經辰之午二千二百六十三世，直困之坎。其年卦為坎初六之節、九二之比、六三之井。）

穆、敬享祚不長（穆在位四年，敬二年），再失河朔。一宴遊喪度而象羸瓶

（指穆宗直井。井，羸其瓶，凶。）；一童昏被弒（指敬宗，在位二年），而非位難久也；文憂柔寡斷，象恒之內巽，而制之于家奴，甘露之變而天子震驚，羸豕牽柔，卒於窮吝，他美何述焉？

穆宗更是一位十分荒唐的皇帝，父親被宦官謀殺，自己又被宦官所立，可見唐朝宦官，弒君立君，已司空見慣。憲宗被弒，穆宗即位，上自穆宗，下至文武大臣，無問憲宗崩殂之事者，更無論誅賊懲奸了。憲宗正月被弒，穆宗次月即位，穆宗為慶祝其登極博好彩頭、討吉利，遂諭令群臣皆釋服（不穿孝服），並舉行重陽大宴，以示慶祝……，其廢禮忘親，縱情聲色，以至其極。又放縱藩鎮，以下犯上而不能裁制。最後穆宗亦因服金丹而亡。

穆宗直井，井卦辭謂：「羸其瓶，凶。」羸，即破壞，瓶為取水之器，古人以之取井中之水，羸瓶，瓶子破了，自然不能取水，無水得飲，當然為凶了。到頭來，亦金丹而亡。

放縱藩鎮，再失河朔：

如盧龍軍，囚節度使張弘靖，推朱克融為留後；成德兵馬使王廷湊，殺節度使田弘正，朝廷起田布（弘正子）為魏博節度使，與諸道合兵討之，廷湊圍深，冀節度使牛元翼於深州，官軍三面救之而不果；魏博牙將史憲，逼田布令自殺，朝廷不能討。朝廷無奈只好授朱克融、王廷湊以節鉞。由是再失河朔，終唐之世，未能收復。

敬宗即位，不過纔十六歲，所好惟「玩」，對擊球、手博、獵狐（捕捉狐狸），各皆精通，如生於今日，必然會成為十項全能運動選手，但卻不幸而生於帝王家當皇帝。為了自家玩擊球、手博、獵狐，便把朝政交給宰相李逢吉來玩。李布署了一群狗腿子，如所謂之八關十六子者，各據要津，為其閹官納賄，玩弄朝政。皇帝玩得過頭，每月上朝議事，不過一、二次，大臣罕得見到皇帝，至其玩樂聚飲，則無分晝夜。浙西觀察使李德裕，上〈丹扆六箴〉（扆，音衣，皇帝背後的屏風。一、宵衣，依時臨朝；二、正服，不可奇裝異服；三、罷獻，禁止四方貢獻；四、納誨，接受臣下之建言；五、辨邪，明辨邪正；六、防微，不可輕車簡從出遊，以策安全等。）但非常遺憾的是，「言之諄諄，聽之藐藐」。玩樂過了頭，不免心浮氣躁，高興了便濫賜厚賞，飲讌終宵；不順意便動施鞭撻，任性施虐，一次玩球至半夜，便被其玩伴之宦官劉克明，竟然把皇帝殺了。朝中亦無人追究弒君之罪，在宦官朋友的支援和掩護下，殺一個皇帝比殺一條狗還要輕鬆平淡，沒有什麼差別。晚唐政治，可想而知，又是一陳弘志矣（弒憲宗）！

李逢吉為相，除結合宦官王守澄外，其黨羽並有所謂八關十六子之徒，相結用事。張又新、李仲言，李虞、劉栖楚、李續、張權輿、程範、薑治等謂之八關，其依附者又八人，合之為十六子，朋比用事，糜爛朝政。

又說：文憂柔寡斷，象恒之內巽，而制之于家奴，甘露之變而天子震驚，羸豕牽柔，卒於窮吝，他美何述焉？

文宗名昂（音卯星名），穆宗第二子，為宦官所立，以韋處厚同平章事。未即位時，喜讀《貞觀政要》，並深明前朝之弊，及即位，勵精圖治，去奢從儉，出宮女三千餘人，放五坊鷹犬，省教坊二千餘員，把過去朝廷的私房錢，悉入國庫，每單日上朝，延訪政事，久之方罷。後以風疾，王守澄薦鄭注，飲其藥有驗，因有寵，遂以為翰林學士，初上嘗問翰林學士王珏（珏，音覺，二玉相並為珏）曾認識鄭注其人否？王珏說：「臣十分瞭解，他是個奸邪小人，陛下寵之，恐與聖德有損，我處皇帝左右，不敢與此人交通。」上即以注為工部尚書、翰林侍讀學士，未幾，即貶珏江州刺史。鄭嘗為帝畫策，文宗寵信益隆，連逐三相（李德裕、李宗閔、王珏等），平生絲恩發怨，無不報者，凡其所惡者，皆目為二李之黨，朝中幾乎被貶一空。

文宗欲誅宦官，謀于鄭注、李訓等一般弄臣。以參觀「金吾廳後石榴夜有甘露」之名，擬誘致全體宦官，伏兵誅之。事被宦官仇士良發覺，即以神策軍反制，並以軟轎輿文宗於前，使對方束手（用皇帝作擋箭牌），神策軍大開殺戒，殺千六百餘人，既李訓、鄭注、舒元輿、王涯等，誣以謀反，悉皆殺之。自此天下悉決于宦官。脅迫天子，下視宰相，淩辱朝士如草芥。

史臣論曰：「文宗欲誅宦官，應先選賢宰相，釐清朝廷紀綱，掌握賞罰之柄，然後執其元惡，付之有司，正其典刑而已。乃用鄭注等小人，施用詭計，無問良窳，悉夷滅之，遂致一敗塗地，非徒無益，乃至危及社稷，用小人以去小人，未有不害及國家者。」

開成四年十一月，帝坐思政殿，問周墀：「朕可方前代何如主？」對曰：「陛下堯舜之主也。」文宗說：「我豈敢比堯舜？我問的是我比周赧王、漢獻帝如何？」墀說：「彼皆亡國之君，陛下怎可與之相比？」文宗說：「赧、獻受制于疆諸侯，朕卻受制于家奴，看來，朕連他們也不如啊！」

文宗直大過之恒與姤。恒為雷風，上震下巽，巽入也，巽為風，風亦為入。《說卦傳》：巽為白眼、為股，皆小人之象。

姤初六：「系于金柅，貞吉；有攸往，見凶。羸豕，孚蹢躅。」金柅，用於止車，如果不止而繼續前進，則必有凶；羸豕，瘦弱之豕，朱子釋為小豕；孚，釋誠。此說其豕，慣於蹢躅，意即豕雖羸，亦不可忽其蹢躅之性。二者皆言止，謂文宗利用小人，如李訓、鄭注等，皆不能勝其任，故當止之，若不止而往，則必有凶。卒致訓、注不但未能誅宦官，反被宦官所誅，並殺其黨千餘人，禍及忠良宰相王涯、舒元輿亦死之，涯實不知情，家無老少，悉為宦官所寃殺。文宗當止而不止，竟如易言。

劉氏說：武英敏而克上黨、太原；宣明察而納正言直諫，裁制節度，親賢比樂，亦云得矣！乃又幸歸真，惑元伯，非入坎窞而失道凶乎？懿宗溺愛無度，比昵陰小，朝廷失政，閹寺弄權，信讒斥忠，民釁盜起。坤主民眾，坎為盜寇，比內坤外坎，民化為盜，而井之坎巽，亦曰盜風（井上坎下巽，坎為盜，巽為風），且世卦分坎井，直來之坎坎（坎六三：「來之坎坎，險且枕，入于坎窞，勿用。」），群盜公行，此其變也。僖年少而困蒙，民困于水旱饑殍；國困於盜賊攻掠；王駕困於迫挾播遷，蒺藜、葛藟、木石之間，疊為行在（困六三：「困于石，據于蒺藜，入于其宮，不見其妻，凶。」）朱紱並困（困九五：「困于朱紱。」）

武宗名炎，穆宗第五子。文宗崩，宦者仇士良立之，以李德裕為相。昭義節度使劉從諫卒，其子稹自為留後，德裕召諸道討之，牙將郭誼斬稹以降，河北三鎮，每遣使京師，德裕即告以河朔兵力雖強，然須藉朝廷威名以安軍情，因之常向宦官們求官，何不自己建功以結朝廷？皆感德裕之言，由是三鎮不敢有異志（成德、魏博、盧隆）。且善制閹寺，仇士良去，其黨不至橫行。但很遺憾的是，武宗求仙而好道，受法籙於趙歸真，為築望仙觀，以趙為道門教授先生。毀天下佛寺，僧尼並敕令還俗。卒餌方士金丹有疾，十日不能言，闇啞而崩。

宣、懿二宗，直經辰之午二千二百六十三世，直困之坎。其年卦為坎初六之節、九二之比、六三之井。

宣宗名忱，憲宗第十三子，為宦官所立，恭儉愛民，謂能受諫，所謂「明察沈斷，從諫如流」。然初即位，即受三洞法籙（或謂：誅趙歸真者，宣宗；受法籙者，亦宣宗；一人之身，半年之間，相反如此。）嘗書太宗《政要》於屏風，每正色恭手而讀之，人稱小太宗。校之史實，其虛譽過實者居多。實是一位不能容物之人，如看李德裕不順眼，便予罷相，右補缺丁柔立上疏訟德裕冤，宣宗則其與德裕朋黨而罷之。實則丁柔立確是一位君子，就事論事，因李德裕執政時，曾有人向李推薦丁為人清直，可值諫官，德裕不予任用。丁不記恨于李，已屬難得，而丁明知天威難犯，仍能就事論事，為李辯寃，卒獲「阿附」之罪（阿附朋黨）而貶官。再者宣宗生母，本為郭太后侍兒，因與郭后有隙，故宣宗對太后，頗不為禮，太后心中怏怏，欲登樓自殞。上大怒，是夕太后暴崩，人頗有異論。謂宣宗「納言直諫，裁制節度，親賢比樂……」，乃初即位時事，雖嘗讀太宗金鑒：「至亂未嘗不任不肖；治未嘗不用賢。」即謂「凡求致太平，當以此言為首。」（也就是說，天下之亂，未嘗不是由於用不肖之故；其求致太平，則莫不由於用賢。）此說固是。惜其行事，似猶未逮！史臣謂：「帝精於聽斷，以察為明，無復仁恩之故。」乃又幸王歸長，惑李元伯（方士），非入坎窞而失道凶乎？坎初六：「習坎，入於坎窞，凶。」窞音膽。《說文》謂，窞乃坎中之坎，或作坎底，或謂從坎旁入之坎，喻陷之深之意。

按：宋范祖禹氏謂：宣宗抉擿細微，以驚服其群下，小過必罰，而大綱不舉。以一人之智，周天下之務，而不能舉賢人共天職也，譬如廉刻之吏，謹治簿書期會，而不知為政，特一縣令才耳，豈人君之德哉？

元伯：李元伯方士，宣宗服其藥，疽發背而亡。

宣宗臨朝，戲劇化味道太濃，《通鑑》說宣臨朝，接對群臣如賓客一樣，左右從未見其有倦容，每宰相奏事，旁無一人立者，威嚴不可仰視。奏事畢，忽然和顏悅色的說，現在大家可以隨便閒談了。從宮中到民間，無事不談，約十五分鐘左右，又忽然一本正經的說，大家要好好幹，不要辜負我，否則我們便沒有再見的機會了，說罷便回宮去。宰相令狐綯（音桃）說，我為相十年，也深得皇上禮遇，每奏事，未嘗不汗沾衣也。不是很戲劇化嗎？如張九齡、李泌、李德裕等為相，便不至汗沾衣了。所以宣宗不用李德裕，只能用令狐綯等半吊子作宰相，始足以顯其英明與風範而已。

懿宗溺愛無度，比昵陰小，朝廷失政，閹寺弄權，信讒斥忠，民釁盜起。坤主民眾，坎為盜寇，比內坤外坎，民化為盜。而井之坎巽，亦曰盜風（井上坎下巽，坎為盜，巽為風），且世卦分坎井，直來之坎坎（坎六三：「來之坎坎，險且枕，入於坎窞，勿用。」）群盜公行，此其變也。

宣宗在位時，忠心體國的大臣，一致建議宣宗早立太子。宣宗聞之，極其震怒。裴休為相，宣宗要其「極言時事」，意即要其對當下朝政，知無不言。裴休因請早立太子。宣宗非常氣惱的說：如果立太子後，是不是要我作閒人？裴休不敢再說什麼，便上個辭呈走路了事。宣宗為什麼那樣忌諱立太子？因其十分鍾愛幼子，欲立之，而不好明言，乃於臨死托孤于王歸長等三人，使其奉遺命而立之。其中因王宗實不肯合作，謂王歸長、李元伯是假傳聖旨的，便把王歸長、李元伯殺了，而立太子漼，是為懿宗。

懿宗名漼，宣宗長子，陰錯陽差當上了皇帝。由於懿宗皇運有欠亨通，即位未幾，即有紹興裘甫的作亂，聚眾數萬人，以王式為浙東觀察使討平之。之後自於宮中講經，剃度僧尼，並比昵小人，疏怠賢臣，以致盜賊蜂起。寵任肖小如韋保沖、路岩為相，二人爭賂遺之門，勢動天下，人目其黨為牛頭阿傍，言其如鬼之陰惡可怖。懿宗則日以佛法為事，數幸諸寺，施與無度，飯萬僧於禁中。及迎佛骨，以金銀為剎，珠玉為帳，每剎數百人，其衛儀之盛，過於郊祀。未三月而命殂身亡。

韓愈諫迎佛骨，被貶潮州。自詠謂：「一封朝奏九重天，夕貶潮陽路八千，本為聖朝除弊政，敢惜衰朽在殘年；雲橫秦嶺家何在，雪擁藍關馬不前，知爾此來應有意，好收吾骨漳江邊！」（後二言謂其姪韓湘子）。

又寵同昌公主（帝女），溺愛無度，公主適韋保沖，傾宮中所藏以資嫁。主薨卒，葬之以服玩，每物百二十車，珠玉錦繡，緷煥三十餘里。

按：王式平裘甫之亂，散各縣倉穀於民，不置烽遂，派濡卒為候而少給兵，卒獲大勝，眾皆不解，詢其故？式說道理很簡單，當時雖軍食方缺，所以散穀予民者，因賊之眾，乃聚穀所誘之饑民，今我散穀給民，則民不為盜矣！且各縣又無兵守，不散則賊來適足資盜耳；烽遂，所以召救兵者，今無救兵可召，烽遂適足以驚擾百姓而亂軍心；不派健卒，因勇卒遇敵常不量力而鬥，如遇強敵而被殺，則賊來不知，故以懦卒為候。眾皆歎服。

懿宗直世卦坎九二之比、六三之井。比為水地、上坎下坤；坎為盜賊，為險陷；坤為民眾，故有民化為盜之象。井為水風，即上坎下巽，坎為盜，巽為風，有

「其盜如風」之象。坎六三說：「來之坎坎，險且枕，入於坎窞。（窞音膽。《說文》謂，窞乃坎中之坎），勿用。」二坎相重，謂之習坎。六三居二坎之間，進退皆險，所謂「下坎終，而上坎繼」，「前、後」皆坎，故說「來、之」坎坎。險且枕，枕即枕戈待旦之枕，枕言上坎，險言下坎，入於坎窞其意在此。

懿宗之入於坎窞者如此。在位十四年，除對大唐社稷，極盡破壞之能事外，實無寸善可言。懿宗崩，宦官劉行深、韓文等，立其十二歲幼子，是為僖宗。

劉氏說：僖年少而困蒙，民困于水旱饑殍；國困於盜賊攻掠；王駕困於迫挾播遷，蒺藜、葛藟、木石之間，疊為行在，朱紱並困（困九五）。

困六三：「困于石，據蒺藜，入于其宮，不見其妻，凶。」

困九五：「困于朱紱。」朱紱意指朝官困於草野。

僖宗名儇，為懿宗少子，十二歲被宦官劉行深立為皇帝（不立長而立幼，易於控制），僖宗自幼即與宦官田令孜同臥起，即位後，呼田為阿父，政事皆由田令孜肆意玩弄，納賄除官，自己當家作主，無須關白，僖宗則專務遊戲而已。

按：僖善騎射，劍槊、法算、蒱博，鬥雞走馬，無所不精，尤好擊球，自稱可為擊球狀元。令孜每備菓食，與上對飲，上與內園小兒狎昵，賞賜以萬計。府庫空竭，令孜建議沒收兩市商（外蕃旅華之商人）貨物，以充實府庫，有投訴說者，交京兆尹杖之。

時飛蝗蔽日，京兆楊知至奏說：「蝗不食禾稼，皆拖棘死。」群臣入賀。如此欺君罔上，較趙高指鹿為馬，尤有過之。

僖即位卦直坎之困，澤水為困，困上兌錯艮，則困變山水蒙，故說少而困蒙；天子年幼，於象亦為蒙。所遇皆困：人民困于水旱疾疫；國困於盜賊攻掠，天子困于宦官、困于逃難，所謂困於蒺藜、困于葛藟、困于木石之間，誠無所不困者！

自懿宗以來，奢侈日甚，用兵不息，賦斂愈急，加以連年水旱，州縣不以實告，百姓流殍，無所控訴，遂相聚為盜，所在蜂起，天下大亂。自作孽，不可活，最後還是把這個爛攤子，交給了自己的寶貝兒子來承擔。

僖即位後之十一月，山東濮州鹽梟王仙芝，即聚眾數千人作亂，起于河北長垣。僖宗乾符二年，攻陷濮、曹（今魯西一帶），黃巢聚眾應之。四年二月王仙芝陷鄂州（今武昌），黃巢陷鄆州（今魯西一帶），五年正月，招討副使曾元裕，大破王仙芝于中州（今河南信陽），二月曾元裕大破仙芝于黃梅（今湖北），斬之。巢統其眾，稱沖天大將軍，由河南下杭（杭州）、越（越州即紹興）、福三州（福建福州），繼破廣州，自謂天平軍節度使。六月黃巢陷宣（今安徽宣城），七月黃巢渡江（賊軍因水土不服，十死二三，故渡江北返）；十一月黃巢陷東都（今洛陽），十二月入潼關；尋入長安，屠唐宗室子孫在長安者無遺類。遂入宮，自稱大齊皇帝。

上走興元（今陝西漢中），中和元年上避成都。巢命朱溫攻河中（今山西平陽蒲州），節度使王重榮大破之。

巢起於草莽，四年之間，不旋踵而入長安，自古少有，緣唐之各節度使，以朝廷寡恩，又受制于宦官，戰勝有功，則受宦官迫害，乃至賜死。惟有讓盜賊繼續存在，自己纔能長久擁有實力，保全富貴。將帥依匪而存，其政治之腐爛，可想而知。其所以不旋踵而亡，亦屬叨天之幸。

僖宗時謀害忠良的情形：

廣明元年二月，殺左拾遺侯昌業。昌業以盜賊滿關東，而上專務遊戲，賞賜無度。田令芝專權無上，社稷將危。上書極諫，上大怒，即予賜死。

中和元年七月，殺左拾遺孟昭圖：因上疏諫帝遠宦官，親賢臣，田令孜矯詔貶嘉州（今四川嘉定），遣人沈於蟆頤津（今四川眉州城東蟆頤山下），聞者氣塞。

中和四年十一月，有宦者曹知慤者，有膽識，黃巢陷長安，知慤集壯士據嵯峨山（在西安涇陽），常遣人易著賊服，夜入長安攻賊營，賊驚疑不安，朝廷非常嘉勉，就除內常侍，田令孜十分氣惱，便派人去突擊他，將之殺死，使僖宗沒有絲毫行為能力，於此始對左右流涕。其謀害忠良如此。

劉氏說：甲辰（僖在位之十一年）卦應師貞，方平大寇，而北司、內寇猶橫，劫駕幸鳳翔，如寶雞，應「田有禽」，賴克用「執言」（師六五），謂為「丈人吉」可也。

按：比、井，則坎盜外乘（比、井，坎皆在外）；困、師，則坎盜內據（困、師，坎皆在內）；北司應重坎；中互艮、震（重坎互震、艮），有閹寺主器，內外寇連之象。當是之時，而唐祚岌矣！

從直卦來看，宣、懿直比與井。比為水地，即外卦為坎、內卦為坤；井為水風，即外卦為坎，內卦為巽，二卦坎皆在外，坎為盜而在外，故劉氏說坎盜外乘；困為澤水、師為地水，二卦坎皆在內，故說困、師則坎盜內據。是宣、懿之憂在外，而僖之憂在內，內即宦官，所謂「北司應重坎；中互艮震（坎：二、三、四爻互震；三、四、五爻互艮），艮為閽寺，震為長子，長子主器，故有「閽寺主器」之象；比、井，困、師，盜據內外，有「內外寇連」之象。

說宣、懿二宗，內外皆盜，當是之時，唐祚豈不岌岌，危如累卵？

經辰之午二千二百六十三世，直困之坎。其年卦為坎初六之節、九二之比、六三之井。經辰之未二千二百六十四世，直困之坎。其年卦為坎六四之困、九五之師、上六之渙。甲辰直師，師卦辭謂：「師貞，丈人吉。」中和三年五月，李克用（時年二十八歲）擊敗黃巢，收復長安。四年六月賊黨斬巢以降，應師六五「田有禽，利執言」。光啟元年三月，僖宗還京（李克用光復長安而返京）。所謂方平大寇。

按：師六五：「田有禽，利執言，無咎。」爻意是說：六五為師之主，兵者國之大事，乃不得已而用之。田有禽，國家發生動亂，不得已而用兵弭亂，即「田有禽，利執言」之意。執，即將其消滅或捉住，社會纔能安定，也纔有利。言，語辭，讚歎之意。

黃巢之亂雖平，叛將秦宗權之亂作，寇掠焚翦，其殘暴尤甚於巢。宗權向光州刺史王緒索軍餉，緒不能給，宗權怒，發兵擊之。緒懼，乃率光、壽（光，今河南光山，安徽壽陽）二州兵五千人渡江，轉掠江（今江西九江）、洪（今江西南昌）、虔州（音譴，今江西贛州）。復陷汀（今福建汀州）、漳（今福建漳州），然皆不能守。後緒被其將王潮，取而代之。潮圍泉州。此為小股流寇。昭宗龍紀元年秦宗權伏誅。

光啟元年，河中節度使王重榮（河中，即山西蒲州一帶），屢上表數田令孜十大罪狀。孜派兵攻河中，重榮求救于李克用。十二月克用兵逼京師，田令孜挾帝奔鳳翔。翌年正月，田令孜劫上如寶雞，李克用還軍河中，與王重榮同表請上還宮。朱玫、李昌符追逼車駕（與田令孜爭奪皇帝），上復走入大散關，玫攻散關不克，二月至興元（今陝西漢中）。三月車駕至鳳翔。文德元年二月，帝還京（僖宗被劫持出走，終得返京）。

所謂「北司內寇猶横，劫駕幸鳳翔，如寶雞」，王駕困於「迫、挾、播、遷」，時困于蒺藜、葛藟，乃至木石之間，豈非朱紱並困者？（朱紱，大臣所佩戴飾品，紅的叫朱紱，此代表朝廷威儀。）

王李克用先是光復長安，後復主動退兵，並上表請帝還京，應「田有禽，利執言」之象，可謂「丈人吉」者。

文德元年正月，僖宗又回到長安，僖宗嬌生慣養，日以遊樂而傷身，加以連年逃難，擔驚受怕，而又奔波於荊棘、葛藟、木石之間，自己所依附而生的阿父，非但漠視自己的存在，而且以之為砧上之俎，掌中之偶，處處受制于田令孜，成年之後的李儇，真個生不如死，於是于文德元年，重回長安，已將油盡燈枯，陽壽殆盡了，宦官楊復恭，立皇弟壽王傑為太弟，僖宗尋崩，太弟即位，是為昭宗。

然而昭宗的命運，仍然逃不出宦官與藩鎮的魔掌。

文德元年，以朱全忠為蔡州四面行營都統（河南汝寧），二月以楊行密為淮南留後，朝中視朱全忠，亦如玄宗時之視安祿山，更加速了大唐之亡。

劉氏說：昭宗志復前烈，威令莫振，官軍一潰於克用，再奔於茂貞，又賴克用而三鎮討平；復又以茂貞而京師不守。上如華州，孰謂渙初之「拯馬壯吉」乎？（渙初六：「用拯馬壯，吉。」）朱、李爭迎，渙奔何願？（渙九二：「渙奔其機，悔亡。」）極於銀搗畫地，鎔鐵錮門。

昭宗體貌明粹有英氣，喜文學，以僖宗威令不振，朝廷日卑，有恢復前烈之志，於是尊禮大臣，頗思賢豪，即位之初，中外皆寄以厚望。即位後，第一個考驗，便是朝廷出兵討李克用的事，已明白看出昭宗仍然是一個昧於時勢，不辨忠奸，無遠識、無決斷的皇帝。

亙唐朝藩鎮中，最為陰險狡詐的，前為安祿山，後為朱溫。自宣懿以後的國家局勢，多半皆在朱溫的運用與掌握之中，當然這也由於物腐蟲生之故，做皇帝的闇弱無能，做大臣的只關心自己的權位利益，以藩鎮作奧援，藩鎮則以朝中大臣左右朝政，打擊政敵，有識見有作為的大臣，朝廷不信、不用，昭宗亦自不例外，昭宗大順元年討伐李克用便是朱全忠與宰相張浚聯手導演的一幕劇，宰相張浚為鞏固自己的權位，朱全忠篡唐鋪路，內外合作所演的一幕劇。

昭宗大順元年，李克用攻雲州（今山西大同），四月朝廷削奪李官爵與軍籍。朱全忠、李匡威，上言請討克用。昭宗召三省御史台四品以上官員共議，十之六七皆以為不可。宰相張浚以為這是千載一時的大好機會，孔緯以為張浚所說，乃是萬世之利。昭宗無奈，勉強同意出兵，並謂此事付卿二人，希望不要為我丟臉。遂以張為河東行營都招討。張浚本一無恥小人，初依宦官楊復恭得進，後復恭失勢，又依宦官田令孜，敬田令孜酒，又怕人看到，說自己依附宦官，而又狂妄無識，自比謝安。裴度、克用皆不值其為人。李克用私下對朝廷使臣說：「張公好虛談而無實用，主上采其名而用之，他日亂天下，必此人也」，後果如其所言。討李大軍浩浩蕩蕩開赴河東前線，結果兩軍尚未接觸，副使孫揆，即被克用子以三百人擒之。朱全忠，李匡威皆敗走，官軍大潰，張浚，韓建遁還。二年正月貶張、孔二人為遠州刺史，張依韓建，二人又密求助於朱全忠，朝廷不得已聽其自便。復克用官爵，加中書令。劉氏所謂，官軍一潰於克用。也是昭宗即位後，自己給朝廷鼻子上抹灰。

景福元年，以楊行密為淮南節度使（今揚州）；九月，以錢鏐為鎮海節度使（治浙杭州）；十月，以李茂貞為鳳翔兼山南西道節度使，以是茂貞盡有鳳翔（陝西鳳翔）、興元（漢中）、洋（漢中洋縣）、隴（鳳翔隴）、秦（陝西鞏昌秦）十五州之地。乾甯二年五月，王行瑜（求為尚書不得）、李茂貞、韓建，以靖君側為名（因王重榮之子王珂、王洪兄弟爭河中，行瑜及韓建茂貞，聯名推薦珙，朝廷同意李克用薦珂），茂貞等恥之，因舉兵犯闕，最後皇帝答其條件，以王珙為河中節度使，三鎮始退兵。七月削王行瑜爵，以李克用為招討使討之，十一月李克用克邠州，王行瑜伏誅。

乾甯三年六月宦官劉季述，幽昭宗於少陽院，季述以銀撾劃地，數上之罪說：某時某事汝不從我，罪一也；如何如何，汝不從我，罪二也；……如此數十不止，乃手鎖其門，鎖上並灌以鐵汁，穴牆以通飲食，矯詔迎立太子。

昭宗之難，雖形之於藩鎮，其禍亂之源，實導之于宰相崔胤，崔胤貪戀名位，陷害忠良，既無膽識，惟依賴外力，以保權位。劉季述挾幽昭宗，復脅百官共署廢帝立太子，胤等皆為之署。胤求援于朱全忠，卒賴神策指揮使孫德昭平之。昭宗遂得重定，胤每以誅宦官為事，而又無長策，適李茂貞入朝，胤諷茂貞留兵宿衛，韓偓以為不可，胤不從。及李茂貞入朝，深與宦官韓全誨結納，崔胤則又求助於朱全忠，而與茂貞為仇矣！昭宗以國事悉付于胤，宦官側目，胤亦汲汲于朝中宦官之除。上獨召韓偓問之，偓以為「應擇其罪大惡極者數人，繩之以法，撫諭其餘，則自安矣。帝王之道，當以重厚鎮之，公正御之，至於機巧，則此機生，彼機應矣，終不能成大功。目前朝廷之權，散在四方，苟能先收此權，則無不可為矣。」

時胤請盡誅宦官，宦官亦日夜謀胤，胤即告全忠有密詔，囑全忠以兵迎駕。十一月韓全誨則劫車駕如鳳翔，於是朱、李又展開了「皇帝」的爭奪戰。

先是崔胤赴河中（山西蒲州）泣訴于朱全忠，並親為全忠執板、歌以侑酒（由此以見胤之為人，誠小頭銳面之尤者，宰相而為伎女子態，可恥亦復可憐），朱全忠圍鳳翔三年，雙方相持不下，朱乃朝服向城而泣，訴說只是希望迎請聖駕返宮，別無任何企圖（這種小孩子的玩意兒，不但騙了昭宗，連李茂貞也上了當），更不是來與岐王（李茂貞）爭什麼勝負的，李茂貞的條件是誅宦官韓全誨等，殺他人的頭，可獲得自己自由，昭宗當然樂得如此，在鳳翔所殺已七十餘人，全忠密令京兆尹捕誅九十人。昭宗入全忠營，全忠素服待罪，頓首流涕（朱忠演技到家，堪稱大奸巨惡），上亦泣，親解玉帶賜之，昭宗返長安，崔胤復大誅宦官，第五可範以下數百人，盡殺之，冤號之聲，徹於內外。俗謂重病之人，毒盡則人死，宦官為唐患將兩百餘年，至今只剩三十名幼弱，籍供洒掃而已，唐朝天下，亦將至盡頭矣！二月賜朱全忠號「回天再造、竭忠守正功臣」。上欲用韓偓為相，偓薦趙崇、王贊自代。胤怕韓偓分其權，因使全忠白上（挾全忠以邀帝），偓何得薦宰相？昭宗無奈，貶韓偓為濮州司馬。上與泣別，偓曰：「臣得貶死為幸，不忍見篡弒之辱。」是韓偓早已看清昭宗的結局了。

劉氏說：德昭方斬元兇（光化三年，劉季述幽帝於少陽院，神策指揮孫德昭斬劉季述，帝得重定），全忠又肆兵劫，卒成乎弒。上九謂，渙血、遠害，殆難言矣！

渙上九：「渙其血，去逖出，無咎。」《象》曰：「渙其血，遠害也。」渙即散也，逖即遠，去狄出，走得遠遠的，離開戰亂與小人，即可無咎。

天佑元年，朱全忠殺崔胤（崔胤自以為聰明，屢向全忠靠攏，卒玩火自焚）。上表請遷都洛陽（名曰表請，實則脅迫），促百官東行，驅徙士民，滿路號哭，罵曰：「賊臣崔胤召朱溫，傾覆社稷，使我曹流離至此。」朱溫劫帝遷洛，隨行小黃門，悉屠之于穀水，天子無一人之衛，翌年即被弒。劉氏說，渙血遠害，殆難言矣！意即是說，上九謂：「血去逖出」，便可遠害了，而昭宗非但未能遠害，卻卒被弒，個中道理，殊難明白。《易經》說的沒錯，渙其血，忠臣的血；軍士的血；人民的血；宦寺的血，流得不為不多。但要「逖出」啊！逖出始可遠害。亡國之尤的宰相崔胤，苦心孤苦詣，要把皇帝送給朱全忠，難道不知這是驅羊入虎口？饞狼焉有不食啖邊肉之理？再說即是投奔，也要找個稍有人性的藩鎮，焉可投奔朱溫呢？因為不能「逖出」，雖「渙其血」，終不吉而反凶，自是必然的了。

崔胤自以為聰明，屢向全忠靠攏，打朱全忠牌以提其高身價。卒致玩火自焚。誠如韓偓所說：「凡為天下者，萬國皆屬之耳目，安可以機數欺之？莫若推誠直致，雖日計之不足，而歲計之則有餘也。」又曰：「帝王之道，當重厚、公正，瑣細機巧，此機生，則彼機應之！」崔胤雖死有餘辜，可為後世誤國者鑒。

天佑元年八月，朱全忠（時朱在河中）遣判官李振至洛陽，與蔣玄暉、朱友恭、氏椒琮等，共同研究如何弒帝，玄暉遣牙官史太等百人，夜入宮弒帝，帝方醉，遽起，遶柱走，太追弒之。

朱全忠聽到昭宗被弒的消息，假意慟哭，說這些奴才們弒帝，陷他於不義，使其受惡名於萬代。於是殺友恭、叔琮；二月使蔣玄暉縊殺德王裕等九人（皆昭宗子），投屍于池；六月李振言于朱全忠，隨昭宗來的大臣都不可靠，於是聚裴樞、獨孤損、崔遠等三十餘人于白馬驛，一夕盡殺之，投屍於河；十二月誅蔣玄暉。令王殷、趙殷衡等弒太后于積善堂。斬柳璨於上東門、車裂張廷範於都市。璨臨刑呼曰：「負國賊柳璨，死其宜矣！」意即是說「負國賊柳璨呀！柳璨！今天斬你於東門，對你而言是死不足惜啊！」柳璨至此方知助紂為虐，負國害民之罪，是無所逭的。雖似有所愓悟，然於身於國，皆無所補益矣！不知其是否猶憶于司空圖之事？

司空圖曾為禮部員外，初棄官隱居虞鄉王官谷（今山西平陽），昭宗屢徵不起，柳璨以書徵召之，圖懼入見，陽為衰野，墜笏失儀，璨復下詔：「養高釣名，匪夷匪惠，難居公正之朝，可放還。」

胡致堂氏以為：圖之境界，迹近而意遠，清疏而罪微，在韓偓之右，而為蔡邕、周顗所難。

朱溫弒帝後，立輝王祚為皇太子，更名柷，於柩前即位，是為昭宣帝（即哀帝），在位三年，朱溫復廢而弒之，謚曰哀帝。

劉氏說：「哀帝徒擁虛器，三年而冊寶奉梁，卦亦在解之歸妹。」

唐哀帝（即昭宣帝）直經辰之申二千二百六十五，直世之卦為解初之歸妹，九二之豫，六三之恒。

哀帝挂了三年皇帝招牌，每日等待著朱溫的命令，出具「禪位詔書」，度日如年，默默等待著禪位後朱全忠的賜死。

朱全忠視哀帝，亦如圈中之羊，俎上之肉，全無任何顧忌，只待其何時心血來潮而已。劉氏說：哀帝徒擁虛器，三年而冊寶奉梁，卦亦在解之歸妹。

歸妹之上六說：「女承筐，無實；士刲羊，無血，無攸利。」《象》曰：「上六無實，承虛筐也。」哀帝擁有帝位之虛名，復身懷國寶。實則如「女承筐，士刲羊，無攸利」。所謂：「上六無實，承虛筐也。」

又說：「罪不可宥者，朱三之悖，其象為高墉之隼；其應為升座之狐。淫汙被弒，而凶曷怪焉？友貞誅友珪而立為末帝，不克自強，卒為唐莊三矢所滅，豚犬非敵（梁朱溫稱其子謂豚犬），豫見之矣！」

所謂「高墉之隼，其應為升座之狐」者？高牖，來氏釋為皇宮之牆，所謂宮牆萬仞，故說高牖。隼為鷹鷙，為雉；下卦坎為弓，主射，故說射隼于高墉之上。朱溫常避暑河南尹張全義第，淫其婦女殆遍。溫長子早卒，次假子友文（即養子）特愛之，次友桂無寵，次友貞。溫常徵子婦入侍，友文婦美，尤寵之，欲以友文為嗣。友桂心不平，以兵夜入，大罵老賊萬般。遂弒之。此言朱友桂射高牖之上之隼。朱溫社鼠城狐之敗類，其狡如狐，篡唐而為帝，故說升座之狐。淫汙被弒，而凶曷怪焉？朱溫遍淫子婦，禽獸行，而遭凶死，蓋物有必至，理有固然，朱溫為五代極惡之首，豈能逃乎天理昭彰之外？遂遭凶弒，固無足怪。

友桂弒父自立，友真起兵討之，友桂自殺，友貞遂自立于大梁（即末帝）。同室操戈，不克自強，友貞又信佞遠賢，宿將憤怨，士卒不服，眾心離散。唐天佑二十年，後唐大舉伐梁，梁主聞唐軍且至，日夜涕泣，不知所為，泣謂皇甫麟曰：「吾不能自裁，卿可斷吾首。」皇甫不得已，乃弒梁主，並自殺。存勖入大梁，毀梁宗廟，追廢朱溫，朱友貞為庶人，並漆梁主友貞首，藏於太社。莊宗百戰，以成父志，可稱英主，所謂「豚犬非敵」，朱溫亦豫見之矣！

五代之主，李克用雖為胡人，但其忠義之氣，在有唐藩鎮中，誠不作第二人想，雖曾引兵進逼京城，致昭宗奔鳳翔，其實皆宦官田令孜，朱全忠等所誘設挑撥之局，以破壞克用與朝廷之關係。田令孜使朱玫、李昌符討河中節度使王重榮，朱、李二人實陰附朱溫，李克用亦欲伐之，朱玫復數遣人入京城、殺近侍、燒聚集，聲言皆李克用所為，欲朝廷討之。克用由是救重榮，大敗玫、昌符，進逼京城，致昭宗奔鳳翔；唐亡後蜀主王建，致書克用各帝一方，克用復書云：「誓於此生，靡敢失節。」即生為唐臣，終生不敢稱帝之意。將終時，以三矢遺存勖曰：「梁為我之仇；燕王為吾所立（燕，即劉有恭，恭有幽州，乃克用所賜）；契丹與我約為兄弟，而皆背吾歸梁。三者，吾遺恨也，與爾三矢，無忘乃父之志。」李存勖供之祖廟，用兵則請其矢以行，凱旋則納之。唐天佑十年冬十月，晉王入幽州，執劉仁恭、守光父子，凱歌而返，斬守光於太廟，械仁恭於代州，祭克用之墳而斬之。

唐天佑二十年，後唐大舉伐梁，梁主聞唐大軍且至，日夜涕泣，不知所為，泣謂皇甫麟曰：「吾不能自裁，卿可斷吾首。」皇甫不得已，遂弒梁主，而後自殺。唐入大梁，毀梁宗廟，追廢朱溫，朱友貞為庶人，並漆梁主友貞首，藏於太社，五代首惡之梁，父子十七年風燈草露，終斷送于朱友貞之手，唐莊三矢卒成厥功。

先是梁朱溫攻李克用潞州（即山西援州）久不下，遂沿潞州城外更築一寨圍之，謂之夾寨，使外不能救，內不得出。克用卒，子存勖繼立，以為潞州夾寨，為晉刺心之劍，不去則必喪生。再者其父甫卒大喪期中，自己又新立，梁必不為備，援即簡煉士卒，出其不意，一舉而克之。朱溫大驚，謂生兒當如李亞子，克用為不亡矣。至如吾兒，豚犬爾。晉又伐幽州，朱溫往救，大敗而還，溫老羞成怒，因以發病，謂不想太原餘孽，昌熾如此，天復奪我年，我死，諸兒皆非李氏子孫之敵，看來我真要死無葬身之地了。

梁友桂弒父自立，友貞討友珪，友珪自殺。友貞自立為帝，是為末帝，信佞遠賢，宿將憤怒，士卒不服，人心渙散，唐軍於呼吸之間，已入大梁（今河南開封），友貞死之，遂滅于唐。莊宗受父三矢之遺恨，於以得報，此所謂唐莊三矢。

劉氏又說：豫利行師（豫卦辭：「豫，利建侯行師。」）其應後唐乎？竊意解之：九二田獲三狐，得黃矢，變而豫，乃函偽梁之首，入廟還矢，於以禋帝配祖，作樂崇德，後唐莊宗，不其偉歟？顧不恒其德，荒於貨色遊田，志驕政怠，軍民離心，動舊解體，卒為伶人所弒，君子羞之！

莊宗直豫、恒二卦，故劉氏說：「豫，利行師，其應在後唐。」世卦解九二之「田獲三狐，得黃矢」，變而為豫。豫卦說「利建侯行師」（豫由解九二變來。解為上震下坎，九二變，則為上震下坤，成雷地豫卦），應莊宗出師無不利之兆。唐莊宗於短短數年，即擒劉幽州父子（劉仁恭），滅梁，「函偽梁之首，入廟還矢」，應解之三狐、黃矢。以其成功，「禋帝配祖，作樂崇德」（禋，念因，誠心的祭祀，叫禋），祭告天地神祇，與其祖考在天之靈，功業至偉。可惜莊宗成功之後，不免驕盈矜功，得意忘形，乃至侮縉紳（侮辱大臣、文士），悅女色（命優人選民女三千餘人入宮），寵任伶倫（古時演藝人員之別稱），荒於貨、色、遊、田，志驕政怠，致軍民離心，勳舊解體，卒為伶人所弒，誠君子羞之！

按：唐主幼善音律，時或粉墨，與優人共戲，以娛劉夫人。嘗自呼「李天下，李天下，優人鏡新磨，遽前批其頰。」唐主失言變色，新磨曰：「理天下者只有一人，尚誰呼邪？」唐主悅，厚賜之。諸伶人出入宮禁，侮弄縉紳，群臣憤疾；又命優人景進，采民女三千餘人入後宮，並重斂急，民不聊生，內府財積如山，復吝賞三軍，軍士咸怨。

唐命郭崇韜伐蜀平之，唐莊因受宦官誣陷，遂殺崇韜，囚李存義。郭從謙泣諫二人之寃，唐主戲從謙與同黨，從謙懼。會適鄴都兵變（今大名府），奉指揮使趙在禮為帥，唐主遣李嗣源討之，部卒張破敗，亦復作亂，劫嗣源與在禮合，引兵向大梁。唐主聞亂兵欲襲鄆（山東東平州，今魯西）、汴（即今開封），乃如關東招撫，至萬勝關，聞嗣源已據大梁，以為大勢已去，乃登高而歎，置酒悲啼，晚入洛城，郭從謙乃火燒宮門，唐主中流矢而殂。

按：郭從謙本優人，優名郭門高，以叔事郭崇韜，又為陸王李存義假子，二人皆得罪或死或囚，唐主謂其黨從崇韜，其目的為何？從謙懼，因弒莊作亂。

劉氏說：明宗老而登極（五十九歲即位），嗣子不改唐號，所為多善，粗致小康，非恒以一德，立不易方者歟？至其祝天生聖，應運而出，閔不足道，廢又何稱？

恒九三：「不恒其德，或承之羞。」言如不能恒一其德，而見異思遷，或將承擔其失敗之恥辱。或以羞為美味，言婦人如不能恒其德，以守其婦道，恐將有被遺棄之可能，而不能主其中饋了。

六五《象》曰：「婦人貞吉，從一而終也。」恒《象》曰：「雷風恒，君子以立不易方。」來氏說立者，正於此而不遷，方者，大中至正，理之不可易者也。亦如巽性入而在內；震性動而在外。言明宗能不改國號，所為多善，即所謂立不易方者。

恒為夫婦之道，就卦言，震長男在外，男動乎外；巽為長女在內，女順乎內，為恒久之象。《說卦傳》：「夫婦之道，不可以不久也，故受之以恒。」

後唐明宗李嗣源，本亦胡人，名邈佶烈，為李克用養子，更名嗣源。因鄴都之亂，莊宗被伶人所弒，眾擁嗣源繼位，或以為唐運已終，建議另建國號，嗣源說：

「吾十三歲事獻祖（克用之父李國昌）。獻祖以吾宗屬，視吾猶子，又事武皇先帝垂五十年，戰未嘗不預，武皇之基業則吾之基業，先帝之天下，則吾之天下也，安有同家而異國乎？若另建國號，則先帝遂為路人，梓宮安所托乎？」終不從另建國號之議。

明宗性不猜忌，與物無爭，登極之年，已逾六十，每於宮中焚香祝天曰：「某胡人，因亂為眾所推。願天早生聖人，為生民主。」在位數年屢豐（經常豐收），兵革罕用，較於五代，粗為小康。

又嘗與馮道語及年穀屢登，四方無事，遂意謂天下已臻太平。馮道諫曰：「臣昔在先皇幕府，奉使中山，歷井徑之險，臣憂馬蹶，執轡甚謹，幸而無失。逮至平地，放轡自逸，俄至傾隕。凡為天下者，亦猶是也。」唐主深以為然。又問道歲豐百姓贍足否？道曰：「歲凶，則死於流殍；歲豐，則傷穀賤，凶豐皆病者，惟農家為然。臣記進士聶夷中詩詠云：『二月賣新絲，五月糶新穀（音跳，把米穀賣出，曰糶；買入曰糴，音笛），醫得眼前瘡，剜卻心頭肉。』語雖鄙俚，曲盡農家之情。農於四民之中，最為勤苦，人主不可不知也。」唐主悅，錄其詩常諷誦之。以見唐主亦能訥諫。

致堂胡氏說：「明宗美善甚多，求于漢唐之間，蓋亦賢主也，其尤足稱者，如內無聲色，外無遊畋，不任宦官，廢內庫藏（唐之稅收分內外庫，藩鎮所獻入內庫，州縣所獻入外庫，內庫為宮中之用，外庫國家行政開支，內庫常盈而外庫常空，遇軍國大事，惟窮徵暴斂而已），賞簾吏，治贓蠹，……」很遺憾的，沒有遇到賢宰相來輔助，使其不能更上層樓。其焚香祝天之言，發乎內心之至誠，天既厭亂，遂生聖人（宋太祖出而天下一），用是觀之，天人交感之理，是很有可能啊！（胡氏，宋人名寅，胡安國長子，人稱致堂先生，著《致堂讀史管見》數千萬言。）

明宗在位八年而殂，立其第三子從厚，是為閔帝，在位四月，為李從珂所弒。閔帝以潞王從珂為河東節度使，石敬塘為成德軍節度使，潞王引兵向洛陽，官軍多敗降，唐主從厚出奔，遇石敬塘，大喜，石內衙指揮使劉知遠，盡殺唐主左右及從騎，敬塘赴洛陽，唐潞王從珂，廢其主為鄂王而自立，是為廢帝。旋弒從厚於衛州。從珂立二年，石敬塘以兵入洛陽，從珂自焚死。

從珂疑敬唐必反，欲除敬塘，乃削其官爵，並派軍討之。秋七月敬唐遣使求救於契丹，稱臣於契丹主，且請以父禮事之，事捷之日，割盧龍一道、及鴈門關以北諸州與之。劉知遠諫曰：「稱臣可以，以父事之太過；厚以金帛賂之，自足致其兵，不必許以土田，恐異日大為中國患，悔之無及。」敬唐不從。九月契丹主以五萬騎至晉陽，與唐軍戰，大破之。唐主下詔親征，至懷州，以晉安為憂，日夕酣飲悲歌，群臣或勸其北行，則曰：「卿勿言石郎，使我心膽墮地。」

十一月，契丹立石為晉皇帝，割幽蘇薊等十六州以予契丹，仍許歲輸帛三十萬匹，改制為天福元年，以桑維翰為翰林學士，劉知遠為侍衛馬軍都指揮使；客將景延廣，為步兵都指揮使。唐將紛降。晉主發潞州，至河陽。唐主還洛陽，與太后、劉皇后、及宋審虔等攜傳國寶，登玄武樓自焚，是日晚晉主入洛陽。

劉氏又說：石晉為契丹所冊立，臣子犬羊；齊王重貴，橫挑翁怒，十萬橫磨劍，果師貞丈人吉乎（師卦辭）？負乘致寇（解六三：「負且乘，致寇至，貞吝。」），其如之何？

師卦辭說：「師貞，丈人，吉。」師卦的精神，第一個原則，就是「正」，師出有名；第二是要用老成持重的將領，要真有軍事素養的人，來統領軍隊，纔可謂為「丈人，吉」。反觀石晉所用景延廣，既不懂軍事，亦不懂政治，更不能衡時度勢，只有信口狂吠，十萬橫磨，遂致「負乘，致寇」。《周易・繫辭上》曰：「負且乘，致寇至，盜之招也。」負且乘即所謂「小人而乘君子之器」。君非君的樣子，臣無臣的規矩，「負且乘」，望之不似人君的蠢才，坐在君主的大位上，再加上一群智小謀大的庸臣，遂致寇至，所謂盜之招也。是自己把盜寇邀請、招致而來的啊！

石敬塘以燕雲十六州、與鴈門關外之地，做契丹兒皇帝，向契丹稱臣，自甘為「臣子、犬羊」；歲輸帛三十萬匹等條件，換得契丹的支援與保獲，始登上兒皇帝寶座。在位七年，卒以吐谷渾故（吐谷渾被契丹吞併，極盡虐待屈辱，渴望內向，劉知遠乃予收留，契丹十分不滿，致使石敬塘進退維谷，憂憤而殂）。臨終托遺孤重睿於馮道，令宦者抱置馮道懷中，冀道輔立之。道與馬步都虞侯景延廣議，以國家多難，宜立長君，乃奉敬塘兄子齊王重貴為嗣，是為出帝。

重貴即位，用景延廣議，奉表告喪於契丹，稱孫而不稱臣。李崧謂如此恐招徠戰爭之禍，延廣固爭，重貴卒從延廣議，在契丹的看法，無疑向其宣戰，所謂「齊王重貴，橫挑翁怒」者。契丹大怒，遣使責讓，延廣不予為禮，並口出狂言，以十萬橫磨劍待之。延廣又說重貴，凡契丹人販馬在晉者，盡殺之以奪其貨，契丹入寇之志遂決。

晉開運二年十一月，契丹大舉入寇，十二月，晉將或死或降，契丹入大梁，執晉主重貴以歸，殺桑維翰，囚景延廣。

按：契丹大舉入寇，指揮使王清，請於招討使杜威（統十三節度使以備契丹），願以步卒兩千為前鋒，奪橋開道，公帥諸軍繼之。威許諾。請戰甚銳，契丹小卻，諸將請以軍繼之，威不許（這有兩種可能，一是杜威擁軍以自重，功不讓人，或者杜已暗向契丹輸誠，故放棄其最後唯一可戰勝敵的機會，坐觀王清等戰死而不救），致王清等皆戰死。契丹誘立杜威以為中國主，威乃令戰士解甲，軍士皆大慟，哭聲震原野，契丹主遂引兵而南，杜威將降兵以從，遣張彥澤將兩千騎先取大梁，澤倍道而前，明日即斬封邱門而入，縱兵大掠。晉主與太后及妻馮氏、舉族面縛待罪。

當契丹大舉入寇之初，桑維翰以國家危在旦夕，求見出帝言事，晉主方在宮中調鷹，辭不見；又詣執政言之，執政不以為然。退謂所親曰：「晉氏不血食矣！」

遂不旋踵而亡。契丹遣兵趣河陽捕景延廣，延廣伏地請死，乃鎖之。

劉氏說：後漢稱帝，以天下之無主，而先正位。蓋時因困極求蘇，未為君子有解，孚于小人之真主也。父子僅五年，隱乃亡其國，天子須郭侍中自為之矣！廢贇而監國，庸有濟乎？按其太祖郭，世宗柴，亦稱五代十二君之令主，而推為「智周、道濟」，天下自此太平焉！未之許也。然則五代若梁、唐、晉、漢、周，與諸竊國僭號者，不一而足，皆拇也（解九四），而位奚當焉？

五代若梁、唐、晉、漢、周，與諸竊國僭號者，不一而足，皆拇也（解九四），而位奚當焉？誰能出而持其大局呢？

時天下已亂至極點，人民之痛苦，亦達於極點。「困極而求蘇，以解民倒懸」，乃當時為政者，最為迫切的問題。

後漢劉知遠，值中原無主，其屬遂群呼萬歲，擁立稱帝，但不忍改變晉之紀元正朔，遂仍稱天福。然劉知遠並無若何之雄才大略，一清宇內之志，各稱孤道寡者，更乏良佐。故皆無能任用賢良，解民倒懸，以孚天下人望，相反的，其內部團結，尚有問題，自身前途，尚在未定之天。及知遠卒，子承佑繼，初時尚有劉邠、郭威等，分官任職，國家粗安，之後即嬖幸用事，太后干政，邠等時裁抑之。漢主年益壯，遂與一般佞小，誅殺大臣，郭威遂舉兵反，帝為亂兵所殺，劉氏父子匆匆五年，亦曇花一現而已。

威廢贇自為監國，未幾即取而代之。是為後周，罷四方貢獻，用王峻、范質、李谷等為相，並贊禮孔子祠，除弊政，分配土地，印製九經，種種德政，然於疲弊已甚的天下蒼生，亦如枯竭已久之稻麥，杯水似難濟其困，再說小國藩鎮，仍各據一方，後周皇帝之努力，似乎對天下蒼生，並未有太大的幫助。

衡心而論：周世宗郭威與柴世宗榮，在五代十二個君主中，雖尚稱為明君，但於拯民水火的境界，尚相當遙遠。所謂：「天下自此太平焉！人未之許也。」

劉氏說：「五代若梁、唐、晉、漢、周，與諸竊國、僭號者，不一而足，皆拇也（解九四），而位奚當焉？」

解卦九四說：「解而拇，朋至斯孚。」《象》曰：「解而拇，未當位也。」解，就是一般所謂的解救、解放、解決、解釋、解脫、化解之意。「解而拇」，而即爾、汝、你。拇音母，王肅云：拇，即手大指；陸績謂足大指。尚氏秉和說，陸說是。尚氏以為：震為足，四前遇重陰，陽遇陰則通，故曰「解而拇」，言利往也。

程氏《易傳》說，九四近君之大位，像國之大臣，然四之陽與初之陰相應，陰為小人，也就是說，居上位而親小人，則賢人、君子皆退矣！如四能解除初之陰柔，則君子之朋進矣，所謂親賢、遠佞，則小人去而君子聚。然而五代之君如傳舍，像過客一樣，朝夕面目不同，社會之亂，可想而知。解卦九四所謂：「解而拇，朋至斯孚」；《象》：「解而拇，未當位也。」從歷史角度看，五代之君，猶如人足之拇，見不得人的小丑，豈能登大雅之堂？故說拇，說不當位。

按：五代之君，直經辰之申二千二百六十五世，直解初六之歸妹、九二之豫、六三之恒；經辰之酉二千二百六十六世，直解九四之師、六五之困、上六之未濟。不旋踵而篡竊而覆亡。竊亡相繼，而皆為搿，皆不能當其位者。

按：五代之君

梁：傳二世，十八年。太祖朱溫七年。帝友貞十一年。

唐：傳四世，十四年。莊宗三年，明宗八年，閔帝四月，從珂二年。

後晉：傳二世，十一年。高祖七年，重貴四年。

後漢：傳三世，四年。高祖劉知遠二年，隱帝二年，帝贇三十三日，為郭威所廢。

後周：傳三世，十年。太祖郭威三年，世宗柴榮六年，恭帝一年。

解卦九五說：「君子維有解，吉。有孚於小人。」維，即束縛，君子之維，即指小人，小人去，故說「君子之維解」。有解，故吉。孚，即驗，說君子之維，解與未解，可驗之於小人之去留，小人去，則君子之維解；小人仍在而未去，則君子之維，猶未為之解也。九五《象》曰：「君子有解，小人退也。」

契丹主入大梁，殺張彥澤，景延廣自殺，封晉主重貴為負義侯，並徙之黃龍府。契丹以李崧為樞密使，馮道為太傅，晉諸藩鎮皆降。

契丹縱兵剽掠，謂之「打草穀」。丁壯斃於鋒刃，老弱委於溝壑，自東西兩京（指開封、洛陽）及鄭（今河南鄭州）、滑（今河南滑縣一帶）、曹（今山東兗州、曹州）、濮（今山東東昌一帶）等數百里間，財畜殆盡。之外、並要求優賜（即特別犒賞），時府庫空竭，投降契丹之晉臣劉昫，只有括借都城士民錢帛，又分遣使者數十，詣州縣括借，以饜契丹之壑，致民不聊生，內外怨憤，患苦契丹，皆思起而逐之。

初晉主忌河東節度使劉知遠，以之為北面行營都統，知遠因得廣募士卒，又得吐谷渾財畜，由是富強，步騎至五萬人。知遠初以晉主與契丹結怨，知其必危，而未嘗論諫；契丹大舉深入，知遠亦坐視不救。殆契丹入汴，知遠即奉表稱臣，並加強各地關塞兵力；及契丹滅晉，中原無主，二月始稱帝於晉陽，稱天福十二年，仍用晉天福年號，契丹離汴，封明宗子李從益為許王，契丹歸，益奉表迎知遠，知遠密使人殺之，卻詭稱未忍改晉國（不忍改晉國號）。五代中以劉氏得國最易，然亦為國祚之最短者。

三月契丹主耶律德光發大梁，至臨城得疾，至殺狐林而卒。

五月晉主知遠入大梁，改國號為漢。以馮道為太師，郭威為四面招討安撫使，在位二年，壽五十二歲殂。子承佑立，是為隱帝，在位二年，為亂兵所殺。更立贇，未幾以郭威監國，政令皆由威出，辛亥，郭威自立，改國號為周，再傳世宗柴榮，更傳恭帝，禪位於宋。

按：郭威無子，以其后兄守禮之子榮，養以為嗣，封晉王，在位六年而殂。後周太祖郭威與王峻立贇（知遠侄），適契丹入寇，屠內邱（今河北順德內邱縣），陷饒陽，漢遣郭威將兵擊之，威至潭州，自立而還。郭威稱帝，國號周。謂王峻曰：「朕起於寒微，備嘗艱苦，遭時喪亂，一旦為帝王，豈敢自奉養？」詔悉罷四方貢獻。又詔曰：「生長軍旅，不親學問，未聞治天下之道，文武官有益國利民之術，各具封事以聞。」夏六月周主如曲阜，謁孔子祠，並訪孔子、顏淵後，以為曲阜令。

早在梁時朱溫擊淮南，得牛數萬計，分配農民，每年輸租若干，牛死而租不除，民甚苦之，至此悉除之，不但以牛予民，即土地亦予之。或者以為，如將田、牛售予人民，可得數十萬緡，以資國用，周主謂：「利在於民，猶在國也，朕用此錢何為？」三月周主以郭榮為開封尹，封晉王。周主威殂，晉王榮立，是為世宗。

世宗即位，史稱其勤於為治，聰明如神，御軍嚴明，人莫敢犯，故能破敵廣地，所向無敵。

顯德元年三月，周主與漢戰于高平南，世宗臨陣督戰，合戰未幾，周右軍將樊愛能、何徽，引騎兵先遁，右軍潰，步卒千餘人，解甲降北漢。世宗親冒矢石督戰，宿衛將趙匡胤，將兩千人進戰，身先士卒，親犯其鋒，並謂「主上危在旦夕，吾等敢不死戰以救主上？」於是士卒皆死戰，無不一以當百，北漢兵披靡，加以南風甚熾，周兵爭奮，北兵大敗，北漢主帥百餘騎，晝夜奔走，僅得入晉陽。周誅愛能、何徽及所部軍使以上七十餘人，自是驕將惰卒，始知所懼。

三年春，周主自將伐唐，大敗唐兵。二月命趙匡胤攻滁州，擒皇甫暉，姚鳳等，於是盡取南唐江北之地。三年命胤為定國節度使，兼殿前都指揮使。

五年，周主克唐楚州，五月唐奉周正朔，去帝號。

世宗於軍事之暇，興禮樂，勤政事，養賢愛民；禁僧尼，寬賦斂；制稅法，解民困，重農務本。盡取南唐江北之地，吳越遣使入貢，行科舉，印九經，史謂漢唐以來有道之明君。在位六年，世宗之喪，遠近哀之，梁王宗訓即皇帝位。時適北漢會契丹入寇，遣殿前都檢點趙匡胤往禦之，軍至陳橋，士卒擁趙匡胤為天子。

司馬溫公論說：「若周世宗可謂仁矣！不愛其身而愛民；若周世宗可謂明矣！不以無益害有益（如起宮殿，興土木，養僧侶，建寺廟等不務急）。」又說：「世宗以江南未復，則親冒矢石，期於必克；既服，則愛之如子，推誠盡言，為之遠慮。其宏規大度，豈得與莊宗同日語哉？」（或問後唐莊宗、周世宗，皆稱英武，二主孰賢？司馬氏論如上）書曰：「無偏無黨，王道蕩蕩。（蕩蕩，念商商）」又曰：「大邦畏其力，小邦懷其德」，世宗近之矣！

劉氏說：大宋興，聖人出，受帝之禪，削十餘僭國，而歸於混一。

當其佐周擒暉、鳳，克滁州；又奮擊而取河北，應未濟「震伐」之占。惟時早有天水碧之稱焉。天水於卦為訟，於郡為帝封；碧，火赤也（火赤之碧，吾人可於瓦斯燃燒時，或氫氧吹管火炎之中心見之），乾，坎主之，自未濟入於訟之履，點檢作天子（履《彖》：「柔履剛也，……剛正中，履帝位而不疚。」），其非武人為于大君乎？履帝不疚，從可知矣！竊以君德莫如乾，自唐李迄五代，歷坎解各六十年，鮮逢乾者。

劉氏以為，宋太祖佐周擒皇甫暉、姚鳳等，克滁州、奮擊而取河北。應未濟「震用伐鬼方之占」。未濟九四說：「貞吉，悔亡；震用伐鬼方，三年有賞于大國。」意即是說，凡事，正乃吉；因為能正，故悔黴消失；又因為能以堂堂之陣，伐北方之入侵者，假以時日，一定能有所成就，所謂「三年有賞于大國」，大國對鬼方而言。

然而，未濟乃上離、下坎，內外皆非震，何以言震？

蓋未濟四爻為陽，五爻為陰，四五合為半震之象。尚秉和氏以《易林》取半象，故說震。震為動，外卦離為甲冑、為戈兵，北魏又在中原之北，故說震用伐鬼方。動而有功，遂以為帝。《說卦傳》亦說：「帝出乎震。」震為帝之所出，亦為其應。此所謂三年有賞于大國者。

早時南唐後主伎妾，偶以染碧經而益鮮美，遂為流行，宮人尚之，因有「天水碧」之稱。蓋碧，火赤也，火赤之碧，吾人可於瓦斯燃燒時，或氫氧吹管火炎之中見之。天水為訟，故說「乾，坎主之」（乾坎合為訟，又乾為大赤，坎曰歸德）。宋受周禪前，周世宗亦嘗于文書囊中得木，長三尺餘（文書囊中有物三尺餘，此說有欠通，文書囊何得三尺長？是否古之囊特長？），題云「點檢作天子」。時張永德為殿前都檢點，世宗惡於「點檢作天子」之言，乃命匡胤代之。時軍校苗訓號知天文，見日下復有一日，黑光磨蕩，指示匡胤親吏說，此天命也。「於主少國疑，點檢作天子」之謠言四起，對於攀龍附鳳者而言，或者更增強其推波助濫之能事，總之千載難逢，機不可失，於是師次陳橋驛，遂生變故。

未濟九四：「貞吉，悔亡，震用伐鬼方，三年有賞于大國。」鬼方，即北方之國，夏曰獯鬻（熏俞），商曰鬼方，周曰獫狁（咸允），漢曰匈奴，魏曰突厥。三四五爻互坎，坎為北方之卦，又坎為隱伏，故說鬼方。四爻變，則二三四爻為震，外卦離為戈兵，故說伐鬼方，再者離居三，故說三年，尚氏以坎為三。有獎賞之意。程子、朱子及尚秉和氏，皆以為乃伐鬼方三年，成功而受賞者；來氏以為，有賞乃是小國，已主動臣服，大國所賜小國之賞；或以為「三年有賞」，非謂成功而後之嘗，乃以其出師三年之中，不時之犒嘗。未濟九四，宜動不宜靜，周伐北漢，為趙都檢點奮擊河北之應。

按：筆者嘗赴貴州旅遊，某地有大石刻字曰「古鬼方國」。不知何者為是？

劉氏說：自未濟入於訟之履，點檢作天子，其非武人為于大君乎？履帝不疚，從可知已！

按：履《彖》說：「柔履剛也，……剛，正中，履帝位而不疚。」以臣下而篡君位，自然為柔履剛之象，然由於趙氏之功之德，加以平時能恪守分際，一無驕悍之態，故能為群眾所擁戴，故說「為於大君，履帝而不疚」。

履六三：「眇能視，跛能履，履虎尾，咥人凶，武人為于大君。」原文的意思是說，縱然眇能視，一隻眼雖亦可視物，但未若雙目之明；縱然跛也可以行，但總不若雙足雙腿來得更便利、更自由些。所以履《象》說：「眇能視，不足以有明也；跛能履，不足以與行也；履虎尾，咥人凶，位不當也；武人為于大君，志剛也。」這一爻，本來是十分不吉利的，尤其武人為于大君，如五代之君然，幾乎皆為履虎尾，咥人凶之象，故亦極少有善終者。但于趙宋而言，則為大吉之占，其所以然者，趙宋具有乾德而已。

未濟內卦為坎，《說卦》：「坎者，水也，正北方之卦也，勞卦也，萬物之所歸也。」說水利養萬物，故為萬物之所歸，有歸其德于水之意。天水於卦為訟（上乾下坎），於郡為帝封（點檢封歸德節度使，歸德，即今河南商邱）。

按：世宗殂，宗訓立（世宗子，年七歲），加都檢點趙匡胤檢校太尉，領歸德節度使。劉氏說：天水為訟，於郡為帝封。

初取滁州時，皇甫暉等退入滁州，斷橋以自守。匡胤乃躍馬揮兵涉水直抵城下，暉曰人各為其主，願容成列而戰，匡胤笑而許之，暉乃整眾而出，周軍擊暉並姚鳳皆擒之。

趙克滁州時，其父為馬軍副都指揮使，引兵夜至，傳呼開門，匡胤曰：「父子雖至親，城門王事也，不敢奉命。」明旦乃得入。

趙克滁州後，派親吏取庫中絹，翰林學士竇儀說，公初克城時，雖將庫中撤空，亦不為過，現已全部登錄入賬，如無詔書，不可取其一針一線。趙匡胤不但毫不懊惱，而且還十分尊重竇儀處事的態度與明白事理、任事不苟的精神。

所謂「武人為于大君乎？履帝不疚，從可知已！」以見趙氏之德。

劉氏說：竊以君德莫如乾，自唐李迄五代，歷「坎、解」各六十年，鮮逢乾者。至是訟之上卦乾也，之乎履、否與姤，皆乾上；之乎渙、未濟而困，亦不離訟上卦之乾。太祖、太宗與真宗之世直之，其在仁宗暨英，運居乎十，卦直為需，需內乾也，之卦井、既濟、節，皆內乾之變，外為夬泰小畜，悉乾為之，貞，故宋之乾綱獨正，君德克懋，大宋自建隆受命，改元乾德固已，為「聖作、物睹」（《文言》：聖人作而萬物睹）之符矣！

自李唐迄五代，歷「坎、解」各六十年。坎直六十三、六十四二世，起唐武宗四年，迄昭宗之十五年，共六十年；解直六十五、六十六二世，起唐昭宗之十六年，迄宋太祖建隆四年，共六十年，其直卦未有逢乾者。

按：經辰之申二千二百六十五；經辰之酉二千二百六十六兩世，直世之卦，為解，解上六變未濟，未濟所直經辰之酉之甲寅、至癸亥等十年，其甲寅旬之庚申，宋代周而有天下。於卦為未濟，更四年入於訟（六十六世之未濟，入二千二百六十七世之訟，訟初變履，九二變否，六三變姤，履、否、姤，三卦之外卦皆乾），故乾德始現，天澤履（上乾下兌），所謂履帝位而不疚者。

宋太祖即位于解上六之未濟；太宗即位於經辰之戌二千二百六十七世之丙子，直訟之否；真宗即位於經辰之亥二千二百六十八世，直卦為訟九四之渙；仁宗則於訟之困，甲寅之癸亥即位；以及英宗，運及午會之十，卦直為需。水天需，乾居需之內，之卦既濟、節，皆為內卦乾之變；外為夬、泰、小畜，悉乾為之貞（上貞下悔，外貞內悔）。故宋能乾剛獨振，大宋自太祖建隆禪周，三年改元乾德，劉氏所謂「聖作、物睹之符」者。乾《文言》說：「雲從龍，風從虎，聖人作而萬物睹。」有聖人作，不但萬民仰之，即萬物亦欣欣而榮矣！尚氏說：乾為聖人，坤為萬物，即陰從陽」之意。

第十三節　以會經運午十（一）——觀物篇二十四

經日之甲一，經月之午七，經星之癸一百九十，大過之井。

甲子二							辛未 契丹真宗	壬申 明道 西夏元昊	
甲戌一二				寶元		康定	慶曆		
甲申二三					皇佑				

經辰之子二千二百六十九，需初變井，二變既濟，三變節。

甲午三二 至和	乙未 契丹洪基	嘉佑							
甲辰 宋英宗治平		丙午 契丹改國曰遼		戊申 今上熙寧					
甲寅 神宗七年									

經辰之丑二千二百七十，需四變夬，五變泰，上變小畜。

按：經星之癸一百九十，運卦當大過之井（大過為正卦，井為運卦）。世卦分「井」之爻：

井初九變水天需、九二變水山蹇、九三變坎為水、六四變澤風大過、九五變地風升、上六變巽為風。（井所變之需、蹇、坎、大過、升、巽等為世卦，一卦管兩世。）

世卦復各變為六卦如下：

	初變	二變	三變	四變	五變	上變
需	井	既濟	節	夬	泰	小畜
蹇	既濟	井	比	咸	謙	漸
坎	節	比	井	困	師	渙

大過	夬	咸	困	井	恒	姤
升	泰	謙	師	恒	井	蠱
巽	小畜	漸	渙	姤	蠱	井

第十四節　以會經運午十（二）——觀物篇二十四

經日之甲一，經月之午七，經星之甲百九十一，大過之井。

經辰之子二千二百六十九，需，初變井，二變既濟，三變節。

經辰之丑二千二百七十，需，四變夬，五變泰，上變小畜。

經辰之寅二千二百七十一，蹇，初變既濟，二變井，三變比。

經辰之卯二千二百七十二，蹇，四變咸，五變謙，上變漸。

經辰之辰二千二百七十三，坎，初變節，二變比，三變井。

經辰之巳二千二百七十四，坎，四變困，五變師，上變師渙。

經辰之午二千二百七十五，大過，初變夬，二變咸，三變困。

經辰之未二千二百七十六，大過，四變井，五變恒，上變姤。

經辰之申二千二百七十七，升，初變泰，二變謙，三變師。

經辰之酉二千二百七十八，升，四變恒，五變井，上變蠱。

經辰之戌二千二百七十九，巽，初變小畜，二變漸，三變渙。
經辰之亥二千二百八十，巽，四變姤，五變蠱，上變井。

黃氏畿說：右午會第十運也。運卦當大過之井，世卦分井之爻，昔澤無水（第九運為澤無水，困），今為木上水（木上有水，井），養而不窮矣（井《彖》）！

此說以上為午會十運，井為運卦，運之六變為世卦（如需、蹇、坎、升等）。宋結束五代亂局，人民得以休養生息，故說井養不窮。古時井是人民生活的象徵，井之所在，即人民聚居，生活的要件，故說井養。

宋鑒五代藩鎮之亂，革藩鎮，重守令，雖位宰相，猶出知州郡，真有勞民勸相之象焉（井《象》）。

宋定天下後，鑒於唐朝藩鎮之亂，遂勸藩鎮將領，釋其兵權，去過富家翁的生活，這樣便不至於擁兵自大，而生覬覦朝廷之心，也使開國功臣，各保平安，而享其世代之崇榮，於公於私皆得其利，即所謂「杯酒釋兵權」。同時宰相可出為州鎮，州鎮亦可入為相，使中央施政與人民需要，緊密結合，庶能如管子所說「令合民心」，俾收「下令如流水之源」之利。勞民勸相，即所謂「勞相以勸民」之意（井《象》：勞民，即君養其民，勸相，教其守望相助之意）。

壬子、癸丑之世（經辰之子之丑二千二百六十九、七十兩世，直需），當井之需，仁宗為君，范（仲淹）、韓（琦）、富（弼）、歐（陽修）為臣，可謂棟隆

（大過四）、井甃者矣（井四）！英宗之後，荊舒入相（王安石），以青苗為周公法度，力排群議，反古亂常，羸瓶致凶（井《彖》），故曰井泥不食，舊井無禽（井初）。需于郊，利用恒，無咎（需四）。不亦驗乎？書今上者，邵子指神宗也（見經辰之丑七十世，甲辰之戊申），其後不書（邵子《皇極經世》，到此為止），則熙寧十年，邵子且歿矣！

仁宗時，除上述范、韓、富、歐外，尚有司馬光，曾公亮、包拯、文彥博等，皆仁宗時名相，可謂盛極一時。

仁宗直運當大過之井（大過為正卦，井為運卦），得臣如范、韓等，應大過之棟隆。有此棟之隆，始得國泰民安，故說不橈乎下（大過九四：「棟隆吉。」《象》曰：「棟隆之吉，不橈乎下也。」橈，曲也）。說朝中有如此棟樑之臣，遂致國泰而民安。井六四之「井甃」（甃音宙，用磚築井），亦猶賢相之牧民。把井築好，人民始有水飲，說謂良相為民，亦猶甃井者然。

英宗乃江甯節度使李允讓之子，為宋太宗曾孫，仁宗無子，四歲即取於宮中。嘉佑八年，立為皇子，即位四年而崩。英宗頗能愛民，崇尚儒術，應該是位好皇帝，但不幸為國不永，崩後傳位其子，是為神宗。誤用王安石變法，宋之積弱，乃肇於此。

王安石變法，是我國歷史上一件大事，不但導致社會之大動亂，且直接關係於宋室之危亂、衰亡。

惟近代學者對王安石之變法，頗賦以高度評價，以為王安石生千餘年之前，即有現代保甲、財經思想，足見其卓識。但由於「既得利益者」之反對，遂致功敗垂成云云。此種說法，迄今猶深中人心，頗有探討餘地。

如謂安石之法，皆富國利民之良法，則何以舉國反對（除福建子呂惠卿、章淳、韓絳外）？以至天下洶洶？反對者，未必皆為「既得利益」者之見。何況反對者諸公，無論學問境界，道德文章，雖未達顏氏所謂之「不遠復」，但為忠良賢達，有為有守之正人君子，則無庸置疑，斷非犧牲萬民之公利，以求一己之私者之人。與今日所謂之民主政治者，以個人智力謀國牧民者固所多有，謂其所代表政黨利益、財團利益、個人之私利、乃至雖犧牲天下萬民之公利，以謀求一己之私者，亦所在多有。即以富弼而言，前後出使契丹數次，一次愛女死，一次男孩生，皆不之顧，甚至收到萬里家書，看亦不看，便即焚毀，以免因家事而煩國事，試想一個連親人生死亦不之顧的人，出使於死生不測之地，雖萬金家書，亦且不瞬一眼；雖受奸佞設局陷害，而不與之校（宰相呂夷簡與晏殊，給弼以空白國書以欺契丹，籍以害弼），為國家大計，生死以之而不校。耿耿精忠，置身家性命於度外，如此苦心謀國的人，能說他會為一己之私，而損萬民之利嗎？再如程氏兄弟、司馬光、富弼等，對新法亦無不反對。該等之道德學問，非但為一代大儒宗師，至今猶為世人所崇拜景仰，且為王氏好友，之所以極力反對，其間自有不得不爾者，後世「既得利益者」之說法，無乃將己心比人心，以心代目者歟？

神宗汲汲於所謂的富國強兵，而不探討國家之所以積弱之源，只是生活在「冀望富強」的幻夢裡。而不從根本上去考量研思，廣徵博取，惟以安石之說為圭臬，乃事之大謬不然者。

宋神宗熙寧二年，王安石參知政事，富弼晉見神宗，神宗詢以邊事，富弼對說：「陛下臨御未久，當布德惠，願二十年口不言兵。」神宗默然。為什麼？因為羽毛不豐者，不可以高飛，必待二十年之生聚教訓，始有能力談兵，如苟踐之覆吳。否則無異於緣木求魚，非徒無益，其後果且不堪設想。但神宗計不及此，以為富弼的話太迂闊了，不好責備老臣，只有默然。及至唐介說安石不可任時，便招致神宗極大的不滿。神宗以為用王安石之法，可立竿見影，轉瞬之間，即可春暖花開，如所謂「東風夜放花千樹」者，不出數年，即可國富兵強。談何容易？神宗把治國家當成捏麵人，以為王安石就是麵人師傅，試問神宗能不用安石而用司馬光、富弼、呂公著嗎？

王安石是個什麼樣的人？從下面的故事中，可以窺其一斑：

宋神宗嘗問王安石：「唐太宗如何？」王安石的答覆是：「陛下當法堯舜，何以太宗為者？」意即是說，神宗當以堯、舜為追求目標，唐太宗算什麼？不值一談。

又一次宋神宗問王安石：「唐太宗必待魏徵；漢昭烈（劉備）必待諸葛亮，然後可以有為，魏徵、諸葛亮，實乃不世出之人才……」王安石竟不屑的答說：「陛下如為堯舜，則自然有皐陶、伊尹之臣，魏徵、諸葛亮，彼二子者，何足道哉？」說魏徵、諸葛亮，沒有什麼了不起。多大的口氣！隱隱然，王安石以為自己亦凌駕其上。連諸葛亮自己，亦未敢望于皐陶、伊尹。嘗自比管仲、樂毅，王安石卻自詡以伊尹、傅說（說唸悅）以致君堯舜之目標。

正常人會把王安石所說的話當故事、笑話聽。但宋神宗卻聽得很入耳、著心！史家稱太宗貞觀「郅治之美，庶幾成康」（西周武王後之兩位皇帝），說諸葛亮「自古功德兼隆，由漢以來，未之有也」。如此高度的評價，聽到王安石耳朵中，卻哂之似不堪入耳。試想，貞觀之治與諸葛治蜀，連神宗的爺爺太祖、太宗，亦未敢奢望企及，而在王安石眼中，竟不值一談。若非妄人，豈非信口雌黃？吊宋神宗的胃口，吃皇帝的豆腐？但神宗竟聽得很受用，入乎耳、著乎心，似乎自己已恍恍然，已入堯、舜之列矣！王安石之對，不啻以海市蜃樓的幻景，來為神宗灌迷湯。

王安石吹牛，要致神宗於堯舜，神宗也真以為「舜人也，予人也，有為者，亦若是」。所以當神宗欲以安石為相時，唐介（當時的另一宰相）便說：「安石難當大任。」神宗十分不滿的反譏唐介說：「安石文學不可任邪？經術不可任邪？吏事不可任邪？」（按：王安石，文學可任，經術不一定，吏事則不通）介告曾公亮說：「安石若大用，天下必困擾。」未幾唐介即憤憂而死。帝問侍讀孫固，固說宰相自有度，安石狷狹少容（剛愎自用，不能容物），必欲求賢相，則呂公著、司馬光其人也。神宗不答，即以安石為相。

熙寧二年新法登場，展開了轟轟烈烈，驚天動地的大改革：青苗、均輸、保甲、免役、市易、保馬、方田、農田、水利諸役，相繼並興，號為新法，頒行天下……同時凡反對新法者，無問職位高下、道德、學問、品格、以及對朝廷、社會之貢獻、如司馬光、程伊川、蘇軾、歐陽修等……或貶或罷，悉被逐出朝堂。

熙寧二年新法登場未幾，即怨滿天下。屋漏偏逢連夜雨（熙寧六年秋至七年夏四月不雨），造成極大旱災，致饑荒連年、天下嗷嗷，神宗青苗法之週貸，農家連本也難償還，遑論貸息？在朝廷而言，本來信心滿滿，現在青苗皆本息無著，王安石不免鼻上抹灰，不得不動員公權力、強制執行，於是征歛苛急，除鎖械而外，致流民載道，遂造成前所未有的逃亡潮，或至身被鎖械，上憂心如焚，安石則謂「水旱常數，堯、湯不免」！又嘗言「天變不足畏，祖宗不足法，人言不足恤」。看來王安石連「佛菩薩、耶穌基督也看不上眼」，迨監門鄭俠上〈流民圖〉奏之，所謂「農商困，怨嗷嗷，路盈械鎖；天人怒，變彰彰，不足關心……」帝乃嗒然而罷新法。

明人王船山氏以為：諸法以「保馬」法為禍最烈，所謂徒以殃民，而無益於國馬，相踵而行，禍延無已；保甲法徒具虛名，不但百無是處，且為養盜之源；免役法乃疊床架屋，稅上加稅之制……人民寧雇而不願差，乃至脂竭髓枯而不悔……！王船山生明末清初，對新法觀點，與今人頗有逕挺之處，王氏去宋未遠，新法之瘡痍猶在，故慨慨然言之；時人一則與宋神宗同一汲汲于富強之念，再則可能係欲追隨時代潮流，而昧於事實真象，或再則由於食古不化。亦如藺相如所說之趙括，「徒能讀父書，如膠柱鼓瑟耳」。王安石變法的結果，幾乎與趙括長平，同一命運，較緣木求魚，尤為糟糕。

按：王安石新法開始後，青苗、保甲、養馬，立竿見影的，即青苗的本息償還問題，人民不得已只有逃跑，於是遂形成了大逃亡潮，跑得慢的，便被械鎖，所謂「負瓦揭木，賣以償官，累累不絕」，神宗亦憂形於色、稍有人性的宰相，便當開倉救賑，而王安石卻很輕鬆的說風涼話：「水旱常數，堯、湯不免。」沒有什麼好怪的。所謂「天變不足畏，人言不足恤」。宜乎邵康節先生聞鵑啼而慘然！曰：「不出數年，荊舒為相，天下必多事矣！」

神宗當經辰之未，直大過之井、恒、姤。

井《彖》謂：「汔至，亦未繘井，羸其瓶，凶。」「井泥不食，舊井無禽。」（井初）「需于郊，利用恒，無咎。」（需四）

汔音泣，涸也。汔至，將至之意。繘音聿，綆也、即汲水井繩。羸，弱也、敗也。羸其瓶，把瓶子打破了，自然不能汲水。意思是說，井中之水將要乾涸了，或者汲水繩子斷了，或汲水瓶子破了，皆不能得水，故說凶。

井所以養人，井中無水，只是些泥漿，當然不能食用，故說井泥不食。就爻象言，水風井，上水下木。初爻為陰，乃陰濁在下之象，故說井泥。再者，下卦巽為反兌，兌口向下，口對井中泥漿，故說不食。

伊川先生以為：井以濟用為功，幾至而未及用（一杯水已送至嘴邊，卻不慎倒掉了，如同無水），亦與未下繘于井同也（如同無水）。又釋井泥不食說：井之不食，以泥也，猶人當濟物之時，而才弱無援，不能及物，為時所舍也。

萬年淳氏以為：「汔至者，已繘井而將出者也（水快汲上來了）；未繘井者，是方汔而未入者也（口說汲水，而未有行動）。將出者，敗其瓶，是有得於道，而未成功者也（心想汲水，綆繩朽了，瓶子也破壞不能用了，瓶子本心想做好事，而卻未能做好）；未入者，敗其瓶，自己把瓶打破，是無得於道者，而未施功者也（沒有用心想把事情做好）。」

簡單的說，二者雖同為未成，但其基本精神，則迥然有異。

舊井無禽：舊井，即無人用之井，不但無人用，即禽亦無（野外灌田井中，往往為群鳥棲息之地），可見該井荒廢之極。萬氏又說：「無禽，是無人往來之地。地而無人迹來往，其荒涼可知。」其中是否有毒蛇、死鼠之類？如杜甫〈無家別〉詩說：「寂寞天寶後，園廬但蒿藜，我里百餘家，世亂各東西。」動亂或苛政，所造成人民的流離失所。王安石變法所造成人民的疾痛，亦猶如斯之甚者。

「井泥不食，舊井無禽」（井初），如所謂。救之之道，厥唯需初之：「利用厚生」。也就是說「不犯難行」，纔是治國之道。

政治的目的，離不開「利用、厚生」的基本原則。政府要為人民營造良好的生活環境，民生纔能安和、樂利；人民得安和樂利，而後始有談富強的條件與可能。

需，是等待的意思，是不冒進、急進，要明瞭狀況，等待機會，俾免遭遇困阻或危難。需初《象》說：「不犯難行；利用恒，無咎，未失常也。」一切皆在安全係數之內進行，即軍事家所謂之安全原則，不是暴虎憑河，乾坤一擲，而是不發則已、發則必中。不像趙括之膠柱鼓瑟者。「必中」，纔是需的目的，是從「至當的行動方案」中得來。但非常遺憾的，神宗卻偏要犯難而行，當然不幸而有咎了。宋室之驗，令人慨歎！亦猶民初，國人凡有識之士，人人皆言變、求變，從生活習慣、到法律制度，乃至倫理道德、社會風氣……，無所不變，如所謂：「新文化運動」者，主張「全般西化」，若干年後，某國學大師，超越時代，所鼓吹的「個人自由主義」……。今日社會，子（女）弒其父（母），父母棄其嬰稚，夫妻互戕，兄弟𢰅牆，巨滑肆噬良善，……大半個世紀來，聞見不鮮，其孰屍之，皆文化被摧殘破毀之所致！

關於王安石：

王安石宋臨川人（今江西），好讀書，善屬文，曾鞏攜其文以示歐陽修，修為之延譽，擢進士上第，授淮南判官，任期屆滿，依例可參加晉等考試，王安石主動放棄晉等考試機會，於是被派為鄞縣當知縣，兼管舒州（安慶）軍事。

文彥博為相，薦其恬退，建議皇帝不次進用。歐陽修薦其為諫官。安石皆以祖母年高辭。修以安石需要朝廷俸祿以養其親，召為度支判官。

安石議論高奇，能以博辯濟其說。果于自用，慨然有矯世變俗之志。上萬言書，大意謂國窮俗壞，因不懂古人之治道，善治者以天下之力，以生天下之財，以供天下之費。屢薦其入閣，安石皆不就，士大夫以其無意於世俗，恨不識其面；朝廷每以美官畀之，惟恐其不受，一但接受其任，聞者皆不勝其喜悅。

王安石自度支判官，改同修起居注（幫助紀錄皇帝的生活日記），安石連連請辭，乃至一辭再辭，差官送來任命書，安石拒不接受，送公文的人跪地懇求，王安石躲到廁所裏，公差沒有辦法，把公文放在桌上就走，王安石又派人送還。連著上了八九道辭職書，最後沒有辦法，纔勉強接受。及至除「知制誥」（類似皇帝的私人秘書），王安石則欣然受之。韓維、呂公著兄弟，更是特別推戴。英宗當太子時，韓維為太子紀室，也是當時宮廷中的名教授，每講至得意處，輒謂：「此非維之說，維友王安石之說也。」

英宗為太子時，即聞王安石之名，然終英宗之世，每次徵召，王安石皆不就。

神宗即位即說：先帝朝召用王安石，皆不應召，今又不至，是真的是有病？還是有所要挾？曾公亮說：「安石真是宰相之才，絕對不會欺罔的。」吳奎說：彼曾與王安石共事，深知安石其人「護非、自用（掩飾其缺失，剛愎自用），所為迂闊（處事不著邊際，為事浮而不實），萬一用之，必紊綱紀」。英宗不聽，於是又於閏五月間，派王安石為江甯知府，大家皆以為王安石必然與過去一樣，拒不受命，誰知安石接到命令，便立即上任，去當知府了。

曾公亮力薦王安石，便造謠說韓琦專權，欲把三朝元老韓琦，排除於廟堂之外，韓琦便很知趣的自行求退。於是便把韓琦下放到相州（即河南彰德府）當知州。臨行英宗召見韓琦，很難過的說：「侍中（即宰相的別稱）必欲去，用王安石來接替如何？」韓琦說：「安石為翰林學士則有餘，處輔弼之地則不可。」帝不答。

四月召王安石越次入對。帝問唐太宗何如？安石說：「陛下當法堯舜，何以太宗為哉？」在王安石的眼裏，既往的皇帝，連唐太宗亦不足道，魏徵、諸葛亮更不值一談了。

一日帝言唐太宗必得魏徵，漢昭烈必得諸葛亮，然後可以有為，二子誠不世出之人也。

安石說：「陛下誠能為堯舜，則必有稷、契（舜臣，后稷教民稼穡，舜使契為司徒，教以人倫，契音薛）；誠能為高宗（即湯之武丁，得傅說而天下大治），必能有傅說（說念悅），彼二子者，何足道哉？」意即是說：神宗如欲為堯舜，則王安石即是后稷、契；神宗如欲為高宗，則王安石就是傅說。魏徵，諸葛亮算什麼？

從上面這一段對話，可見王安石的口氣有多大。諸葛亮當年在隆中，也只自比于管仲、樂毅，尚不敢方之傅說，何況稷、契？「彼二子者，何足道哉？」王安石敢對神宗皇帝如此肆口而言，主要於在於歐陽修、曾公亮等人的吹捧，王安石深得現代大眾傳播祕辛，善於包裝自己，更高明的是推銷自己，利用學術界與天下人望的吹捧，最後終於神化了王安石，不但宋神宗被王安石的幻術所惑，即程頤、司馬光、蘇軾等，亦莫不被王安石所惑（王安石文學好，經術好，辯才好，人稱王氏辯論高奇）。王船山在其《宋論》中即說：「王安石之未試其虐也，司馬君實於其新參大政，而曰眾喜得人；明道（程氏）亦與之交好而不絕，殆其後，始悔前此之不悟，已以晚矣！」

神宗欲以王安石為相，唐介說：「安石難當大任。」帝曰：「文學不可任耶？經術不可任也？吏事不吾任耶？」介對曰：「安石好學而泥古，故議論迂闊。」退謂曾公亮說：「安石果大用，天下必困擾，諸公當自知之！」

帝問侍讀孫固，安石可相否？固對說：「安石文行甚高，處侍從獻納之職可矣！宰相自有度。安石狷狹少容，欲求賢相，呂公著、司馬光其人也。」帝不以為然。竟以安石參知政事。

熙寧二年六月，王安石將執政。士大夫多以為得人，呂誨獨言其不通時事，大用之則非所宜。某日司馬光問呂誨，今日所言何事（今天要建議皇帝什麼事）？誨說：「彈劾王安石。」司馬光非常驚愕的說：「眾喜得人，奈何論之？誨說君實亦為是言耶？」安石雖有時名，然好執偏見，輕信奸回，喜人佞己，聽其言則美，施於用則疏，置諸宰相，天下必受其禍……。神宗不予理會。

王船山氏論說：「言有大而無實，無實者，不詳之言也。明主知之，一聞其說，則屏退之唯恐不速。唯智小而圖大，志陋而欲飾其短者，樂引取之，以箝天下之口，而遂其非。不然，望而知其為妄人，豈難辨哉？」按：此論神宗之所以寵任王安石，乃是由於神宗「智小而志陋」之故。

又論王安石變法之策略是：「揚堯、舜，以震其君，而誘之以易；揭堯、舜以震廷臣，而示之以不可攻……。言愈高者，志愈下；情愈虛者，氣愈驕，奸人非妄、不足以利其奸；妄人非奸，無因而生其妄，妄人興而不詳之禍延於天下，一言而已蔽平生矣！奚待其潰堤決岸，而始知其不可遏哉？」

說人生之大奸大惡，由一言而可概其一生，不必待其惡貫滿盈而始知之。

尤有甚者，王安石變法，朝臣凡批評新法，或對新法持惑疑態度者，王即悉予貶放，有時連神宗亦感太過份了，王安石則堅持必去之而後快。如熙甯二年，呂誨上疏說：「王安石大奸似忠，大詐似信，外示樸野，中藏巧詐，…究安石之迹，固無遠略，惟務改作，立異於人，徒文言而飾非，將罔上而欺下，臣竊憂之，誤天下蒼生，必斯人也。」書上，神宗不予受理。在神宗看來，呂誨的奏摺，是其未明是非，有拂聖聽，故不予受理。

呂誨因神宗執迷不悟，對國事已無能為力，所謂「有官守者，不得其職則去」，宰相勢不宜再幹，便向神宗提出辭呈。皇帝欲將誨調離，怕譽論咎責安石，王安石卻說，如能早日將其調離，譽論的批評，我不在意。

尚書張方平，極言新法之害，未幾即出判應天府。

富弼稱疾求退，帝問誰可代者？弼言文彥博，帝默然。良久，帝曰王安石如何？弼亦默然，遂判亳州。

韓琦極言青苗法之害。解河北安撫使。

司馬光與王安石的交情，非常深厚，上書言新法之害。王安石很不高興，因謂：「司馬光所言，盡害政之事；所與，盡害政之人」。

王安石的好朋友孫覺，上書言青苗法之不當，安石即將其貶之江南。

王安石嫌富弼不附己，偪去之。

又罷程顥、張戩、李常，呂公著、范純仁等……

致使朝中為空，滿朝文武，除呂惠卿（雖陽附于安石，實則以王為幸晉之階），韓縝、章惇等無恥小人，為王安石搖旗吶喊外，普天之下，幾乎無一正人君子接納新法者。由此可見豈止天下蒼生受其禍？宋朝天下從此一蹶不振，遂至亂亡，亦由王安石變法而敲其喪鐘。

按新法之害，可以罄竹難書概之。絕非過甚其辭。

如青苗法。簡單的說，本系於農民青黃不接時（新穀未熟，舊穀食罄，小農最苦之時），政府借米穀、種子予民，待新穀收成後，加息償還，本為救急紓困之美意善政。實施結果，人民卻不肯接受，最後官吏卻不論是否需要，實施強制分派；為顧慮借貸人，無力償還時，官吏乃責成富戶與貧民，實施連保責任。其利息之高，略如今日之地下錢莊（年息約百分之二十五），變成政府強制放高利貸於民，並永遠站在只賺不賠地位，卒使富者變窮，窮者更窮，加以墨吏、差役之趁火打劫，藉機敲斂，人民更不聊生，以致天怒人怨，視為虐政，並非如今人所想像中之良法善政，更非如今日不負責任者之所謂：「良法之不得行，乃是由於在位之既得利益者，所反對之故。」

保甲法：十家為保，選一人為保長，五十家為大保，選富有者一人為大保長，十大保為一都保，選為眾所服者一人為都保長，一人為副，大保夜設五人為巡察，由各保輪流，如有盜時，大保長率保丁追捕，盜入別保，遞相擊鼓應接，同保有犯強盜、殺人、強姦等，知而不告，依律伍保法，留宿強盜三人經三日，保鄰雖不知情，科失覺罪。各保所用兵器，由人民自理……

此外保甲法，或以為即寓農為兵之漸，於是民各驚恐，因有自裁肢體者，引起人民逃亡潮，村落皆空。

均輸法：即漢桑弘羊買賤賣貴，以充國財用，即政府派官員經商（按：桑弘羊時，因社會治安故、交通等因素，稅收困難，以補政府財政困難之不足），今則無疑與民爭利。再就食糧而言，產地當然比京師便宜，但首先要設編制（有執行工作的人力，及增列其俸祿），必須建倉庫，一切皆無問題，官員還需了知其物之品質、成分，更重要的還是經辦者的品德，否則，非但會為朝廷、社會培養出一批貪瀆之蟲，以汙染朝堂與社會風氣。

養馬法：前人亦有用之者，然當時有西北之大草原，故由政府派專人飼養馬，今則或由私人買馬，或由政府買馬，交由人民飼養，平時可供人民耕作，戰時為國家之用。半年檢視其肥瘠，所生小馬則歸公。按農家牲畜中，以馬最為嬌貴，而難飼養，其除乘坐、駕車（驕車）之外，首先要蓋馬舍，馬匹除吃草外，還要吃糧食，每天要為馬運動（即溜馬）、梳洗……而不能耕作，對農家言、可謂農家之嬌客，有害而無一利，一般農家，如何飼養得起？王氏所謂為禍最烈者在此。

王安石的青苗新法，推行未幾，俗語說「屋漏偏逢連夜雨」，熙寧七年去秋，至夏四月（大半年）不雨，帝憂形於色，但在王安石的看法則是「水旱常數，堯、湯不免」。又言「天變不足畏、祖宗不足法、人言不足恤」。結果青苗民貸不但利息不能還償，連貸本亦無歸，不得不動用公權力，於是「吏呼一何怒，民啼一何苦」，或械或鎖，農家不得已，遂相率而逃，形成了我國歷史上第一次最大的流亡潮。及至監安門鄭俠，繪〈流民圖〉進之，神宗始罷新法。

史謂歲飢征斂苛急，東北流民，羸疾愁苦，至身被鎖械，而負瓦揭木，賣以償官，累累不絕。可見王安石之新法，類皆擾民者多，利民者少，遂致天下大亂，民不聊生。欲益反損，大宋王朝，也從此一蹶不振。

孟子說：「緣木求魚，雖不得魚，無後災。依若所為，求若所欲，盡心力而為之，後必有災。」誠然。

孟子的話，聽到宋神宗和王安石的耳朵裡，當然不是滋味，但「致君堯舜」，宋神宗實在沒有這個格局，王安石也沒有這個能奈，只是癡人說夢而已，一個皇帝（主官）能做到「賢、明」二字，就已經很了不起了。

按：王氏植列宋、元諸帝起始年世，及所配之卦，表之如下：

經日之甲一，經月之午七，經星之壬一百八十九（即午會第九運）大運直困。

甲子二							辛未 契丹真宗	壬申 明道 西夏元昊	
甲戌二二				寶元		康定	慶曆		
甲申二三					皇佑				

經辰之子二千二百六十九，需初變井，二變既濟，三變節。

甲午三二 至和	乙未 契丹洪基	嘉佑							
甲辰 宋英宗治平		丙午 契丹改國曰遼		戊申 今上熙寧					
甲寅 神宗七年									

經辰之丑二千二百七十，需四變夬，五變泰，上變小畜。

宋自太祖建國，共歷：

宋太祖十六年，起庚申（至經辰之酉二千二百六十六世，甲寅之庚申，直解之未濟）。

太宗二十二年，起丙子（至經辰之戌二千二百六十七世，甲戌之丙子，直訟之履、否、姤）。

真宗二十五年，起戊戌（至經辰之亥二千二百六十八世，甲午之戊戌，直訟之渙、未濟、困）。

仁宗四十一年，起癸亥（起經辰之亥二千二百六十八世，甲寅之癸亥）。

以上為午會第九運，直大過之困。

以下為午會第十運，直大過之井。

經日之甲一，經月之午七。經星之癸一百九十（即午會第十運），大運直井。

歷經辰之子二千二百六十九世，直需之井、既濟、節、夬。

仁宗四十一年，起癸卯（至經辰之丑二千二百七十世，甲午之癸卯，直需之井、既濟、節、夬）。

英宗四年，起甲辰（至經辰之丑二千二百七十世，甲辰之丁未，直泰）。

神宗十八年起戊申（至經辰之寅二千二百七十一世，甲子之乙丑，直泰、小畜）。

哲宗十五年起丙寅（至經辰之寅二千二百七十一世，甲申之庚辰，直蹇之既濟、井）。

徽宗二十五年起辛巳（至經辰之卯二千二百七十二世，甲申之乙巳，直蹇之比、咸）。

欽宗一年起丙午（至經辰之卯二千二百七十二世，甲辰之乙巳，直蹇之咸）。

按：徽、欽二帝，于靖康二年二月，開封府尹徐秉哲，盡取諸王、皇孫、妃、主，三千餘人，衣袂相牽而赴金營。

以上為北宋九主，共一百六十七年。以下為南宋，起宋高宗。

高宗三十六年起丁未（至經辰之辰二千二百七十三世，甲戌之壬午，直蹇之謙，蒙之損、剝）。

孝宗二十七年起癸未（至經辰之辰二千二百七十四世，甲辰之己酉，直坎之井，蒙之困、師）。

光宗五年起庚戌（至經辰之巳二千二百七十四世，甲寅，直坎之師）。

甯宗三十年起乙卯（至經辰之午二千二百七十五世，甲申，直坎之蒙、大過之夬、咸）。

理宗四十年起乙酉（至經辰之申二千二百七十七世，甲子，直大過之困、井、恒、姤）。

度宗十年起乙丑（至經辰之申二千二百七十七世，甲戌，直升之泰）。

恭帝乙亥一年（至經辰之申二千二百七十七世，甲戌之乙亥，直升）。

端宗丙子二年（至經辰之申二千二百七十七世，甲戌之丁丑，直升）。
帝昺戊寅二年（至經辰之申二千二百七十七世，甲戌之己卯，直升）。
以上亦九主，共一百五十三年，至己卯止，合共三百二十年。
以下為元朝十祖：
元世祖十五年，起庚辰（至經辰之酉二千二百七十八世，甲午，直升之師）。
成宗十三年，起乙未（至經辰之酉二千二百七十八世，甲辰之丁未，直升之恒）。
武宗四年，起戊申（至經辰之酉二千二百七十八世，甲辰之辛亥，直升之井）。
仁宗九年，起壬子（至經辰之酉二千二百七十八世，甲寅之庚申，直升之蠱）。
英宗三年，起辛酉（至經辰之酉二千二百七十八世，甲寅之癸亥）。
泰定帝四年，起甲子（至經辰之戌二千二百七十九世，甲子之丁卯）。
明宗八月，起丙寅（至經辰之戌二千二百七十九世，甲子之丁卯）。
文宗三年，起戊辰（至經辰之戌二千二百七十九世，甲子之壬申）。
甯宗壬申十月即位（至經辰之戌二千二百七十九世，壬申十月）。
順帝三十五年起癸酉（至經辰之亥二千二百八十世，甲辰之丁未，直巽之漸、渙、姤）。

以上元十主，共八十八年，至戊申而明太祖建極。其十六年為癸亥。宋元各配之卦已如上述。

王氏說：按以上二世（即壬子、癸丑二世），在午會第十運之初，邵子敘至此止。

夫前事者，後事之師也；得失之林，吉凶之鑒也。邵子於本朝事迹，不敢填注，誠慎之已！然未嘗不紀其年世而配以卦。意者，自堯舜以來，事迹大略已備，則考古即可鏡今，固於至慎之中，寓忠愛之道焉，殆康節之微意乎？今竊取其意，自運之癸（經星之癸一百九十），辰之寅（經辰之寅二千二百七十一世）以下，約略所配之卦，而存其概焉！

按：午會十運之初，為經辰之子二千二百六十九世，其直卦為需初變井，甲子為仁宗二年；二變既濟，甲戌為仁宗十二年；戊寅改寶元，庚辰又改康定，己巳改慶曆；三變節，甲申為仁宗二十二年，己巳改皇佑。

經辰之丑二千二百七十世，其直卦為需之四變夬，甲午為仁宗三十二年，改至和；乙未為契丹洪基，丙申改嘉佑；五變泰，甲辰為英宗治平，丙午契丹改國號為遼，戊申今上神宗熙甯，邵子敘至此止。上變小畜，甲寅神宗七年。

說康節先生對本朝事，礙於現實問題，未便詳說，然已列其年世及所直之卦，俾後來讀者，參考過去以鑒來者。

又說：蓋蹇之六變卦，起宋神宗十七年甲子，至高宗癸亥；坎之六變卦，起高宗十八年甲子，至甯宗癸亥；大過之六變卦，起甯宗十年甲子，至理宗癸亥；升之六變卦，起理宗四十年甲子，至元英宗三年癸亥；巽之六變卦，起泰定帝元年甲子，至明太祖十六年癸亥。

按：以上王氏所說，運卦井所變蹇等世卦，自神宗十七年甲子，至高宗癸亥所直蹇之六變起，列表如下：

蓋蹇之六變，為七一、七二寅、卯兩世，起宋神宗十七年甲子，至高宗癸亥。

經辰之寅二千二百七十一，蹇初變既濟，二變井，三變比。

經辰之卯二千二百七十二，蹇四變咸，五變謙，上變漸。

坎之六變，為七三、七四辰、巳兩世，起宋高宗十八年甲子，至甯宗癸亥。

經辰之辰二千二百七十三，蒙初變損，二變剝，三變蠱。

經辰之巳二千二百七十四，蒙四變未濟，五變渙，上變師。

大過之六變，為七五、七六午、未二兩世，起宋甯宗十年甲子至理宗癸亥。

經辰之午二千二百七十五，大過初變夬，二變咸，三變困。

經辰之未二千二百七十六，大過四變井，五變恒，上變姤。

升之六變，為七七、七八申、酉兩世，起宋理宗四十年甲子，至元英宗三年癸亥。

經辰之申二千二百七十七，升初變泰，二變謙，三變師。

經辰之酉二千二百七十八，升四變恒，五變井，上變蠱。

亥。

巽之六變，為七九、八十戌、亥兩世，起泰定帝元年甲子，至明太祖十六年癸

經辰之戌二千二百七十九，巽初變小畜，二變漸，三變渙。

經辰之亥二千二百八十，巽四變姤，五變蠱，上變井。

戊申，為洪武元年。蓋自子會至此，凡六萬八千三百八十五年矣，亦後人所增，故不錄也，年數正合。

按：一會為三十運，一運十二世，一世三十年，一運三百六十年，一會共一萬零八百年。自子至巳，六會，共六萬四千八百年，加午會十運之三千六百年，共六萬八千四百年，去經辰之申未、申、酉、戌、亥後之十五年，恰為六萬八千三百八十五年。（經辰之亥，己酉至癸亥共為十五年。）

（王氏植對邵子元會運世解說至此，此後則僅排運世及所直之卦，未作申論。）

以上為午會之十一運，運卦當大過之恒，世卦分恒之爻，世之變爻三十六卦，亦附於下，以便查考。

茲錄如下，俾窺王書全豹。

經日之甲一，經月之午七，經星之甲一百九十一，大過之恒。

經辰之子二千二百八十一，恒初六變大壯，大壯初變恒，二變豐，三變歸妹。

經辰之丑二千二百八十二，大壯四變泰，五變夬，上變大有。

經辰之寅二千二百八十三，恒九二變小過，小過初變豐，二變恒，三變豫。
經辰之卯二千二百八十四，小過四變謙，五變咸，上變旅。
經辰之辰二千二百八十五，恒九三變解，解初變歸妹，二變豫，三變恒。
經辰之巳二千二百八十六，解四變師，五變困，上變未濟。
經辰之午二千二百八十七，恒九四變升，升初變泰，二變謙，三變師。
經辰之未二千二百八十八，升四變恒，五變井，上變蠱。
經辰之申二千二百八十九，恒六五變大過，大過初變夬，二變咸，三變困。
經辰之酉二千二百九十，大過四變井，五變恒，上變姤。
經辰之戌二千二百九十一，恒上六變鼎，鼎初變大有，二變旅，三變未濟。
經辰之亥二千二百九十二，鼎四變蠱，五變姤，上變恒。

王氏說：

按：

明太祖洪武三十一年起戊申；
恭閔帝建文四年起己卯；
成祖永樂二十二年起癸未；
仁宗洪熙乙巳一年；
宣宗宣德十年起丙午；
英宗正統十四年起丙辰；

景帝景泰七年起庚午；
又英宗復僻天順八年起丁丑；
憲宗成惋二十三起乙酉；
孝宗弘治十八年起戊申；
武宗正德十六年起丙寅；
世宗嘉靖四十五年起壬午；
穆宗隆慶六年起丁卯；
神宗萬曆四十八年起癸酉；
光宗泰昌乙未年；
熹宗天啟起辛酉；
莊烈言崇禎十六年起戊辰至癸未。
以上十六主，共二百七十六年，自堯甲辰起，至莊烈癸未，共四千年整。
王氏又說：此一運，約略所配之卦如下：
大壯之六變卦，起明太祖十七年甲子至英宗八年癸亥。
小過之六變卦，起正統九年甲子至孝宗十六年癸亥。
解之六變卦，起孝宗十七年甲子至世宗四十二年癸亥。
升之六變卦，起世宗四十三年甲子至熹宗三年癸亥。
大過之六變卦，起熹宗四年甲子，僅二十年至甲申，而本朝（清朝）定鼎矣，鼎之世六十年，而為乾之姤，亦姤之乾，按其世卦年卦，蓋今與堯舜同當午會，而乾健正符禹年，使讀是書者，知今之世猶古之世，堯、舜、禹三聖當其盛，而今則景運伊隆，與唐虞夏姤，若合符節也，或亦邵子之意歟？

經日之甲一，經月之午七，經星之乙一百九十二，大過之姤。

經辰之子二千二百九十三，姤初六變乾，乾初變姤，二變同人，三變履。

經辰之丑二千二百九十四，乾四變大畜，五變大有，上變夬。

經辰之寅二千二百九十五，姤九二變遯，遯初變同人，二變姤，三變否。

經辰之卯二千二百九十六，遯四變漸，五變旅，上變咸。

經辰之辰二千二百九十七，姤九三變訟，訟初變履，二變否，三變姤。

經辰之巳二千二百九十八，訟四變渙，五變未濟，上變困。

經辰之午二千二百九十九，姤九四變巽，巽初變小畜，二變漸，三變渙。

經辰之未二千三百，巽四變姤，五變蠱，上變井。

經辰之申二千三百零一，姤九五變鼎，鼎初變大有，二變旅，三變未濟。

經辰之酉二千三百零二，鼎四變蠱，五變姤，上變恒。

經辰之戌二千三百零三，姤上六變大過，大過初變夬，二變咸，三變困。

經辰之亥二千三百零四，大過四變井，五變恒，上變姤。

王氏說，以上為午會之十二運，運卦當大過之姤，即姤為運卦；世卦分姤之爻以配卦，如姤之乾、遯、訟、巽等，為運卦所分之世卦；世卦所分如乾之姤、同人、履等，為世之年卦，其與下表不同者，此表由運詳分世卦與年卦，下表則僅由運分至世：

經星之丙一百九十三，鼎之大有，大有初變鼎，二變離，三變睽，四變大畜，五變乾，上變大壯。

經星之丁一百九十四，鼎之旅，旅初變離，二變鼎，三變晉，四變艮，五變遯，上變小過。

經星之戊一百九十五，鼎之未濟，未濟初變睽，二變晉，三變鼎，四變蒙，五變訟，上變解。

經星之己一百九十六，鼎之蠱，蠱初變大畜，二變艮，三變蒙，四變鼎，五變巽，上變升。

經星之庚一百九十七，鼎之姤，姤初變乾，二變遯，三變訟，四變巽，五變鼎，上變大過。

經星之辛一百九十八，鼎之恒，恒初變大壯，二變小過，三變解，四變升，五變大過，上變鼎。

經星之壬一百九十九，恒之大壯，大壯初變恒，二變豐，三變歸妹，四變泰，五變夬，上變大有。

經星之癸二百，恒之小過，小過初變豐，二變恒，三變豫，四變謙，五變咸，上變旅。

經星之甲二百零一至經星之癸二百一十。

按：以上為午會第七會之後二十運，如鼎之大有、旅、未濟等，為運卦；及各運之世，如大有之鼎、離、睽等，皆為陽升之卦，之後即為陽降陰升之始。

經日之甲一，經月之未八。

經星之甲二百一十一，至經星之戊二百一十五。

經星之己二百一十六，至經星之癸二百二十。

經星之甲二百二十一，至經星之戊二百二十五。

經星之己二百二十六，至經星之癸二百四十。

經日之甲一，經月之申九。

經星之甲二百四十一，至經星之戊二百四十五。

經星之己二百四十六，至經星之癸二百五十。

經星之甲二百五十一，至經星之戊二百五十五。

經星之己二百五十六，至經星之癸二百六十。

經星之甲二百六十一，至經星之戊二百六十五。

經星之己二百六十六，至經星之癸二百七十。

經日之甲一，經月之酉十。

經星之甲二百七十一，至經星之戊二百七十五。

經星之己二百七十六，至經星之癸二百八十。

經星之甲二百八十一，至經星之戊二百八十五。

經星之己二百八十六，至經星之癸二百九十。

經星之甲二百九十一，至經星之戊二百九十五。

經星之己二百九十六，至經星之癸三百。

經日之甲一，經月之戌十一，閉物始月戌之中。

經星之甲三百零一，至經星之戊三百零五。

經星之己三百零六，至經星之癸三百一十。

經星之甲三百一十一，至經星之戊三百一十五。

經星之己三百一十六。

按：開物在經日之甲一，經月之寅三之中；閉物始經日之甲一，經月之戌十一之中，至此天地又混沌矣！

第十五節　以會經運午十（三）——觀物篇二十四

經日之甲一，經月之午七，經星之癸一百九十，大過之井。

劉氏斯組說：以上為午會第十運，運卦當大過之井，世卦分井之爻，井初分需、蹇、坎、大過、升、巽。

其各世直卦如下：

經辰之子二千二百六十九，井初六變需，需初變井，二變既濟，三變節。

經辰之丑己二千二百七十，需四變夬，五變泰，上變小畜。

經辰之寅二千二百七十一，井九二變蹇，蹇初變既濟，二變井，三變比。

經辰之卯二千二百七十二，蹇四變咸，五變謙，上變漸。

經辰之辰二千二百七十三，井九三變坎，坎初變節，二變比，三變蹇。

經辰之巳二千二百七十四，坎四變困，五變師，上變渙。

經辰之午二千二百七十五，井六四變大過，大過初變夬，二變咸，三變困。

經辰之未二千二百七十六，大過四變井，五變恒，上變姤。

經辰之申二千二百七十七，井九五變升，升初變泰，二變謙，三變師。

經辰之酉二千二百七十八，升四變恒，五變井，上變蠱。

經辰之戌二千二百七十九，井上六變巽，巽初變小畜，二變漸，三變渙。

經辰之亥二千二百八十，巽四變姤，五變蠱，上變井。

此與十二上不同者，前之經辰之辰二千二百七十三、七十四卦直為坎用蒙，此則仍用坎。

又說：仁宗直需之井，歷既濟、節、夬；英四年於泰；神則泰而小畜，入蹇之既濟。邵子推運世至熙寧需之泰而止，後未之及也。

仁宗名禎，為真宗第六子，即位時年僅十三歲，太后臨朝，丁謂，雷允恭把持朝政，幸有王曾、呂夷簡等維持大局，待仁宗親政，復有韓（琦）、范（仲淹）、富（弼）、文（彥博）、趙（忭）、歐（陽修）、呂蒙正、呂端等，諸賢相輔，既王德用（較范仲淹為晚，邊夷頗懼懾之，另一王德。為張俊部屬，二王皆知兵）、狄青諸將，致國強民安，在位四十一年，壽五十四，駕崩之日，天下如喪考妣。直需之井，歷既濟、節、夬。當經辰之子二千二百六十九世之甲戌，至七十世之夬。

英宗實在是位英明的皇帝，每臨政，必先詢問大臣們古人處理政事的方法，其裁決皆出諸臣意表，雖僅在位四年，天下無不詠歌聖德。當經辰之丑二千二百七十世之甲辰，其直卦為需五之泰。

神則泰而小畜，入蹇之既濟。

神宗當經辰之丑二千二百七十世，甲辰之戊申即位，用王安石為相，天下亂端由此而始。

王安石不但書讀得好，文章寫得更好，但泥古不化，固執而又不通人情。神宗信其變法，王氏肆言「天變不足畏，人言不足恤，祖宗之法不足守」。王氏之言，在古人看來，誠離經叛道，驚天動地之言。士庶咸為之斂容。但變法的結果，不但未能為國家社會，帶來絲毫富強與安樂，馴致至於「民生凋敝，天怒人怨」之境。任用呂惠卿、章惇等一般小人，立新法，啟邊釁，民怨日聚，外患日熾，靈州之役，神宗乃至終夜繞床不寐（神宗時與夏人戰於靈州，喪師十萬，帝午夜聞之，終宵不寐），卒一病不起。

王船山氏論宋室積弱之因說：「追厥禍本，王安石妒才自用之惡，均於率獸食人，非但變法亂紀，虐當世之生民矣！」說王安石妒賢害能，剛愎自用，所造成的惡果，無異於率獸而食人，不僅僅變法之為害也。

按：王安石變法。深獲近代學者青睞興定，咸認王氏所變之法，乃是極其具有前識之良法善政，因受當朝既得利益者之反對，遂致功敗垂成云云。實乃以小人之心，度君子之腹，當時之執政者如司馬光、呂公著、二程氏、范仲淹，社會賢達邵康節等，皆是為天下蒼生、乃至犧牲身家性命，亦不惜的人，先天下而憂而憂，後天下之樂而樂，不是現代騙人的高調，而是實情，邵康節還是當代的一級貧戶呢！

宋神宗一生，皆沈浸在王安石變法圖強的幻夢中，迨靈州一役，十萬大軍，一夕之間，全軍覆沒，這纔驚醒夢中人，畢生願望，皆寄託在王安石烏托邦式的「鴻鵠大志」上，豈知轉瞬之間，竟化為一縷炊煙，無影無踪了，未幾駕崩，傳位哲宗。

按：邵子推運世至熙寧，需之泰而止，後未之及也。以下乃後人因邵子元會經世之法補入者。

哲宗乃直蹇，自既濟而井。徽自井而比、而咸、而至謙。欽直謙甲午之丁未，舉族北轅。

哲宗為神宗第六子，在位十五年，於甲子之丙寅即位，當經辰之寅二千二百七十一世。直蹇初之既濟、二之井，卒於甲戌之辛巳。哲十歲即位，初時高太后臨朝（太后臨朝九年，朝廷清明，華夏綏定，力行故事，抑絕外家私恩，人稱女中堯舜），起用司馬光等一般持重賢臣，萬事修舉，殆哲宗親政，熙甯、元豐小人遂得志橫行（神宗時執行變法之群小），貶元佑正人殆無虛日，以致天下大亂，應既濟之「小利貞，初吉，終亂」（既濟卦辭）。卒致夷狄交侵，徽、欽蒙塵。井《彖》辭所謂：「汔至，亦未繘井，羸其瓶，凶。」

哲宗之初，太后臨朝，以司馬光為相，罷新法，中外相慶君子進，小人退；可惜好景不長，光為相八月而卒，太后旋亦崩，哲宗親政，即召用蔡京等，於是熙豐小人復得志（神宗熙甯、元豐），短短六七年間，不但幾乎把天下正人君子趕盡殺絕，影響所及，並深深種下了徽、欽北狩、宗社蒙羞，斷送長江以北大宋江山的禍根。

蹇，難也，險在前也，見險而能止，智矣哉！哲宗不但不能見其蹇前之險，而且旦旦不已，把自己向險處推，誠不智之極。亦如井之旨在養人，但自己卻把汲水的繩割斷，故意把汲水的瓶子打破，想取水，不亦難乎？人民無水可飲，怎能生活？故其凶可知，這不是宋帝趙煦（哲宗）之驗？

徽自井、而比、而咸、而至謙。欽直謙甲午之丁未，舉族北轅。

徽宗為神宗第十一子，哲宗無嗣，因立為太子，在位二十五年。帝機巧多技，窮極淫樂，屏忠任奸，天變民怨，反復不省，時興聯金滅遼之策，卒被金欺，以致合族軍民臣婦三千餘口，被金擄囚五國城，徽被摧殘如牛馬，卒死漠北之野。

徽宗時當經辰之寅二千二百七十一世，甲戌之辛巳即位，直蹇之井、比，歷七十二世之咸、謙（至甲辰之乙巳）。即位之初，頗有虛己求言之意，過去因反對變法而流放者，恢復其職務，又將佞幸小人二惇二蔡（如章惇、安惇，蔡京、蔡卞）等驅離朝廷。同時為調和熙寧、元佑之關係（主變法與反變法兩者），遂改元建中靖國，似有一番景象。不幸竟以曾布為相，布專用二惇、二蔡舊人，並改元「崇寧」（意即尊崇熙甯時，王安石變法之新政），於是朝中盡為崇寧之人。布復召還蔡京以為黨羽；進而定元佑、元符黨人為奸黨者，達三百九十餘人（元佑、元符皆哲宗年號，代表反對變法者之稱），刻石於朝堂，以示警戒。於是威福在握，官以賄成，地方官吏，不惜盡售地方儲積（官庫錢糧），以賄當政而求美官。及至蔡京，更變本加厲，日誘徽宗以淫奢，窮極天下精巧奇玩，以盡蠱惑徽宗之能事。朝中盡去元佑諸君子，不但禁止人民閱讀其書，乃至焚禁其著述，宣稱程頤素行譎怪，專以聾瞽愚俗為事，乃追毀其出身文字，謂頤以邪說詖行，惑亂眾聽，並派人赴河南查禁程氏講學；社會則民窮財盡，盜賊蜂起；外患則前遼後金，窮于應付，割地獻金，緬顏求和，終至作了俘虜，始掩面大哭，謂「宰相誤我父子」，並不及天下家國，可見趙佶（徽宗）心目中，並無天下蒼生之念，豈不可悲？二十餘年風流天子，朝中何曾容過一位正人君子，心中何嘗一刻，關心過天下蒼生？及至被擄，始言被誤，乃不知悉其自作之，自受之而已，又何怨之有？

徽直蹇之井、比、咸、謙。就井而言，則有「瓶羸之凶」；言比，則「比之匪人」；言謙，則「不富以其鄰」；「利用侵伐，無不利」，則棄李綱、種師道、宗澤、張浚、韓世忠、飛等不用，或奉金人之命而去之；或因蔡京、童貫之意而逐之；既用浪子宰相李邦彥，惟知割地納貢以求和，則安得「利用侵伐，無不利」？又豈能「利用行師」而征邑國？

按：徽宗當經辰之寅二千二百七十一世，蹇二變井、三變比。

經辰之卯二千二百七十二世，蹇四變咸、五變謙。

徽宗對元佑之人身迫害，與學術摧殘情形如下：

徽宗建中元年九月，立黨人碑於端禮門。蓋元佑元符末，群賢貶、竄、死、徙者略盡，蔡京猶未惬意，乃與其客強浚明、葉夢得等，搜羅曾任宰相級之司馬光、文彥博、呂公著、範純仁、蘇轍等；待制以上之蘇軾、范祖禹等；餘官程頤、秦觀、黃庭堅、晁補之、張士良等百二十人等罪狀，謂之奸黨，刻石立碑於端禮門。另于一般官吏，更分邪上、邪中、邪下者五百餘人為邪等，或降級，或調職，或貶放。

又禁元佑學術：詔毀范祖禹、唐鑒，及三蘇、秦觀、黃庭堅等文集，追毀程頤出身文字，派人至河南逐其學徒，頤因遷居龍門之南（於今聚落成市，名曰程村，皆程氏之裔）。

詔毀《司馬光文集》：凡舉人傳習元佑學術者，以違制論。

又詔說：蘇軾、黃廷堅等，獲罪宗廟，義不戴天，片文隻語，並令焚毀無存，如有保存者，以大不恭論。

乃與金人媾和。其條件為：

宋朝皇帝應受金人冊封，並奉金正朔。

對金稱叔，自稱姪。

高宗壬戌十二年四月，金人以袞冕來冊封趙構為宋皇帝。

欽宗靖康元年，金人要求輸金五百萬兩，銀五千萬兩，牛馬萬頭，表緞百萬匹，尊金為伯父。歸燕雲之民在漢者，割中山（今河北真定）、太原（今山西太原）、河間（今河北河間）三鎮之地；欽宗靖康丙午，金人向宋索金一千萬錠（錠三十兩），銀二千萬錠，帛一千萬匹。

徽宗在位二十五年，初用曾布，後用蔡京、童貫等。甫一年，曾布即請改元崇寧。七月以蔡京為尚書右僕射中書侍郎，徽謂蔡京：「神宗創法立制，先帝繼之（說哲宗），兩遭變更，國事未定，朕欲上述父兄之志，卿何以教之？」是徽宗早已心儀于神宗之變法。京曰：「敢不盡死。」於是便明目張膽，打壓元佑、禁其學術，焚元佑法，置講義司（即今之文宣機構），恢復哲宗紹聖時役法（恢復變法），立黨人碑於都門，元佑之士貶竄殆盡……蔡京、童貫紹聖之人滿天下，得專國柄二十餘年，並公然賣官鬻爵，以資其君臣窮奢之極慾、任情揮霍，終致胡騎憑淩，盜賊蜂起，天下糜爛至不可收拾，遂將大宋王朝，推入覆亡深淵，致中原板蕩，生靈塗炭，國辱民弊，除為天下後世悲悼浩歎外，夫復何言？

蔡京、梁師成、李邦彥、朱勔、王黼、童貫，謂之六賊，童貫置局蘇州，造作器用，曲盡巧妙，專供上用；朱緬花綱，凡民家有一石堪玩者，即予以查封，搬運時，乃至拆屋掘牆。蔡京興造取木，動輒數十萬役夫，福建荔枝、橄欖、龍眼；南海椰子、檳榔；登萊文石；湖湘文竹；四川佳果，不惜渡江海，毀橋梁、鑿城廓，數日而至，新鮮如初，色香不變，其享樂擾民如此。

徽宗於天下已無可奈何之時，始傳位於太子趙恒（欽宗），然而「扁鵲不能肉白骨，管仲不能起亡國」，時宋王朝已病入膏肓，任人皆不能有所作為，卒於經辰之卯二千二百七十二世，甲辰之第四年丁未，徽宗后、諸王，被開封府尹徐秉哲，並諸王、皇孫、妃、公主等三千餘人，盡取以獻於北虜。時哭聲震天，各牽衣角而行（押解俘虜的方法），隨侍往北者，惟吏部侍郎李若水一人，痛罵金狗，金人毆撾其唇，噀血而罵愈切，以至裂頸、斷舌而死。金人相與言道，遼國之亡，死義者尚有十餘人之多，南朝惟一李侍郎。堂堂天朝官員志節尚不如邊夷之遼，豈不令人汗顏？朝臣志節掃地，如此之甚，其來有自。徽欽被擄而北，掩面痛哭，謂「宰相誤我父子」，其說並不全然公允。浪子宰相李邦彥，本為市井無賴，以之為弄臣，亦足以誘主為非了，今委之以宰相，自非浪子之過，徽宗實屍其咎。

二帝被擄，北宋覆亡，其責任究應由誰來承擔？依理而言：始作俑者，由神宗趙頊與王安石肇其始；踵其迹者，徽宗趙佶與蔡京，蔡京實亡北宋之尤者。神宗、徽宗父子，任由王安石、蔡京二獠，肆意而為之下，官無官箴，士無士節，但對打壓正人君子，消滅異己，則無所不用其極。或謂：「朝廷有教化，則士人有廉恥，士人有廉恥，則天下有風俗。」必待天下風俗淳正，而後士民可用，國家可強，未有朝廷依庇奸佞，盡黜忠貞，而能國泰民安，倉實兵強者。王安石負世亂國衰之責，尚未賣官鬻爵，政策的錯誤，導致民窮財盡，流離失所；蔡京則賣官鬻爵，賄賂公行，天下官吏，皆以賄選，盡出其門，仰鼻息以存活，復極盡導帝於淫侈、邪辟之能事，以致官逼民反，《水滸傳》所揭示的社會亂象，《洗寃錄》透視官場之黑暗，乃冰山一角；夷狄侵淩，中原板蕩，惟獻金、割地、稱臣，以求瞬息之苟安。

「聞鋒鏑而股戰，對穹廬以屈膝」，是蔡京與其徒眾，處理金、遼關係的至高指導原則，被等存活之唯一憑藉，厥以屈辱朝廷為法寶，宋家皇帝，至死不悟，所謂「竭民膏血而不恤，忘國大仇而不報，含垢忍恥，舉天下而臣之……，可為痛哭流涕長太息也」！

劉氏說：康王構，往蹇來反，應大過九四棟隆之吉即帝位。棟隆，構象也，宋乃南矣！「利西南、不利東北」（蹇卦辭），其信有徵乎？時當謙之利用侵伐，利行師，卒牽和議，大過內巽木，宋主和，外兌金，引滅木也（兌上六「引兌」）。迄蹇之漸，二帝北征不復，帝無嗣育，棄汴都杭，殆如漸木得桷（漸六四辭）而已。時則忠節竄戮，外比稱賢，假梓宮長樂為詞，奉表北臣，正直坎北方之卦，故水關志異，豈不以習坎洊至、陷沒者大乎？

宋高宗名構，徽宗第九子，初封康王，及二帝北狩，於經辰之辰二千二百七十三世，甲辰之丁未即位，直蹇之謙。運卦大過九四為棟隆吉，應高宗即位之吉。再者高宗名構，亦有構隆之象。蹇卦辭說「利西南，不利東北」，高宗舍汴而遷杭（杭為西南，汴為東北），與事實若合符節。

高宗即位直謙，謙六五：「不富以其鄰，利用侵伐，無不利。」就當時將相，如趙鼎、李綱、種師道、張浚、宗澤、韓世忠、岳飛、劉錡等，如能推心置腹而用之，乃至專責一人，即制金而有餘，惜其不但不用，甚至或殺、或貶、或去，竟將之摧殘殆盡。建炎十年，金人又大舉入寇，秦檜擔心高宗會復起用張浚，便派人探猜高宗意向，偽向高宗建言：「當起用張浚……」，高宗竟說：「甯至覆國，不用此人。」寧可被奸臣、佞臣、殺父之仇的敵人，公然欺弄，乃至一欺再欺、每議必欺，亦心甘情願，而不為忤。反之，對忠心為國，披膽瀝血的干城之具，卻視若寇仇，「甯至覆國，不用此人」。誠不知其是何居心？有忠良而棄之，有干城而傾之，當戰、能戰、可戰而不戰，卻甘願屈膝以乞和，所謂「堂堂天朝，相率而拜犬豕，曾童稚之所羞」，而高宗卻樂意為之，國之云亡，不亦宜乎？後人世讀此，復夫何言？「利用侵伐，無不利」，對敵人而言，可說應之如響，于宋則無從說起。

按：如趙鼎、李綱、種師道，張浚，宗澤、韓世忠、岳飛、劉錡等，可說是皇天賜宋之軍事天才，且其忠心，直可披膽瀝肝，天人可表，高宗不但不用，且幾乎悉予逐殺。

劉氏所謂：「時則忠節竄戮，外比稱賢，假梓宮長樂為詞，奉表北臣，正直坎北方之卦，故水鬭志異，豈不以習坎洊至，陷沒者大乎？」

一個國家到了對敵人稱臣之不足，則又自稱侄、稱敵伯，獻金、割地、屠戮忠良（奉敵國命，誅戮其國之忠良）……，以為苟延殘喘、求活保身之計，其悲哀可知！誠所謂或「承之羞者」，王船山謂其無生人氣，言即「行屍走肉」之意。

高宗一意求和，靦顏穹廬，堂而皇之的理由，是和議以迎還梓宮（徽宗棺木）。這是高宗趙構唯一的藉口。因之，凡有礙於和議者，無論彼等如何忠於國家，盡瘁朝廷，悉在竄、戮之列。高宗對放逐、屠戮宋之忠貞之士，棟梁之臣，可說毫不假貸；但對金人，卻甘願奉其正朔、靦顏稱臣，同時對金人所懼懾、畏忌之文臣武將，為了向金人示好，以表示其甘心稱臣，絕無異志，於是悉將其忠臣能臣等，或殺或放，視之如草芥，誅戮不遺餘力，以示其對金狗、馴順、妥協、盡忠之誠。

高宗屈膝，真的梓宮可還嗎？

胡銓上高宗封事說：「……倫（奸臣王倫）之議乃曰：我一屈膝，則梓宮可還；太后可復；淵聖可歸；中原可得。嗚呼！自變故以來，主和議者，孰不以斯說啖陛下哉？而卒無一驗。」可知所謂和議以還梓宮，只是高宗自欺欺人的宣傳口號，高宗自然心知肚明。對金人而言，則「不戰而屈人之兵」策略之運用而已。誠如時人所言：「金人講和以用兵，宋人斂兵以待和」。明白點說，金人之和議，只是懈怠宋人軍心之策略，為其再次出師南侵之煙幕彈，亦即金人大戰略之心理戰。換言之，亦即其發兵之前奏；宋人則是先把軍隊解散了，撤除一切武裝、戰備、防禦工事，以表示其和談之誠，等待與敵人和談。豈非先自廢武功，而後再與敵人決鬥，自己甘為魚肉，以適敵人之刀俎？

王船山氏論說：「高宗之畏女真也，竄身而不恥，屈膝而無慚，真可謂無生人之氣矣！」高宗被女真嚇破了膽，對國仇家恨，全然置之度外，惟有奉表稱臣、為兒皇帝，始可稍得苟延殘喘，獲其片刻之苟安，衷心為之而無愧容。

論者或謂：秦檜居相十九年，倡和誤國，一時忠臣良將，誅鋤略盡。秦檜之所以倡和議，固然一方面是負有金人亡宋的使命，再則是抱藏極大的禍心，因針對高宗恐金心理，遂完全納高宗於其囊中。秦檜知道高宗和議之心，十分堅固，遂把所有朝中反對力量，悉予消除，將所有言官，如御史、諫議大夫等，皆換為其心腹。秦檜似持有宋高宗與金人議和的丹書鐵券。於是便明目張膽，毫無顧忌的來執行金人所交付其亡宋的使命。從表面看，向金乞和，高宗與秦檜是二人有志一同，但骨子裏，高宗所希冀者，乃旦夕之苟安；秦檜則是為金人掃除南進障礙的天王推手，並包藏禍心。高宗不但了不惑疑，反拜相封王，賜予滿門榮寵，獨於趙（鼎）、張（浚）、韓（世忠）、劉（錡）、岳（飛）等，義膽忠肝者，則或殺或貶，不留餘情。宋高宗又是秦檜誅戮忠良之決策者，豈不滑天下之大稽？宋之不亡，甯有天理？

按：秦檜對高宗的心理分析，是經過長期的觀察研究，暗中測試，深深明白其意向後，而決定的。如檜一日對高宗說：「如果陛下決心與金人議和，希望單獨與臣檜來討論，其他人皆不許參與。」高宗完全贊成。秦檜每提一問題，皆要高宗深思熟慮，三數日後再下決心，以為對高宗和議決心的試金石。秦檜仍不放心。更要高宗一二再、再而三的仔細考慮。三日、五日，反復數四，秦檜看出高宗和議決心，十分堅固，遂把朝中所有言官如御史，諫議大夫等，皆換為其心腹，以消滅雜音，卒成為宋高宗與金人議和的全權大臣。

王船山氏以為，秦檜之殺岳飛，是與張俊合謀的（此張俊與岳飛同時，曾為張浚部屬），秦檜的目的，是翦黜南宋的國防力量；張俊的目的，在接收能征慣戰的岳家軍，以壯大其在朝中的軍事地位。王氏論說：「張俊位望最隆，與檜合謀，以夷岳氏之族，思得其兵。」結果秦檜殺岳飛之後，不但立即解除張俊兵柄，並將其逐出朝廷，張俊亦不敢與其校論。（見《宋論・卷十四・理宗》）。

又論：秦檜之所以獲得高宗之深任，在表面上，先是有張浚的推薦，後有趙鼎的贊助（紹興八年，張浚與趙鼎論人才，浚言秦檜是個了不起的人材，李鼎不信，及鼎再次為相，檜唯鼎言是從，鼎由是深信之，言檜可大任於帝）。

在高宗，是基於其宋家天子，不可告人「測防」大臣之祕辛，宋朝之君，對其大臣，有功者必抑，有權者必奪。即至高宗微弱已極，猶畏其臣之疆，乃橫加侵削。所以秦檜之殺功臣，是暗合高宗心意的，前之狄青、王德用等，亦屢遭按劾，誠所謂「皆畜菹醢之心，而不惜長城之壞」。加以胡安國引用《春秋》不恰當的事例，成為宋高宗所利用的基本理論基礎。秦檜與其妻，從金逃回，不但無此項可疑背景，且可為高宗完成、世人無法憶知之殘酷歷史悲劇。

秦檜的機心，淩越宋時所有君臣之上，王船山氏謂秦檜有五可畏：一可畏，秦檜與徽欽同時被擄者，不下數千人，其他人或殺或囚，只有秦檜享受貴賓禮遇，並十分安全的送其夫婦歸國，足證其手段高強；二可畏，張浚、趙鼎等，與高宗皆患難君臣，屢退屢進，高宗皆不能離去，檜一得志，或竄或逐，鮮有能與檜相爭者；三可畏，岳飛收復盜賊，力戰中原，士樂為之死，檜削之、斥之、囚之、殺之，天下無人敢為其鳴不平者；四可畏，韓世忠擁眾數萬，又救過高宗的命，秦檜一句話便俯首解兵，苟且以自全；五可畏，張俊與秦檜合謀，夷岳氏之族，思得其兵，檜殺岳氏之後，即奪張氏之兵，並將其逐離朝堂，張猶伏首貼耳以從，檜之可畏，由此可見。

王船山氏以為秦檜的真正目的，在取高宗而代之，其較王莽、曹操、司馬懿之奸狠，尤有過之。

高宗於徽、欽北狩，四海鼎沸之際，泥馬渡江，卦直大過九四棟隆之吉，即帝位于臨安。有棟隆構象，宋室乃南！蹇利西南不利東北，于高宗而言，可說是信而有徵者？時當謙之「利用侵伐，利行師」，卒帝牽制於和議而皆無應。

按：《南渡錄》：康王（趙構）為質于金，間道奔竄，倦息崔府君廟，夢神告以敵追騎將至，宜速去，已備馬候矣！王驚覺，馬已在側，因乘之南馳七百里，既渡而馬不前，視之乃泥馬也。

就運卦大過來說，大過內卦巽，巽為木，「宋」內亦木，外為兌金，金克木，有金滅木之象：宋主和，外卦兌，兌為悅，為口舌，金每以和議為手段欺宋，以榨取宋之金銀，與民生物資，以弱宋。和議與宋，猶駕車驢子，永遠吃不到的紅蘿蔔，所謂「引兌未光」者；再者上六為成兌之主，兌為毀折（兌上六：引兌未光），每和議一次，必增加其歲銀、物資，故迄蹇之漸，二帝北狩未復（徽、欽被擄，終死虜廷），主和議者每謂：「我一屈膝，則梓宮可還；太后可復；淵聖可歸；中原可得。」而卒無一驗。帝無嗣育，應漸九三：「夫征不復，婦孕不育」之言；棄汴都杭，殆如「漸木得桷」而已。兆高宗南渡，不都龍蟠虎踞之金陵，而都僻處海角之杭州，亦如漸木之桷，示無夫中原之志！

按：外兌金，金為口舌，引滅木也（兌上六：引兌未光）。

引滅木：兌上六說「引兌」。《象》曰：「上六引兌，未光也。」劉氏牧解釋引兌說：「執德不固，見誘則從。」就一般卦而言，極則變，兌為悅，極則愈悅，悅至連自己也忘記了，所謂既極矣，又引而長之，故說引兌。引兌的另一說法：為「物引我」而去，我為物所誘引，可見其不能抗拒誘惑。兌為毀折，其滅木必矣（宋內為木）！

漸木得桷：漸六四：「鴻漸于木，或得桷。」桷音角，桷，木枝柯之橫平者，鴻足有蹼，非平且寬之枝柯不能棲，故說「鴻漸于木，或得桷」。喻高宗苟于偏安之意。

棄汴都杭：高宗之都臨安，史家即謂其無意于中原矣！苟有意于中原者，不都川蜀，則都荊湘；不都建康，則都維揚（揚州），而今定都杭州，僻處海角，則棲棲然苟安之意見矣！諸葛武侯曰：「漢賊不兩立，王業不偏安。」高宗寧忍棄祖宗之土地，忘父母之仇讎，而偷安於一時者也。

忠節之士，非竄即戮，毫不吝惜，外比稱賢，對金人，則千般示好，衷心擁戴，假借迎還梓宮長樂為辭，奉表向北金稱臣，高宗正直坎，坎為北方之卦，故水鬬志異，江西有水鬥者，豈不以習坎洊至，水上加水，值山洪暴漲，洪水泛濫，又逢大雨大潮，陷沒者豈不更大？

按：水鬬志異：高宗建炎甲子十四年，江西饒州樂平縣何沖里，數百頃田隴中水，被吸為一，距地數尺，成為一道懸空水河，無堤防而水自行，里南程氏家井水，亦從井中竄出，猶如一道長虹，其聲如雷，穿牆毀樓，二水鬥於杉墩，此進彼退，此退彼進，約數小時之久，乃各復原，人奇之，遂稱水鬥。

劉氏以為：水鬬志異，是一種不祥徵兆，象徵「習坎洊至」之意。習，即學而習之之習；洊，再至也。本為時習之意，但如果水上加水，洪水加暴風雨，大水把龍王廟也沖倒，其所陷沒者，當然更大了。高宗直坎，坎為北方之卦，又向北國稱臣，故水鬬示異，習坎洊至，其所陷沒者，豈不更大？

高宗於其三十二年壬午六月，傳位太子昚（音慎，古慎字），是為孝宗。

劉氏說：傳位孝宗，卦復于井。太祖六世之孫而嗣其統，從乎當運之主卦也。歷困而師，凡二十七年。

太子昚（音慎），是高宗的養子，為趙匡胤第六世嫡孫，宋太祖黃袍加身之後，老太太鑒於周以主幼而亡國，因臨終遺命，要兄終弟及，輪流當皇帝，老大匡胤應傳給二弟光義；光義後，應傳三弟廷美；廷美之後，再傳匡胤的兒子德昭，由宰相趙普簽署為證，以鐵券丹書，藏之金縢匱中，以昭示子孫無欺，神明共鑒。趙匡胤是個孝順兒子，對母親的話，不敢違迕，便遵照母親遺命，傳位二弟光義。光義之後，本應傳位老三廷美，結果老奸巨猾的趙普，卻變了卦，當趙光義遲疑不決的時候，趙普不但不作見證，卻說「太祖已誤，陛下豈容再誤」？趙普的話，正合太宗心意，於是便把老母金匱之盟，置之罔聞，不傳弟而傳子。不但違背了老母的遺命，甚至還偪死了侄子德昭，兄弟廷美，本質上較老哥差多了。宋家天下，至此才又回到趙匡胤六世孫趙昚的手中，是為孝宗。

孝宗在位二十七年，壽六十八，當經辰之辰二千二百七十三世，甲戌之癸未，直坎六三之井、坎六四之困、九五之師。故說「卦復于井」。高宗傳位孝宗，自為太上皇，孝宗對高宗的孝敬，不但是宋家皇帝，未有企及者，即在歷代帝王中，亦屬罕見。

帝復起用張浚，浚諫帝幸建康，北進中原，浚部李顯忠大破金人，收復宿州，為十年未有之大捷，然而主和議者，皆指責浚不應收復宿州（即今安徽符離），以啟邊釁。孝宗致書浚，信誓旦旦，謂：「今日邊事，倚卿為重，卿不可畏人言，而懷猶豫。舉事之初，朕與卿任之，今日亦須與卿決之……」。何其推心置腹，肝膽相照之至？及至符離之敗，湯思退因使尹穡劾浚跋扈，孝宗乃復興和議。浚、顯忠皆受降職處分，獨邵宏淵官仍舊職（散播謠言，動搖軍心，首先率軍退卻潛逃，導致符離之敗者），後來朝廷明白了符離兵敗之故，顯忠始得平反。

符離之敗：金人自睢陽攻宿州（睢陽，今河南商邱），眾纔萬人，李顯忠並不為意，及後金人來援，步騎約十萬，顯忠約邵巨集淵並力夾擊，巨集淵不但按兵不動，並宣言於眾謂：「當此盛夏，搖扇於清涼，尚難忍受，況烈日下，披甲苦戰？」於是軍心動搖，淵中軍周宏，復鳴鼙大噪，揚言敵兵大至，於是各將紛紛臨陣而逃，時顯忠已斬敵數千，不得已乃退守城中，顯忠見諸軍皆不戰而退，歎曰：若使諸軍相與犄角，自城外掩擊，不但敵帥可擒，且河南可復。時宏淵復揚言，金人生力軍二十萬，已抵達戰場，如現在不退，必將全軍覆沒…鼙，顯忠度孤軍難以獨立，不得已，乃於夜間引軍還，至符籬軍大潰，輜重損失殆盡。

張浚經營中原，招徠山東淮北忠義之士萬餘人，淮南丁壯及各地群盜數萬人，淮北來歸者，不絕於途，山東豪傑，悉願受其節制，契丹望族，亦來歸附，金人大恐。湯思退見和議受到威脅，因使尹穡劾浚跋扈，浪費國帑……浚乃上疏請解散督都府，並乞致仕。左司諫陳良翰，侍御史周操等，上書言浚忠勤，為人望所屬，不當使其去國，皆坐罷。未幾浚卒，朝廷遂撤兩淮邊備，決棄地求和。宰相湯思退，恐帝有悔意，乃暗中使人囑金，用重兵逼和。朝廷於是上表金邦請和，自稱「侄大宋皇帝，拜奉于叔大金皇帝……」，遂復興和議。

朱熹應詔入對，謂「君父之仇，不與共戴天，今日所當為者，非戰無以復讎，非守無以制勝」。孝宗似有所感悟，而以力倡和議之湯思退為相，朱熹看孝宗已不能有所為，遂歸。

孝宗即位之初，似頗有興復之志，至符籬之敗，信心全失，再者其對佞臣的信任，遠超過正人君子多多。如史浩之與張浚，湯退思之與朱熹，再如對道學之爭，頗同於似是而非之論。朱熹、張栻（人稱南軒先生，張浚之子）所論，雖稱是而不能用，所以正人退而小人進。王船山說：「湯思退可逐而未逐；尹穡、王之望可竄而未竄；史浩可戒以正、而聽其浮沈；虞允文、陳康伯可引與同心，而未遑信任；朱熹、劉珙可使秉國成（謚法，安民立政曰成），而置之閒散之地。如能進賢遠奸，畫一朝章，則國是定，宵小不得乘小挫而騁其邪說，如此則廟議輯（和諧意），而人心翕矣（弇，眾志成城）！」然而終孝之世，仍是小人當道者多，主和議者得勢，一切咸唯金人鼻息是仰，國之大勢已可知矣！

虞允文：宋高宗紹興三十一年（西元一一六一年）金主亮率大軍數十萬南侵，至采石。金主亮築台江上，自披金甲登臺，殺黑馬以祭天，誓于明日渡江……時兩淮之地盡失，主將劉錡病危，劉汜、李橫軍相繼敗北，橫左右統軍皆戰死。于時虞允文奉命勞軍，並為李、王監交。及至，主將王權，見金兵大至，未辦交接，即棄軍離去，而新任主將李顯忠尚未到軍，所見盡茫茫不知所歸之疲兵敗卒，三五成群，解鞍束甲，坐臥道傍，餘卒纔數千人。於是允文遂自行升帳，召諸軍勉以忠義，眾請死戰，卒致金人大敗，亦如淝水之戰，金人每戰皆在允文意中，故虞每戰皆勝，金則無戰不敗，戰船被虞所焚，士卒死傷無計，金主憤怒無既，遂殘虐士卒，終被其下所殺。

允文去探視劉錡的病，劉錡很感慨的說：「朝廷養兵三十年，一次好仗亦未打過，今日大功乃出於未涉軍事書生之手，我們全國的將領們，都要慚愧死了。」

孝宗直坎之困、之師，師卦說：「師貞，大人吉。」困卦說：「困，亨，貞，大人吉。」孝宗之朝，有正人而不之用，且咸在小人抑壓之下，孝宗對忠貞之士，亦僅未予屠戮追殺而已，故國力雖仍脆弱如舊，內政上或時有良臣維持，故尚能得其粗安，高宗去世未及三年，孝宗即藉口要對高宗行三年之喪為名，傳位太子惇，是為光宗。

孝宗提前傳位於其子，是一件十分莫名難測的事，當時孝宗健康狀況良好，年齡也纔六十出頭，也可說是智慧最成熟的時候，而竟傳位給一位智商接近低能的兒子？孝宗的說法是為了對「高宗盡哀慕之思」，故「謝絕庶政，日奉幾筵」。說他要對高宗盡哀慕之情，每天要對高宗靈位，焚香膜拜，沒有時間當皇帝，所以要把皇位傳給兒子。這個說辭，十分勉強，固然三年之喪，雖然是自天子以至於庶人的天下通儀。然而孝的真義，並不僅僅在於早晚之一炷香，當然也更不在於每天抱著神主來哭泣，纔謂之孝。嚴格來說，這是反乎孝道之常，乃是十分不孝的作法。孔子對孝的看法是，要能「善繼人之志，善述人之事」，才算是孝。所以特別稱讚武王、周公為之達孝，乃是天下至孝之人。但武王父死不葬，即載木主而伐紂，這與宋孝宗把什麼都不管了的情形，是大相逕庭的。再說如果趙昚傳給一位能幹的兒子，像唐睿宗傳玄宗，玄宗之傳肅宗，當然沒有話說，偏偏傳給了一個近乎白癡而又沒有人性的渾人，也可說是窩囊廢。但卻有一個無法無天的悍婦，光未即位前，即已鬧得兩宮不安（孝宗與高宗），孝宗卻廢長立幼，說光宗「類己」，自己的兒子，已近五十，孝宗對其似乎一無所知，子婦李氏之悍，即高宗亦不敢領教，光宗未即位，孝宗即有廢之之言，而卻以天下授之，實在荒謬之至。

王船山氏說光宗：「愚頑之聲音笑貌，千載而下，猶可想見其情形。」又說：「光宗之于晉惠帝，差辨菽麥耳。」可知光宗的德性，是個什麼樣的人。孝宗卻把天下交給了不當交的人（孝宗是廢長立幼）。所以王船山說：「繇今思之，誠不測其何心？」（光宗既沒有楊廣的狡詐，孝宗亦非被其所欺弄，卻為何把天下神器，交給一個菽麥不分的渾人，誠百思不得其解者。）

如果說孝宗乃是由於心勞力絀，知道自己實在沒有能力維持局面，便走人了事。似乎亦欠近情理！

劉氏說：光制於悍後而違壽皇，坤二之坎，其內險而失順德者乎？

按：光宗諱惇，孝宗第三子，起甲辰之庚戌（西元一一九零，民前七二二），直坎之師，共五年，壽五十四。光宗即位時，已四十九歲，即是常人，對人情世故，已當有其認知，但光宗則否，孝宗將天下交給他，除初即位，晉見過壽皇一次外，之後五年之間，任憑大臣叩諫、朝請，乃至孝宗病危，群臣牽衣哀求，請前往探視其父，光宗勉強已至重華宮門（壽皇所居），亦不進入而還，更令人齒冷難以想像者，甚至壽皇駕崩，而不為其父發喪……視其父如寇讎，最後群臣無奈，乃稟請太皇太后，立嘉王擴為太子，始得成服。

王船山氏論說：「嗚呼！人君之忍絕其心，公為不孝以對天下而無怍者，唯光宗獨耳。」又說：「豈光宗者，曠古彌今，人貌禽心之無偶者乎？」說宋光宗是自古及今中國的帝王中絕情絕義殘酷不仁，敢公然不孝，面對天下而臉不紅者；又說光宗是曠古及今最為人面獸心之人。

按：光宗之不孝，雖不如楊廣篡弒之甚，然其公然傷害倫理，磨滅人性之情形，在歷代帝王中，亦屬罕見！無論是受制於悍后，或肖小挑撥，皆不能減其罪衍，實為趙宋皇帝之莫大汙點。

光宗有病，其父孝宗囑醫生為其配製藥丸，擬待光宗來探時給他，事為小太監聞悉，適宮中傳出流言，謂光宗欲盡誅宦官，小宦官聞此消息，便趁機搧風點火，造謠生事，告知李后，又值李后欲立其子為太子，壽皇不許。李后便造謠說，太上皇要毒死光宗，實行廢立，致光宗怨恨其父入骨。

再者李后之悍，也是史所罕見，光宗戲說其妃子掌美，翌日後遣侍臣送食盒於帝，光宗視之，乃其愛妃之雙掌；光宗愛一黃姓妃子，后即于光宗祭太廟齋戒時，將該妃慘殺而死，適祭祀剛要開始，忽然天昏地暗，狂風大作，吹翻祭桌燭火，卒不克祭而返。又驚聞黃妃於時暴卒，震懼之情，如五雷轟頂，暈倒在地，其疾加劇，遂不再視朝，朝政一由李后決之。孝宗聞而責之，后怒愈深。孝宗崩，光宗裝病，竟忍心不看亡父一眼，究系懾于李后淫威？抑憎恨于老父？天下竟有如此絕情的皇帝兒子！

光宗直坤二之坎，坤二變坎，坎為險陷，二為內卦，坤二爻謂「直方大，不習無不利」。是一大吉之爻，乃變而為坎險，故劉氏說：「內險而失順德」，二為內，坎為險。坤為順，今變為坎險，坤順不見，故云失順德，兆應李后悍，悍至光宗連父子之情亦不允許，所謂「光制於悍后而違壽皇」，坤二之坎，豈非「內險失順德」之應。

劉氏說：甯湙而斥正任邪，則有離志解體之患，大寇是憂，小善又何取？夬與咸能孚於感耶？

按：甯宗起經辰之巳二千二百七十四世，甲寅之乙卯（西元一一九五，民前七一七），在位三十年。歷經辰之午二千二百七十五世之甲申。七十四世直坎之渙；七十五世直大過之夬、咸。

甯宗即位，並非光宗所傳，乃形勢使然。緣太上皇孝宗駕崩，光宗裝病不肯主喪，經太皇太后與趙汝愚等大臣共議，由光宗太子擴主喪，因而即位，是為甯宗，尊光宗為太上皇，嚴格的說，光宗是被迫而退位的，也可說是被廢，總之是糊裡糊塗的，王位被自己兒子坐上了，喪失了龍御寶座，只好到西內報到，去當太上皇了。

宋家的末期皇帝，似乎一個不如一個，如當時光宗不問政事（一則受制於悍后，再則天象所給的威脅，其三智商有缺陷，聽風即是雨，從不用大腦思考分辨，卒致對朝中事，一既不聞不問），甯宗尚未即位，另一位宰相留正，因建議立儲君而忤光宗，連夜告老還鄉去了，當此中樞無主，人心惶惶之際，惟宰相趙汝愚獨持大局。扶持甯宗即位，甯宗即位後，真所謂「親小人，遠賢臣」，惟佞小韓侂胄之言是從。對主持危局，策立甯宗大功之趙汝愚，則棄如蔽屣，並聽信韓侂胄所造謠言，說趙汝愚將危社稷，建議甯宗，乞罷黜其政，「以奠安天位，杜塞奸源」。希望甯宗皇帝，免除其宰相之職，以堵塞亂源，確保皇位。甯宗信以為真，當日即出趙汝愚於浙江亭待罪，初放福州，復羅織其罪，謂汝愚「倡引偽徒，圖謀不軌」，於是再竄永州，卒被屈辱暴斃于道路，較之秦檜以莫須有殺岳飛者，尤有過之，天下君子莫不為之含悲噎氣。

韓侂胄欲獨攬朝政，遂遍佈黨羽於要津，以把持言路，所有朝政，美其名曰「內批」，實皆韓侂胄假傳聖旨而已，於是群小皆得皆牽連以進。復運用爪牙，將朝中正人君子，或貶逐，或謀殺（如竄趙汝愚於永州，至衡陽暴卒）或目為「朋比罔上」，朝臣凡不阿承韓氏之意者，一概罷去，朝中之士「讒諂蠅附，犬吠雞鳴」，為天下後世笑。更以程頤、朱熹等為偽學，削朱熹官，竄死蔡元定於道州（蔡元定字季通，注有《洪范解》、《大衍詳說》、《皇極經世簒圖指要》等，學者尊之，人稱西山先生），列六經及論語、孟子、大學、中庸為禁書。並置偽學之籍，以趙汝愚、周必大，留正等為首，朱熹、彭龜年、蔡元定、呂祖泰等五十九人，朱熹病卒，會喪者亦受限制。朝中官員，必須自白「非偽學朋黨」，始可為官、應試，新仕出身，亦必表明身份，非為程、朱之學者，有上書言汝愚冤者，動輒貶放五百里、八百里外，務期將朝中正人君子，悉予翦誅淨盡，而後始得肆意而為，故趙汝愚竄死於數百里外，朱熹死已年餘，誠如劉氏所說：「甯渙而斥正任邪，則有離志解體之患。」

甯直坎之渙，文王對渙卦所下的定義（即卦辭）是：「亨，王假有廟，利涉大川，利貞。」渙，上為巽木，下為坎水，風行水上，水隨而蕩散，所以說渙，朱子以為有「離披解散之象」。那麼何以說亨，利貞呢？乃是「王假有廟」之故。廟即祖先立國的精神象徵，意即是說，祖先立國的精神，已經渙散了，故王者當利用祖先之立國精神，以號召積聚之。在位者，如能本此作法，自當有如涉大川之利，故說利貞。寧同時又直大過之夬、咸。夬卦一陰在眾陽之上，可見其陰氣之重，宋自仁宗後，所有皇帝，幾乎皆在群小之陰影下生活，夬卦亦如佞邪壓頂，故為眾陽決一陰之卦。夬，即決的意思，夬，辭曰：「揚于王庭，孚號有厲。」皆指上六小人而言。揚即得志永肆之意，五為君、王之象也，故說王庭、即指君側而言。小人囂張跋扈，君子不與其合作，必有危厲之虞。可見小人得志之盛。

咸者感也。甯宗嘉泰二年，為虎作倀之京鏜（宰相）、何澹、劉德秀、胡紘等，或死或罷。韓侂冑以自己作惡多端，怕遭報復之禍，乃弛偽學之禁，復趙汝愚資政殿學士，黨人現在者，復其官或聽其自便，朱熹、周必大、留正等，亦復其秩。後又為了振奮軍心，因追封岳飛為鄂王，開禧二年，又追削秦檜王爵，改諡繆醜。然而，柔承五剛，朝中正氣已蕩然無存，大奸巨憝，仍盤居朝堂，今雖復其秩，屑屑小善，又安能淨其邪氛歪風，有什麼可取呢？甯宗之朝，數十年間，人心惑於恣縱暴戾，朝廷、社會，離志解體，其勢已成，不以大寇是憂，小善夫何可取？夬與丑又豈能孚其感也？

讒諂蠅附，犬吠雞鳴：

按：韓侂冑生日，滿朝文武咸來上壽，吏部尚書許及之遲到，大門已閉，便從門下狗洞中爬進去。作了兩年尚書沒有升遷，見了韓侂冑便跪下涕泣哀求，於是升為樞密同知。時人稱為「屈膝執政，由竇尚書」。

一日侂胄與客人到一山莊，竹籬草舍，十分清幽，侂胄稱說這真是田舍氣象，可惜沒有犬吠雞鳴。未幾即聞犬嗥於野草叢中，視之乃侍郎趙師畢也。

王船山氏以為：甯宗之所以信任韓侂胄，乃是感載其廢父立己之「大恩、大德」之故。王氏說：「光宗雖云內禪，其實廢也。甯宗背其生父，正其不孝之罪，而奪其位，且以扶立者為大勳勞而報之，天理民彝，其尚有毫髮之存者乎？（說光宗之去位，乃是被其子所奪，並對扶立己者，以寵恩報德，這是天理人事所不容的。）甯宗以是感侂胄而重任之，加以不次之榮寵。人第知光宗之不孝，而不知甯宗之不孝尤倍于光宗……」（明白來說，光宗是毫不掩飾、我行我素的不孝，甯宗的不孝，則是處心積慮，從表面不見痕跡，一般人不易覺識的。）

之後，韓侂胄希立蓋世功名，以為固寵善後之計，為一己之私，罔顧兵凶戰危，為國招徠敗軍覆國之難，視強敵戰陣如兒戲，遂決意對金用兵，甫一接戰，便各路皆北，兵敗山倒，金兵直逼江淮，弄得舉國惶惶，韓侂胄無奈，遂派使向金乞和，金以割地、增歲幣、犒軍銀，及懲禍首為要。禮部侍郎史彌遠，交結楊后，誅韓侂胄於玉津園，函韓侂胄、蘇師旦首送往金師請罪。

大憝雖去，新梟又生，去一韓侂胄，來一史彌遠，仍然是豺狼當道，南宋之亡，更向前推進了一大步。

劉氏說：理四十年，周困、井、恒、垢四卦，是時人民方困於叛亂，又困之於合元伐金，金亡則應「困于金車」之占。改邑不改井，臨安火五十三萬民舍，邑國改矣！而井猶是。且井兼鼎革，皆火象，或其應也？恒不易方，猶崇正學；姤陰自下入，小人用事，時象應乾元，風行天下，或以白氣如疋練亙天，亦姤象也，巽為白，艮於乾天，陰氣上幹，忽必烈亙矣！

理起甲申之乙酉，歷經辰之未二千二百七十六世（西元一二二五年，民前六八七年）。直大過之井、恒、姤。在位四十年，壽六十二。

寧宗無子，立其侄貴和為太子，更名竑（為趙匡胤十世孫，乃德昭之後）。及寧宗駕崩（嘉定十七年），宰相史彌遠矯詔改立貴誠為太子（貴和之兄），賜名昀，是為理宗。朝野咸知理宗之立不正，即位之初，湖州人潘壬，即起兵謀立竑，後經竑討平之。史彌遠乃矯詔殺竑，並褫奪其封號，追貶為巴陵郡公。

魏了翁等上書言竑之冤，帝不聽，並加史彌遠太師，封魏國公。史彌遠用其鷹犬梁成大、李知孝、莫澤等，上書劾魏了翁等，於是竄胡夢昱、貶魏了翁、罷真德秀，稱魏了翁為偽君子，真德秀為真小人，朝中正人又為之一空。

紹定六年史彌遠卒，理宗開始親政，以鄭清之為相，鄭氏亦慨然以天下為己任，勵精圖治，並復曩日史彌遠所逐放之真德秀、魏了翁等官。魏了翁入朝六月，前後二十餘疏，皆當世急務，理宗欲依以治國，但被一般小人所忌，未幾真氏卒而魏（魏了翁）復罷，及賈似道，其禍尤烈于史彌遠，可以說為南宋之終結者。

賈似道本為落魄江湖之無賴浪子，因其姊賈貴妃有寵而得幸。吳潛為相，曾建議理宗：「朝中群小，狼狽為奸，甘為似道鷹犬，專以打擊正人君子為事，奸黨盤踞要路，血脈貫穿，以欺陛下，應予清除。」理宗不聽，並拜賈似道為右丞相，授予軍政大權，命其率軍駐漢陽以援湖北。賈似道畏蒙古如虎，聞蒙古軍至，嚇得喪魂失魄，恨不得鑽入地中，但慣以捏造軍情，欺罔君上，但朝廷卻深信不疑。如景定元年，賈似道率師禦邊，因畏懼蒙古大軍，便遣使秘向蒙古乞降，適金主窩闊台突逝，忽必烈急於返國，遂接受了賈之「割地、稱臣、獻貢」等乞降密約，賈則因而上表理宗，自稱「諸路大捷，江漢肅清」。理宗譽其有江山再造之功，搬師之日，百官郊迎，宮中設宴，大小將帥，皆勳賞有加……。其荒唐一至於此！

按：景定元年，蒙古大舉入寇，理宗命賈似道率師進駐黃州，適蒙古來攻，城中頗有死傷，似道大懼，便秘密派遣宋京，往蒙古營中乞和，並許以稱臣、割江南為界，歲奉銀絹各二十萬，適蒙古國內有變，忽必烈急於返國，遂接納了賈似道的乞和請求。賈似道又把蒙古軍的後衛，乃至沿途抓來的散兵游勇悉皆殺死，冒充戰利品，上表朝廷，詭稱「諸路大捷，江漢肅清，宗社危而復安，實萬世無疆之休……」。理宗大喜，稱其有江山再造之功，還朝之日，詔百官郊迎如文彥博故事，加賈似道少師，封魏國公，將士皆進皇宮賜宴，勳獎有加。

理宗在位四十年，歷經困、井、恒、姤四卦，初有湖州潘壬之亂；紹定三年，有李全之亂；端平三年，襄陽守將王旼作亂，後投降蒙古……，又以庸臣誤國，時而合金伐蒙，時而聯蒙伐金，結果不被金賣，則為蒙欺，所以說「民方困於叛亂，又困之於合元伐金」（無論合元合金，大軍所需軍食馬秣，皆搜括自宋民），金亡之後，宋則應于金車之困。

按：困九四：「來徐徐，困于金車，吝。」金車，尊貴的象徵，宋、元、金，皆為其應，宋聯金伐蒙，結果蒙勝金亡，所謂「困于金車，吝」。宋之困窘，可想而知。

臨安大火，五十三萬民舍，化為灰燼，府衙邑社，悉皆無存，惟井猶在。所謂：「邑國改矣！而井猶是。」劉氏以為井兼鼎、革，皆火象，元人興起，或為其應。

按：水風井。井內卦巽風，三四五爻為離火，合為火風鼎，有鼎象；又井五，上為半兌，合三四五爻為澤火革，有革象，火風鼎、澤火革，皆有火象，故說「井兼鼎、革，皆火象」。臨安之火，豈非其應？又改邑不改井，故為井之應。

井《彖》說：「改邑不改井。」意思是說朝代可以革，官府可以更，而人民則依舊，人事雖有更迭，然人民的生活，則不能一日或止。改邑，是說國家社會發生重大變革，無論如何變，老百姓永遠還是老百姓，一如井之不改然。這裏的意思是說，臨安連番大火，一次即有五十三萬戶民廬化為灰燼，人民雖則家已非家，而井猶在，故說改邑不邑井。

按：臨安大火情形

甯宗，嘉泰元年二月大火，四日乃滅，燒民居五萬二千餘戶，為渡江來之第一。

嘉泰四年三月大火。

嘉定元年三月大火。

理宗紹定四年九月丙戌，臨安再次大火。把朝廷三宮六院，乃至宋家祖廟，也一齊燒光，只有丞相府史彌遠家完好無恙，因為禁衛軍殿帥馮榯，率禁衛軍拼死搶救之故。大臣雖嘖有煩言，理宗並不在意。

嘉熙元年五月臨安又大火。自巳至酉，連燒了五晝夜，五十三萬民廬，化為灰燼。

淳佑十二年秋，臨安復大火，三日乃熄。……

劉氏又說：恒不易方，猶崇正學。理姤陰自下入，小人用事，時象應乾元，風行天下，或以白氣如疋練亙天，亦姤象也。巽為白，艮於乾天，陰氣上干，忽必烈亙矣！

雖然理宗初即位時，亦頗欲起用正人君子，思有所作為。如恢復學禁、追封朱熹為太師信國公、贈張九成、陸九齡官、詔求程頤之後、錄張栻、呂祖謙、陸九淵後……所謂「恒不易方，猶崇正學」者（治國家有道，崇正去邪，為千古不易之方，故說恒不易方）。但另一方面，卻任由史彌遠遍佈其鷹犬，如梁成大、李知孝、莫澤等，朝中凡有忤彌遠意者，三人必相繼攻擊之，將朝中賢能之士，排斥殆盡。之後又有丁大全、陳大方、胡大昌等，眾皆目為三不吠犬（犬有不吠而噬人者，較吠者咬人更毒），理宗皆寵信有加，朝政益亂。

理宗直困、井、恒、姤四卦。天風姤，姤一陰始生於下，豈非「陰自下入，小人用事」之兆？再者姤五陽相連，亦有乾元之象（姤五陽相連似乾），上乾下巽，乾為天，巽為風，故說「時象應乾元，風行天下」。

北方蒙古自鐵木真興起，二十二年滅國四十，及忽必烈（成吉思汗之孫），改國號為元，如日中天，視衰金、孱宋，如鷹鶻淩空，故亦有「應乾元，風行天下」之象。

景定元年三月，「有白氣如匹練亙天」之異。就宋而言，自非吉兆（徽宗時有赤氣亙天之象），巽為白，艮於乾天，陰氣上干，兆應忽必烈之統一天下，亦為姤象。天風姤，象一陰自下起，北來而有天下。

劉氏說：度宗直升之泰，升內巽木應宋，變而乾元，蒙古建國號為元，其紀元曰至元，蓋有取爾也。時則道泰應元，而宋運殆於喪矣！

度宗名禥，起甲子之乙丑，經辰之申二千二百七十七世，直升之泰，在位十年，五十三歲而崩。

度宗直升之泰，地風升，內卦巽木應宋，宋內為木，初爻變，巽木變乾天，至此宋亡而元興，蒙古建國為元，紀元曰「至元」（元世祖忽必烈年號），應地天泰卦，蓋取「大哉乾元」之意，（乾《彖》：「大哉乾元，萬物資始乃統天。」乾《文言》亦說：「乾元者，始而亨者也……雲行雨施，天下平也。」）度雖直升之泰，而巽風變乾，宋運其殆終矣！

宋朝晚期的皇帝，似乎皆椒菽麥不分者，度宗即位時已四十三歲，對世間事理，似乎一竅不通，度即位，以賈似道有定策功，因之朝必答拜，稱師臣而不名，朝臣皆稱公，賈似道對其在朝中的地位，似乎並不滿意，於是當理宗喪事辦完之後，即不告而去，棄官還鄉，但卻暗中令其嘍囉呂文德散播謠言，說蒙古已大舉向荊州附近進兵，十分緊急，朝中驚慌不定，度宗與太后，乃分別以手詔請賈似道還朝，似道纔裝模作樣回朝。

賈似道屢以求去要脅度宗，度宗急得要向賈似道下拜，江萬裏以身阻之，並謂自古無此君拜臣之理。賈似道甚為疾恨江萬裏，必欲去之而後快，江萬裏見機，便主動向皇帝請求離職，乃以之為資政殿大學士。

似道每上疏乞歸養，帝必傳旨固留，一日四五次，皇帝對賈似道的償賜，日亦十數次，且允其三日一朝，並賜第西湖之葛嶺，五日乘湖船入朝，不赴都堂治事，大小朝政，悉由賈似道館客決之，宰相只是挂名吃飯的閑差而已。朝中官吏，皆以納賄多寡，決定官位大小高低。一時貪風盛熾，兵喪於外，匿不以聞；民怨於下，誅責無極，朝中無有敢言者。

之後，復詔賈似道十日一朝，入朝不拜。襄陽被圍日急，似道日坐葛嶺，作半閑堂，取宮女、娼尼有美色者為妾，日肆淫樂，與群妾踞地鬥蟋蟀，其狎客戲謂：「其軍國重事也！」似道酷嗜寶玩，建多寶閣，一日一登臨，自是或累月不朝，有言邊事者，輒加斥責。一日度宗問襄陽之圍已三年，應如何處理？賈似道說「北兵已退。」問帝何人言襄陽被圍事？度宗謂聞某婢女言。似道便藉故將婢女殺死，從此邊事日急，更無敢言者。樊城被圍四年，蒙古用西域所獻新炮攻樊城，城破，守將範天順自縊死，牛富率死士百人巷戰，元兵死者無算，渴飲血水，身被重創，乃以頭觸柱赴火死，俾將王福亦赴火死。

襄陽被圍達五年之久，朝廷無一兵一粒以救之，呂文煥遂以城降。賈似道卻對度宗說他，每次皆欲率師出征，咸為度宗所阻，致未能成行，如果朝廷早日淮其出師，襄陽便不至淪陷了⋯⋯。恐怕只有白癡度宗，始能任其信口雌黃吧？

國家到這個時候，連宰相也無人幹了，咸淳八年十一月，宰相馬廷鸞因不苟於賈似道，力辭相位，度宗垂淚相留，廷鸞說：「國事方殷，強圉孔棘（說內亂外患，強敵壓境），天下安危，人主不知；國家利害，群臣不知；軍前勝負，列閫不知（掌管國防者）⋯⋯」泣拜而出。又召葉夢鼎入相，夢鼎不至，又加其太傅、入相。夢鼎上疏：「願上厲精寡欲；當國者收人心，固邦本⋯⋯」輕舟逕去。使者囑其應考慮其後果。鼎曰：「廉恥事大，死生事小，萬無回頭之理。」賈似道大怒，卒令其致士而去。

朝廷事權，悉決於賈賊一人，並受盡天下榮寵，而致國家於如此境地，除宋室庸君與宮中婦人女子外，國人無男女老幼，莫不知賈似道，乃禍國殃民之蠹者。而大宋皇帝、宮中太后，依賈賊如干城之具，任由其誤國殃民，流毒天下，乃至國亡之日，尚不悟其為奸者！面對那些「糧盡援絕，孤城困守，羸卒野戰，求活無望……」，徒任其碧血灑盡，繼之以肝腦！可悲者，該等形雖死於賊寇，實則死於朝廷，當國者，寧無所愧？

賈似道畏蒙古如虎，及聞蒙古大將劉整（原為宋將降蒙古者）死，似道以有機可乘，乃上表出師，調集各路精兵十三萬眾，金帛輜重、舳艫相銜，百有餘里師次蕪湖，即遣人向蒙古軍呂師夔（宋之降將）議和，時天下已將盡為元有，賈似道還在作議和之春秋大夢，答以宋三百二十年天下，已經到了盡頭，沒有什麼好和的了。賈似道又使宋京如元軍，願稱臣、奉幣、請和，元軍不允。不得已而戰，賈似道以七萬精銳，交由孫虎臣指揮，戰艦二千五百艘，由夏貴指揮，與元軍甫一接觸，便潰不成軍，夏貴亦棄戰艦而逃，宋軍大潰，死者水為之赤，軍資盡為元軍所獲，賈似道遂奔揚州，召天下勤王，除張世傑、文天祥及湖南提刑李芾外，無有應者。

這時以陳宜中知樞秘院事，陳宜中以附賈似道，得以飛黃騰達，賈似道軍敗之後，陳疑似道已亡，即上疏請誅似道，以正其喪師誤國之罪（作樣子給人看的）。太皇太后竟謂：「似道勤勞三朝，安得以一朝之罪，失待大臣之禮？詔授似道醴泉觀察使，罷平章都督及不便民之政……」似道以如此誤國殃民、傾覆天下之大罪，太后尚老大不掉，竟視為「泛泛的一朝之過」，可知宋室佞奸歷朝不衰之故了。

御史陳過、潘文清請竄賈似道，並治其黨羽，宮中亦僅罷其黨羽而已。京學生及台諫侍從，皆上書乞誅似道，太皇太后不許，王爚復上書太后，謂本朝權臣之禍，未有如似道之烈者。太后乃降似道三官，御史孫嶸叟等，以似道罪重罰輕，乞斬似道以正法。太皇太后猶不聽，翁合上言，謂其「總權罔上，賣國召兵，專利虐民，乞投遠荒，以禦魑魅……」太皇太后卻派其為高州團練副使，安置於循州（高、循二州皆廣東）……眼睜睜看著，國家斷送其手中，太后竟以為「似道勤勞三朝，不應因一朝之罪，失待大臣之禮……」真可說是「上有昏后，下有蠢君」，賈似道導致國家於如此地步，宮中竟懵然以大臣視之，予以厚待，可知為大宋王朝送其終者，豈僅似道一人之咎而已？朝廷不得已，乃遣似道赴貶所。監押官鄭虎臣，殺賈似道於漳州之木棉庵。陳宜中至福州，捕鄭虎臣殺於獄中。

誠如京學生劉九皋等上書，數宰相陳宜中之罪說：「趙溍（臨安行宮留守，即京城守備司令）、趙與鑒（常州知府）皆棄城逃，因於陳有恩，陳則袒護開脫其罪；令狐概以廣德軍降元，並譖勸其友皆以城降元，陳受其賄賂，而收為羽翼；文天祥率兵勤王，信讒而阻撓之（文天祥敗被俘逃歸，朝廷疑其為元人間諜，通令捕殺之）；賈似道喪師辱國，陽請致罰而陰佑之；元師薄國門，勤王之師乃留之京師而不遣；宰相當出督而畏縮猶豫，但令群眾議而不發；呂師夔（降元之宋將），狼子野心，而使之通好乞盟；張世傑步兵而用之于水（陳宜中疑張世傑，乃將其所率軍士，悉行調離，另派不習水戰之新兵，交其指揮），劉師勇水兵而用之於步，指授失宜，因以敗事。臣恐誤國，將不止一似道也……」

恭、端當升之謙，內巽變艮，小兒不祚，非無蹇二匪躬之臣，同為坎三入窞之殉，負而溺海，詎非天哉?!

度宗五十三歲崩，在位十年，江山業已盡入於元，國之云亡，已在旦夕，賈似道尚欲立稚豚以挾天下，不知皮之不存，毛將焉附？雖刮盡天下寶玩、美女，沒有了大宋這張保護傘，誠所謂：「首領無餘，何寶玩、美女之有哉？」所謂：「負且乘，致寇至，盜之招也。」賈似道一手掌握大宋國政數十年，為國招盜、培姦，國之不亡，甯有天理？

恭宗名顯，度宗次子，年僅四歲，為賈似道所立。起經辰之申二千二百七十七世，甲戌之丙子（一世三甲，以甲子、甲戌、甲申，甲午、甲辰、甲寅為次，一甲為十年。乙亥即甲戌之次年），當升之謙，在位一年，元軍陷臨安，並太皇太后，執之北行，次年殂。可憐一個四五歲的稚兒，頭上卻頂著大宋三百年來的大招牌，任由豺狼野獸，蹂躪撕啃，誠所謂不幸而生帝王家者！

恭宗當升之謙，升巽二變艮，艮為止，又為小兒（《說卦》：艮為少男，故說小兒），一陽止於二陰之上，所謂「艮其背，不獲其身，行其庭，不見其人」（艮卦辭），豈非恭、端國破家亡、或擄或竄之兆？升巽三變坎，坎六三：「來之坎坎，入於坎窞。終無功也」。卦直如此，雖有蹇蹇之臣（蹇六二：「王臣蹇蹇，匪躬之故。」意即人力不能回天，非忠良之責），同為坎三入窞之殉，負而溺海，詎非天哉！文天祥兵敗被執，逃回再戰，置家人妻子于不顧（天祥兵敗，母死，妻子被執，送往北國，二子死於途中），再次被執，被遣往燕京，三年不降而死；帝被擄之後，益王趙昰，年十一（昰本是字，度宗長子，恭宗之兄，在位三年）開府福州，乃即位，改號景炎，是為端宗。

景炎二年戊寅，世傑戰不利，奉帝走秀山，遂至井澳，颶風壞舟，帝溺水驚嚇得疾，兵士死亡過半，元兵逼之，帝復入海，繼遷硇州（硇音崗，位雷州半島外海），夏四月，端宗崩。陸秀夫、張世傑扶衛王昺（端宗之弟，度宗少子，年八歲）即位於硇州，改元祥興，後遷新會之厓山（在新會外海中），以舟為營。元張弘范執文天祥於潮陽，致之燕京，三年，不屈死。張世傑屢敗屢戰；祥興二年，厓山破，陸秀夫先驅其妻入海，即負帝同溺，浮屍海上者，達十餘萬人，世傑復收兵至海陵山，舟覆而死，宋亡。（崖山有亡宋碑上書「宋張宏範亡宋處」。旁書「儁功勒石張宏範，不是胡兒是漢兒」，令人感慨！）

文天祥、張世傑、陸秀夫，皆所謂蹇蹇匪躬之臣，惜時運不濟，同入於坎陷，豈非天意！

按：「王臣蹇蹇，匪躬之故。」蹇為難，水山為蹇。五為君位，二為臣位，故外卦之坎，為君王之蹇，內卦之坎，為大臣之蹇，王、臣皆困，故說「王臣蹇蹇」。再者艱難之甚，即蹇之又蹇，故說蹇蹇。

匪躬，義之所在，置生死於度外之意，文信國天祥說：「人生自古誰無死，留取丹心照汗青。」匪躬，亦猶孟子「雖千萬人，吾往矣」之慨。

李芾性綱直，忤賈似道，貶官家居，後為湖南提刑（地方司法首長之類），元人渡江，詔天下勤王，李芾以三千人應命前往，後守潭州，城破，命帳下盡殺其家人，芾亦引頸受刃。

太學生徐應鑣與其二男一女，登樓自焚。元取臨安，朝廷號召天下勤王，至者唯芾與世傑、天祥而已。

元陷池州（安徽池陽）太守王起宗，棄職潛逃，通判（州府掌事者，如保安隊長之類）趙昂發自兼知州，都統張林（地區軍團司令），屢諷昂發降元，昂發怒視林，林不敢復言，後林帥兵巡江，即將池州守衛部隊調走，表面上說助昂發守城，實際與元人接洽投降，昂發知事不可為，乃置酒會親友，與親友訣別，謂自己守土有責，自當與城共存亡，囑其妻與眾人出城逃難。妻曰：「君為忠臣，我豈不能為忠臣婦？」因留書曰：「國不可背，城不可降，夫婦同死，節義無雙。」夫婦同縊死，如此之類者甚眾。

宋自神宗用王安石開始，之後，歷代朝政，皆入於奸人之手，所有忠良之士，皆在竄、殺、逐、放、棄之列，如襄、樊苦守四、五年之久，朝廷竟然不知，既已聞知，亦任由權臣搪塞了事。小人當道，所用者，當然類皆小人，凡小人無不貪生怕死、唯利是圖，故敵人入境，或逃或降，遂使敵人如風掃落葉，長軀直入，且動輒屠城，如景炎十月，元唆都至興化，陳瓚閉城拒守，元攻破其城，巷戰終日，獲瓚、車裂之，屠其民，流血有聲。其慘可以想見。

至此宋亡，以下為元。

劉氏說：惟是元歷九君，世祖而下，成、武、仁、英，泰、明、文、寧迄順帝，直升之師、恒、井、蠱，並前泰、謙為六變。又巽之小畜、漸、渙、姤、蠱，凡五變，元運以終。

成吉思汗於至元十七年，經辰之申之庚辰（直師）滅宋，歷「經辰之申、酉、戌、亥」、四世九君，（並世祖成吉思汗共十帝），迄經辰之巳亥、丁未。直升之謙、師、恒、井、蠱（升初之泰，即宋恭帝顯、端宗昰與帝昺宋亡，元世祖自謙始）；巽之小畜、漸、渙、姤、蠱（順帝至蠱而亡）等十卦，歷八十八年而元亡。其間災異每見，地震山裂，星孛雨雹，毛血石弩諸變異，屢見頻書（附錄災異如後）。升、巽直世及變卦如下：

按：升之六變，為經辰之申七十七；及經辰之酉七十八，申、酉兩世。起宋理宗四十年甲子，至元英宗三年癸亥。

經辰之申二千二百七十七，直卦升，初變泰，二變謙，三變師。

經辰之酉二千二百七十八，四變恒，五變井，上變蠱。

巽之六變，為七十九、八十，戌、亥兩世，起泰定帝元年甲子，至明太祖十六年癸亥。

經辰之戌二千二百七十九，直卦巽，初變小畜，二變漸，三變渙。

經辰之亥二千二百八十，四變姤，五變蠱，上變井。世卦升、巽，分主申、酉、戌、亥四世，其所變卦，每卦各直十年，共一百二十年，各帝所直世、年之卦如下：

元世祖忽必烈入主中原，為至元十七年。起經辰之申二千二百七十七世，甲戌之庚辰，共三十一年，直升之謙。

成宗起經辰之酉二千二百七十八世，甲午之乙未，共十三年。

武宗起經辰之酉二千二百七十八世，甲辰之戊申，共四年，直升之井。

仁宗起經辰之酉二千二百七十八世，甲辰之壬子，共九年，直升之井，歷蠱。

英宗起經辰之酉二千二百七十八世，甲寅之辛酉，共三年，直升之蠱。

泰定起經辰之戌二千二百七十九世，甲子之甲子，共四年，直巽之小畜二變漸，三變渙。

明宗起經辰之戌二千二百七十九世，甲子之癸酉，共八月，直巽之小畜。

順帝起經辰之戌二千二百七十九世，甲子之癸酉，直巽之漸、渙。歷經辰之亥二千二百八十世，甲辰之丁未元亡，直巽之姤、蠱。

以上即所謂元歷世祖而下之九君，及其所直年卦。

元本蒙古部族，世祖忽必烈（成吉思汗之孫），于宋理宗景定元年即位，改元中統，至宋度宗咸淳七年十一月乙亥，始改國號為元，任用漢人劉秉忠、廉希憲

（元伯顏稱其為宰相中真宰相；男子中真男子，世以為名言）、許沖等，習用漢文化，定官制，舉朝儀，置倉廩，立驛傳，定稅制，立刑法……，使蒙古由遊牧民族，漸習於農業社會生活。然而就中國言，強鄰遼（契丹族）、金（傳其族自高麗來，娶完顏氏婦生子，因稱完顏氏）、元，其為中國患者，愈後亦愈烈、愈為殘酷（如元攻城拒命，城破則無論軍民，悉予屠戮，期至正十二年，丞相脫脫破徐州，尚屠其城）。遼之勢力僅至於汴梁，金則與宋以淮為界而分南北，元不但掩有中國，並及其四鄰（東至高麗，南至雲南百越，西至之大夏、西域諸族），且遠至西伯利亞及奧匈諸國，歐人謂之黃禍，歷九君共八十八年（起世祖至元十七年庚辰，終順帝至正二十六年丁未），而為明太祖朱元璋所滅。

元在軍事上，其慓悍之程度，為史所僅見。然而，馬上得天下者，所在多有，馬上安天下者，則絕無。元以其機動力、打擊力，與極其殘酷之殺人手段（如屠城以震懾人心），以贏得一時之勝利，更直接使元軍不畏死者，乃是搶掠財貨（元軍官兵，無薪餉給制，其生活所需，悉由搶掠而來）。就一般戰爭而言，所謂「爭城一戰，殺人盈城；爭地一戰，殺人盈野」，所謂「一將功成萬骨枯」。元人之於戰爭，除攻城略地之外，搶劫掠奪，亦為其軍事目標之一，元人對於戰爭，亦猶商人經商，農人種田，戰爭乃其生活所需之來源，為其生活之主要部分。也可以說無戰爭掠奪，即無生活，故元自得天下後，戰爭停息，掠奪機會減少，雖習漢人官制、職品、祿俸，然所得畢竟有所限，難以滿足其生活需求，既無搶掠機會，則唯有貪瀆之一途，所謂「大筐小筐，大偷駱駝小偷羊」者。因之貪瀆之風，瀰漫上下，自丞相以至行省、行台、諸王、公主、駙馬暨豪勢之家，乃至僧侶……，或假傳上旨，自立名目；或侵奪民田；或縱囚、鬻爵以索賄。如西僧楊璉真加，發宋諸帝陵及王公大臣塚墓，獲金玉珠寶無算，又私庇平民二萬三千戶，不繳納賦稅，而受其美女寶物，雖經舉發，諸臣皆言宜誅之以謝天下，世祖則命釋之，並發還沒入之珠寶財物……。可見元朝皇帝，對大臣公然貪贓枉法，並不認為是罪大惡極，懵然其對國家社會之危害，當誅與否，端視乎主上之好惡。立國後，雖亦制有懲治貪瀆之具體刑律，亦僅憑其好惡、視其物件而用之，嚴格而言，實形同具文（如至元二十七年，西僧楊璉真加貪瀆案則釋之，二十八年承相桑哥，因貪瀆下獄誅，並及其黨要）。貪瀆之風，歷十帝八十八年，而與元祚相終始。

元據中原後，或由於殺孽太重，以致災變異常，乃至有所不可思議者。

有元一代，為我國歷史上殺人最多之朝代（幾乎達千萬之眾，史稱屍骸如山，膏血似海），其所值災禍之頻仍，亦為我國歷代之冠。古人以人事乃天道之應，往事歷歷，豈太史公所謂天人之際歟？

康節先生詩曰：「天聽寂無音，蒼蒼何處尋？非高亦非遠，都只在人心。」（〈天聽吟〉）

說天心只在人心，莫可相違；又曰：「人能言語自能窺，天意無言人莫欺，莫道無言便無事，殆非流俗所能知。」（〈天意吟〉）說天意幽冥，非俗人所能窺知，莫謂天道無言，便可欺者。

元直運當大過，大過分井，井分升、巽。井之升、井之巽，升之謙、師、恒、井、蠱；巽之小畜、漸、渙、姤、蠱等，其間或承或乘，各卦互變，「雷風山澤，日月水火，交互錯綜」，有「違節失恒，顛撓崩敗」之象。亦如元之太白經天，地震山崩，雨毛雨血，水旱疾疫，以致民不聊生，天下大亂而元亡。此種現象，有非常之變，即有非常之應，如晉永康元年三月，河南尉氏雨血、妖星見南方，太白晝見，中台星坼；永甯元年正月，五星互經天，縱橫無常，迄閏三月；唐太宗玄武門之變，亦有太白晝見之象。種種怪異，亂世恒常見之，《繫辭》所謂「天垂象，見吉凶」，太史公之所謂，信不誣者歟？

按：易所謂「應、乘、承、比」者，應比是指上下體相對之爻，如初與四、二與五、三與上，至應則必一陰一陽，其情乃相求而相得，始可謂之相應，陰遇陰、陽遇陽，然則謂之無應或相敵；以陰比陰、以陽比陽，亦無相求相得之情。《易》中六四乘九五者，凡十六卦皆吉；以九四承六五者亦十六卦，則不能皆吉，而凶者多。

按元十君所發生之重大災難：

忽必烈至元之二十七年，河北十七郡蝗災，冬十一月，地大震。六月江南大水，流失約四十五萬人。

成宗（忽必烈之孫，名鐵木耳在位十三年）元貞元年三月，地震；夏閏四月，蘭州河清三百餘里（河清或以為瑞，或不一定為瑞，如金殿生芝草之類）；六月陝西旱饑。

七年八月地震，山西平陽、太原尤甚。村堡移徙，地裂成渠，壞廬舍萬八百區，人民壓死不可勝計。八年正月，地震。

九年三月隕霜殺桑。四月，大同地震，有聲如雷，壞官民廬舍，五千餘間，死二千餘人。

武宗為成宗之姪，在位四年崩。至大元年夏，隴西（陝西臨洮）、雲南地大震；八月，諸路水、旱、蝗，江淮民采草根樹皮為食，河南山東，有食其子者。夏秋之間，鞏昌（今陝西）地震；歸德（今河南）暴風；濟甯、泰安（今山東），真定（今河北）大水，民居蕩析，江浙饑荒之餘，復疫癘大作，死者相枕藉，父鬻其子，夫離其妻，哭聲震野，所不忍聞……三年五月，荊襄大水，山崩。武宗舍子而立弟為太子，是為仁宗。

仁宗在位九年，三十六歲而崩，天性恭儉，通達儒術，不事遊畋、征伐，不崇貨利，能勤政愛民，重視孝道，即位之初，寧夏地裂。二年二月丞相禿忽魯言，頻年亢旱，黎民艱食，而又隕霜雨沙，天象示警，皆由臣等燮理不職所致。皇慶二年京師大旱、疫；五月成紀山移，是夜疾風雹雹，北山南移至西河川，次日再移，平地突出土阜，高者二三丈。四年五月，嶺北地震三日。六年，揚州大火，毀官民廬舍二萬三千二百餘區。六月，山東淮南諸路大水……，仁宗在位九年，於災難頻仍中竟短命中而逝。

按仁宗依兄弟叔侄，疊相為帝之約，當立武宗子，乃仁宗爽約而傳其子，是謂英宗。英宗為仁宗子，是元朝一位好皇帝，能行孝道、愛子民，在位三年，因誅權奸鐵木疊兒，其黨史大夫鐵失等不自安，乃與知樞密院事之也先鐵木兒、諸王按梯不花等，謀逆弒帝，時年二十一歲，諸王按梯不花等，奉璽綬迎晉王也孫鐵木兒，是為泰定帝。自此，元之帝位爭奪戰，愈演愈烈，已達白熱化程度，朝政被權奸所把持，元之覆亡，已無待於蓍龜了。

泰定帝在位四年，災異疊見。泰定元年四月，烈風、地震；四年四月，旱蝗民饑。八月，山崩地震。在位四年，政治、刑罰，愈以紊亂，綱紀敗壞，日益嚴重。致和元年七月崩。其子阿速吉八即位於上都，改元天順。燕鐵木兒暗遣使迎圖帖睦爾（武宗次子）入京師，襲帝位，自言待其兄（和世㻋）至，即讓之。冬十一月，圖帖木兒入京師，遣使迎其兄和世㻋（原字為玉旁朿與㻋通）即位，是謂明宗。

明宗為武宗長子，於己巳年正月丙戌，即位於和寧之北（蒙古地名），秋七月太白經天，八月庚寅，尚未至京，即被其弟圖帖睦爾所弒。圖帖睦爾復襲位於上都，是為文宗。

文宗至順三年秋八月，京師、隴西地震。在位五年，壽二十九歲而崩。皇太后立妥歡帖睦爾，是為順帝。

順帝為明宗長子，十三歲登極，在位三十五年，後為明太祖所滅。元亡。

順帝元統元年，五月，京師地震；十一月封伯顏為秦王，是日秦州山崩地裂。

元統二年正月，汴梁雨血；三月天雨毛，如綿而綠，當時民謠云：「天雨綠，民起怨；中原地，事必變。」水、旱、疫、饑頻仍。八月赦，是日京師地屢震，雞鳴山崩，陷地為池，至方百里，人死者眾；湖廣、河南，自三月不雨，至於八月，及諸路蝗、民饑，太白晝見經天。

至元三年，彗星見，凡六十三日而滅；八月京師地震。

至元四年，雨雹大如拳，有獅豹等形；秋八月京師地震。至元六年，彗星見，凡三十二日。

至正七年二月，山東地震，壞城郭，有聲如雷；三月，東平又震，河水動搖（東平，今山東兗州府屬）。

至正十年六月，有星大如月，入於北斗，聲聲如雷，及賈魯徵用兵民十七萬，復開黃河故道二百餘里，凡五閱月功成，果於黃陵岡，得「一眼石人」。先是豫北童謠云：「石人一隻眼，挑動黃河天下反。」及發丁開河，民益怨愁思亂，五月潁州劉福通（今安徽）、蕭縣李二（江蘇）、羅田徐壽輝（湖北）等處兵起，皆以紅巾為號，據有河南、徐州、湖北北部等地。十月江西上饒、廣信雨黍，江西信州、福建、邵武雨黍，饒州及福建建寧，雨黑子，大如豆；浙江衢州雨黍，民多取而食之。隴西地震達百餘日，牆傾屋塌。

至正十二年冬十月，南嶽衡山崩，三日前，山如雷鳴，禽獸驚散，殞石數里。

至正十四年正月，汴水河結冰，皆成五色花草如繪畫，三日方解。

至正十五年三月，薊州（今河北）雨血；六月明太祖起兵，謀取金陵。

至正十六年三月，兩日相蕩；六月河南彰德，李樹生黃瓜，時童謠云：「李生黃瓜，民皆無家。」

至正十七年七月，元大都晝霧，自旦至午，達十五日；十一月，汾州桃李有花。

至正十八年，三月山西大同，黑氣蔽西方，有聲如雷，傾之，東北方有雲如火，交射中天，遍地俱見火光，空中有如兵戈之聲。山東地裂。

按：至正十八年，正月，陳友諒破安慶，餘闕死難。

元淮南行省左丞餘闕，守安慶，城破，自刎死，妻蔣氏、妾、子、女、甥皆赴井死，同時死者守臣韓建一家，居民焚死者以千計。宋氏濂謂：「闕獨守孤城，逾六年，大小二百餘戰，戰無不勝，其所用者不過民兵數千，初非熊虎之師，直激之以忠義，故甘心效死而不可奪也，雖不幸城陷而死，其精忠之氣固若也。然闕死於君，而能使妻死于夫，子死于父，忠孝貞節，萃於一門，較晉之卞壼，又似勝之矣！」（晉卞壼全家，死難蘇峻謀逆事）

至正二十五年二月，又大都雨犛長尺許（犛音利，又音毛，如犛牛，馬的尾巴，又強曲的毛、長毛等，皆稱犛），或謂犛為龍鬚，命拾而祀之。

至正二十七年正月，山西平陽，夜聞天鼓鳴，將旦復鳴，其聲如空中戰鬥者。

劉氏說：蓋運當大過，世卦分井，直井之升，坤地乘震；直井之巽，火澤互革。蓋運當大過，世卦分井，直井之升，坤地乘震；直井之巽，火澤互革。其間雷風山澤，日月水火，違節失恒，顛撓崩敗，悉與會應。

大過分夬、咸、困、井、恒、姤；世卦分井之爻，井五爻變地風升，上爻變巽風，故劉氏說：直井之升，「坤地乘震」；直井之巽，「火澤互革」。

大過內卦為巽，巽為風；外卦為兌，兌為澤，為月；中爻互乾，乾為日。

井之升：井內卦巽，巽為風；外卦為坎，坎為水；升內卦為巽，巽為風，外卦為坤，坤為地。中爻為震（水風井，三四五爻互震）故說坤地乘震（易爻對上曰承，對下曰乘，坤地在震上故云）。及其互卦，有乾日（大過中爻互乾，乾為日）、地月（坤為地為月）、有震雷（升中爻互震，震為雷），又以九四承六五，陰承陽多凶，又二三四爻互兌

井之巽：井為水風，中爻三四五爻互離，離為火，二三四爻互兌，兌為澤，澤火為革，故說火澤互革。

其間雷風山澤，日月水火，違節失恒，故見諸災異，所謂天垂象，見吉凶。其人事（指施政）則又乖舛萬端，有元之政治風氣，一般而言，是「貪財嗜殺而佞佛；蔑倫賤學而尊孔」（元分其民為九儒十丐），官員（皇親國戚，僧侶尤甚）貪瀆，上下成風，元除因打壓政敵者外，對貪瀆悉視為理所當然，而不以為忤，卒致其政「顛撓崩敗」，以至於亡。其災疫與天變，亦如嚮斯應，悉與會合。

按：屠城為元軍習以為常之事，動輒屍積如山，血流成河，以至順帝至正十二年，行將滅亡之際，丞相脫脫取徐州，猶屠其城，一方面殺人盈城盈野，而又大修佛寺、作佛法事、釋重囚以祈福，豢養作奸犯科之僧侶，恣其魚肉百姓，或占人莊田，或霸人妻女……種種不法，令人髮指。

元人可妻其繼母、庶母、叔嬸、兄嫂。

雖刻意漢化，而於漢民族之打壓特為尤甚。

劉斯組氏說：且革主革命，巽初變小畜，又直乾道之革，中互為離，朱明當位，其大明乎？當其振蠱，雷厲風行，互乃應恒，日月久照，開大明十六主二百七十七年之國祚，初則洪武，巽利武貞，明志治也。變而井養不窮，民用勸相，而第十運大過之井，卦變已周，蓋在洪武十六年之癸亥，自是而甲子，又當大過之恒矣。

巽為風，初爻變乾，為風天小畜。中爻互離，成澤火革，故說乾道之革。澤火之所以說革，就卦象看，乃是「二女同居，其志不相得」者。革，上澤、下火，為澤火革卦，兌為澤、為水、為少女；離為火、為中女，上兌下離，《彖》所謂「水火相息，二女同居，其志不相得」者。於是便發生爭鬥，大而言之，即為革命，故說革。

又，乾為大赤，赤為朱，離為明，有朱明之兆，故說朱明。朱元璋建國大明，豈非朱明當位之應？

巽四變蠱，蠱《象》曰：「蠱元亨而天下治也，利涉大川，往有事也。」又說：「山下有風，蠱，君子以振民育德。」蠱是個很不好的字，如蠱惑，蠱敗……為壞之極的意思，壞之極何以言「元亨，而天下治」？又「利涉大川」？蓋即所謂否極泰來，壞而復治之意。因為壞之極，故痛定思痛，發奮圖強，故說「振民育德」，亦即所謂之振蠱。

蠱上艮下巽，中爻錯震，震為雷，震五謂「震往來厲，危行也」，故說「雷厲風行」。互卦為雷風恒，故說「互乃應恒」。恒為久，所謂「天地之道，恒久而不已」。恒卦說：「日月得天，而能久照。」兆應開大明十六主二百二十七年之國祚。

明太祖朱元璋，起經辰之亥二千二百八十世之戊申迄癸丑，直巽之蠱；自甲寅至洪武十六年癸亥，直巽之井，盡二千二百八十世，午會第十，井運以終。

世卦巽初《象》謂：「進退，志疑也；利武人之貞，志治也。」初為陽位，乃巽初居之，為陰居陽位。巽為不果，因不正故疑。變乾為陽，故為貞。乾又為純綱，象徵武人，故說武人之貞。尚氏秉和氏以為，巽為不果，故志疑。又巽震二卦相反復，巽極而返震，震為武人，返震故志治，得行其志，以治天下。所謂「洪武，巽利武貞，明志治也。」

「巽變而井養不窮，民用勸相」。井《象》說：「巽乎水而上水，井。井養而不窮也」。「巽乎水而上水」，巽為入，為順，取水一定要用取水用具，如瓶、缶，後人又發明木桶等，皆所以取水。反之，如用竹籃，則非巽乎水，不合乎巽順原則，便不能取水了。又取水用具，必須入于水中，而後始可得水，故說「巽乎水」。且水在井中，從井中將水取上來，故說上水。意即用瓶子或桶，入井水中，將水汲出，故說：「巽乎水而上水。」水是天地間所有動植物的生命線，故說井養不窮。

民用勸相，即井《象》所說之「勞民勸相」。井《象》所說：「木上有水。井，君子以勞民勸相。」坎為眾、為民、為勞卦，故說「勞民」，「勸相」，勸即教化，「相」亦有「導之」之意，即教導、領導之意。簡而言之，井亦有教化人民，促進民德歸厚之象。意即是說，人民經過兩百餘年的戰亂（宋自高宗南渡，至帝昺亡國，共一百五十二年。元世祖自至元十七年亡宋，迄順帝妥懽（歡）帖木耳三十六年戊申而元亡，共六十一年）。

明太祖驅元建國，人民始得休養生息。故說「井養不窮，民用勸相」。

再者，巽二變漸，對朱明而言，則是「進得位，往有功；進以正，可以正邦也。」（漸《象》）直蠱、井二卦，明太祖共祚三十一年。

茲將元明遞禪之際，列干支卦值示之如下：

自甲寅至洪武十六年癸亥（即洪武七年甲寅至十六年），經辰之亥二千二百八十世，亦即午會第十運之終。

經辰之戌二千二百七十九（世），世卦巽，初變小畜，二變漸，三變渙。

甲子，乙丑，丙寅，丁卯，戊辰，己巳，庚午，辛未，壬申，癸酉（直小畜）。

甲子為元泰定帝，也孫帖耳元年，直小畜。癸酉為元順帝元統元年。

甲戌，乙亥，丙子，丁丑，戊寅，己卯，庚辰，辛巳，壬午，癸未（直漸）。

甲戌為順帝元統二年，乙亥為順帝至元元年。甲戌之辛巳，又改至正元年。

甲申，乙酉，丙戌，丁亥，戊子，己丑，庚寅，辛卯，壬辰，癸巳（直渙）。

經辰之亥二千二百八十（世），巽，四變姤，五變蠱，上變井。

甲午，乙未，丙申，丁酉，戊戌，己亥，庚子，辛丑，壬寅，癸卯（直姤）。

甲辰，乙巳，丙午，丁未，戊申，己酉，庚戌，辛亥，壬子，癸丑（直蠱）。

按：元順帝元統元年起甲子之癸酉，直漸、渙、姤，至蠱之戊申（戊申之前六月，史家以元順帝仍未退出北京，故未視為元亡，是年閏七月元帝出奔漠北，共三十六年。自閏七月起，始為明洪武元年。

甲寅，乙卯，丙辰，丁巳，戊午，己未，庚申，辛酉，壬戌，癸亥（直井）。

按：甲寅之癸亥，為經辰之亥二千二百八十世之終，亦即午會第十運之終。下起。

經星之甲一百九十一，經辰之子二千二百八十一世之甲子，直大過之恒，為恒運之始。

第十六節　以會經運午十（四）——觀物篇二十四

經日之甲一，經月之午七，經星之甲一百九十一，恒。

經星之甲一百九十一運，當大過之恒。

按：自子至巳，六會，共一百八十運（每會三十運），另午會十一運（大過之恒六運，大過之姤五運，大過之姤，最後一運尚未至，共十一運，合前六會之一百八十運，共一百九十一運），以上釋星甲百九十一。

運卦當大過之恒（大過為正卦，恒為運卦，每運十二世），世卦分恒之爻。恒初六變雷天大壯、九二變雷山小過、九三變雷水解、九四變地風升、六五變澤風大過、上六變火風鼎等為世卦，每卦管兩世，世卦復各變六卦，每卦管十年，分為三甲。如：

大壯初變恒、二變豐、三變歸妹、直運卦初爻之前三甲（即甲子、甲戌、甲申），即第一世之三十年。

四變泰、五變夬、上變大有，直運卦初爻之後三甲（甲午、甲辰、甲寅），即第二世之三十年。以下皆同。第十一運，各世卦所變之年卦如下：

經辰之子二千二百八十一，大壯初變恒，二變豐，三變歸妹。

經辰之丑二千二百八十二，大壯四變泰，五變夬，上變大有。

經辰之寅二千二百八十三，小過初變豐，二變恒，三變豫。

經辰之卯二千二百八十四，小過四變謙，五變咸，上變旅。
經辰之辰二千二百八十五，解初變歸妹，二變豫，三變恒。
經辰之巳二千二百八十六，解四變師，五變困，上變未濟。
經辰之午二千二百八十七，升初變泰，二變謙，三變師。
經辰之未二千二百八十八，升四變恒，五變井，上變蠱。
經辰之申二千二百八十九，大過初變夬，二變咸，三變困。
經辰之酉二千二百九十，大過四變井，五變恒，上變姤。
經辰之戌二千二百九十一，鼎初變大有，二變旅，三變未濟。
經辰之亥二千二百九十二，鼎四變蠱，五變姤，上變恒。

以上為午會第十一運，所謂運卦當大過之恒，世卦分恒之爻，年分世爻之三十六卦表。其卦直吉凶，劉氏論之如下：

劉氏斯組說：洪武（明太祖）十七年直恒，大壯之初，又為恒卦，恒久為日月得天，貞明之象；豐則日中月盈，或虞昃食，建文四年不終；永樂（明成祖）直歸妹而泰；洪熙（仁宗）、宣德（宣宗），夬而大有；正統（英宗）直大有之丙辰，至恒小過之豐，而有土木之變；景泰（景帝）乃代恒，之丁丑而復辟焉，改元天順，卦體震巽互乾，乾天、巽順、震來復，主鬯而恒不易方，固其象也。成化（英宗）豫、謙而咸；弘治（孝宗）咸、旅而解之歸妹；正德（武宗）自歸妹之丙寅，迄豫之辛巳；嘉靖（世宗）則豫而歷乎恒、師、困、未濟，又入升之泰焉；隆慶（穆宗）行泰之六年；神宗又行謙、師、恒、井，以迄於蠱，凡四十八年；泰昌（光宗）、天啟（熹宗），蠱，並大過之夬，共為八年；夬而後咸，崇禎（懷宗或稱毅宗）十七年，則大明久照之日月反影，收光於西山兌艮之間。迄乎剛揜，初困於株木，入于幽谷，幽不明也，明運於是乎終。

當是時也，大德受命，悅潤萬物，井養而不窮，恒久而不已，悠遠配天之景運，億萬斯年，綿綿永慶矣。

經辰之亥二千二百八十世之戊申，明太祖朱元璋，驅胡元而建立大明，改元洪武。（元順帝至正二十八年），直巽之蠱，兆應「元亨而天下治」。「巽變而井養不窮，民用勸相」（井《象》：「君子以勞民勸相。」勞民，君以養民；勸相，民自養也）。

洪武十七年直大壯初變之恒，恒《彖》曰：「日月得天，而能久照。」恒即恒久，天地間最為恒久者，莫過於日月，故云「得天，久照」。巽二變漸，漸《彖》說：「進得位，往有功也；進以正，可以正邦也。」對朱明而言，正是「進，得位，有功；以正進，可以正邦」之意……。漸卦為風山，木在山上。山木之成林、成材者，非一朝一夕之功，乃是由於漸成。世風之變移，國家之治亂，亦復如此。恒為久，兆在「日月得天而久照」，故說進得位、住有功。洪武直此，開大明十六主、二百二十七年之國祚。

自甲寅至洪武十六年癸亥（即洪武七至十六年），盡經辰之亥二千二百八十世，即午會第十運之終。

午會之第十一運，世卦分恒之爻為大壯、小過、解、升、大過、鼎等，其分直如下：

經日之甲一（元），經月之午七（會），經星之甲一百九十一（運），直恒。

經辰之子二千二百八十一（世），直大壯，初變恒，二變豐，三變歸妹。

甲子，乙丑，丙寅，丁卯，戊辰，己巳，庚午，辛未，壬申，癸酉（直恒）。

甲子為洪武十七年，直大壯之恒（此恒為年卦，乃世卦大壯所變，非運卦之恒）。劉氏說：洪武十七年直恒，大壯之初，又為恒卦，恒久，為日月得天、貞明之象，豐則日中月盈，或虞昃食（昃音仄，日過正午偏西叫昃），建文四年不終。永樂直歸妹而泰。

甲戌，乙亥，丙子，丁丑，戊寅，己卯，庚辰，辛巳，壬午，癸未（直豐）。

按：八十一世：

甲戌之戊寅，為洪武三十一年。

甲戌之己卯，為建文元年，至壬午，被其叔燕王棣所篡。

甲戌之壬午，成祖即位，癸未改元永樂。迄夬之甲辰，共二十二年，直歸妹而泰。

甲戌之癸未，成祖永樂元年。

甲申，乙酉，丙戌，丁亥，戊子，己丑，庚寅，辛卯，壬辰，癸巳（直歸妹）。

按：劉氏說：建文四年不終。永樂直歸妹而泰。燕王棣取建文而代之，卦直歸妹，歸妹之辭曰：「征凶，無攸利。」之所以「征凶，無攸利」，乃是由以「位不當」（以臣弒君），無攸利（以下犯上）之故。全卦惟九二一爻，「利幽人之貞」為吉，（幽人之貞，燕王來自幽州，故兆幽人之貞），歸妹上六之結論謂：「上六無實，承虛筐也。」泰之上《象》曰：「城復於隍（至治而亂，故說否），其命亂也。」觀永樂入京，盡誅建文之臣、方孝儒等，且滅其十族，都御史景清之瓜蔓鈔，類皆慘絕人寰，其結果如何？「上六無實，承虛筐」而已，永樂之後、其子孫，幾無一成材者，卒致宣隆非宣自非，則大明久照之日月反影，收光於西山兌艮之間。

經辰之丑二千二百八十二（世），大壯之泰、夬、大有。

甲午，乙未，丙申，丁酉，戊戌，己亥，庚子，辛丑，壬寅，癸卯（直泰）。

甲辰，乙巳，丙午，丁未，戊申，己酉，庚戌，辛亥，壬子，癸丑（直夬）。

八十二世之甲午，為永樂十二年，迄夬之甲辰，直歸妹而泰，共二十二年。

仁宗洪熙，起甲辰之乙巳，一年而崩。所謂「洪熙、宣德，夬而大有」。

宣宗宣德，起甲辰之丙午，直夬而大有。

甲寅，乙卯，丙辰，丁巳，戊午，己未，庚申，辛酉，壬戌，癸亥（直大有）。

乙卯為宣宗宣德十年。英宗起甲寅之丙辰。

劉氏謂：正統直大有之丙辰，至恒，即甲寅之丙辰。小過之豐，而有土木之變。

經辰之寅二千二百八十三（世），小過初變豐，二變恒，三變豫。

甲子，乙丑，丙寅，丁卯，戊辰，己巳，庚午，辛未，壬申，癸酉（直豐）。

小過：可小事不可大事，不宜上、宜下。初六：飛鳥以凶，不可如何也；九三：弗過防之，從或戕之；九四：往厲必戒；上六曰災眚。豐，初九《象》：過旬災也；六二：往得疑疾；九三：折其右肱；九四：遇其夷主等，兆應英宗行事，似皆如合符節。

英宗起甲寅之丙辰，兆三楊為政；迄甲子之己巳，直豐，十四年八月，而有土木之變，被瓦剌也先所俘。

甲子之庚午，景帝即位。

代宗景泰起甲子之庚午，迄甲戌之丙子，共七年，於謙為相。英宗復辟。所謂「景泰乃代，恒之丁丑，而復辟焉」。

甲戌，乙亥，丙子，丁丑，戊寅，己卯，庚辰，辛巳，壬午，癸未（直恒）。

甲戌恒之丁丑，英宗復辟，改元天順。卦體震巽互乾，乾天巽順、震來復主邕，而恒不易方，固其象也。按甲戌直卦為恒，恒為雷風，中爻互乾，乾為天，巽為順，為其兆。震為來復，仍主持國之大祭，明為復辟之意。

甲申，乙酉，丙戌，丁亥，戊子，己丑，庚寅，辛卯，壬辰，癸巳（直豫）。

英宗復辟，迄甲申，共八年。

憲宗起乙酉，改元成化，直豫、謙、迄咸。故說「成化豫、謙而丑」。

經辰之卯二千二百八十四，四變謙，五變咸，上變旅。

甲午，乙未，丙申，丁酉，戊戌，己亥，庚子，辛丑，壬寅，癸卯（直謙）。

甲辰，乙巳，丙午，丁未，戊申，己酉，庚戌，辛亥，壬子，癸丑（直咸）。

憲宗起甲申之乙酉，歷豫、謙、迄咸（即甲辰）之丁未，歷豫、謙、咸，共二十三年。

孝宗弘治起咸之戊申，歷旅至解之歸妹，共十八年。所謂弘治咸旅而解之歸妹。

甲寅，乙卯，丙辰，丁巳，戊午，己未，庚申，辛酉，壬戌，癸亥（直旅）。

經辰之辰二千二百八十五，解初變歸妹，二變豫，三變恒。

甲子，乙丑，丙寅，丁卯，戊辰，己巳，庚午，辛未，壬申，癸酉（直歸妹）。

孝宗弘治起甲辰之戊申，歷旅而至甲子、乙丑，即解之歸妹，共十八年。

武宗正德，起甲子之丙寅、歷歸妹迄豫，共十六年。

甲戌，乙亥，丙子，丁丑，戊寅，己卯，庚辰，辛巳，壬午，癸未（直豫）。

正德自歸妹之戊寅，迄豫之辛巳。

世宗嘉靖，起甲戌之壬午、歷甲申、甲午、甲辰、甲寅，迄甲子之丙寅，所謂嘉靖則豫，而歷乎恒、師、困、未濟，又入升之泰焉，共四十五年。

甲申，乙酉，丙戌，丁亥，戊子，己丑，庚寅，辛卯，壬辰，癸巳（直恒）。

經辰之巳二千二百八十六，解四變師，五變困，上變未濟。

甲午，乙未，丙申，丁酉，戊戌，己亥，庚子，辛丑，壬寅，癸卯（直師）。

甲辰，乙巳，丙午，丁未，戊申，己酉，庚戌，辛亥，壬子，癸丑（直困）。

甲寅，乙卯，丙辰，丁巳，戊午，己未，庚申，辛酉，壬戌，癸亥（直未濟）。

經辰之午二千二百八十七，升初變泰，二變謙，三變師。

甲子，乙丑，丙寅，丁卯，戊辰，己巳，庚午，辛未，壬申，癸酉（直泰）。

嘉靖起甲戌之壬午，至丙寅，共四十五年。

穆宗隆慶起甲子之丁卯、迄壬申，行泰之六年。

神宗萬曆，起甲子之癸酉，所謂「又行謙、師、恒、井，以迄於蠱」，歷一世又十八年。

甲戌，乙亥，丙子，丁丑，戊寅，己卯，庚辰，辛巳，壬午，癸未（直謙）。

甲申，乙酉，丙戌，丁亥，戊子，己丑，庚寅，辛卯，壬辰，癸巳（直師）。

經辰之未二千二百八十八，升四變恒，五變井，上變蠱。

甲午，乙未，丙申，丁酉，戊戌，己亥，庚子，辛丑，壬寅，癸卯（直恒）。

甲辰，乙巳，丙午，丁未，戊申，己酉，庚戌，辛亥，壬子，癸丑（直井）。

甲寅，乙卯，丙辰，丁巳，戊午，己未，庚申，辛酉，壬戌，癸亥（直蠱）。

萬曆起二百八十七世之癸酉，迄八十八世，甲寅之庚申，凡四十八年。

光宗泰昌僅月，即以紅丸案而崩。

熹宗天啟，起甲寅之辛酉，所謂「泰昌、天啟、蠱、並大過之夬，共為八年。夬而後咸，崇禎十七年，則大明久照之日月反影，收光於西山兌艮之間」。

經辰之申二千二百八十九，大過初變夬，二變咸，三變困。

甲子，乙丑，丙寅，丁卯，戊辰，己巳，庚午，辛未，壬申，癸酉（直夬）。

甲戌，乙亥，丙子，丁丑，戊寅，己卯，庚辰，辛巳，壬午，癸未（直咸）。

甲申，乙酉，丙戌，丁亥，戊子，己丑，庚寅，辛卯，壬辰，癸巳（直困）。

崇禎起甲子之戊辰，歷夬、咸，迄甲戌之癸未，共十六年。

劉氏所說：「大明久照之日月反影，收光於西山兌艮之間」（即月落日沈之意）。咸為兌艮，兌為月，位西；艮為山，故說「反影收光於西山兌艮」。崇禎起甲子之戊辰，歷夬、咸，迄甲戌之癸未，十六年而亡國。

又說「迄乎剛揜，困於株木……」，意即是說到了困卦，大明江山的厄運，便更加難以支撐了。困《彖》曰：「困，剛揜也。」迄乎剛揜，剛謂陽，揜同掩，即陽為陰所揜。困初說「困於株木」。困三四五爻互巽木，故說木；株木，即乾枯之木，木之所以乾枯，乃是因為澤中無水。又初《象》曰：「入于幽谷，幽不明也。」明運於是乎終。

當十運之末，世卦巽初變風天小畜，下卦變為乾，故說直乾道之革。小畜互離而朱明當位（離為明），當其振蠱，雷厲，風行（蠱為山風，中爻互震，震為雷，故說雷厲；下卦巽風，故說風行），互乃應恒（蠱中爻互震，變雷風恒，故說互乃應恒），日月久照，開大明十六主，二百七十七年之國祚，至崇禎十七年，已是日月餘輝，卦直澤山咸，兌西、艮山，故說日月反影於兌艮之間，至此明亡，故說：「大明久照之日月反影，收光於西山兌艮之間。」

大過三爻變困，困乃窮而不能自振之意。何以致困？乃是由於陽剛被陰所揜之故（揜同掩，有掩蓋、鉗制、侵吞之意）。就困卦來說，困內卦坎剛，受外卦柔兌所揜；九二剛，為初、三兩陰所揜；四、五為上六所揜，陽皆被揜，故說困。

困初說：「臀困于株木，入于幽谷，三歲不覿。」皆不吉之辭。朱子本義釋說：「臀物之底也，困於株木，傷而不能安也。」初六以柔處困之底，居暗之甚。《象》曰：「入于幽谷，幽不明也。」大明而入于幽谷，可知路已走至盡頭，其不吉固十分明顯。《程傳》說：「六以陰柔，處於至卑，又居坎險之下，所謂禍不單行，在困而不能自濟者也。」臀，指處於至卑者而言。如吾人之臀部，行走時，足處吾身之最下，坐時則臀在最下，初六乃最下之爻，象臀之所處，故說「臀」。株木，即木之根本，木之根本受到鑿傷，其困可知。初六居下卦之底，有入幽谷之象，再者，困，內卦為坎，坎陷也，有幽暗不明之象，故說幽不明也。換言之，即明為幽所揜，無有利於大明王朝，豈不昭然？

萬氏年淳說：「初六，臀困於株木，困于居也：入于幽谷，困於行也。三歲不覿，困之久也。初六出處皆困，由處困之下，居暗之極也。」明之云亡，殆無可免矣！

語云：木必先腐而蟲生；人必自侮，而後人侮。同理，國必自亡，而後人亡之。觀所謂日月久照，二百七十七年，大明十六主之所作所為，其國祚之興衰，則思過半矣！

雷厲風行，日月久照。

午會第十一運，運卦當大過之恒，世卦分恒之爻，初為大壯；大壯之初，又為恒，洪武十七年直恒。恒為久，為日月得天，貞明之象；恒為雷風（恒上為雷震，下為巽風），故說「雷厲風行，日月久照」。大壯二爻變豐，豐則日中月盈（豐三四五爻互兌月，下為離日，日月不能恒滿），不免有昃食之虞。

明太祖洪武，起八十世之戊申，在位三十一年，至八十一世，甲戌之戊寅駕崩，傳位予太孫允炆。

太祖出身寒微，雖不知書，然其軍事智慧，深諳韜略，迨非常人所及。故能於短短十五年內，亡元，一統群雄而成帝業。終帝之世，明軍九出塞外，追奔鹵獲，漠北為之一空。溯自五代石晉臣事契丹以來，歷遼、金、元。中國遭其侵辱、蹂躪，達四百三十三年之久。致民生凋敝，生靈塗炭，迄朱明始得為之湔蘇，解民倒懸，准此而言，論者謂其功業，蓋超邁漢唐矣！

再者太祖出身民間，深知民間疾苦，故在行政上，首獎重農桑，嚴懲貪吏，予歷劫黎庶，以休養生息之機。然因高度中央集權，屢興大獄，株連之眾，達數萬人，無論元勳、宰輔、師儒、大臣，乃至文學侍從之臣等，亦多以小故誅譴，如劉基，宋濂或休致、或戍邊。風憲言官，亦動遭殺害，實為其政治上最大敗筆。又未能徵漢、晉分封諸王之鑒，大封諸子等，二十餘王遍天下，歲祿萬石，貴寵之盛，驕恣日聞，遂開明室之亂源。迨皇太孫即位，不得已而削藩，燕王朱棣，即起而抗之，師稱靖難，實乃篡竊（按：燕王早蓄反意，靖難云者，飾辭而已，劉基每暗示洪武，但不被重視）。建文仁弱有餘，果斷不足，開國謀士、宿將，經乃祖或罪誅、或放逐，朝有忠臣而少能臣，軍有將帥而乏韜略，建文之與朱棣戰，無異率群羊以驅狼，宜乎其難有作為，卒致江山移主，遂食乃祖所種惡果。

日中則昃，月盈則虧。

洪武在位三十一年，於甲戌之戊寅駕崩，傳位太孫允炆。

允炆即位於甲戌之己卯，是為惠帝，即世所稱之建文皇帝。建文即位之初，即有「熒惑守心」之異。於時直豐，豐《彖》曰：「日中則昃，月盈則食。天地盈虛，與時消息。」日中月盈，不免有昃食之虞。建文直時如此，纔四年，四川程濟上書，言明年北方兵起。朝廷以其妖言惑眾，將殺之。程濟求囚以待驗。次年，其叔朱棣（成祖）果反。建文派兵征剿時，猶諄諄告誡其將：「勿使朕有殺叔之名。」未幾，朱棣即逼金陵，建文乃祝髮而遯，不知所終。或云正統五年，被迎入西內，以壽終。

按：熒惑為南方火星，出則有悖亂、殘賊、疾、喪、饑、兵之變。守心，居其宿謂守心，即宋之分野，為明堂大星，天王前後星子屬（見《史記》），即古人天文五星之說。

天文五星總論說：

五星者，天之令使，稟受帝命而各司其職，雖幽潛疎遠，罔不悉及，故福德佑善，禍淫罰慝，順軌而守常，錯亂而表異。五星顏色：歲星青；熒惑赤；鎮星黃，太白白；辰星黑。

歲星：東方歲星，司春，亦稱木星，色青，主化生萬物，如太歲之生成，故曰歲星，主五穀豐稔，性仁，以甲乙為配。

熒惑：亦為火星，南方之星司夏，色赤，主禮，職比司馬，火處心，心應無方，其體不測，故稱熒惑以丙丁為配。

鎮星：亦為土星，土得方而靜，靜而不動，故曰鎮星。配思與信，司夏，位在中央，故為鎮星，主夏，色黃，為帝王之星，以戊己為配。

太白：主秋，位於西方，色白。司殺，以其光芒，盛於餘星，故曰太白，配義庚辛，其官為大司馬，大司寇，皆司兵刑之職。太白晝見經天，應兵喪之兆，太白若隨太陽于正南，過而光明不息，與日爭輝，主君弱臣強，國將有更王之變。

辰星司冬，位北，色黑，於日為壬癸，天一生水，為五緯之先，其體合散無方，如龍之變，故曰辰星。其德為智，主聽。

水星失度，則主胡狄入寇，兵亂。水星一時不出，其時不和，四時不出，天下大饑，水星失時，寒暑失節，邦國大饑。

建文命將北伐，誡諸將士曰：「昔蕭繹舉兵入京，令其下曰：『六門之內，自極兵威。』不祥之極。今爾將士，與燕王對壘，務體此意，毋使朕有殺叔之名」。按蕭繹南北朝梁武帝第七子，侯景弒簡文帝，立豫章王棟，未幾景復廢棟而自立，繹乃遣王僧辨討景，僧辨詢平賊後對棟如何處置？繹曰：「六門之內，自極兵威。」意即殺之也。棟的祖父為蕭統，統與繹為親兄弟，棟乃繹之孫輩，而欲置之死地。建文之意，即以骨肉相殘，乃是十分不祥、可悲之事，故諄諄告戒其將云云。

永樂直歸妹而泰。

成祖從其侄建文手中，奪得帝位之初，即殘酷屠殺，其手段之酷，較之武則天時之來俊臣，略無遜色。建文諸臣，首遭誅戮，其誅鋤之酷，亦令人不寒而慄。

燕王即位，首清宮日，宮人、女官、內官多處死，只有曾對建文不滿者，始得留存。燕王召方孝儒，為其草即位詔書，孝儒擲筆於地，抵死不從，曰：「死即死耳，詔不可草。」成祖大聲說：「汝獨不顧九族乎？」孝儒曰：「便十族，奈我何？」成祖大怒，令以刀抉其口，至兩耳，並大收其友朋、門生，盡殺之，死者八百七十三人，然後出孝儒，磔之聚賢門外。

故兵部尚書鐵鉉，被執至京師，成祖召見他，鉉背立庭中，正言不屈。成祖要其面向自己，鉉始終不肯甘與成祖正面對，成祖恨得牙癢，命人割其雙耳，鉉仍不回顧，更割去其鼻，鉉仍不肯顧，成祖氣憤不過，便用火將鉉肉燒烤，割下塞入鉉口中，問他香不香、好吃嗎？鉉說：「忠臣孝子之肉，有何不甘？」怎麼會不香、不好吃呢？於是遂將其寸磔之（一寸一寸割去其肉），至死，猶喃喃罵不絕口。成祖無法泄忿，便命擡一大鑊，裝滿油脂，燒極沸，投鉉屍其中，立成焦炭，仍面向下，將其翻轉，復又向下，成祖大怒，令內侍用鐵棒十餘，夾持之使面向成祖，成祖很開心的笑道，現在你終於朝拜我了，語未畢，油沸，蹙濺起丈餘，諸內侍手皆糜爛，棄棒走，屍仍反背如故。上大驚，命葬之，鉉年三十七。

都御史景清，燕師入，清知建文帝出亡，猶思復興，偽裝歸附燕王，藏利劍於衣衽中，表面上裝得很馴順的樣子，不免引人起疑。八月十五早朝，清特別穿一身淺紅色衣服，很早就入朝，尋找機會，早朝後，成祖退朝，清即奮躍而前，將犯駕，侍從人員就把他抓起來，清知事已敗露，便大罵成祖無道，成祖使人敲掉他的牙齒，邊敲邊罵，血水直噴至成祖的御衣上，乃命剝其皮，皮內塞滿稻草，捆綁在長安門上，並將骨肉剁碎。當天，成祖便夢到景清的鬼魂，化作厲鬼。後過長安門，捆綁景清人皮草人的繩子，忽斷，草人向前走數步，如行刺狀，成祖大驚，命將皮草人燒掉，之後成祖午睡時，時常做夢被景清仗劍追殺，成祖命將其全族，無論男女老幼，全部殺光。景清鬼魂仍不斷出現，後竟將其村里鄉鎮，皆一併殺光，鄉人轉互相扳攀，謂之瓜蔓抄，村里為墟。

御史大夫練子甯，被縛來見成祖，出言不遜，上大怒，命斷其舌。成祖告訴子寧說：我舉兵的目的，是要效法周公輔成王，幫助建文做皇帝而已，沒有其他意思。子寧用其舌血，在地上寫了「成王安在」四個大字。上益怒，命磔之，宗族棄市者一百五十一人。……

成祖誅戮異類，其範圍之廣，即降臣亦不得倖免，如李景隆、耿炳文等，亦皆逼令自裁（建文帝命李景隆守金川門，景隆開門迎燕王入），或驅之戍邊，迨仁宗後，始得放還。

建文眷屬，或沒入為奴（建文弟允熙甌甯王，焚死于邸，建文幼子文圭，被幽禁達六十年之久，天順元年（明英宗）始釋出之，時鬢眉皆白，不識牛馬，置於鳳陽，任其自由）。

成祖大殺戮之後，頗能任賢臣，去讒佞，也算明君。邵子說自泰而否，其間必有蠱焉，茲後成祖命內臣出鎮、監京營軍；復設東廠（命宦者建立情報網），亡明禍根，亦由此而漸。再者成祖御下剛嚴，恣意威福，輕侮大臣，如大臣尹昌隆、耿通等，動輒處死；中官幽戮大臣，乃至大臣繫獄，亦習為故常。復好大喜功，多事四夷，動以百萬之眾，前後凡五出塞，卒崩殂于北征途中。

按：成祖視大臣如草芥，對誅戮大臣，亦如家常便飯，如：

尚書呂震，以私人意氣，誣尹昌隆謀反，論死。

大理寺丞耿通，數言太子無大過，怒其為東宮關說，坐誅。

浙江按察使周新，推治錦衣衛千戶，在浙江所為不法，指揮紀綱誣新，榜掠於道，戮之。

永樂八年，交址參政解晉返京述職，因成祖北巡，見皇子而歸，及成祖還京，趙王（太子弟）言縉趁陛下遠出，晉見太子，無人臣禮。以私謁太子逮詞連大理寺丞湯宗等多人，下獄瘦死。縉被醉埋雪中死。

十二年北征還，太子遣使迎稍緩，悉徵東宮官屬下詔獄，黃淮、楊溥等，皆坐繫十年。

十九年將北征，大臣皆言糧儲未足，且頻年出師無功，宜休養兵民，以待後圖。上不悅，下戶部尚書夏原吉、刑部尚書吳中獄。

燕王棣取建文而代之，卦直歸妹，歸妹之辭曰：「征凶，無攸利。」之所以「征凶，無攸利」，乃是由於「位不當（以臣弒君），無攸利（以下犯上）」之故。全卦惟九二一爻，「利幽人之貞」為吉（幽人之貞，燕王來自幽州，取得帝位，頗能立威四夷，故說幽人之貞），歸妹上六《象》結論謂：「上六無實，承虛筐也。」泰之上《象》曰：「城復於隍，其命亂也。」觀永樂入京，盡誅建文之臣，方孝儒等，且滅其十族，都御史景清之瓜蔓抄，類皆慘絕人寰，其結果如何？「上六無實，承虛筐也」而已。其子孫唯除洪熙、宣德而外，惜又不終其年，餘皆無可取，千載而下，亦惟資人笑談而已。

成祖在位二十二年，壽六十五而崩於北征途中，長子高熾繼位，改元洪熙，是為仁宗。仁宗承兵革之餘，力行寬恤，宥免其父對前朝官眷所作懲罰，罷職者復其官，為奴者復其身，流戍者返之，囚禁者釋之……。頗能親賢遠佞，關心民間疾苦，洪熙間隱隱有三代遺風雲，惜未及一年而崩，傳位太子瞻基，是為宣宗。

劉氏謂：洪熙（仁宗）、宣德（宣宗），夬而大有。

宣宗即位之初，漢王高煦，亦效法乃父朱棣，「起兵靖難」，反于樂安（今山東樂安縣），欲奪其侄之天下。大臣楊榮力主御駕親征，大軍甫臨，漢王即眾叛親離，煦見難有作為，即自縛出降，群臣請正以典刑，宣宗未允，遂挈歸京師鎖禁之。漢王之反，趙王高燧，亦與之通謀，車駕征高煦還，大臣建議，移師襲趙，楊士奇以為帝有親叔二人，有罪者不可恕，無罪者當厚之，乃封群臣奏章以示之，趙王即上表謝恩，卒全骨肉之情。

宣宗為徵岩穴之士，作猗蘭操，遠僧侶，其所憾者，喜微行，囚江西巡按御史陳祚（祚因上疏勸上，務帝王實學，退朝之暇，命儒臣講說真德秀《大學衍義》，帝方自以博綜經史自負，疑其諷己，並其家，下錦衣衛獄，五年），死戴綸，乃其尤所憾者（綸以諫獵忤旨，下詔死）。宣宗在位十年，壽三十七歲而崩，太子祁鎮即位，年方九歲，是為英宗。

英宗即位之初（大有之丙子），三楊用事（楊士奇為西楊、楊溥為南楊、楊榮為東楊），天下乂安。及至老成凋謝（三楊相繼去世），政權始歸於宦官王振之手。振大興佛寺，男女出家者累百千萬，貪瀆之風，幾遍國中，以致民變四起，由福建漸流佈江浙，乃至廣東江西，東南騷動，又無故激發雲貴、緬甸土司之變。西南事未已，又有也先入寇，在未作任何軍事準備之前，宦官王振，即冒然挾帝出征，百官苦諫不從。

也先用誘敵深入之計，誘使王振長驅直入，師至大同，輜重不繼，三軍已無糧草，王振仍欲進軍北行，欽天監彭德清謂振，「象緯示警」（天象有異），不可復前，如乘輿有所疏失，誰能負起責任？王振竟謂：「果然如此，乃是天命。」時前方敗訊疊至，西寧侯、武進侯，兩支前進部隊，皆全軍覆沒，大同守軍密告振，戰事絕不樂觀，振始有退兵之意。大同守將郭登建議，車駕宜從紫荊關入，可安全無虞，王振欲邀帝幸其第，不聽。車騎轉道而行，敵追兵將至，遂遣三萬騎斷後，時去懷來二十里，本可入保懷來，因王振輜重千餘輛未至，留待之，隨軍大臣請車駕速入關，並派重兵斷後，振怒罵腐儒安知軍事？便停留于無水無糧之土木城，也先四面攻之，隨軍文武，死傷殆盡，帝乘騎突圍，卒被也先所俘。

又說：正統（英宗）直小過之豐，而有土木之變。

小過卦辭說：「可小事，不可大事；……，不宜上，宜下。」兵乃國之大事，顯而易見的，英宗出師，是十分不利的；初六《象》又說：「飛鳥以凶，不可如何也。」一說這個時候，無論做任何事情，均已至無可如何之程度了（意即回天乏術，無能為力了）；九三也說，如果不加防備，損兵折將，或從戕之，自屬必然。九四說「往厲必戒」；上六曰「災眚」……，竟無一辭之吉。

豐初九《象》也說：過旬災也（十天以上，隨時即有災異發生）：六二：往得疑疾；九三：折其右肱（西寧侯、武進侯，兩支前進部隊，皆全軍覆沒）；九四：遇其夷主，英宗於土木被也先所俘，兆應英宗行事，似皆若合符節。

英宗起甲寅之丙辰，兆三楊為政而天下治；迄甲子之己巳，直豐，十四年八月，而有土木之變，被瓦剌也先所俘。

按：甲戌直卦為恒，恒為雷風，中爻互乾、巽。乾為天，巽為順，震為來復主鬯（音暢，祭祀的酒。即指主祭之震，長子而言），說英宗仍主持國之大祭，明為復辟之意。英宗復辟，迄甲申，共八年。

土木之敗，英宗被擄消息傳來，太后即命郕王監國（郕乃英宗之弟），後即帝位，是為景帝，改元景泰，任用于謙，始得穩定大局，在位七年而崩。

景帝景泰起甲子之庚午，迄甲戌之丙子，共七年，于謙為相。英宗復辟廢景帝仍為郕王，未幾薨，謚曰戾。

也先以英宗為奇貨可居，遂挾之南侵，以為從此便可向大明欲索欲求了，因聲言送返英宗，索求金帛，以萬萬之數。于謙看清了這點，首先調集軍隊，擊退也先數路大軍之南侵，並抱定不談判、不出兵，嚴守邊防，內修政理的基本國策，對也先挾英宗的敲詐勒索，一概不予理會。也先只好舍奇貨，而將之送返南朝，以觀其變。景帝尊英宗為太上皇，養于南宮，卻給朝中野心分子（如徐有貞，也先圍京時，倡議遷都，見斥於謙而切齒，而後改名任官者；石亨，本犯法撤職，被謙引拔，而畏謙者；張軏、曹吉祥，畏謙剛正，欲得之而甘心者……）等，乘景帝病時，率兵囚禁了景帝，迎英宗重定，製造了復辟的機會。

按：英宗復辟，纔半年，徐有貞即被石亨所陷而下獄。六月大風雹，二家巨樹盡被拔起，雹深尺餘。四年並其縱子皆被誅。

又說：土木之變，景泰乃代；恒之丁丑，而復辟焉。

甲戌恒之丁丑，英宗復僻，改元天順，直卦為恒，恒體互乾為乾天、巽順、震來復主鬯，而恒不易方，固其象也。

按：甲戌直卦為恒，恒為雷風，中爻互乾，乾為天，巽為順，為其兆。震為來復，仍主持國之大祭，明為復辟之意。

英宗復辟，即廢景帝仍為郕王，失意政客徐石等，即連名上疏，誣于謙等以「謀反、大逆」之罪，于謙、王文等棄市，天下寃之，兩京大臣，斥逐殆盡。後任用李賢，未幾石亦伏誅，庶事咸治。又出「建庶人」（建庶人，即建文帝少子，纔兩歲，成祖即將其幽之中都，至是已五十六歲，即牛馬亦不能識。英宗釋之，聽其婚嫁，出入自由，未幾病卒），罷宮妃從殉，除累朝殘虐，尤為盛德。迄甲申，八年正月帝崩，太子見深即位，是為憲宗，在位二十三年。

成化（憲宗）豫、謙而咸；弘治（孝宗）咸、旅而解之歸妹。

憲宗即位，改元成化，初時頗能開誠佈公，對乃父復辟，因政治恩怨而罷官、放逐、戍邊者，如陳循、江淵、俞士悅等，及王文子宗彝、于謙子冕、婿朱驥，各赦回原籍，給還家產，並復謙官，復冕世襲千戶等，可說是盛德無倫。然而曾幾何時，便昵小人，遠君子，賢者去位（如彭時、商輅，皆一代名臣，因汪直用事，皆託病歸養。尚書薛遠、董方，都御史李賓，並致士去），劉、萬當途秉鈞（掌握朝中大權），人稱憲宗朝有三大弊政：一曰寵宦官；二曰塞言路，三曰惑異端。

萬、劉弄權（即萬安、劉吉），萬安不學無行，時萬貴妃得幸，自稱貴妃子侄，遂夤緣以進，劉吉多智術，比附萬安入閣，為帝耳目，兼為心腹。所謂：「末流賤伎，妄側公卿；屠狗販繒，濫居清要。有將軍逃匿，易姓進身；官吏犯贓，隱罪希寵。」致或「文職未識一丁，武階未挾一矢；有無功而晉侯伯督都者，有無才德而位九列者……」尤為可懼者，近幸干政，大權盡出其手，內倚之為相；外倚之為將；藩方倚之為鎮撫……

太監汪直與萬安、劉吉，表裏為奸。僧繼曉，淫貪欺妄，無所不至。方士李孜省，以符籙進，寵幸無比。朝中大臣，非夤緣內官不得進，非依憑宦官不得安。終明之世，權豪或霸佔民田，或奪人畜產，或搶人婦女，乃至戕賊人命，亦司空見慣，其政治之腐敗可見一斑。

憲宗起甲申之乙酉，初直豫，豫《彖》：「剛應而志行，順以動。」故其初政，頗有可觀者。次歷小過之謙（甲午）、迄咸（甲辰）之丁未，謙《象》六爻皆吉，謙《彖》曰：「君子有終。」九三曰：「勞謙，君子有終，吉。」憲宗有始無終，故不吉。又謙自小過來，小過《彖》：「剛失位而不中。」故幾乎各爻皆凶，憲宗之「寵宦官；塞言路；惑異端」，其凶自是必然。

丁未二十三年秋，憲宗駕崩，咸之戊申，太子佑樘即位，是為孝宗，號弘治。即位之初，即去諸小，納諫言，起用前朝謫、降之正人君子，如徐溥、劉鍵、李東陽、謝遷、王恕等。百廢俱興，在位十八年，壽三十六，為有明三賢君之一（仁宗、宣宗、孝宗）。《明史》贊其為：「有明有天下，傳世十六，孝宗獨能恭儉有制，勤政愛民，兢兢於保泰持盈之道，庸使朝政清明，民阜物康。」

十八年五月憲宗崩，太子厚照即位，是為武宗，明年丙寅，為正德元年。

正德（武宗）自歸妹之丙寅，迄豫之辛巳。

武宗正德，起甲子之丙寅、歷歸妹迄豫，共十六年。嗣位之初，雖有劉健、謝遷等一干托孤大臣輔政，然以皇帝幼沖，菽麥不分，宮中群小，日以聲色犬馬，誘帝冶遊，孝宗遺詔應興革事，皆棄置不理，大臣等上疏苦諫，亦悉不予理會，小皇帝初識人事，只要玩得開心，便無所不為，任由肖小擺佈，非惟日以繼夜，馴至終其一生，樂之不疲。

武宗即位之初，雖有大臣輔佐，但正人君子，終非宦豎小人對手，劉瑾、馬永成等諸閹，未幾即得勢專政，謂之八黨，極盡廷辱大臣之能事，未及半年，顧命大臣，褫、殺、逐、放，已去其半。小皇帝，以深居禁中，冶遊不便，二年八月，乃於西華門外作豹房，將宮中珍玩充實其中，帝與群小，雜處其中，晝夜宣淫，樂之不疲。武宗將朝中所有奏摺，悉交劉瑾核處，於是劉瑾得以矯詔，任命官員，進退大臣，孝宗所遺托孤老臣如劉健等五十餘人，劉瑾悉皆列為奸黨，並榜之於朝。廷杖毆辱，司空見慣，老臣正士，逐戮殆盡。

後江彬又使其部，四出民間，搶劫財貨、強掠民女，實之宣府（宣府即江彬故鄉，彬為帝營造鎮國府第於此，名曰宣府），供其恣淫，窮奢極侈，藐無禮法，盡極褻瀆之能事。

初劉健等致仕，給事中呂翀（充）、劉茝（本字為艸頭、左水右臣，音茝，《明紀・卷九一》188），上疏留之，南京六科給事中戴銑等，十三道御史薄彥徽等，上疏請斥權閹，留保輔托大臣，劉瑾矯旨逮繫錦衣衛獄，銑、彥、徽等二十人，各廷杖，除名為民。

八黨：劉瑾、馬永成、谷大用、魏彬、張永、羅祥、魏彬、邱聚、高鳳等，謂之八黨，導帝冶遊，擊球走馬，放鷹逐犬，俳優雜劇錯陳，以聲色犬馬，蠱惑君上。

言官以忤瑾等，杖謫或自殺者達四五十人。

正德三年六月早朝，有遺書於道，告劉瑾不法者。瑾矯旨罰百官跪於奉天門下，時以溽暑，僵仆者十餘人，命曳出。至暮，執朝臣三百餘人，盡下詔獄。逮前戶部尚書韓文，下錦衣衛獄。

八月。逮前兵部尚書劉大夏、南京刑部尚書潘蕃等下獄，尋謫戍邊。矯詔以劉宇為吏部尚書，曹元為兵部尚書。瑾平時收賄，不過數百金，迄劉宇始以萬金為執，瑾大喜曰：「劉先生何厚我。」因遷吏部尚書。

正德四年三月，以錢璣為戶部尚書。六月進吏部尚書劉宇少傅，兼太子太傅文淵閣大學士，以吏部左侍郎張彩為吏部尚書。

十二月，追奪大學士劉進、謝遷、尚書馬文升、劉大夏、韓文、許進等六百七十五人誥敕，貶為庶民。

……

五年四月，安化（陝西安化縣）王寘鐇反，都御史楊一清，命太監張永提都討之。因共謀誅瑾，一清計使張永利用寧夏獻俘機會，告帝劉瑾將陰謀不軌。帝問劉瑾何意？永說：「意在取天下。」帝謂：「天下那麼大，由他取之，有何不可？」永說：「皇帝只有一個，劉瑾如當皇帝，你做什麼？」皇帝這纔明白，所謂「陰謀不軌」之意，原來如此。永得帝首肯，適值八月十五夜，即時行動，並導帝親赴劉瑾家查看，及至清查劉瑾家，得黃金二十四萬錠又五萬七千八百兩；元寶五百萬錠又一百五十八萬三千六百兩；寶石二萬餘；金甲、金鈎、弓弩、玉帶四千餘束，蟒衣四百七十襲，袞袍八爪金龍四，盔甲三千、弓弩五百……帝本意放逐劉瑾於鳳陽，至此乃付獄誅之。

劉瑾伏誅後，大明朝政與社會，並未因而走向清明健康之路，宦官之禍亦未少戢，皇帝的無謂胡鬧，亦未少減，遂使官吏之痛苦，與人民之災難，亦與日俱增。如正德十四年，武宗皇帝想嘗嘗當「官」的滋味，於是便封自己為總督軍務威武大將軍、太師鎮國公朱壽，下令南巡。這時甯王宸濠反意，業已十分明顯，旦夕之間，即將兵連禍結，乃至社稷傾亡，亦未可知，情況如此嚴重，皇帝並不在意，執意于時南巡遊玩，以展示其大將軍的威風，朝野人情洶洶。諸大臣紛紛上書，諫帝停止南巡，以應宸濠之變。武宗大怒，將上書者百零七人，悉罰跪午門外五日，為首者二十餘人，俱下獄，是日宮中又傳旨，將該百零七人，各廷杖三十、五十不等，死杖下者十餘人，為首者並謫放外任。

之後，佞宦之為禍，更甚囂塵上，如江彬、馬永成、谷大用等，所作所為，其害更直接加諸於民。如錦衣衛捕盜一人，必牽連十餘人；一家必牽連十餘家。尤其令人髮指者，宦官督軍征剿盜賊，因懼與賊戰，往往殺戮良民，用充戰果以邀功，如江西、四川，妄殺平民，即達千萬人之眾。當時民謠有云：「賊來猶可，兵來殺我。」；四川民謠詠云：「賊如箆，兵如鬀（同剃）」。又謂：「兵如箆，賊如梳，賊來猶可逃，兵來不可活……」亂世之哀哀小民，其情可見！尤甚於孟子所謂之「老弱轉乎溝壑，壯者散而之四方」，幸其未死者，則亦依岩穴而為盜矣！

加以軍需雜輸，橫徵暴斂，取於民者十百，進於上者一二。如武宗南巡至南京，從官衛士，十餘萬人，日費金以萬計，親幸者更加倍索求，府尹齊宗道，即以府庫空虛，無力供應，憂愁而死，府丞則以青衣小帽，獨坐堂上，謂「南京民窮財盡，無物供給，但憑處置……！」或軍帥勾結中官，謊報冒功；或有功而不賞；或以功而獲罪……，如王守仁，凡三十五日，即平宸濠之亂，嬖幸張忠、許泰等，初欲媢功截俘，繼則裁抑在事諸人，凡有戰功者無不羞辱備至。所謂：「或虛受賞而陰使退閑，或賞未及而隨以廢斥；王守仁雖上表將擒宸濠之功，悉予諸宦官，諸宦者仍欲得而殺之，雖封伯，不予誥券歲祿，而讒佞構煽，禍且不測……於是乃綸巾野服，入九華山修道去。」未幾，江西四川盜復起，劫掠州縣官民，劉六、劉七、齊彥名等，橫行畿甸，京師為之戒嚴；流賊劉六、趙風子（名鐩）等，分寇河南、山東州縣，縱橫數千里，殘破州縣以百數，天下敗亂如是此，然而不亡者，朝野正人，不絕如線，偶有倖存，國家元氣尚有餘燼故也。

按：

劉六、劉七，皆驍悍善騎射，初與彥虎、齊彥名等，從有司捕盜有功，適劉瑾有家人粱洪，向其求賄不得，誣為盜，令捕之。六等乃投大盜張茂，橫行畿甸，京師為之戒嚴。

如正德五年，安化王寘鐇（今陝西安化縣），反于寧夏，遊擊將軍仇鉞，十八日而擒寘鐇，劉瑾乃盡掩其功，以歸其親信陝西總兵曹雄。

武宗即位之初，即天鳴地震，七月彗星見於參井，掃太微垣，太白經天……種種異象，不一而足。明武宗正德皇帝，在群小挾挾蠱惑下，互十六年歲月，即存活於醉生夢死之中。即位十月，劉瑾即掌司禮監（名義為掌內宮事務，權與宰相等）兼提督團營，從此劉瑾對朝中大臣，包括宰相在內，皆隨意矯詔生殺，正德皇帝，全不聞問，任由劉瑾胡作非為。之後江彬更變本加厲，驕橫桀驁，尤有過之，凡此之禍根亂源，悉來自正德自己，其十六年皇帝生涯，亦悉在兒戲中渡過，也算是莫名其妙的「轟轟烈烈」了（嘗自封為威武大將軍太師鎮國公朱壽。可謂威武之至，凡當皇帝不該做的，正德都做了，應該做的，卻都沒有做）。辛巳十六年三月，崩于豹房，在位十六年，時年三十一歲，可笑的是，正德真是名副其實的壽終正寢，死在他的「家裏」（正德自以豹房、宣府，為家裏）。皇太后與大學士楊廷和等定議，迎立興獻王世子厚熜（念總），並誅江彬父子。

按：正德十三年六月，北方邊關有警，正德皇帝便要自帥出征，要大臣下派令給他，封為「威武大將軍、太師、鎮國公、朱壽」之銜。大臣們不敢草詔，正德拔劍威逼大臣屬草，大臣仍惶惑不敢，正德甘脆自己命令自己，七月即出師北巡。首先是「回家」（正德初以豹房為家，後將豹房珍玩，所掠民女，運往宣府行宮，因又以宣府為家。在宣府，可以隨意出獵，無拘無束，任意胡來），大同巡撫乞帝回鑾，不聽，冬十月幸榆林，江彬則借機勒索金鑾裘馬，動輒數十萬。

十四年三月，又自稱總督軍務、威武大將軍、鎮國公朱壽。出師南巡。諸大臣勸阻不聽。時宸濠之亂已平，王守仁耽心長途解運，會發生問題，欲親解赴京，正德要親自再演一次捉放，俾可對世人說，平宸濠之亂者，「總督軍務、威武大將軍、鎮國公朱壽也」，以為自己顏面增光。所以敕令將宸濠之俘，暫時原地看管，以俟車駕到臨，最後還是太監張永，在正德那裡說了好話，王守仁在平宸濠的功勞薄上，加入佞臣江彬、宦官張忠的名字，正德亦與近侍擺出打勝仗的樣子，作凱旋狀，把宸濠囚禁起來。正德仍留戀江南風光，不肯搬師，後因操演水師覆舟，差點淹死，這纔卷甲而返。

豹房：江彬欲導帝淫亂，於紫禁城西門作豹房，引樂人張賢、回回人於永、及諸番僧以秘戲進，並將巡遊時所收婦女實之，與江彬朝夕處其中，同臥起。十六年三月，帝卒崩於此。

嘉靖（世宗）則豫而歷乎恒、師、困、未濟，又入升之泰焉。

武宗因無嗣，宰相楊廷和與太后議，迎立興獻王世子厚熜（厚熜為武宗堂弟，孝宗之侄，憲宗之孫），是為世宗，明年改元嘉靖，在位四十五年，壽六十歲而終。

朱厚熜（明世宗）即位纔六天，不問蒼生與朝政，即開始與大臣們，為其父母爭封號，擬稱其父興獻王為興獻帝（按：明世宗朱厚熜，乃是繼承其堂兄武宗而為帝，就宗兆言，武宗為其堂兄，就皇位言，世宗乃是繼承武宗者，但世宗不願承認此一事實，擬尊稱其父為帝，欲示後世其帝位乃承自其家傳者），朝中大臣，咸認為不妥。世宗十分憤怒，遂不惜逐言官、興大獄、殺忠臣（修撰舒芬、楊慎、張衍慶，編修王思等奪其俸），弄得朝堂之上，雞犬不寧，戾氣充塞，肅殺盈滿。進士張璁、南京刑部主事桂萼，見有機可乘，即上疏論說，世宗之所以得立，乃奉祖訓而繼大統（所謂祖訓，即兄終弟及之意，原本指同一父母，兄死無嗣而弟及者，世宗于武宗為堂兄弟，張璁乃是斷章取義），尊稱其父為皇，乃天經地義之事，否則世宗即為逆倫背義，終身為無父之人……。世宗大喜，遂追尊其父為興獻帝，母為興獻后，對張、桂二人，不次拔擢，二人遂得把持朝政，排除異己，達十年之久。

世宗為其父母爭封號，凡拂忤其意者，不問是非、忠奸，或去職、或放逐、或下獄、或殺、或杖，絕不容情。嘉靖十七年又因議稱其父興獻皇為宗，戶部侍郎唐胄奏謂不妥。世宗大怒，將唐胄下獄，黜為民，遂謚稱其父為睿宗，並附於太廟（只有歷代皇帝，始可奉祀於太廟），又上「皇天大帝」尊號。

按：興獻王對其父母之封號案，其背後一定有一個策畫小組，其指導人，應是世宗之母興獻妃，此可從興獻進京過程，及所用禮儀上看出，很明白的，一切皆為興獻妃在幕後主導。由此可見，國家事只要有無知婦人參與，無不賁事者。

因興獻封號案，世宗對朝臣之處置：

如：三年七月逮學士豐熙等一百九十人下獄。吏部侍郎何孟春等八十有六人待罪。數日後，為首者戍邊，四品以上奪俸，五品以下廷杖，編修王相等十八人杖死，自此衣冠道喪，佞臣張璁、桂萼，因阿附帝意，則不次升遷為翰林學士。

其處理朝政，一如為其父母爭封號，不許朝臣有所異議。初期唯佞臣張璁、桂萼等，阿諛希旨，寵信有加，任由其玩法弄權，以黑為白，排除異己，並為之晉爵加官，至文淵閣大學士，乃至宰相之位。其後復委國事于嚴嵩父子，任其愚弄國柄，又三十年之久，時朝臣凡上言劾奏嚴氏父子不法者，帝即予逐、殺、謫、免處之。

按：璁、萼之不法，終其生，亦如宦官之殃民禍國：

如，嘉靖六年，因治妖賊李復達獄，謫刑部尚書顏頤壽等四十六人，並編《欽明大獄錄》，頒示天下。但非常諷刺的是，明明系璁、萼受賄，反黑為白之冤獄，世宗卻昏昏噩噩，以為璁、萼，平反有功，賜二品服俸（刑部以李復妖言惑眾，以鬼神蠱惑愚民造反而議罪，璁、萼卻為之辯冤，以黑為白，謂刑部故陷人罪，將妖賊李復平反）。

又如，嘉靖七年之都御史陳九疇獄，同為璁、萼等受賄，反黑為白之冤獄。

又如，廣西叛蠻，曩集三省數萬兵力，耗費軍餉百萬，死亡軍民數十萬，所未能平之廣西叛蠻，王守仁不用一兵，不費鬥糧，即使其歸順朝廷。璁、萼忌之，竟謂守仁「挾詐專兵」。禮部尚書霍韜上書，向世宗析明事理，謂國家如不正視此一問題，從此將無以勸策勳、勵效忠之臣……世宗亦不予理會。

無獨有偶者，繼王守仁之後，嘉靖三十二年，以張經為沿海諸省討倭總指揮，部隊尚未集結，嚴嵩即嗾使侍郎趙文華、浙江巡撫胡宗憲等，上書責其不戰，「延宕軍機，糜餉殃民」之罪，下令逮問治罪。執行者尚未出發，張經已大破敵軍，但仍將其下獄，並與巡撫李天寵一同論死，以其破敵之功歸趙、胡二人。

又如逐殺大學士夏言、都御史曾銑，謫給事中厲汝進為典史，尋即削籍。郎中徐學詩；錦衣衛經歷沈煉；巡按御史趙錦，下錦衣衛獄，削籍為民；兵部員外楊繼盛，受絞刑而死等……，皆以上書劾嚴氏父子「擅權納賄，誅鋤善良」而受極刑。之後御史鄒應龍，復上疏劾奏嚴氏父子，歷時三年，卒以「交通倭寇，潛謀叛逆，具有顯證」……，始誅嵩子嚴世蕃，並籍其家，得銀二百餘萬兩，珍異充斥，逾於大內。世宗二十餘年不問朝政，至死，猶惓惓不忘於二奸。（嘉靖四十一年，御史大夫鄒應龍劾罷嚴嵩，世宗特赦其孫為民，並諭徐階：「嚴嵩已退，伊子已服罪，敢有再言如鄒應龍者，斬。」）

世宗十五歲登極，在位四十五年，似乎只作了兩件事，一是為其父母爭封號，致使璁、萼亂政誤國；另一則是修玄煉丹，求其長生不死，數十年不見群臣，國事任由嚴嵩父子，玩弄于股掌。戶部主事海瑞，因諫其修玄無稽而下獄，帝卒以服靈丹而致火發疾，死於非命。

隆慶（穆宗）行泰之六年，時天下災禍頻仍，民生凋敝，加之以酷吏施虐，橫征暴斂，大明社稷之存亡，世宗為其十分重要之關鍵。

之後雖有穆宗的垂拱而治，然亦不免動輒罷言官，杖忠良，如科臣石星、尚書劉體乾、御史詹仰庇等，皆以剛正不阿，或殺、或杖、或下獄。惟因尚有正人在朝（如張居正等），較乃父悉任佞臣，則逾萬萬矣！然而曇花一現，不數年而崩殂，傳子翊鈞，是為神宗。

神宗又行謙、師、恒、井，以迄於蠱，凡四十八年。

神宗改元萬曆，時張居正兩朝為相，持法嚴正，起衰振惰，十年之間，國庫積金四百餘萬，倉儲充盈，可支十年，外夷來服，邊陲平靖，幾臻于富強。

居正以持法亟嚴（如公卿群吏不得乘傳，即鳴鑼開道，馳馬過市之意）；官吏有缺不補，新進士人，並限制其名額；藏匿盜匪者，無論貴賤，一律嚴辦；追繳江南豪貴、奸猾吏民，歷年所逃欠稅，絕不徇情等……，不便者多怨之，歿後旋招籍家之難。

按：萬曆十年，張居正卒，神宗為之震悼輟朝，派專人治喪，賜賻甚厚，兩宮太后，俱賜金幣……未幾（萬曆十年），神宗即下令撤銷張居正封誥、贈賜，並籍沒其家。

神宗為張居正所定的罪名是「誣衊親藩，箝制言官，閉塞聯聰，專權亂政，罔上負恩，謀國不忠」等六大罪狀。「本當斲棺戮屍」，念效勞有年，姑免盡法，其兄弟家人，俱令煙瘴地充軍……。以上大部分皆神宗對張居正的「欲加之罪」。其主要目的，在謀奪張家的財產，以為王子大婚籌措婚費，此點可於萬曆十年，神宗對太后的話中看出。

神宗萬曆十年，潞王婚禮，所需珠寶未備，太后向皇帝提出。神宗說，辦此不難，年來「廷臣無恥」，把這些都獻給了張家……。意即是說，廷臣不把這些珠寶孝敬皇上，卻完全孝敬給張居正家，現在我們可從張家取回來。神宗把張居正看成嚴嵩，嵩家被抄時，得銀二百餘萬兩，珍寶充斥，踰於大內。神宗以張居正為相多年，家貲一定和嚴嵩差不多，所以想出抄居正家的主意。但萬萬沒有想到，在張家抄出的，還不到嚴嵩家的二十分之一。

居正歿後，繼任者務以簡易迎合眾心，居正所建法度，悉遭毀棄。朝臣凡事必爭，各持己見，罔論曲直，以至「對人不對事」、而黨同伐異，惟求勝負，並以攻排執政為名高。故無一人能推行朝政者，形成所謂：「昔之專恣在權貴，今乃在下僚；昔之顛倒是非在小人，今乃在君子。」始於矜名，繼則惡異（惡音誤），積漸而成「朋黨」（時有所謂宣黨、昆黨、齊黨、楚黨、浙黨、東林黨等，對朝政無所不爭，其喋喋不休者，莫過於梃擊、紅丸、移宮三案）。朋黨之興，正邪之鬥，持續達數十年之久。以致形成：「朝中大員，志不在朝廷；地方官員，志不在民生；岩穴之士，又志不在世道、君上與國家。」（顧憲成語）神宗則一如其祖世宗，在位四十七年，竟三十多年不見朝臣。上下丕隔，所謂「天子不能振綱維以衡曲直；宰臣不敢招怨尤以辨是非」，致是非溷淆，天下滔滔，把大明之覆亡，更向前推進了一大步。

萬曆十年後，幾乎無歲不災，河南且至人相食之境地，連野鼠亦千萬成群，渡江逃難（碩鼠千萬成群，銜尾而渡江），盡食江南苗禾。居正為相，遇災難發生，不但撥銀救濟，豁免積逋（欠稅），並修漕河，除水患，興地利。今則不但不救災減賦，反而年年增稅（往日官吏徵收賦稅，不及八分者，即停其俸給，今則以九分為及格、並加追欠稅二分，人民負擔在十分以上）。稅吏擔心考評，徵討更如虎狼，人民無力應付，惟有逃亡之途。其尤不可思議者，人民未逃者，反要負擔逃亡者之租稅；幸而未死者，亦需承擔已死者之勞役。加以邊境多故，征戰時興，每次用兵，軍費皆在百萬以上。時國庫空虛，而宮中雖積聚如山，但卻分毫不予支應，當政者，除加稅於民外，別無他計。於是連續三次增稅，即在五百萬以上，以後即列為年徵定額，然仍難支應軍事所需。加以宮中王子、皇孫婚嫁，需索無度，益增加財政困難。朝中奸人，因興開礦之議（旨在巧立名目歛財），於是閹宦四出，所到之處，剽奪、奸淫、劫墳墓、毀房屋……二使為虐（礦使、稅使），更是天怒人恨，人民或逃亡，或挺而走險，如二十九年有武昌、蘇州之民變；三十年有江西、雲南、廣東之民變，或殺稅吏、礦官使，焚公舍等，皆由稅、礦使，擅作威福所激成。

按：萬曆九年，張居正上言：「江南北旱，河南風災，畿內不雨，勢將蠲賑（除賑災外，並豁免賦稅），惟陛下量入為出，加意撙節，如宮費及服輿，可減者減之；賞賚可裁者裁之，至於施捨緇黃，不如予吾赤子也。」（說對於僧道的施捨，不如拯救災民更為重要。）

萬曆二十六年秋，戶科給事包見捷等，論開礦：理論上是取利諸山澤，實際則是為礦吏掠奪於民製造機會，所謂「搥擊入山者十二載，虎狼出柙者半天下」。意即礦吏們驅迫人民入山採礦，動輒十數年不得回家，礦吏如虎狼出柙一般，遍佈四海，人民所遭苦難，可想而知。

萬曆二十六年，朱紈提督閩浙，被參劾後，很感慨的說「去瀕海盜易，去衣冠盜難」，因仰藥而死（朱紈革渡船、嚴保甲，搜捕奸民，討擒其首，番舶不得入，閩人驟失海利，士大夫騰章告訐）。繼任者，盡散其衛卒，撤其防禦，朝中亦無人敢論海事者。後張經被殺（因剿倭有功被殺），歷任皆受抑於侍郎趙文華（閩人，嚴嵩爪牙），於是海盜大作，蹂躪東南者達十餘年，遍及上海、浙、杭等數省之地。之後，三十九年間，為巡撫者十，無一人不得罪去，迨嚴嵩死後，始收功于俞大猷，戚繼光等。

有關礦吏虐民者：

萬曆二十八年，鳳陽巡撫李三才上疏說：「自礦稅繁興，萬民失業，陛下為斯民主，不惟不衣之，且並其衣而奪之；不惟不食之，且並其食而奪之；徵榷之使，急於星火，搜括之令，密如牛毛。今日某礦得銀若干，明日又加稅若干；今日某官阻撓礦稅拿解，明日某官怠玩礦稅罷職……如臣境內，千里之區，中使四布，無賴亡命之徒，附翼如虎狼……假旨詐財，動以萬數……中使沿途掘墳，得財乃止。聖心安乎？不安乎？且一人之心，千萬人之心也，陛下愛珠玉，人亦愛溫飽；陛下愛萬世，人亦戀妻孥；奈何陛下欲黃金高於北斗，而不使百姓有糠粃斗升之儲？陛下欲為子孫千萬年，而不使百姓有一朝一夕？……試觀往籍，朝廷有如此政令，天下有如此景象，而不亂者哉？」神宗不省。

楊慎，字用修，號升庵，宰相楊廷和之子，年二十四，中正德辛未狀元。著書七十餘種，《二十五史彈詞》即其手本。

神宗在位四十八年，執政之久，為明歷代所無，即位之初，張居正為相十年，幾于富強，朝政亦為明歷代所罕見。張居正逝後，神宗日益麻木，朝政陷於癱瘓，其敗壞之程度，亦曠古所無，說者以明之亡，實亡于神宗，以張居正十年之勵精圖治，終難敵數十年之頹靡荒怠也。武、世、神三朝，為時百年，耗盡國家元氣，大明國祚，也就油盡燈枯了。

按：泰昌（光宗）、天啟（熹宗），值蠱，並大過之夬，共為八年。

萬曆四十八年八月，神宗崩，太子常洛即位，是為光宗，立甫四日即病，鴻臚寺丞李可灼，進紅丸二粒，謂為仙丹，初服極稱平善，尋即轉劇，當夕而崩。光宗立未逾月即崩，為史書上之最短命皇帝。

神宗四十多年醉生夢死的生涯，誨盜誨淫，不但將國家元氣損耗殆盡，即其子嗣，亦問題多多，太子常洛，即位甫四日而病（明光宗號泰昌），病得蹊蹺；逾月而亡，死得糊塗（死於紅丸案）。太子由校即位，是為熹宗（改元天啟），即位時纔十六歲，朝中已無托孤大臣，托神宗爺爺之賜，為其孫由校，留下幾個穢名遠播，又居心叵測的壞女人（李選侍與客氏），及閹宦魏忠賢，使熹宗如入鮑魚之肆，而不聞其臭，其政治之腐敗，較之乃祖神宗，尤有過之。

按：明朝皇帝侍女稱選侍，李選侍，原為神宗鄭貴妃侍婢，因緣近幸光宗，為未冊封妃子，光宗皇子即交其撫養，光宗崩前遺詔，封李氏為貴妃。大臣以為，李與客氏狼狽為奸，穢亂內宮，且於理於法皆不合，李氏則要求封其為皇后，求之不得，遂占居乾清宮，大臣楊漣等，強制其遷出，即所謂之移宮案。

按：客氏原為定興民侯二之妻，十八歲進宮，又二年而寡，為神宗太孫乳娘（即熹宗由校），即與宦官魏朝通，朝引魏忠賢入宮，忠賢亦通焉。熹宗即位，封其為奉聖夫人，並授其子國興為錦衣衛指揮，二魏因爭客氏而發生衝突，熹宗夜半且為之調停，因客氏喜忠賢憨猛，熹宗乃退朝而予忠賢，忠賢遂得專客氏，因成尾大不掉之患。客並與李、魏，狼狽為奸，以成明末大患，短短數年，卒使朱氏王朝，國亡家滅。

自張居正之後，朝中即一片混亂，初則為士人意氣之爭，大明元氣，尚未斲喪殆盡，及至宦官（魏閹與李選侍、客氏一體）與君子之爭起，遂以三案作文章（梃擊案、紅丸案、移宮案），卒將正人君子一網打盡，閹黨且將之編為三朝要典，以攻訐清流。大概而言：

梃擊案：梃擊案，神宗時，有男子張差，持梃入太子宮，擊傷門監，欲不利太子。或疑為鄭貴妃弟鄭國泰所為，欲使妃子為太子。正面者以為事涉張貴妃，確欲對太子不利；另則以張差為神經病患者，經查確為有人唆使（事涉神宗寵婢張貴妃）。

紅丸案：光宗立甫四日即病，鴻臚寺丞李可灼，進紅丸二粒，謂為仙丹，光宗服後，當夕而崩。仗義者以為確係弒君案，另方面則以為情有可原。

移宮案：光宗薨，熹宗即位，李選侍佔據乾清宮，意欲垂簾聽政，朝臣逼之移宮。深謀遠慮者，預防奶娘干政，且侍選臭名遠播，實傷朝廷顏面。另則謂皇帝剛登極，這樣作太過分。

天啟元年十月，吏科給事中侯震暘，論客氏出而復入之不當，說中涓群小（中涓指宦官），煬竈借叢（喻小人夤緣權貴而為惡），王聖寵而煽江京、李閏之奸；趙嬈寵而媾曹節、王甫之禍，可謂寒心。

按：王聖乃漢安帝乳母，與宦官江京、李閏，搧動內外。趙嬈乃漢靈帝乳母，與宦者曹節、王甫，共相交結，以亂朝。

宦官魏忠賢，即利用此案，決心把朝中正義之士趕盡殺絕。

這時清軍在東北，已大規模攻入明土，唯一可以固守邊疆者之熊廷弼，朝廷僅給兵五千，卻將十三萬大軍，交由愚不知兵，剛愎自用之巡撫王化貞，卒致全軍覆沒，朝中小人如姚宗文等，以私人恩怨，藉機誣陷熊廷弼，竟去國之干城，後又用蔑不知兵之兵部尚書張鶴鳴，委信于巡撫王化貞，將熊氏置之散地，巡撫王化貞，用兵失宜，熊廷弼屢諍無效，朝中左王而棄熊，卒致遼東失守，王化貞一敗塗地，還是熊廷弼暗中訓練的五千預備隊斷後，王化貞與遼東軍民，始得全身而退，結果王化貞打了敗仗，朝廷反將熊廷弼像宋朝對岳飛一樣，冤殺而死。

後宮則客氏公然與宦官魏忠賢晦盜晦淫，穢聞遠播，狼狽為奸，擾亂朝政。

朝中佞小，並為魏忠賢建生祠，配享孔子……，魏忠賢卒以三案將朝中名流（按：三案即梃擊案、紅丸案、移宮案），一網打盡，大明王朝的元氣，也已將油盡燈枯了。

四年六月左副都御史楊漣，劾奏魏忠賢二十四大罪狀，帝切責漣不少貸。繼漣申奏者，不下百餘疏，皆不聽。魏忠賢亦具疏上，上備極溫諭。冬十月，吏科都給事魏大中、吏部員外夏嘉遇、吏部陳九疇，各降三級外；罷吏部尚書趙南星、左都蔑攀龍；削吏部左侍郎陳於、右都都御史楊漣、左僉都御史左光斗籍，一時忠良盡去，朝中部、署為空。

五年正月，罷禮部侍郎何如龍等；夏四月下汪文言獄；七月下楊漣、周朝瑞、左光斗等獄，酷刑備加，未幾皆死於獄中。八月廢天下書院；斬熊廷弼於市；下顧大章獄；九月賜魏忠賢「顧命元臣」、客氏「欽賜奉聖夫人」印；十一月流放趙南星於邊……朝中正人逮殺殆盡。

劉氏說：央而後咸，崇禎（懷宗或稱毅宗）十七年，則大明久照之日月反影，收光於西山兌艮之間。迄乎剛揜，初困于株木，入于幽谷，幽不明也，明運於是乎終。

明朝自嘉靖、萬曆二帝，在位幾達百年（世宗朱厚熜在位四十五年，神宗朱翊鈞四十八年），數十年不問朝政，任由宦官嚴嵩、魏忠賢等，禍國、殃民，達數十年，將朝內忠良，摧殘殆盡，再者礦使、稅吏遍天下，對人民敲骨吸髓，極盡搜括之能事，致蒼蒼蒸民，髓竭骨枯。

人禍未已，天災又起（南北大饑，至人相食），致盜賊蜂起，延安王嘉胤、張獻忠，米脂李自成等，並與不肖官兵，相結為盜。官兵剿撫，時降時叛，誠如兵科給事中劉懋所言：「秦之流賊，非流自他省，即延慶之兵丁土賊也，邊盜依土寇為向導，土寇依邊盜為羽翼，至近年荒旱頻仍，愚民影附，流劫涇原、富耀之間（二地皆今陝西），賊勢始大。當事以不練之兵，剿之不克，又議撫之。其剿也，所斬獲皆饑民，而真賊已飽掠以去；其撫也，非不稱降，聚眾無食，仍出劫掠，名降而實非降也。今營卒乏食三十餘月，即慈母不能保其子，彼官且奈兵民何哉？且爾來貪酷成風，民有三金，不能供納一金之賦（欠賦一金，民繳三金，稅吏尚不滿足），逮一盜而破十數人之家（抓一個壞人，十幾家皆受到牽連而家破人亡），完一贖，而傾人百金之產，奈何不驅民為盜乎？……」

斯時也，朝則昏君佞臣，殘殺忠良，橫徵暴斂，惟恐不及；野則盜賊盈滿，姦淫擄掠，窮兇惡極；外則屠戮干城，冒功養敵。任由清軍長驅直入，節節進逼，行將兵臨城下，朝廷則千孔百瘡。

七年八月熹宗崩，信王由檢即位，是為懷宗，廟號崇禎（或稱毅宗）。即位之初，即誅魏忠賢，雖一心求治，然由於老成凋謝，朝中已乏持國能臣，雖有一二有識之士，如劉念台（流放於邊，明亡被俘不屈而死）、黃道周（罷後，以講學為生，明亡自殺而死）、孫承宗、袁崇煥等，亦由於崇禎個性多疑而衝動，所謂「耳軟心硬，忠言難入」，故遇事不明，或殺或去，未能善用而得其力。《象》曰：「聞言不信，聰不明也。」（夬卦九四），崇禎直夬，兆應乃竟如此？在上者忠奸不辨，在下者順非而澤，以無知書生，坐而議兵，干城之具，或殺或逐，朝中類皆庸碌，戰陣率多偷生。加以處士橫議，所用率皆庸碌，卒致回天乏術，及崇禎十七年，大明久照之日月反影（日月為明，今則反明為暗），遂乃收光於西山兌艮之間（按：文王八卦兌為西，艮為山，故說兌艮西山）。迄乎剛揜（困《彖》：「困，剛揜也。」），初困於株木（困初六：「困于株木，入于幽谷。」），「入于幽谷。幽不明也」（困初六《象》辭），國之云亡，指顧間耳！誰為為之？孰令致之？其非懷宗崇禎自作之歟？明運遂於是乎終。

劉氏結論說：當是時也，滿清興起，大德受命，悅潤萬物，井養而不窮，恒久而不已，悠遠配天之景運，億萬斯年，綿綿永慶矣。

說清朝受命而興，悠遠配天之景運，億萬斯年，綿綿永慶！

早在明世宗朱厚熜嘉靖三十八年（西元一五五九年），清太祖努爾哈赤誕生，明朝的剋星降臨了。努爾哈赤初因其父、祖，被明遼東守將李成梁誤殺（民前三二九），時雖僅二十二歲，矢志為其父、祖報仇，然其父、祖為他留下來的，只有僅僅十三副甲冑，與男女數十人，以及極少數的牛羊而已，對於大明根本無可奈何，但對付引導李成梁入城的尼堪外蘭（努爾哈赤誤以為是尼堪外蘭，出賣了他的父、祖），卻有對付的能力，於是便展開對尼堪外蘭的追殺。明朝守將，不但坐視不救，且拒絕尼堪外蘭逃入撫順，受到明朝的庇護（當時東北唯一忠於明室之部族），非但此也，並先後封努爾哈赤為建衛都督僉事（萬曆十七年）、龍虎將軍（萬曆三十二年），尤其允許努爾哈赤，派兵進入明屬範圍，追捕尼堪外蘭，尼堪外蘭被努爾哈赤追殺得無路可逃，卒被活捉而處死。努爾哈赤殺了尼堪外蘭，並不重要，重要的是獲得尼堪外蘭的土地、人口和牛羊，一躍而有了數百副甲冑，上千的男女和上萬的牲口，與數個城池，這個本錢，足以使其鞭笞蒙古各部落，於是在短短數年中，很快的統一了建州三衛的女真人，打下了一片江山，並加強行政組織，如設四貝勒、五大臣等；軍事上亦由四旗擴充為八旗，儼然一小朝廷的芻形，遂以七大恨誓天（第一大恨為其父冤死，這已是三十五前的舊賬，其他如朝廷處事不公等，只是為對明用兵的藉口而已），矢志為其父、祖報仇，向大明討公道，明神宗萬曆四十四年丙辰，努爾哈赤即位稱汗（民前二九六年，西元一六一六年），建國號為金。

努爾哈赤，建國稱汗之後，便公開向大明挑戰，大勝明軍於薩爾滸、界凡等地，更進而取藩陽、收遼陽、破廣寧，以至囊括今日東北之地，乃至包括庫頁島在內，但也吃過敗仗。

明朝皇帝，並不在意東方女真族的崛起，朝中除了宦官專權，官員貪腐無能外，即宮中的三姑六婆，爭權奪利外（如光宗寵妃李侍選、客氏公然與魏忠賢通姦等），再便是向老百姓壓榨、搜刮，殘民以逞了（如人民應納一元之稅，則非三至五元不能完成，遂卒逼民為盜）。直至撫順守將王命印戰死，遊擊李永芳投降（並為努爾哈赤招降明軍），清河守將陣亡，遼東總兵張承胤，率領精兵一萬來馳援，張氏戰死，全軍覆沒，始引起朝廷注意。於是便派了一位曾經在朝鮮被豐臣秀吉打敗，丟官賦閑二十多年的楊鎬，並賜以尚方寶劍，且有朝鮮葉赫等派兵相助，號稱二十四萬大軍，浩浩蕩蕩，分四路開向關外。努爾哈赤，不費吹灰之力，便將其完全解決。

明朝調回了楊鎬，換來一位熊廷弼，熊氏到職數月，即將大局穩定，大力整修防禦工事；訓練士卒，嚴密伺候，加強警戒；協助難民返回原居地耕作；臨陣脫逃者，將之正法；不堪任用者，將之汰免，其作戰策略是：首先要作到能守，而後始可以言攻。在其擔任「經略」遼東軍務的十八個月中，努爾哈赤，未敢擅越雷池一步。

但朝中卻攻擊他，說他膽小怕死，遂將其撤換，改派一個叫袁應泰的來接替他。這個袁應泰，對軍事完全外行，努爾哈赤掌握了此一情況，並廣布間諜於瀋、遼二城（瀋陽、遼陽），努爾哈赤很輕鬆的便取得了瀋陽。天命六年（明熹宗天啟元年），五天後，遼陽又入于努爾哈赤之手，袁應泰自殺，遼河東岸七十個城堡，都降了金。明朝當局，又慌忙把熊廷弼恢復「經略」之職，但卻附帶了一個莫名其妙的糊塗蛋王化貞當巡撫，而且朝廷不把十多萬大軍交給熊廷弼，而交給王化貞，命王化貞統軍到前線紮大營，卻令熊廷弼赤手空拳待在山海關，熊廷弼知大局極不樂觀，然而手中無兵無權，莫可奈何，自己偷偷練了五千精兵，以防萬一。

王巡撫到任後，心生妙計，首先是策反明朝降金將領反正歸隊，並說服蒙古人，共同來打努爾哈赤。遂上疏朝廷，謂自己已掌握可靠情報，蒙古四十萬大軍，即將開到；原投降努爾哈赤之撫順守將李永芳，亦決定作內應。王巡撫並向朝中報告，指責熊廷弼的「築城、浚濠、選將，練兵」等，都是曠日持久，白費力氣，毫無意義的事。熊廷弼亦向朝中報告說：「蒙古大軍，絕不會來；降金之李永芳，亦決不可信。」朝中則以為二人應協調合作，不可鬧意氣，一副不負責任、和稀泥的態度，敷衍塞責，全無是非定見。

天命七年正月，努爾哈赤攻廣甯，王化貞的十幾萬大軍，完全瓦解，蒙古大軍，一個也沒有來，降金之李永芳，亦未反正，多虧熊廷弼私自訓練的五千精兵，出來斷後，王化貞之敗軍、難民，始得安全退入山海關。朝中的昏君奸臣，魏忠賢等，雖然判定王化貞有罪，但卻以為熊廷弼的罪更大，未知是何道理？明明王化貞喪師辱國，卻把熊廷弼關入大牢，並誣廷弼侵盜軍資十七萬，又謂廷弼家資百萬，宜籍以充軍資，熊廷弼家因罄產不足贖，其子遂自刎而死，親友家皆因之俱破，有謂廷弼冤者，朝廷即將其處死，三年後將熊廷弼斬首，並將其頭運往各地示眾。熊廷弼雖然死得既冤枉，又可憐，但最為愚蠢的，還是這個自殘手足，以頸授敵的大明天子朱由校。

熊廷弼之後，朝中又派了一位孫承宗來，孫承宗採納了袁崇煥的建議，在山海關外二百里的地方，築了一個堅固的大城為基地，以作練兵屯田的準備，名曰寧遠城。之後再步步向前推進，大約至山海關外四百里之地，共築九個大城和四十餘個小城，訓了十餘萬軍隊，火炮器具盔甲約百萬件，屯墾軍糧五十萬畝，然而宦官魏忠賢卻容不下他，把孫承宗擠走。

努爾哈赤見機不可失，便率大軍來攻打甯遠，袁崇煥的紅夷大炮，一炮即打死了數百女真兵，究竟女真兵死了多少，清朝官方不敢留下紀錄，其死傷之慘，可想而知，這是努爾哈赤生平第一次大挫折，並歎說：「袁崇煥何人，乃能爾也？」沒有多久便一命嗚呼了，在位十一年，于明熹宗天啟六年崩。其子皇太極即位，是為清太宗。

清太宗黃台吉（皇太極，蒙人稱黃台吉即太子之意），于眾多兄弟中（努爾哈赤有很多老婆，十六個兒子，黃台吉居八），繼承汗位，其志已不在於單純的復仇問題，而在於與大明爭天下了，於是繼續對明遼東用兵。

黃台吉（皇太極）是一個漢化程度很深的人，思路亦較乃父努爾哈赤為開闊，過去皆把漢人分配給女真人為奴，皇太極即汗位後，廢止以漢人為奴的規定，在法律上漢人亦與女真人平等，皇太極之所以這樣作，一則是與其個人的漢化有關，再則亦格於客觀形勢的轉變，由於金人土地大幅擴張，區內漢人亦大大增加，超過女真人口十倍以上，皇太極不得不派遣漢官，以處理漢人問題，藉以安撫漢人，但亦從未放棄對明朝土地的野心，在天聰元年五月，皇太極親率大軍來攻錦州，終未攻下，皇太極又轉攻甯遠，袁崇煥親自督戰，經七日苦戰，金兵死傷枕籍，皇太極無奈，遂藉口天氣太熱而退兵。消息傳至北京，朝廷十分高興，有功的兩位將領獲得重賞，但卻將魏忠賢列為首功，並封其子為伯爵，袁崇煥則反被申斥，罪名是「暮氣太重」。

袁崇煥憤而辭職，魏忠賢即派人來接替他，未幾熹宗崩，崇禎即位，殺了魏忠賢，遂重新起用袁崇煥，命其督都薊遼，兼天津登萊諸軍事。袁崇煥向崇禎建議，處理遼事的策略為：以遼人守遼土，以遼土養遼人；守為正著，戰為奇著，和為旁著。過去朝廷在東北作戰，士兵是從全國各地抽調來的，軍需物資則從各地分派，動輒數百萬，現在兵、餉皆就地取用（熊廷弼時即墾軍田五十萬畝，且有數百萬漢人，可見兵源、餉源，均無虞匱乏），對朝廷而言，不失為經營遼東之最佳策略，惜時易勢移，一誤再誤，時至今日，主客觀條件，已非昔比，由於滿清勢力膨脹之快，遂喪失其時空優勢。加以崇禎皇帝寡信多疑，朝中復為溫體仁、楊嗣昌，馬士英等，利用原本閹黨之御史高捷等（劉宗周彈劾溫楊等被崇禎革職）汙陷袁氏受賄、賣國欺君，秦檜不如，皇太極復縱反間計，崇禎皇帝不察，遂於崇禎三年七月，將崇煥五馬分屍，籍其家、則無餘貲，天下冤之。

關於袁崇煥：

論者謂崇煥雖稍有才略，而粗率自用……卒以專擅罹禍（此說實欠公允）。

實質上，崇禎對袁崇煥最為不能釋懷的，應是京城危急時，援兵逗留之故（崇禎為袁崇煥加的罪名，乃朝中群小誣陷之言）。緣崇禎二年十一月，皇太極親率大軍，佔領遵化（在東北山海關外），山海關總兵來援，全軍覆沒；巡撫王元雅，保定、永平推官，及其它官員等，或戰死、或兵敗自殺，清軍進逼京城，袁氏聞訊，即率祖大壽、何可剛，轉戰千里，馳援京畿，崇禎慰勞備至，後因受小人誣枉，復中皇太極反間計，卒以袁崇煥「援兵逗留」與「謀反」之罪，縛付詔獄。禮部尚書成基命，叩頭請帝慎重者再，帝謂慎重即因循，何益？基命復叩頭請，謂「兵臨城下，非他時比」，崇禎不悟，袁之部曲，紛紛逃往關外，賴崇煥於獄中手書招之而皆還。崇禎三年七月，崇煥被車裂而死。

按：明光宗泰昌五年，袁崇煥初從孫承宗，為築寧遠城，開地四百餘里，築城大小五十餘座，屯田五十萬畝，練兵十餘萬，及高第來代，即欲撤守關內，崇煥抵死不從，第乃撤錦州右屯，委棄軍粟無算，軍民死亡載途，哭聲震野……民怨而軍勢益為不振。

泰昌六年清兵圍甯遠，高第與楊麒擁兵不救，崇煥誓死不退，清軍無功而返。

努爾哈赤嘗以全力來攻，崇煥誓死固守，清軍死亡無算，努爾哈赤自出道以來，戰無不勝，攻無不克，今被一無名小卒袁崇煥，打得落花流水，損兵折將，氣憤無已，未幾即一命嗚呼，袁亦因忤魏忠賢而去職。

崇禎元年，川、湖戍寧遠兵，因缺餉四月而華楊盧嘩變，袁即住撫定之。後因誅毛文龍招忌（毛本已與皇太極暗通款曲）。

因崇禎中皇太極之計而被戮。

就以上資料看，袁崇煥雖無經略長才（未審史所謂經略長才之義），觀其臨危受命，獨戰皇太極而不怯，聞京師有驚，即千里赴援，熊廷弼後，似尚無出其右者。後世論明之亡，多謂「君非亡國之君，臣盡亡國之臣」，似非持平之論。大明朝經世、神、光三朝，人才固已屠戮殆盡，及崇禎即位，求治之心固切，但仍所托匪人，惡聞逆耳忠言，如溫體仁之佞，侍郎周延汝之順非而澤，說的頭頭是道，而一無實用之策，加以魏忠賢之餘黨從而煸撥，帝又昧於時勢，聽信佞幸之言，將袁崇煥星夜奔馳，轉戰千里、馳援京師之功，一夕之間，竟反而變為「逗留不救與謀反」之罪，思宗不分青紅皂白，惟欲殺將以立威，皇太極反間之計，適時而入，袁崇煥不得不死矣！

明朝自嘉靖、萬曆二帝，在位幾達百年（世宗朱厚熜在位四十五年，神宗朱翊鈞四十八年），數十年不問朝政，任由宦官嚴嵩、魏忠賢等，禍國、殃民，達數十年，將朝內忠良，摧殘殆盡，礦使、稅吏遍天下，對人民敲骨吸髓，極盡搜括之能事，致蒼蒼蒸民，骨枯髓竭，迄明思宗，則又心硬耳軟，「聞言不信」（《象》夬卦九四：言不信，聰不明也），遇事不明，僅有之二劉、二周（劉宗周，及劉念台、黃道周），亦不能存在（道周承陽明慎獨學說，劉于熹曾上書彈劾魏忠賢與客氏），及莊烈時，朝乏能臣，災荒連年，以致人相為食，盜賊蜂起，明末流寇之多，數至三十六營，幾為歷代之冠（如所謂：老回回、八金剛，八大王、闖王、闖將、闖塌天、亂世王、掠地虎、小紅狼、獨頭虎豹、通天柱、太平王等）。諸賊固皆淫掠燒殺，而官兵之趁火打劫，尤烈於賊，故時謠有云：「兵如篦，賊如梳，賊來猶可逃，兵來不可活。」可見一斑。巨盜張獻忠，李自成，不惟為禍於天下，（直困），李自成且攻入北京，明思宗終自縊煤山，吳三桂引清兵入關，明朝遂亡。

按：李自成陝西米脂人，繼其舅高迎祥為闖王，性嗜殺甚於張獻忠，初據西安，潛號大順，擁兵二十餘萬，攻破都城，大肆殺掠，俘擄了吳三桂的愛妾及家人，吳遂請來清兵，崇禎十七年四月二十二日，與李交戰，忽然狂風大作，飛沙走石，吳三桂首先發起攻擊，多爾袞騎兵繼之，一接戰李自成便潰不成軍，敗退四十餘里，李自成向吳三桂求和，吳要求李交出明三太子，四太子等，李自成照辦，但吳三桂卻設下埋伏，李自成又吃了一次敗仗，李自成搶掠之後，燒了皇宮，便逃往陝西。多爾袞命吳三桂追剿李自成，自己卻率領大軍，進了北京，李節節敗退，竄入山西，吳三桂欲送崇禎太子回京重定，被拒，回京後，多爾袞封吳為平西王。並派多鐸、阿齊格繼續追剿李自成，李自成連其大順國都西安也不要了，由武關而襄陽、武昌、九江，最後又由九江，奔往通山縣的九宮山下紮營，有一天忽然心血來潮，去到玄帝廟燒香、求籤，問其前程，不巧遇到一群百姓，看到他一隻眼的賊像，不分青紅皂白，就鋤頭鐮刀齊下，把他打得血肉模糊，剝了衣服，見其內衣繡有金龍，並有金印一顆，始知原來他是十惡不赦的李闖王，空有五十萬大軍，竟保不住李自成項上一顆小小人頭（時李尚有軍五十餘萬），算是老天對蒼生，遲來的眷顧吧！

張獻忠陝西膚施人，初號黃虎，據蜀，稱西王，性嗜殺，一日不殺人見血，即悒悒不樂，遂心生絕招，通令州縣開科取士，報名應試者兩萬兩千多人，張獻忠令士兵，將其全部殺死，如此行樂，史所罕見。張獻忠雖殺人如麻，但自己卻膽小如鼠，怕死的很，後來張部下的川軍頭目劉進忠，不堪其虐殺川人，遂引清軍豪格入川，張獻忠被飛箭射中頭部，便躲入草堆中，清軍把他拖出，一刀一刀慢慢的把他割死。

按《皇極經世書》，邵子推運世，至宋神宗熙寧，需之泰而止，熙甯十年邵子已歿。清劉氏斯組，就元明各代，於以補述，迄明祚之終，概如上節所述。爰依以會經運圖例，就滿清各帝，中華民國之建立，補述如下。（民前三二九，西元一五八三）

經日之甲一，經月之午七，經星之甲一百九十一，恒，經星之甲一百九十一，運當大過之恒（大過為正卦，恒為運卦，每運十二世），世卦分恒之爻。（以上資料見《經世緒言》128頁）

恒初變雷天大壯、二變雷山小過、三變雷水解、四變地風升、五變澤風大過、上變火風鼎等為世卦。每卦管兩世。

第十一運，各世卦所變之年卦，前章業已臚列，茲以部分時間與清朝有關，自經辰之未二千二百八十八世以下，重復列錄，以便查閱。

經辰之午二千二百八十七，升初變泰，二變謙，三變師。

經辰之未二千二百八十八，升四變恒，五變井，上變蠱。

經辰之申二千二百八十九，大過初變夬，二變咸，三變困（大明久照之日月反影）。

經辰之酉二千二百九十，大過四變井，五變恒，上變姤。

經辰之戌二千二百九十一，鼎初變大有，二變旅，三變未濟。

經辰之亥二千二百九十二，鼎四變蠱，五變姤，上變恒。

以上為午會第十一運之後六世，運卦當大過之恒，世卦分恒之爻，為升、大過，鼎，如上表各世所列（升初變泰、二謙、三師等，為世之年卦）。

大明王朝，至經辰之申二千二百八十九世，大過之否，直甲戌之癸未而亡。即劉氏所謂「大明久照，日月反影，收光於西山兌、艮之間」者。自朱元璋驅元開基，二百七十七年之大明久照，至此日落西山。應西山兌艮之兆。（咸為兌艮，兌為月，為西；艮為山，故云）。從以下經運圖看，當更易明白。

如經辰之午二千二百八十七，升初變泰，二變謙，三變師。

甲子，乙丑，丙寅，丁卯，戊辰，己巳，庚午，辛未，壬申，癸酉（直泰）。

甲戌，乙亥，丙子，丁丑，戊寅，己卯，庚辰，辛巳，壬午，癸未（直謙）。

甲申，乙酉，丙戌，丁亥，戊子，己丑，庚寅，辛卯，壬辰，癸巳（直師）。

前三卦管升之前一世（甲子、甲戌、甲申）之三十年。

世宗嘉靖，起甲戌之壬午（二千二百八十五世），歷甲申、甲午、甲辰、甲寅，迄甲子之丙寅，所謂嘉靖則豫，而歷乎恒、師、困、未濟，又入升之泰焉（二千二百八十七世），共四十五年。

穆宗隆慶起甲子之丁卯，迄壬申，所謂行泰之六年（二千二百八十七世）。

神宗萬曆，起甲子之癸酉（二千二百八十七世），所謂「又行謙、師、恒、井，以迄於蠱」，一世又十八年（共四十八年）。

經星之甲一百九十一運，經辰之未二千二百八十八世（年卦之後，附以西元，以便查對）：

經辰之未二千二百八十八，升四變恒，五變井，上變蠱。

甲午，乙未，丙申，丁酉，戊戌，己亥，庚子，辛丑，壬寅，癸卯（直恒）1594—1603。

甲辰，乙巳，丙午，丁未，戊申，己酉，庚戌，辛亥，壬子，癸丑（直井）1604—1613。

甲寅，乙卯，丙辰，丁巳，戊午，己未，庚申，辛酉，壬戌，癸亥（直蠱）1614—1623。

後三卦管一世（甲午、甲辰、甲寅）之三十年；

明神宗萬曆，起八十七世之癸酉，迄經辰之未二千二百八十八世，甲寅之庚申，在位四十八年。

明熹宗，甲寅之辛酉，為天啟元年。

清太祖努爾哈赤，甲寅之丙辰（民前二九六年，西元一六一六），即汗位於赫圖阿拉，是為天命元年（即萬曆四十四年），建國號金，迄八十九世甲子之丙寅（民前二八六年，西元一六二六），在位十一年。

經辰之申二千二百八十九，大過初變夬，二變咸，三變困。

甲子，乙丑，丙寅，丁卯，戊辰，己巳，庚午，辛未，壬申，癸酉（直夬）1624—1633。

甲戌，乙亥，丙子，丁丑，戊寅，己卯，庚辰，辛巳，壬午，癸未（直咸）1634—1643。

甲申，乙酉，丙戌，丁亥，戊子，己丑，庚寅，辛卯，壬辰，癸巳（直困）1644—1653。

明熹宗，起八十八世甲寅之辛酉（西元一六二一），迄甲子之丁卯，共七年。亦即清皇太極天聰元年。

皇太極天聰元年，起甲子丁卯（民前二八五，西元一六二七），迄甲戌之丙子（民前二七四，西元一六三八），改元崇德元年；更八年癸未崩（民前二六九，西元一六四三），在位十七年，直夬、咸二卦。

按：「皇太極」本名「黃台吉」，即蒙古「皇太子」之意。天聰九年（甲戌之乙亥），多爾袞於無意中，從蒙古人手裏，得到了失落千餘年的傳國玉璽。黃台吉認為乃大吉之兆，乃於次年丙子，改元崇德，並將「黃台吉」更名為「皇太極」，改國號金為大清，不再稱為可汗，而稱帝，稱朕了。

按：此傳國玉璽，即楚之和氏璧，之後歸趙（即藺相如完璧歸趙之璧），後為秦始皇所得，劉邦入關，又歸劉氏，三國時又歸孫堅，後即失蹤，明末卒歸皇太極。

劉氏說：夬而後咸。自甲子之丁卯，至甲戌之癸未，即夬、咸之歲，崇禎起甲子之戊辰，迄甲申三月十九日，李自成破京師，帝自縊煤山，崇禎十七年明亡。

崇禎直夬而後咸，夬為三月之卦，崇禎於甲子之丁卯即位，甲申之三月十九日，自縊於煤山，何其巧合之至？夬卦所有的不吉，崇禎皇帝都趕上了。諸如：

夬辭曰：揚于王庭，孚號有厲。說朝中乃小人當道，邪氣充滿朝堂，皇帝的威信，受到極大傷害。對崇禎而言，夬卦似乎六爻皆凶。如《象》初之「不勝而往」，朝中所派遼東之將領，似乎皆為不勝而往者，如熊廷弼，袁崇煥者，堪用而不信任；二之「惕號，莫夜有戎」，遼東之兵事，歲無寧日；三之「壯於頄，有凶」，頄音逵，顏面也，思宗欲殺將立威，而威愈不立；九四「聞言不信」，《象》說「聞言不信，聰不明也」，可為思宗最恰當的寫照；上六「無號，終有凶」，無號，呼無人應，思宗自縊於煤山，莫非其兆？

至於咸卦，僅《彖》辭數語，即可見一斑。《彖》曰：「咸，感也。」天地感而萬物化生，聖人感人心而天下和平，觀其所感，而天地之情見矣！觀思宗之所處，饑民遍野，盜賊遍天下，敢戰者予以寃殺，全軀保妻子之臣遍盈朝堂，蒼蒼蒸民，其感也何如？

崇禎自縊後，史可法與諸勳臣（徐達、劉伯溫等）之後，共立福王朱由崧（崇禎的堂兄弟），甲申即位南京，改元弘光；朝中大權，操持于馬士英之手，馬又援引魏忠賢餘孽阮大鋮，賣官鬻爵，誘惑福王造宮殿，選美女，硬把史可法排擠出南京，令其赴揚州督師，而卻不予一兵一卒。乙酉城破，史可法死之。清軍對明朝軍民，大肆殺戮達十日之久，史稱揚州十日。劉良左則徒擁大軍，對李自成陷北京，多爾袞進北京、山東、河南，視若無睹；五月南京破，福王被殺，未幾多鐸兵臨南京城下，禮部侍郎錢謙益等，滿朝官員排隊出城跪迎；劉良佐亦率領步騎二十，王守仁一派為主，其後之劉宗周三萬大軍，一心去作多鐸的鷹犬，去攻打明軍，多鐸則縱兵在南京城外燒殺搶擄個夠。

六月魯王以海，稱監國於紹興；閏六月唐王聿鍵，稱帝于福州；丙戌魯王走廈門後至金門，唐王被執死；桂王由榔稱帝於肇慶，己亥，入緬甸；辛丑鄭成功取臺灣；吳三桂進兵緬甸，緬人執桂王以獻。壬寅，吳三桂執殺桂王于雲南，魯王亦薨于金門，明祚以終。所謂「大明久照之日月反影，收光於西山兌艮之間」者。

按：恒《彖》曰：「日月得天，而能久照。」福、唐、魯、桂諸王，朝不保夕，豈可謂「得天、久照」？無以名之，謂為大明久照之「日月反影」而已！（日月為明，乾為日，兌為月合而為明，反之如月上日下，則非明矣！又兌為澤，乾為天，兌上乾下為澤天夬，以喻明祚之不永。）

恒《彖》曰：「恒久而不已也。」又說「觀其所恒，而天下之情可見矣」！又說：「不恒其德，或承之羞」。福王新政府成立於國破家亡之際，謀國者仍唯利是圖，豈非「或承之羞」者？

明朝的學風：

明以理學獨盛。宋濂以儒學為開國文臣，實開有明一代心學之先河，方孝儒犯難盡節、取義成仁；能完天下之責（明成祖以叔奪其姪之天下，要方孝儒為寫傳位詔書，方孝儒至死不從，成祖滅其十族），曹月川事事於心上做工夫，是入孔門大路。敬軒薛先生暄謂：「動靜舉止，至微至粗之事，皆當合理，一事不可苟，一事苟，其餘皆苟矣！」白沙（陳獻章先生）謂：「學乃於靜中養其功夫。」白沙有云「莫道金針不傳與，江門風月釣臺深」，即古詩「鴛鴦繡成憑君看，莫把金針度與人」，即所謂「大匠能與人以規矩，不能與人巧」。明代心學影響之大者，當以王陽明先生為最，陽明之學，見諸事功者，如宸濠之平，震爍朝野。其學先倡知行合一之說，謂：「知之真切篤實。」處，即是行；行之明覺精察處，即是知，知是行的主意，行是知的工夫；知是行之始，行是知之成。後則專倡「致良知」為宗旨（按：陽明生先所謂「知」之一字，殆為萬學之根源），所謂「知善知惡是良知」……以知為本體，以致知為功夫，「致良知」三字，體用同源，心物俱用，陽明立教，主要在此。黃梨洲先生謂：「其後所操益純，所得益化，時時知是知非，時時無是無非，開口即得本心，更無假借湊泊……」然人但見陽明成功境界，謂為頓悟一途，實所得亦由積累而來。

梨洲嘆陶石簣提倡宗風，盛於東浙，使人重富貴而輕名節，誠痛乎其言也。又說：「明末大儒以劉念臺（宗周）專重精誠。」所謂「禦外以治內為本」、「鎮靜以之本，安詳以應變」，又說「天下真才望，出於天下真操守」。

以見有明一代，心學之盛，淩駕乎宋元而上之，成為有明一代之特色，劉念臺之誠意慎獨，幾將孔曾思孟所說學理參證、而各盡所言，在我哲學史上，佔有重要地位。至於各門學說，為世周知者，茲不一一。

滿清之崛起：

清自瀋陽遷都北京，世祖福臨于甲申即位，年纔六歲，改元順治元年，順治是一位漢化程度很深，智慧很高的好皇帝，十四歲親政，年卦直困、恒。在位十八年，或謂其出家於五臺山，或謂其死於天花。

乙酉多鐸破南京，福王被殺。六月魯王以海，稱監國於紹興；閏六月，唐王聿鍵稱帝于福州。

經辰之酉二千二百九十，大過四變井，五變恒，上變姤。

甲午，乙未，丙申，丁酉，戊戌，己亥，庚子，辛丑，壬寅，癸卯（直井）

1654—1663。

甲辰，乙巳，丙午，丁未，戊申，己酉，庚戌，辛亥，壬子，癸丑（直恒）

1664—1673。

甲寅，乙卯，丙辰，丁巳，戊午，己未，庚申，辛酉，壬戌，癸亥（直姤）

1674—1683。

清世祖順治，起經辰之申二千二百八十九之甲申，迄甲午之辛丑，在位十八年。

清聖祖玄燁，起經辰之酉二千二百九十，甲午之壬寅，即位，改元康熙，在位六十一年。

經辰之戌二千二百九十一，鼎初變大有，二變旅，三變未濟。

甲子，乙丑，丙寅，丁卯，戊辰，己巳，庚午，辛未，壬申，癸酉（直大有）

1684—1693。

甲戌，乙亥，丙子，丁丑，戊寅，己卯，庚辰，辛巳，壬午，癸未（直旅）

1694—1703。

甲申，乙酉，丙戌，丁亥，戊子，己丑，庚寅，辛卯，壬辰，癸巳（直未濟）

1704—1713。

經辰之亥二千二百九十二，鼎四變蠱，五變姤，上變恒。

甲午，乙未，丙申，丁酉，戊戌，己亥，庚子，辛丑，壬寅，癸卯（直蠱）

1714—1723。

甲辰，乙巳，丙午，丁未，戊申，己酉，庚戌，辛亥，壬子，癸丑（直姤）

1724—1733。

甲寅，乙卯，丙辰，丁巳，戊午，己未，庚申，辛酉，壬戌，癸亥（直恒）

1734—1743。

清康熙起經辰之酉二千二百九十，甲午之壬寅，迄經辰之亥二千二百九十二世，甲午之壬寅十一月崩，在位六十一年，平定三藩之亂、大小金川、收復臺灣、平葛爾丹，先後六次南巡。直大過之恒、姤，鼎之大有、旅、未濟、蠱。康熙為清朝最好的皇帝，十分關心民瘼，其唯一有待商榷處，為過分仁慈，如賣官鬻爵之明珠，徐乾學及其子徐樹敏，王洪緒、高士奇等，應予殺頭坐牢的，悉予以輕輕放過，對朝廷官箴、綱常正氣，不無所憾。

世宗皇四子胤禛（雍正），於九十二世，甲午之壬寅之十一月即位，以明年癸卯，為雍正元年，迄九十二世，甲寅之乙卯八月崩，在位十三年。直姤。皇四子弘曆即位，是為高宗。

胤禛對清朝吏治的貢獻，要在康熙之上，首先他精力過人，喜歡辦事，而自奉甚薄，全心全意關心百姓疾苦，把整理財政的收入，全部用在免稅、賑災、浚河、築堤上。在用人方面，他不分親疏，而重視清廉和能力。

清高宗弘曆，起經辰之亥二千二百九十二世，甲寅之丙辰，為乾隆元年，在位六十年。

以上午會七之十一運，經星之甲一百九十一運終。以下為一百九十二運。

經日之甲一，經月之午七，經星之甲一百九十二，姤。

經星之乙一百九十二，運卦當大過之姤（大過為正卦，姤為運卦），世卦分姤之爻：初變乾為天、二變天山遯、三變天水訟，四變巽為風，五變火風鼎，上變澤風大過等，為世卦。

運卦姤所變之世卦，為乾、遯、訟、巽、鼎、大過，每卦管兩世，六卦管十二世。世卦乾、遯、訟等，復各變六卦。所變之卦為「之卦」，每卦管十年。即一甲。三甲三十年為一世。如乾初變姤、二變同人、三變履，直運卦初爻之前三甲（甲子、甲戌、甲申）之三十年；四變小畜、五變大有、上變夬，直運卦初爻之後三甲（甲午、甲辰、甲寅）之三十年，以下皆同。

第一百九十二運，運卦當大過之姤（大過為正卦，姤為運卦），世卦分姤之爻各世卦所變之年卦如下。

經辰之子二千二百九十三，乾初變姤，二變同人，三變履。

經辰之丑二千二百九十四，四變小畜，五變大有，上變夬。（以上為乾卦六爻所變之卦。以下類推）

經辰之寅二千二百九十五，遯初變同人，二變姤，三變訟。

經辰之卯二千二百九十六，遯四變漸，五變旅，上變咸。

經辰之辰二千二百九十七，訟初變履，二變否，三變姤。

經辰之巳二千二百九十八，訟四變渙，五變未濟，上變困。

經辰之午二千二百九十九，巽初變小畜，二變漸，三變渙。

經辰之未二千三百，巽四變姤，五變蠱，上變井。

經辰之申二千三百〇一，鼎初變大有，二變旅，三變未濟。

經辰之酉二千三百〇二，鼎四變蠱，五變姤，上變恒。

經辰之戌二千三百〇三，大過初變夬，二變咸，三變困。

經辰之亥二千三百〇四，大過四變井，五變恒，上變姤。

經辰之子二千二百九十三，乾初變姤，二變同人，三變履。

1744—1753。

甲子，乙丑，丙寅，丁卯，戊辰，己巳，庚午，辛未，壬申，癸酉（直姤）

1754—1763。

甲戌，乙亥，丙子，丁丑，戊寅，己卯，庚辰，辛巳，壬午，癸未（直同人）

1764—1773。

甲申，乙酉，丙戌，丁亥，戊子，己丑，庚寅，辛卯，壬辰，癸巳（直履）

經辰之丑二千二百九十四，乾四變小畜，五變大有，上變夬。

1774—1783。

甲午，乙未，丙申，丁酉，戊戌，己亥，庚子，辛丑，壬寅，癸卯（直小畜）

甲辰，乙巳，丙午，丁未，戊申，己酉，庚戌，辛亥，壬子，癸丑（直大有）

1784—1793。

甲寅，乙卯，丙辰，丁巳，戊午，己未，庚申，辛酉，壬戌，癸亥（直夬）

1794—1803。

清高宗弘曆，起經星之甲一百九十一運，經辰之亥二千二百九十二世，甲寅之丙辰，為乾隆元年。迄經星之乙一百九十二運，經辰之丑二千二百九十四世，甲寅之乙卯，禪位於位十五子顒琰（顒音傭，容貌嚴整意。琰音炎，是為仁宗），退位為太上皇。實質上，政權仍在其遙控中，嘉慶只是其代言人而已。嘉慶四年乾隆駕崩，等於作了六十三年皇帝，比康熙還多兩年，直鼎之恒，乾之姤、同人、履、小畜至乾之大有。

乾隆在文化上，是一個十足漢人型君主，但也是文字獄殺人最殘酷的一位君主，當時任何人，在詩文中，凡是寫出「虜」、「夷」、「胡」字的，都可能招致殺身之禍，如鄂爾泰（乾隆十年晉位太傅）的兒子鄂昌，寫了一首〈塞上吟〉，稱蒙古為「胡兒」，乾隆便賜他自盡，並罵他忘本，從此嚴厲禁止「八旗滿人」學漢文。

乾隆另一件遺臭千古的事，是寵任和珅，任由其貪贓枉法，賣官鬻爵，敗壞政風，而不聞問。

乾隆自詡為十全老人，對外打了十次仗，有敗得很慘的，也有平平的，十次戰役，對大清王朝而言，有必須用兵的，如抵抗廓爾喀，也可以說算是必要，至於對越南，緬甸、回強等諸戰，似皆可謂之窮兵黷武了。前後共用銀約一萬萬兩千餘兩，相當於三四年的中央歲入，實際上這個數字並不正確，因為僅僅第一次金川之役，即用了七千萬兩以上。所謂「十全」，實際上應說是「十不全」，掏空了康熙、雍正數十年的國家積蓄，換得了一個「十全老人」的虛號，使滿清盛極而衰。把問題留給了兒子嘉慶。

乾隆於甲寅之丙辰正月元旦，禪位於十五子顒琰，退居太上皇，于嘉慶四年己未崩，直鼎之恒，乾之姤、同人、履、小畜、大有。

姤為一陰始生，大清王朝自乾隆開始，已自顛峯開始走下坡。其所直卦如恒，如大有，皆為吉卦，然而所謂恒久而不易，必待聖人，且能「久於其道」，始得長治久安，否則便有「浚恒之凶」（恒初爻。浚，深也），「或承之羞」（恒九三）、「振恒凶」（恒上六，振為極力而為之之意，如乾隆之寵和珅）。即如大有，亦必須能「遏惡、揚善，順天休命」（恒《象》），始可「自天佑之，吉無不利」（上九）。然而乾隆皆無其德！樣子上看似形勢大好，實質上，大清王朝之病根已植，嘉慶從乾隆手中接過來的，只是一個亂無章程，十分腐化的政府，乾隆十次對外用兵，自詡十全老人，及嘉慶元年，則白蓮教，天理教……，已使清室疲於奔命了！

經辰之寅二千二百九十五，遯初變同人，二變姤，三變訟。

甲子，乙丑，丙寅，丁卯，戊辰，己巳，庚午，辛未，壬申，癸酉（直同人）1804—1813。

甲戌，乙亥，丙子，丁丑，戊寅，己卯，庚辰，辛巳，壬午，癸未（直姤）1814—1823。

甲申，乙酉，丙戌，丁亥，戊子，己丑，庚寅，辛卯，壬辰，癸巳（直訟）1824—1833。

清仁宗嘉慶，起經辰之丑二千二百九十四世，甲寅之丙辰，迄二百九十五世，甲戌之庚辰崩，在位二十五年，直乾之夬；遯之同人、姤。

嘉慶即位之初三年，凡事皆本乾隆之意以行，及甲寅之己未太上皇崩，始得行施其政權，第一件大快人心之事，便是宣示和珅二十大罪狀，和珅賜死，並抄其家，將和珅財產分編為一百零九號，其產數位之大，根本無法估計，僅其中的二十六號，即達二萬萬兩千餘萬兩（即國家三四年的歲入）。

嘉慶即位之後，先是白蓮教之亂，前後約七個年頭，蹂躪了湖北、河南、陝西、四川、甘肅五省，一百個以上的州縣。人民死亡及流離失所者，達數百萬之眾，之後又有天理教之亂，十一年發生兵士嘩變兩次，十八年陝西兵變，又有湖、貴苗變，雲南羅民夷之亂，之後英國人佔領澳門，又有西洋傳教士英法葡等外邦，時常發生國際糾紛，東南沿海，自此不寧。可說終嘉慶之世，已國無寧日了！

嘉慶於經辰之寅二千二百九十五世，甲戌之辛巳，次子旻甯即位，是為道光。

經辰之卯二千二百九十六，遯變漸，五變旅，上變咸。

甲午，乙未，丙申，丁酉，戊戌，己亥，庚子，辛丑，壬寅，癸卯（直漸）1834—1843。

甲辰，乙巳，丙午，丁未，戊申，己酉，庚戌，辛亥，壬子，癸丑（直旅）1844—1853。

甲寅，乙卯，丙辰，丁巳，戊午，己未，庚申，辛酉，壬戌，癸亥（直咸）1854—1863。

清宣宗道光，起經辰之寅二千二百九十五世，甲戌之辛巳。迄九十六世甲辰之庚戌，卦直遯之訟、漸、旅，在位三十年。甲辰之辛亥，皇四子奕詝（音貯，儲也，智也）即位，是為文宗咸豐。

道光朝之社會：

道光前一年，即有回人張格爾作亂，道光八年始予弭平，元年雲南夷作亂，六年臺灣黃文潤作亂，十年回疆，十一年廣東黎匪，十二年湖南猺，十三年四川邊夷等作亂，二十四年，臺灣發生匪亂，次年西寧蕃作亂，二十六年雲南回人作亂，二十七年緬人擾邊、喀什葛爾回人滋事、直、魯、豫，撚匪之亂、湖南猺人作亂等。

道光元年，兩廣總督阮元首先奏請禁鴉片。十八年黃爵滋奏請嚴禁鴉片，十九年己亥四月林則徐焚鴉片，九月中英鴉片戰爭起，中國戰敗，二十二年壬寅，中英簽訂南京條約、開五口通商、林則徐貶戍伊犁。

三十年庚戌，宣示穆彰阿、耆英罪狀，同年六月洪秀全起兵于廣西桂平縣之金田村，閏八月洪秀全建號太平天國。

道光三十年之國運，約見其概，清朝雖無宦官之禍，但有滿漢之分，清廷對漢人凡事皆保留三分，持不盡信任態度，對滿人雖信任有加，然而絕大多數滿人，除作威作福，貪瀆不法外，別無一真才實學者，偶或有之亦則寥若晨星，遂致權大位高者大誤，如穆彰阿、耆英等；位低者小誤，非待其壞了大事，朝廷不會省悟，漢人縱或獲得重用，但亦皆在「存疑」之間，既不得已而用之，則又限制之、防範之，即明如康熙、雍正，亦不例外。不像視滿人為自家人一樣看待。道光于國家千瘡百孔之際。痛定思痛，不得不仍起用漢人林則徐。

道光直訟、漸、旅。訟之「天與水違行」（訟《象》辭），「不永所事」（訟初六）；漸之「夫征不復」（漸九三），「終莫之勝」（漸九五）；旅之「君子以明慎用刑」（旅《象》辭），「先笑後號咷」（旅上九），道光之道，於此可見。

甲辰之庚戌，道光崩，辛亥皇四子奕詝（音貯，儲也、智也）即位，是為文宗咸豐。

文宗咸豐，起經辰之卯二千二百九十六世，甲辰之辛亥，是為咸豐元年。迄甲寅之辛酉七月十七日，崩於熱河，在位十一年，卦直咸。

咸豐即位前一年，洪秀全建太平天國，世稱洪楊之亂。自金田起事至滅亡，前後達十五年之久，攻佔城池達六七十個之多，竄越過全國十八個行省中之十六省，極盛時兵力達一百餘萬，人民因而死亡者，至兩千多萬，為我國第一次空前的大浩劫。清廷平定太平天國者，為曾國藩。咸豐能重用曾國藩，賦予節制四省全權的，固然是慈禧與恭親王奕欣，但最先起用曾國藩的，則是咸豐自己。咸豐為打太平天國，最初用林則徐，不幸林已去世，又用李星沅（湘蔭，道光進士，曾任雲貴總督、兩江總督，平過貴州回亂與零星太平天軍），但滿人將領，不受其節制，致兵力不能集中而無功。咸豐又用賽尚阿、向榮、後來又用琦善，真所謂病急亂投醫，愈弄愈糟。卒如肅順所說：「滿人糊塗不通，不能為國家出力，惟知要錢耳。」又說：「天下大難，非依畀漢人不可。」咸豐於無奈之餘，除了用曾國藩之外，已別無選擇，儘管祁寯藻（寯音俊，聚也又才雋）、彭蘊章等危言聳聽，喋喋不休（說曾國藩湘軍勢力太大，有傾危社稷之虞），終究還是把國家興亡的擔子，交到曾國藩手中。曾氏諸賢亦不辱命，平洪、平撚之後，三十年間，開工廠設製造局、造船廠，選派學生出國留學等，形勢所及，同治頗有中興之象。

咸豐亙其終始，皆在內憂外患中渡過。內憂有太平天軍、撚匪、天地會、苗回、滇回等亂；外患有英國人佔廣州、英法聯軍佔北京、俄人佔伊犁。搶阿穆爾（黑龍江以北，外興安嶺以南一帶之地）、勒索沿海州（烏蘇里江以東之地）。其內憂外患，嚴重者，固足以傾國家而亡社稷；其次者，亦足以擾攘社會，致人民流離失所之死亡道路……

咸豐直遯之咸，咸者感也，有感必有應，猶心理學所謂之刺激反應。咸《象》曰：「山上有澤，咸，君子以虛受人。」山上如何有澤？乃是由於山之能「虛」，故「受」。如咸豐之能以「虛」接納漢人，能受人，故能用漢將與湘軍，始克收其剿匪弭亂之功。九四曰：「貞吉，悔亡，憧憧往來，朋從爾思。」意即是說，因為能正，所以得吉，也纔能解除其厄運，尤其在眾說紛紜之際，祁雋藻、彭蘊章等之間言（雋音俊，如才俊），能辨識其是非，擇善而從，不被蒙蔽，即可得其「正、吉」。如此，則其「悔」自亡矣。惜肅順雖有滿人不可用之警言，然而滿清不能不用滿官，因為天下是滿人的。咸九五說「咸其脢，無悔」，脢音每，即背部之肉，咸其脢，當然不若刺心之為痛了，然而壞國家大事者，率皆滿官，如廣東巡撫葉名琛，咸豐升其為兩廣總督，兼辦夷務的「欽差大臣」，迨英人攻廣州，葉氏終於在歷史上留下了遺笑千古的「不和、不戰、不守；不死、不降、不走」的六不箴言。其次如僧格林沁、桂良、直隸總督桓福為欽差大臣，之後又改派怡親載垣，與兵部尚書穆蔭為對英法交涉欽差大臣，在對外交涉上，每每方柄圓鑿，受欺、受侮、受騙于外人，加以朝廷自已鼠目寸光，而又夜郎自大，視帝國主義之侵略，未若太平天國對其政權威脅之甚。乃至敵人已打進紫禁城，並在北京城上架起大炮，所謂聯軍「狂歌而入」，把圓明園搶掠一空，最後乾脆一把火把圓明園燒個淨光，咸豐則逃往熱河，在無可奈何之餘，日以醇酒美人，沈醉於依稀曩日之歌舞昇平中，雖然割地賠款，依然大清天子，而無視於喪權、辱國，與萬民之憔瘁。此所謂「咸其脢」者歟？

咸豐在位十三年，其間國家、社會之動亂情形：

咸豐二年壬子，太平軍占武昌；三年癸丑，太平軍占南京；四年甲寅，曾國藩討太平軍；六年丙辰，太平軍內訌，同年雲南回亂大起；七年丁巳，英法聯軍陷廣州；八年戊午四月，中俄簽璦琿條約，五月與英、法、俄訂天津條約，十年閏三月太平軍破南北大營，八月英法聯軍入北京，九月與英法俄訂北京條約；十一年辛酉十月，慈禧聽政。

與太平軍先後，有所謂撚匪者，亦擾攘幾乎半邊天下，撚的意思就是捏，乃是民間一種捏紙驅鬼祈福的玩意活動，人稱拜撚，或以朱色染鬚，人稱紅鬍子，鄉人稱胡匪，皆受白蓮教之影響，藉迷信咒語，蠱惑愚民，或白晝搶劫，為禍民間，其人數由一、二人以致百人，後被野心分子利用，聚眾至數十以致數百，初以山東兗、沂、曹、濟即（魯中西一帶）蔓延于河南、安徽、江南、湖北等邊區之地，至嘉慶十九年始盛。時禦史陶澍即奏飭河南、安徽巡撫，捕緝撚首未獲。迄咸豐五年撚匪張樂行，始將撚匪加以有計劃的編組，撚勢始成燎原，咸豐九年，撚匪首復與太平軍合，馳突數省而後難制矣！十年清廷見撚匪已成燎原之勢，遂遣出其最親信之王牌大將僧格林沁，率師萬二千之眾，開赴山東濟寧。

咸豐與崇禎，二人個性十分相左，崇禎個性嚴肅，自奉儉約，然而卻多疑嗜殺；咸豐纔二十歲，即位於「四夷交侵，萬方多難」之際，早年以優美英發之資，用人不疑，很少誅殺大臣。甫即位，即逢洪楊之亂，終其一生，洪楊之亂仍未弭平。咸豐即位時年少，朝中既乏佐命之臣，又面臨空前未有之大變局，很想用好人，用有能力的人，但不知誰有能力，他想到幼時曾聽說林則徐對付英國人很有辦法，於是便起用林則徐，但不幸林則徐卻死在中途路上，以後又用了很多人如賽尚阿、向榮、琦善等，大率皆屬庸材，不是太平天國的對手，最後用曾國藩。曾國藩以一個在籍侍郎，在湖南辦團練，很有積效，咸豐著意用曾國藩，卻有人抱存疑態度，讒者謂：「曾國藩一匹夫耳，匹夫而手無寸鐵、囊無分銀，一呼而起者萬人，恐非國家之福。」進讒的不是滿人，而是山西壽陽人祁寯藻（寯音俊），史書上說咸豐聽了「默然變色久之」，可見其搧惑力。除祁某外，尚有江蘇長州彭蘊章，二人極力攻擊湘軍，致曾氏有責無權，不獲行其志者，達七八年之久，薛福成謂祁「利害之私撓乎中，愛憎之公變於外，隳壞國事於冥冥之中」者也。若非滿人文慶、肅順，從中維護，文宗亦能以虛受人，曾國藩是否能繼續辦下去，實未可知，設若曾氏團練不幸而中輟，天下事豈堪設想？

咸豐之所以優遇曾國藩，主要在於文慶與肅順，看清了滿人之不可用，肅順說：「天下大難，非依畀漢人不可？」又說：「滿人糊塗不通，不能為國家出力，惟知要錢耳，國家遇有大疑難事，非重用漢人不可？」

最後咸豐還是把消滅太平天國的大任，交由曾國藩來掌握，包括有識之士的漢臣在內，即所謂得其人，這是崇禎所不能辦到的。換言之崇禎如有咸豐一半的襟懷，則大明天下，當不致會亡得那麼窩囊，崇禎更不至自縊煤山了。咸豐以醇酒美人來麻醉自己，尚有其弟奕欣及文慶等維繫，崇禎以多疑，屠戮忠良，而誤了天下家國。僅此而論，咸豐似較崇禎為逾。或論明之所以亡者，「君非亡國君，臣皆亡國之臣」，此言謬矣！睹崇禎之所作為，庸有不亡之理？

或謂咸豐之流於逸樂，乃是為了逃避內憂外患的壓力，因為滿朝文武，沒有人能幫其對付洋人之挑釁和欺凌的，故身心俱疲，而困於時，因以醇酒美人，來麻醉自己。卒以酒色過度（按：《太醫脈案》謂，帝實患虛癆以致命），或謂帝患「痘疾」（即天花），甲寅之辛酉，崩於熱河，壬戌太子載淳即位，是為清穆宗同治元年，滿清終傾於婦人女子之手。

經辰之辰二千二百九十七，訟初變履，二變否，三變姤。

甲子，乙丑，丙寅，丁卯，戊辰，己巳，庚午，辛未，壬申，癸酉（直履）1864—1873。

甲戌，乙亥，丙子，丁丑，戊寅，己卯，庚辰，辛巳，壬午，癸未（直否）1874—1883。

甲申，乙酉，丙戌，丁亥，戊子，己丑，庚寅，辛卯，壬辰，癸巳（直姤）1884—1893。

清穆宗同治，起經辰之卯二千二百九十六世，甲寅之壬戌，迄經辰之辰二千二百九十七世甲戌崩，直訟之履，在位十三年。乙亥為光緒元年。

穆宗載淳，六歲即位，十九歲卒，在位十三年，一生只是其生母慈禧，玩弄政治（垂簾聽政）的工具，欺騙世人的幌子。成人後，連喜歡一個女人，也受到慈禧的干與，沒有絲毫自由與人生樂趣，是一個十足的傀儡皇帝，當然只有被「咥」的份兒，而談不上「明與行」了。當一個人時時被咥，而又無力反抗時，其情可想而見。同治纔十九歲，便結束了他黯淡的人生。雖貴為天子，實則形同木偶。履六三所謂「眇能視，跛能履」，豈非同治悲慘歲月之兆應？然而史家有所謂同治中興者，只是同治時能重用曾、左、胡等一般漢人，平定太平天國、撚匪、雲南回亂、貴州苗變、陝甘回亂……，清廷痛定思痛之餘，頗思有所振作，在內有恭親王奕欣與大學士文祥，外有曾國藩、左宗棠、李鴻章等忠心謀國之士，在既無銀兩，又無人才的情形下，終於在上海成立了江南製造局；崇厚創設天津機器局；左宗棠也在福建設局製炮，造輪船、製造局等，甚至連軍餉，朝廷亦無力支應，皆曾、左、胡等自行籌措得來，凡此種種，頗似有些中興氣象，但非如少康中興復國之意。

穆宗同治直訟之履，訟之辭曰：「有孚窒，……，終凶。」有孚，孚即誠信，亦可說是名分或號召力。窒，即傷害、挫折、如所謂窒息、窒礙等義，同治直此，已說明其為一個無權、無能的白手皇帝。訟《彖》曰：「剛來得中。」豈非母后慈禧垂簾之兆？事實又何異於「鵲巢鳩佔」？訟初六「不永所事」；六三「或從王事，無成」；上九「或賜之鞶帶，終朝，三褫之」（鞶音盤，鞶帶，即命服之飾；褫，奪也）。意即同治之位，慈禧予之，亦由慈禧褫之。履之六三曰：「眇能視，跛能履，履虎尾，咥人凶（咥音喋，又為牙齒）。武人為于大君。」《象》曰：「眇能視，不足以有明也；跛能履，不足以與行也。」明白點說，同治不過大清政權的影子而已，能視，而不足以有明；能履，而不足以有行。只是苟活於其母淫威之陰影下，隨時皆可能有被咥之危。武人為于大君（剛武之人得志，而長肆其暴之象），恰如慈禧、載淳母子的寫照。

按：穆宗載淳十七歲大婚，立阿魯特氏為後，富察氏為慧妃，後蒙古人，舉止端莊，深為同治所喜，但為慈禧所惡；妃滿州人，容貌嬌美，為慈禧所喜，然為同治所惡，遂更增加慈禧對后之憎恨，史謂，同治遺詔於後，立貝勒載澍入承大統，慈禧得知即碎其紙，復對后百般凌辱，後卒不堪其虐而自殺。

同治時社會之匪亂：

除了太平天國之亂外，又有撚匪，幾乎擾亂了大半個中國。

二年，僧格林沁擒斬魯西撚首張樂行，甘肅、雲南回民作亂；三年曾國荃克江寧，太平天國亡；新疆回民作亂，俄取塔什干；四年僧格林沁剿撚陣亡，命曾國藩總河北、河南、山東剿撚軍務；五年伊犁失守、回民作亂、蘭州兵變；七年命左宗棠為陝甘總督；九年天津焚教堂、殺法國領事。十二年法取安南河內；俄人前後取撒馬爾罕、以布哈拉汗為保護國、占伊犁、取基華，十三年四月日軍侵臺灣。……

同治自六歲登極，虛渡了一十九年，迄甲戌駕崩，慈禧嘗到了擁有政權、高居萬萬人之上、荼毒天下的滋味，為了製造其「理所當然」的，再次垂簾聽政的理由，便把一個四歲的小兒載湉，弄來當皇帝（湉甜，醇親王奕譞之子，慈禧妹妹所生）。或謂慈禧盛年弄權，純粹是為了淫欲享樂，非關乎國政。因當時「赤鳳之謠，楊華之歌」，已眾口流傳。謂慈禧亦猶趙飛燕姊妹之通宮人赤鳳，魏胡太后之戀楊華。所以纔找了一個四歲稚兒為帝，是為德宗光緒（按：赤鳳、楊華之說，或如所傳，至其所以立幼君，乃歷代權臣、宦豎竊國之第一要著，此時權力對慈禧而言，似乎超越了一切，有了權力，不但更便於享樂，且可為所欲為），甲戌次年乙亥，為光緒元年。

經辰之巳二千二百九十八年，訟四變渙，五變未濟，上變困。

甲午，乙未，丙申，丁酉，戊戌，己亥，庚子，辛丑，壬寅，癸卯（直渙）1894—1903。

甲辰，乙巳，丙午，丁未，戊申，己酉，庚戌，辛亥，壬子，癸丑（直未濟）1904—1913。

甲寅，乙卯，丙辰，丁巳，戊午，己未，庚申，辛酉，壬戌，癸亥（直困）1914—1923。

戊申光緒崩，己酉為清末帝宣統元年。

清德宗光緒，起經辰之辰二千二百九十七世，甲戌之乙亥，迄經辰之巳二千二百九十八世，甲辰之戊申崩，在位三十四年，直訟之否、姤、渙、未濟。己酉，為清宣統元年。

光緒比同治還要命苦，同治只活了十九歲，雖然十分命短，但比光緒，卻少受了十五年不堪人道的折磨。大體而言，二人幾乎是同一命運，皆為「終凶，不永所事」，抱恨而終，都沒有好結果。訟之「不永所事」（訟初）、「王事無成」（訟六三），二人權力皆來自慈禧，由其興之所至，或予或褫，「或賜之鞶帶，終朝三褫之」（訟上九）；誠如「否之匪人，不利君子貞」者（否《彖》辭）。因為時值小人道長，君子道消，故特應以「儉德辟難，不可榮以祿」（否《象》辭）。朱子解釋否辭說，此時應「收斂其德，不形於外」，否則便不免於終傾之命運。（否上九《象》：否終則傾，何可長也。）

然而，光緒似乎並未意識到其所處之孤危，以為自己真的就是名副其實的大清「皇帝」了，不但對新人不次拔擢，裁併朝中沒有實際作用的駢枝機構，免去兩個尚書，四個侍郎與李鴻章等的官職（光緒深恨李鴻章對日媾和、與對俄結盟而誤國），起用新人，卒因變法諸公，既不諳於宮廷鬥爭之技巧，復昧於光緒所處地位，與當時之政治環境，致慈禧一怒而萬事皆墨，維新大業不旋踵而煙消雲散，卒致光緒被囚，變法諸公，或死或逃，歷史上只留下一瞥「百日維新」之夕陽殘照而已。大清王朝的社鼠城狐，惟有留待革命黨人來收拾了。德宗光緒，徒有滿腔熱血與救國抱負，以不識「儉德辟難，不可榮以祿」之道，未能收斂其德，不形於外，終不免於傾覆之難。抱恨瀛台而終身。

「其亡！其亡！繫于苞桑。」慈禧則為了一己私慾，死抓住大清政權不放，養護著一群唯利是圖、罔顧國家社稷的奴才，置大清王朝於萬劫不復之地而不顧，恰如否九五所說「其亡！其亡！繫于苞桑」者。慈禧置大清王朝于苞桑旦夕之危而不悟，光緒欲變法圖存，而兆應未濟，已知其變法難成，結果譚嗣同等六人死難，康、梁逃亡海外。所謂：「渙奔其機，悔亡。」（渙九二）「渙其血，去逖，出」，康、梁避難而出亡，遠走海外，走得遠遠的，所謂「去逖，出」，卒得「渙其血」、而消弭其殺身之禍。光緒不忍看著國家淪亡而不救，變法維新的結果，不但投入了個人的自由，也投入了自己寶貴的「殘」生。被廢為庶民，已經是最好的結局了，天可憐見，即此而不可得，卒被囚孤島瀛台，作了個不明不白的寃死鬼。

否九五：「其亡！其亡！繫于苞桑。」苞桑，叢生、柔小的桑木條。說為國者，不繫國家於磐石之固，而繫之脆弱的條葦，置國家於「朝不保夕，危如累卵」之境。

渙九二：「渙奔其機，悔亡。」木無枝曰機，《程傳》以為，「機」就是俯憑、依靠的意思，所謂「俯憑以為安者也」。來知德氏說：當渙之時，九二居坎陷之中，本不可以濟渙，然應九五中正之君，君臣同德，以遂其濟渙之意。變法諸君，生死以之，事雖未成，死得其所。

渙上九：「渙其血，去逖，出，無咎。」血，即指傷害，渙其血，即化除其傷害。逖，為遠，去逖出，即遠走高飛，離開是非之地以避禍之意。

光緒為我國歷史上，命運最苦的皇帝之一。五歲即失去父母的疼愛，而被送入宮中，當了個挂名皇帝，十八歲大婚，十九歲始親政（光緒十六年），光緒二十四年戊戌變法失敗，二十九歲被囚於瀛台（北海湖心的一個孤島，嚴密看守，冬日湖水結冰，亦將冰搗碎，防其潛逃），慈禧再次聽政，卒前，慈禧每日派人在外散播假醫案，謂帝病情嚴重，朝不保夕，外國使節建議派西醫會診，慈禧堅決拒絕，三十九歲十月，終於離開了這個五濁惡世，連皇后亦不知帝死於何時，是看守的太監，從島外傳來的，慈禧一定要光緒死於自己之前，果然未超過一日，慈禧這個老巫婆，便隨同光緒，向閻王老子報到去了。

光緒的皇后，為葉赫那拉氏，乃慈禧弟弟的女兒，深得慈禧歡心，但與光緒無緣；光緒寵愛珍妃，但卻為慈禧所惡，慈禧並禁止雖有父母，而得不到父母的疼愛，終日所對，唯慈禧冷酷面孔，從進宮到被囚，無日不向慈禧長跪（慈禧惱光緒與其接近）。

光緒四歲被抱入宮中，慈禧不但冷酷至毫無人性，且幾至乎虐待狂，連自己的親生兒子同治載淳，亦不例外，光緒一生最親的人，是其師傅翁同龢（從六歲起，作了二十二個年頭帝王師），到了戊戌年四月，維新失敗，慈禧以翁「濫保非人」（保舉康有為），「罪無可逭」，著革職永不敘用。

光緒朝所發生的大事很多，如中法戰爭、中日之戰、義和團之亂、及慈禧所導致之八國聯軍。割讓越南，放棄緬甸，割讓台澎……八國聯軍與甲午之戰，割地賠款，損失猶可見，其姦淫、燒殺、搶擄之創痛，乃至公私所藏稀世國寶，咸被洗劫一空，永世不返（大英博物館之所藏，多賴八國聯軍所賜）。同時更徹底打跨了慈禧與大清王朝，也打跨了中華民族的自尊心，但卻未打跨慈禧歧視漢人之淫威，仍然視天下蒼生如芻狗。

拳匪之亂，表面上以反教仇洋為口號，實質上則是打家劫舍、殺人放火，挂著招牌受官方認可的土匪，至於八國聯軍進入北京，與清廷入關之嘉定三屠、揚州十日，前後相類，文武官眷、一般商民，或投井或閉門自經……，聯軍搜殺拳民，屍積如山。並公開搶劫三日，挨戶掠搶公私財物、珍寶，姦淫婦女，日軍於十日內得粟二十五萬石，銀近三百萬兩；皇城收藏國寶，慘遭洗劫……，成為今日各國博物館之珍藏，為此永劫不復之禍者，實中華民族之千古罪人也！此外我同胞所受聯軍無政府狀態之擄、淫、燒、殺，孑孑小民，誰復可告訴者？誰為為之？孰令致之？那拉氏豈能逃其咎哉？

那拉氏握君權近五十年，晚清咸、同、光三朝，實即那拉氏一人之天下，滿朝文武仰其鼻息，不但三朝皇帝及后妃，皆死那拉氏之手（直接間接），即大清王朝，十二主兩百九十六年之天下（自努爾哈赤天命元年起），亦一手將之斷送。果應了葉赫那拉氏部長「布揚古」所說「那拉子孫，雖存一女子，亦必覆滿洲」之誓言（葉赫那拉氏與努爾哈赤戰，那拉氏敗，努爾哈赤幾盡殺葉赫氏男丁，葉赫那拉部長「布揚古」臨死時對天所發誓言）。天生慈禧，誠那拉氏報仇雪恨之佐使，愛新覺羅之罪人矣！

光緒在位三十四年間：

元年同治自殺；二年訂煙臺條約，派遣三十名留學生出國留學；三年河南、山西大旱、人相食，余童稚時，鄉老猶道其慘狀；四年山西大饑。五年日本滅琉球。六年設電報堂。七年曾紀澤改訂伊犁條約。九年法侵越南，與俄訂塔爾巴哈台條約。十年法攻臺北、基隆、福州、馬尾，清與法宣戰，朝鮮新黨作亂。十一年英占緬甸，臺灣建省。十四年頤和園工程告竣。十五年帝親政。二十年六月中日戰爭起，十一月興中會成立。二十一年中國戰敗，與日訂馬關條約，九月革命軍首義廣州失敗，陸皓東死難，漢陽煉鐵廠成立，康有為公車上書，日本佔據臺灣。二十二年五月，李鴻章訂中俄軍事同盟密約。二十三年德佔膠州灣、俄佔旅順。二十四年法佔廣州灣，英佔威海衛，下詔變法，袁世凱告密，康有為變法失敗，光緒被囚瀛台，殺譚嗣同等六人，八月慈禧三次聽政。二十五年，美國提出門戶開放政策，天津設北洋學堂，康有為成立保皇會於海外。二十六年拳匪亂熾，攻使館、殺洋人、焚教堂，七月二十日，八國聯軍入北京，慈禧挈光緒西奔，十月會州起義失敗。二十六年辛丑合約成，清賠款四百五十兆兩，並派大臣赴德、日謝罪。二十九年日俄戰爭起。三十年英軍陷拉薩。三十一年中國同盟會成立於日本。三十二年，宣示預備立憲，江西萍鄉革命軍起事不成。三十三年徐錫麟起事安徽、黃興起事鎮南關皆不成。三十四年十月光緒暴卒。

清德宗光緒，起經辰之辰二千二百九十七世，甲戌之乙亥；迄經辰之巳二千二百九十八世，甲辰之戊申崩，在位三十四年。

慈禧以載灃之子溥儀入承大統（年纔三歲），以明年己酉，為末帝宣統元年，在位三年，甲辰辛亥，革命軍武昌起義，全國回應，隆裕皇太后下詔退位，遂結束了大清王朝，時直訟之未濟。

自努爾哈赤建元，迄宣統三年退位，凡二百九十六年；自清世祖入關至清亡，凡二百六十八年。清祚終。

皇極經世書今說——觀物篇補結（第二冊）

建議售價・2000元（四冊不分售）

輯　　說・閆修篆
編輯整理・林金郎　徐錦淳
校　　對・林金郎
出版發行・南懷瑾文化事業有限公司
網址：www.nhjce.com
代理經銷・白象文化事業有限公司
412台中市大里區科技路1號8樓之2（台中軟體園區）
出版專線：（04）2496-5995　　傳真：（04）2496-9901
401台中市東區和平街228巷44號（經銷部）
購書專線：（04）2220-8589　　傳真：（04）2220-8505
印　　刷・基盛印刷工場
版　　次・2020年6月初版一刷
2023年11月初版二刷

設計編印　白象文化
www.ElephantWhite.com.tw
press.store@msa.hinet.net
總監：張輝潭　專案主編：陳逸儒

國家圖書館出版品預行編目資料

皇極經世書今說——觀物篇補結／閆修篆著. --
初版.一臺北市：南懷瑾文化，2020.6
面：　公分
ISBN 978-986-96137-8-1（平裝）
1.皇極經世 2.注釋
290.1　　109002784